अज्ञेय : अलीकी का आत्मदान

अज्ञेय : अलीकी का आत्मदान

(निबन्धों में चिन्तन-यात्रा)

कृष्णदत्त पालीवाल

वाणी प्रकाशन

वाणी प्रकाशन
4695, 21-ए, दरियागंज, नयी दिल्ली 110 002
शाखा
अशोक राजपथ, पटना 800 204
फ़ोन: +91 11 23273167 फ़ैक्स: +911123275710
www.vaniprakashan.in
vaniprakashan@gmail.com

AJNEYA : ALEEKEE KA AATMDAAN
by Krishnadutt Paliwal

ISBN : 978-93-5000-734-1
Essays

प्रथम संस्करण

आर. टेक ऑफ़सेट, दिल्ली-110095 में मुद्रित

वाणी प्रकाशन का लोगो मक़बूल फ़िदा हुसेन की कूची से

अनुक्रम

भूमिका

सच्चिदानन्द हीरानन्द वात्स्यायन 'अज्ञेय' के निबन्धों का एक अलग तरह का व्यक्तित्व है। उनके लिए निबन्ध लिखना अपने सृजन-कर्म की चिन्ताओं-प्रश्नाकुलताओं को सुलझाना उतना नहीं है–जितना कि समय, समाज, साहित्य, संस्कृति, राजनीति, दर्शन के बदले हुए परिप्रेक्ष्य में उन पर नए सिरे से विचार करना। साहित्यकार होने के साथ वह पत्रकार, सम्पादक, सभा-गोष्ठी के संवाद-यात्रा-शिविरों के आयोजक थे। हिन्दी के इस विवाद-संवाद नायक के पास पके हुए विचारों के अनुभव हैं, अवधारणाओं से उपजे सन्देह हैं और देश-विदेश की विचारधाराओं-आन्दोलनों से कमाये हुए सत्य हैं। इन्हीं विश्वासों, संशयों, अवधारणाओं, बहसों, प्रभावों-प्रेरणाओं को उन्होंने अपने निबन्धों में स्थान दिया है। 'आजाद-भारत' में स्वप्नों, संकल्पों, मूल्यों, आस्थाओं, विश्वासों को आग में जलता हुआ पाकर उनकी पीड़ा फूटकर बाहर तर्क के आलोक में आती है। और वह कवि-कर्म, भाषा, परम्परा, संस्कृति, आधुनिकता, भारतीयता, स्वाधीनता, साहित्य, पुराण, धर्म, राजनीति, कला, मिथक जैसे सुलगते प्रश्नों पर विचार करने को विवश हो जाते हैं। ये निबन्ध बौद्धिक विलास नहीं है–नयी चुनौतियों-प्रश्नों के सन्दर्भ हैं। वह निबन्धों में सभी बँधे-बँधाये ढाँचे ध्वस्त करते हैं और कविता, कथा साहित्य की भाँति निबन्ध में नया प्रयोग।

क्यों भारतीय संस्कृति औपनिवेशिक आधुनिकता में लिपटकर अपना अर्थ सन्दर्भ खोने की ओर उन्मुख है? निबन्धकार अज्ञेय निरन्तर भाषा, साहित्य, कला, मिथक, संस्कृति-सभ्यता और गुलामी की औपनिवेशिक मानसिकता को लेकर बेचैन रहे हैं। पश्चिम की नकल में पागल भारत उन्हें कष्ट देता है। वह अपने निबन्धों में स्वाधीनता, स्वाधीन व्यक्ति, स्वाधीन समाज, स्वाधीन-संस्कृति, स्वाधीन-देश और स्वाधीन मूल्य-दृष्टि पर निरन्तर विचार करते रहे हैं। स्मृति का सर्जनात्मक उपयोग

करते हुए उन्होंने जयशंकर प्रसाद, आचार्य हजारीप्रसाद द्विवेदी और गोविन्द चन्द्र पाण्डेय की चिन्तन-परम्परा को आगे बढ़ाया है। उत्तर-आधुनिक समाज में विचार का अँधेरा पसरा हुआ है—ऐसे समय में अज्ञेय के इस चिन्तन की प्रासंगिकता और बढ़ जाती है।

पूर्व प्रोफेसर एवं विभागाध्यक्ष
हिन्दी विभाग,
दिल्ली विश्वविद्यालय, दिल्ली-110007

कृष्णदत्त पालीवाल

अलीकी का आत्मदान—निबन्ध-यात्रा

शुक्लोत्तर हिन्दी निबन्ध-परम्परा को नये चिन्तन से नया रूप देने वाले निबन्धकारों में 'अज्ञेय' एक अविस्मरणीय नाम है। उनके निबन्ध-संग्रह 'त्रिशंकु' को पढ़ते ही यह ध्यान में बरबस आ जाता है कि यदि गद्य कवियों या लेखकों की कसौटी है तो निबन्ध गद्य की कसौटी। आचार्य रामचन्द्र शुक्ल ने निबन्ध के विषय में बड़ी सटीक विचारोक्ति की है कि भाषा की पूर्ण शक्ति का विकास निबन्धों में ही सबसे अधिक सम्भव होता है। अज्ञेय जैसा बहुश्रुत प्रवीण-लेखक निबन्ध के क्राफ्ट की तमाम जड़ताओं को ध्वस्त करते हुए उसका एक नया प्रयोगशील साँचा और ढाँचा निर्मित करता है। नये रचना-कर्म के जटिल संकट उसकी बौद्धिकता को चुनौती देते हैं और वे निबन्ध की धारा-तरंग-प्रलाप-विक्षेप की रीति से बचते हुए निबन्ध-बुद्धि की मुक्तावस्था की ओर प्रवृत्त हो जाते हैं। इस विचारपरक निबन्ध-विधान में हृदय-पक्ष की उपेक्षा नहीं है बल्कि हृदय-बुद्धि का सामंजस्य एक नये सौन्दर्य की सृष्टि करता है। वहाँ निबन्धकार अज्ञेय के व्यक्तित्व की मौलिकता पाठक का ध्यान बरबस आकृष्ट करती है। विचारों की शृंखला का तेजोदीप्त प्रकाश लेकर जब 'त्रिशंकु' (1945) के निबन्ध सामने आये थे तो प्रबुद्ध पाठक वर्ग विस्मय-विमुग्ध हो गया था। आज भी हिन्दी निबन्ध-परम्परा में 'त्रिशंकु' के निबन्धों का ऐतिहासिक, सांस्कृतिक महत्त्व भूलने के विरुद्ध है। अज्ञेय के विरोधी 'त्रिशंकु' के निबन्धों की जितनी उपेक्षा करते रहे हैं—उतना ही समय-साहित्य-चिन्तन ने ऐसा पलटा खाया है कि इन निबन्धों का महत्त्व और अधिक बढ़ गया है।

यहाँ अद्भुत बात यह है कि अज्ञेय कवि-कर्म के क्षेत्र में ही नयी राहों के अन्वेषी नहीं हैं, वह निबन्ध के क्षेत्र में भी नये राहों के अन्वेषी हैं। विद्रोही ऐसे रचनात्मक हैं कि अपने अलीकी गहन चिन्तन विश्लेषण के सम्बन्ध-सूत्रों की अन्तर्योजना में रूढ़ि या परम्परा को, परम्परा की ऐतिहासिक चेतना को नया अर्थ-सन्दर्भ देने में समर्थ हैं। उनकी विद्रोही मनोभूमिका (टैम्पर) ऐसी है कि उनका रचनामानस नये-नये अन्तःसूत्रों का अन्तःपाठ करता रहता है। आचार्य शुक्ल के निबन्धों का

यह गुण अज्ञेय के निबन्ध चिन्तन के अवचेतन में नयी-नयी छवियों-स्थितियों-प्रकरणों, घटनाओं की स्मृतियों से रचनात्मक रूप धारण करके आया है। अचानक पाठक में अज्ञेय को पढ़ते-गुनते हुए यह आचार्य शुक्ल का कथन कौंध जाता है कि 'ये सम्बन्ध सूत्र एक दूसरे से नथे हुए, पत्तों के भीतर की नसों के समान, चारों ओर एक जाल के रूप में फैले हैं। तत्त्वचिन्तक या दार्शनिक केवल अपने व्यापक सिद्धान्तों के प्रतिपादन के लिए उपयोगी कुछ सम्बन्ध-सूत्रों को पकड़कर किसी ओर सीधा चलता है और बीच के ब्यौरों में कहीं फँसता है। पर निबन्ध लेखक अपने मन की प्रवृत्ति के अनुसार स्वच्छन्द गति से इधर-उधर फूटी हुई सूत्र शाखाओं पर विचरता चलता है। यही उसकी अर्थ सम्बन्धी व्यक्तिगत विशेषता है। अर्थ-सम्बन्ध सूत्रों की टेढ़ी-मेढ़ी रेखाएँ ही भिन्न-भिन्न लेखकों का दृष्टिपथ निर्दिष्ट करती हैं। एक ही बात को लेकर किसी का मन किसी सम्बन्ध सूत्र पर दौड़ता है, किसी का किसी पर। इसी का नाम है एक ही बात को भिन्न-भिन्न दृष्टियों से देखना।' दृष्टियों की इसी भिन्नता के कारण पाठ या टेक्स्ट का हर पाठक अलग अर्थ निष्पन्न करता है। इस तरह पाठक ही लेखक के 'पाठ' में नया निजी अर्थ सृजित करता है—पाठ में सोए अर्थ को जगाकर उससे संवाद करता है, और कभी-कभार उन अर्थों को खोलता है जो शक्ति-सत्ता की आकांक्षा वालों ने दबा दिये थे। 'इस तरह कविता या निबन्ध में व्यक्तित्व या व्यक्तिगत विशेषता का मूल आधार यही है। दूसरे यह देखना जरूरी है कि अज्ञेय के निबन्धों में वैचारिक तनाव की मात्रा इतना ज्यादा रहती है कि तनाव में झोल नहीं पड़ने पाता। अज्ञेय अपनी सम्पूर्ण मानसिक सत्ता के साथ 'त्रिशंकु' के निबन्ध हों या अन्य निबन्ध संग्रहों के निबन्ध उन्हें अनेक शैलियों में लिखने पर भी अपनी 'उपस्थिति' दर्ज कराते रहते हैं।

छोटे से छोटे विचार को गम्भीर विषय बनाना और हर कोने से विशद् विचार-विश्लेषण—फिर संश्लेषण करना अज्ञेय की निबन्ध कला का अंग है। नाना अर्थ सम्बन्धों के वैविध्य—वैचित्र्य, ध्वनिगत वक्रताओं की भंगिमाओं से भाषा में अर्थ का ऐसा खेल शुरू होता है कि गतिशील अर्थ की परम्परा खिलखिलाने लगती है। प्रत्येक विचार, वस्तु, प्रतीक, मिथक, बिम्ब, रूपक, आख्यान, इतिवृत्त पुराण के अनेक प्रकार के विवरणों—वर्णनों—कथनों, उक्तियों पर दृष्टि गड़ाने वाला अज्ञेय का निबन्धकार मित्रता की सनातनता में विश्राम पाता है—यही उसके वैचित्र्यपूर्ण आनन्द का अमृतकलश है, जिसे वह अपनी अनुभूति की भट्ठी पर चढ़ाकर तपाकर पाता है। सामयिक चिन्ताओं—चुनौतियों—समस्याओं, देश और काल की स्थितियों पर अज्ञेय एकाग्र होकर सोचते हैं और उनका 'उड़ चल हारिल' मन का अपराजेय संकल्प अनथक पंखों की चोटों से विचारों के नभ में हलचल मचा देता है। फिर

अज्ञेय कथाकार, कवि, अनुवादक, संस्मरणकार, पत्रकार, संयोजक, सम्पादक अनेक तरह के बहुवचन रहे हैं। अनेक विधाओं में प्रवीण अज्ञेय ने अपने रचना-कर्म, सम्पादन-कर्म, यायावरी अनुभवों के 'फ्यूजन' से निबन्धों में एक नये तरह का रासायनिक घोल प्रस्तुत किया है। अन्तःसंघर्ष की अपनी कमाई को अज्ञेय ने जीवन भर निबन्ध लिखने में लगाया। प्रयोगवाद-प्रगतिवाद, छायावाद—नयी कविता के किसी निबन्धकार ने चाहे मुक्तिबोध हों—विजयदेव नारायण साही हों इतने निबन्ध नहीं लिखे—जितने अकेले अज्ञेय ने लिखे हैं। यह सच है कि उनके ज्यादातर निबन्ध कवि-कर्म के आधुनिक संकट की चुनौतियों पर केन्द्रित रहे हैं।

अज्ञेय के निबन्धों में टी. एस. इलियट के निबन्धों की तरह काव्य और आलोचना का ऐसा सम्मिश्रण और सामंजस्य है कि रक्त और त्वचा की तरह एक को दूसरे से अलग नहीं किया जा सकता है। अज्ञेय की आलोचना को इलियट की तरह निजी काव्य-कर्मशाला (पोयट्री वर्कशाप) का उपजात (बाई प्रोडक्ट) या काव्य-सृजन के सन्दर्भ में अपने चिन्तन का विस्तार और निखार मानना चाहिए। अज्ञेय अपने साहित्यिक कृतित्व में अपने को मूलतः कवि ही मानते हैं और हर कोण और मोड़ से कवि-कर्म को ही प्राथमिकता देते हैं। 'त्रिशंकु' के सभी निबन्ध साक्षी हैं कि उन्होंने काव्य-सृजन-प्रक्रिया प्रेरणा-प्रयोजन उपादान आदि के विषय में जो चिन्तन-मनन किया है उसी से उनकी आलोचना दृष्टि और थियरी की उत्पत्ति हुई है। हाँ, यह बड़ी बात है कि अज्ञेय की काव्य-कर्मशाला में का उपजात आलोचना-कर्म में कारयित्री और भावयित्री प्रतिभाएँ परस्पर पूरक रही हैं। फलतः उनके कवि में आलोचक और आलोचक में कवि 'हरमाफ्रोडाइट' की तरह जुड़े हुए हैं। निबन्धों में नये विचारों का परिष्कृत (पर्कोलेट) होकर आना इसी प्रक्रिया की उपज है। न अज्ञेय की कविता में उत्तेजना का उच्छ्वास है न निबन्धों में। वही धैर्य-संयम-सन्तुलन, शब्द की तलाश, शब्द-संस्कार, शब्द का सही प्रयोग उनकी एक क्लासिक मूर्ति निर्मित करता है। उनका 'सच्चा' नाम उनके चुप्पा-मौन-मंथन में 'मनहूस' नहीं है जैसा कि हिन्दी के एक नामी आलोचक को दिखाई दिया है। अज्ञेय का सर्जक और अज्ञेय का आलोचक एक दूसरे से दूरी रखने पर भी अपनी अनन्तता में अभिन्न हैं। हाँ, अज्ञेय का कवि अच्छा आलोचक हो—'यह जरूरी नहीं है, किन्तु हो भी सकता है। अज्ञेय ने सर्जक और पाठक दोनों की दृष्टि से अपने चिन्तन-प्रधान निबन्धों की सृष्टि की है। मूल बात यह कि अज्ञेय के निबन्धों का चिन्तनपरक, अनुसन्धानात्मक पक्ष केवल पाठक के लिए नहीं है—वह सर्जक और पाठक दोनों के लिए हैं। अज्ञेय के चिन्तन की मौलिकता इस बात में है कि टी. एस. इलियट की सिद्धान्त दृष्टि से प्रभावित होने पर भी वे इलियटीय दृष्टि के नकलची नहीं हैं। वे भारतीय दृष्टि

से इलियट और पश्चिम को परखते हैं—स्वाधीन दृष्टि से। दृष्टि की इस स्वाधीनता ने ही अज्ञेय को मौलिक अलीकी चिन्तक के पद से कभी स्खलित नहीं होने दिया है। इसलिए अज्ञेय की सर्जन-चिन्तन दृष्टि पर प्रभाव तो बहुतों का है, लेकिन अनुगमन किसी का नहीं है। बार-बार वैयक्तिकता की बात करने पर भी वे निर्वैयक्तिकता के साधारणीकरण के गहरे अर्थों में समर्थक हैं।

'त्रिशंकु' हो या कोई अज्ञेय का अन्य निबन्ध-संग्रह उनके निबन्धों का उद्देश्य है पाठकों को नये के प्रति जागृत करना, रुचि-परिष्कार करना, जड़ीभूत सौन्दर्याभिरुचियों को तोड़कर नया पाठक-समाज तैयार करना ताकि कठिन कवि-कर्म की जटिल संवेदना को वह 'ग्रहण करने में समर्थ हो सके।' उनकी दृष्टि में अभिनवगुप्त का 'सहृदय' नहीं है आचार्य हजारीप्रसाद द्विवेदी वाला 'साहित्य का सहचर', 'साहित्य का साथी', 'साहित्य का सगोतिया' है। गहरे बहुत-गहरे में अज्ञेय पर जयशंकर प्रसाद और आचार्य हजारी प्रसाद द्विवेदी के चिन्तन का बहुत दूर तक प्रभाव है। क्या करें अज्ञेय के इस पक्ष पर बहुत कम सोचा गया है जबकि सोचने की अपेक्षा है। नये कवि-कर्म को नयी दृष्टि से देखने की क्षमता, बौद्धिक-विवेक-वयस्कता को अज्ञेय के यहाँ बहुत आदर है। इसलिए वे आलोचना कर्म के नये मानदण्डों की तलाश में जूझते-खपते रहते हैं और फार्मूलाबद्ध प्रगतिवादी मानदण्डों का विरोध करते हैं। इस प्रगतिवाद-विरोध के कारण ही हिन्दी के मार्क्सवादी आलोचक अपनी प्रतिबद्धताओं को लुटता-पिटता देखकर अज्ञेय के प्राणों के पीछे पड़े रहे हैं। घाट-घाट का पानी पीने वाले अज्ञेय ने अपने विरोधियों से शक्ति पायी है और कहा है कि 'मैं वह धनु हूँ जिसे साधने में प्रत्यंचा टूट गयी है।' सन् 1943 ई. में 'तारसप्तक' प्रकाशित हो चुका था, अज्ञेय पर चौतरफा प्रहार हो रहे थे और अज्ञेय बिना रुके बिना झुके 1945 ई. में सरस्वती प्रेस बनारस से 'त्रिशंकु' निकालते हैं। 'त्रिशंकु' के भीतरी पृष्ठ के साथ लिखा है 'संघर्ष-युग में साहित्य'। श्रीपतराय और अज्ञेय में मित्र-संवाद रहा है—दोनों के मित्र-संवाद से भरे अनेक पत्र इसका प्रमाण हैं।

'त्रिशंकु' की 'भूमिका' अज्ञेय की मनोभूमि का सच्चा परिचय देती है—यहाँ अज्ञेय के कवि का अवचेतन भाषा में बोलता मिलता है। वे लिखते हैं— 'आलोचना' में 'नया' कम होता है, जितनी कुछ मौलिकता उसमें हो सकती है, इस पुस्तक के निबन्धों में उतनी भी नहीं है। कई वर्षों के अध्ययन का जो पहले साध्य होकर भी सुलभ था और अब साधन होकर भी क्रमशः दुर्लभ होता जाता है—"सहारा लेकर साहित्य के बारे में जो कुछ धारणाएँ बना पाया हूँ और उनके सहारे हिन्दी साहित्य को जैसा समझा हूँ वही बताने का प्रयत्न इन लेखों में किया गया है।" इस कथन की व्यंजना यह है कि साहित्य की अवधारणाओं पर अज्ञेय की दृष्टि रही है।

अज्ञेय ने संकेत से कह दिया है कि इन निबन्धों में नये सिद्धान्तों का प्रतिपादन किया गया है—'ये निबन्ध आधुनिक हिन्दी लेखक, पाठक और आलोचक के काम के सिद्ध होंगे। और नहीं तो इसीलिए कि इनमें प्रस्तुत किये गये सिद्धान्तों का प्रतिपादन हिन्दी में प्रायः नहीं किया गया है और न उनके सहारे आधुनिक हिन्दी साहित्य की प्रवृत्तियों का मूल्यांकन करने का कोई प्रयत्न हुआ है। हिन्दी में आलोचना क्रमशः उन्नति कर रही है, पर आलोचना के नाम से निरे 'उच्छ्वास' से बढ़कर भी हम अभी प्रायः आख्यात्मक आलोचना तक ही आते हैं। मूल्यांकन के प्रयत्न हमारी आलोचना में नहीं के बराबर होते हैं। अर्थात् आलोचना का दायित्व है कि वह कृतियों के पाठ-विमर्श या भाष्य-व्याख्या के साथ मूल्यांकन करे। मूल्यांकन के लिए नयी मूल्यदृष्टि के प्रतिमान चाहिए। पुराने प्रतिमानों से नयी कृतियों का मूल्यांकन नहीं किया जा सकता।'

उन्हें इन निबन्धों को लिखने की प्रेरणा के पीछे नयी दृष्टि से नये प्रतिमानों की अवधारणाओं पर नये सिरे से विचार करना है। 'स्थापित' को 'विस्थापित' करने का अर्थ है—पाठ की नयी पढ़त। इसी संकल्प के साथ अज्ञेय ने अपने युग की सैद्धान्तिकी का बदले सन्दर्भों में नया भाष्य किया है। प्रगतिशीलों ने अपनी 'थियरी' को खूँटों से बाँध दिया और आधुनिकतावादियों ने थियरी पर ध्यान कम दिया। आधुनिकतावादी अमेरिका की 'न्यू क्रिटिसिज्म' की ओर झुकते गये—जिसमें मूल्य दृष्टि का स्थान लगभग नहीं था। उसका परिणाम यह हुआ कि साहित्य सामाजिक दायित्व को नकारा गया। अज्ञेय इस तरह के आधुनिकतावाद के प्रति जागरूक थे और साहित्य के सामाजिक दायित्व के प्रति वचनबद्ध। इस दृष्टि से अज्ञेय का व्यक्ति स्वातन्त्र्य सिद्धान्त पश्चिमी ढंग का व्यक्तिवाद नहीं है जिसमें अन्य या 'अदर' को स्थान न हो। अज्ञेय के 'मैं' में 'अन्य' अनिवार्यता अन्तर्भुक्त है। हिन्दी की जीवन्त साहित्यिक परम्पराओं में 'शिवेत रक्षतये' का आदर रहा है। और यह आदर अज्ञेय की दृष्टि में सदैव विद्यमान रहा है। भारतीय शब्दार्थ के दर्शन को अज्ञेय ने श्रम से पाया है और वह औपनिवेशिक प्रतिमानों को पास नहीं फटकने देते। हाँ, वैज्ञानिक चिन्तन और मानवीय चिन्तन की ताजा उपलब्धियों को उन्होंने खुले मन से ग्रहण किया है। वह मानते रहे कि अभिनवगुप्त, कुन्तक, मम्मट, जगन्नाथ, रामचन्द्र शुक्ल से या फिर अरस्तू, लोंजाइनस, वर्ड्सवर्थ, कॉलरिज, एलियट - लारेन्स, मार्क्स-फ्रायड, नीत्से, हाईडेगर से हम लाख असहमत हों मानवीय चिन्तन-यात्रा में उनके प्रदेय के महत्त्व को अस्वीकार नहीं कर सकते। इसके साथ ही मानवीय चिन्तन का कोई भी पड़ाव अन्तिम नहीं है। सच्चाई के भाष्य बदलते रहते हैं। इसलिए सिद्धान्तधारा नदी के प्रवाह की तरह होती है जो पुराने तटों को तोड़ती रहती

है और नये तटों का निर्माण। इसी दृष्टि के साथ अज्ञेय ने 'त्रिशंकु' के निबन्ध लिखे हैं।

यह निबन्ध-संग्रह दो विदेशी अध्यापकों को—फ्रेडरिक विलियम हेण्डरसन, जेम्स मार्टिनबनेड तथा दो स्वदेशीय सहयोगी हजारीप्रसाद द्विवेदी और वत्सराज भणोत को समर्पित है। इनमें से वत्सराज भणोत अज्ञेय के सगे भाई हैं और तीन विद्वान नायक। हेण्डरसन और बनेड दोनों अज्ञेय के लाहौर में फोरमन कॉलेज में अध्यापक रहे और क्रान्तिकारिता का पाठ इन्हीं अध्यापकों ने अज्ञेय को पढ़ाया। अज्ञेय के लेखन के प्रेरणास्रोतों में भी ये दोनों विद्वान अध्यापक रहे हैं। अब रहे आचार्य हजारीप्रसाद द्विवेदी। हीरानन्द शास्त्री के पुत्र सच्चिदानन्द वात्स्यायन में आचार्य हजारीप्रसाद द्विवेदी के अगाध पाण्डित्य के प्रति अपार श्रद्धा का भाव है। आचार्य द्विवेदी शास्त्रजड़ता से मुक्त आधुनिक—प्रसन्न सहृदय चक्रवर्ती हैं। आचार्य के प्रति अज्ञेय का इतना लगाव रहा है कि अज्ञेय कि जीवन में एक समय ऐसा आया कि आचार्य द्विवेदी के मित्र-शिष्य हो गये। अज्ञेय ने सन् 1939-40 के आसपास आचार्य हजारीप्रसाद द्विवेदी के प्रधान सम्पादकत्व में ग्रन्थमाला सम्पादन का कार्य शुरू करवाया। 'हिन्दी साहित्य परिषद मेरठ' के सौजन्यपूर्ण सहयोग से 'आधुनिक हिन्दी साहित्य' 1940 में प्रकाशक गिरिजाशंकर वर्मा—अभिनव भारती ग्रन्थमाला, कलकत्ता से प्रकाशित हुआ। इस तरह अज्ञेय लगातार आचार्य द्विवेदी की छत्रछाया का लाभ उठाते रहे और 'स्मृतिलेखा' में अज्ञेय ने आचार्य को 'बीसवीं शताब्दी का बाणभट्ट' कहते हुए लिखा—"यह न मेरी यात्रा थी, न हजारीप्रसाद जी से पहली भेंट। उनसे पहली बार मिलना इससे तीन वर्ष पूर्व हो चुका था; शान्तिनिकेतन भी पहली बार जा चुका था और पण्डितजी के साथ कभी-कभी चाय चक्रम में बैठकर विश्व भारती के संकाय से परिचित हो चुका था। हजारीप्रसाद जी के साथ एक ऐसी आत्मीयता का सम्बन्ध बन गया था कि हम लोग बहुधा संकेत से ही बातचीत का लक्ष्य पूरा कर लेते थे : कभी-कभी जोर से हँस उठते थे और दूसरों को वह हँसी अकारण या अबूझ जान पड़ती थी। एक चुप्पा व्यक्ति और एक आचार्य— दोनों बिना प्रत्यक्ष कारण के ठठाकर हँस पड़े, यह बहुत से लोगों की समझ में न आने वाली बात तो थी ही।" (स्मृति-लेख 131) दोनों की वनस्पतियों में गहरी रुचि और वृक्षों-लताओं के शास्त्रीय-देशज नामों के सन्दर्भ मित्र-भाव से जुड़े रहे हैं।

अज्ञेय ने आगे लिखा, "ऐसा नहीं है कि बात वनस्पतियों के नामों तक ही सीमित रह जाती हो या संस्कृत तक ही सीमित रहती हो। पशु-पक्षियों, रत्नों, जनजातियों के नाम और उनसे सम्बद्ध किंवदन्तियाँ, कवि-प्रसिद्धियाँ और लोक विश्वास सभी हमारी पड़ताल के घेरे में आ जाते थे। मानो विश्वभर के सांस्कृतिक

नृतत्त्व की पोथियाँ हमारे सामने खुल जाती थीं।' (वही, पृ. 132) बातचीत में साहित्यिक सन्दर्भों का पिटारा खुला रहता था। अज्ञेय को याद है कि काशी के पण्डितों में—आचार्यों में बड़े सूक्ष्म व्यंग्य की या चुटकियाँ लेने की विदग्ध परम्परा थी, जिसका प्रतीक पुरुष आचार्य रामचन्द्र शुक्ल को या पं. केशव प्रसाद मिश्र को माना जा सकता है। लेकिन काशी में आचार्य हजारीप्रसाद द्विवेदी के तनावभरे वर्ष बीते और उनके सबसे रचनाशील वर्ष इस काशी विश्वविद्यालय ने ले लिये। यह सब होने पर भी आचार्य द्विवेदी ने पूरे हिन्दी समाज को संस्कृति की दीक्षा देने का संकल्प कभी कम नहीं होने दिया। आचार्य का यह संकल्प एक खास अर्थ में अज्ञेय के निबन्धों की विशेषकर 'त्रिशंकु' के निबन्धों की रचना में प्रेरणा रहा है। क्योंकि अज्ञेय की निगाह में साहित्य के गुरु आचार्य हजारीप्रसाद द्विवेदी और रवीन्द्रनाथ ठाकुर—पूरे भारतीय समाज को सांस्कृतिक दीक्षा देने वाले दीक्षा-गुरु थे। दोनों ने शास्त्र-ज्ञान को लोक-सन्दर्भों से जोड़कर उनकी मान्यताओं को नये सन्दर्भों में प्रस्तुत करना आवश्यक समझा है। 'अशोक के फूल' और 'प्राचीन भारत के कलात्मक विनोद' के विचारों का अज्ञेय के मन पर गहरा संस्कार रहा है कि ऐसी व्यवस्था करते रहो कि पाण्डित्य कभी बोझ न बने। अज्ञेय को यह भी समझ में आया कि परम्परा के मूल चिन्तन केन्द्रों से जुड़े बगैर संस्कृति के ऊपर विचार करना बेमानी है।

'त्रिशंकु' के निबन्धों में यह बात साफ दिखाई देती है कि आलोचना एक बौद्धिक रचना है और बुद्धि की मुक्तावस्था को साधने वाली मानव-वृत्ति। कवि अज्ञेय को परम्परा, संस्कार आधुनिकता की अवधारणाओं पर बात करते समय हमेशा ध्यान रहता है कि हम वाचिक और श्रवण परम्परा के लोग हैं। आधुनिक पश्चिमी देशों में छापे के आविष्कार ने यह सब बदल दिया अर्थात् वाचिक परम्परा को धूल में ध्वस्त करके दम लिया। प्रत्यक्ष प्रमाता का स्थान अप्रत्यक्ष-पाठक-लेखक ने ले लिया "मेरा बाल्यकाल इसी संक्रमण का काल था। मेरे गुरु स्थानीय स्व. मैथिलीशरण गुप्त वाचिक परम्परा के अन्तिग महाकवि थे : उनका शिष्य मैं जब लिखने लगा तो नयी रचना-स्थिति के तर्क को पूरी तरह स्वीकार करके; और यह जान-मान करके कि नयी रचना-स्थिति के तर्क, नयी सम्प्रेषण स्थिति के नियामक प्रभाव को पूरी तरह स्वीकार करके ही 'आधुनिक' कवि हुआ जा सकता है। फिर वह आधुनिकता चाहे जितनी कठिनाइयाँ अपने साथ लाये।" (सर्जना के क्षण—भूमिका अज्ञेय) पूरी रचना-स्थिति पर दृष्टि को दौड़ाते हुए कहा—हमारे साहित्य में न तो हमें पूरी तरह-अनास्था दीखती है, न पूरी तरह आस्था दीखती है, न पूरी तरह चिन्ता दीखती है। उनकी चिन्ता, उनकी अनास्था, उनका त्रास हमको दीखता है। 'और उस आधार पर हम अपने को आधुनिक मानते हैं, हमारी क्या चिन्ता होनी चाहिए इसकी कोई

चिन्ता हमें नहीं है।"

'त्रिशंकु' का लेखन काल गाँधी-युग या सत्याग्रह-युग है और चारों ओर गाँधी के अन्तर्ध्वनित सत्य गूँज रहे हैं। इस समय तक अज्ञेय विद्रोही हैं–क्रान्तिकारी हैं–उनकी कोई आस्था गाँधी चिन्तन में नहीं है। हो सकता है राम मनोहर लोहिया, आचार्य नरेन्द्र देव, जय प्रकाश नारायण, बाबा साहेब अम्बेडकर उस समय उनके विचारों को झनझनाते हों, किन्तु अज्ञेय इस विषय में मौन हैं। केवल इतना कहते हैं, "मैं यह भी नहीं जानता कि इस प्रश्न का कोई राजनीतिक उत्तर भी हो सकता है। ...इस प्रश्न का राजनीतिक उत्तर इसलिए नहीं हो सकता कि यह प्रश्न राजनीति से बड़ा है। हमें राजनीति में इस प्रश्न का उत्तर नहीं खोजना है; बल्कि इस प्रश्न के उत्तर में सही राजनीति खोजनी है। हमारी आज की जो असल चुनौती है वह यहीं से आरम्भ होती है कि हमें मानव जीवन के सम्पूर्ण राजनैतिकीकरण का विष-व्यूह तोड़ना है। महात्मा गाँधी के जीवन काल में उनके राजनैतिक आन्दोलन की कई प्रवृत्तियों का मैं कटु आलोचक रहा, लेकिन मैं समझता हूँ कि जीवन के सम्पूर्ण राजनैतिकीकरण के सम्भाव्य दुष्परिणामों को गाँधीजी अच्छी तरह समझते थे। इसीलिए उनका राजनैतिक चिन्तन सदैव राजनीति को व्यापकतर धार्मिक और आध्यात्मिक सन्दर्भों से भी जोड़ता रहा।" गाँधी का तर्क अज्ञेय ने अपने लिए ग्रहण किया तो यह मानकर चले कि बौद्धिक स्वातन्त्र्य का दावा शुद्ध राजनीति का दावा नहीं है–यह दावा राजनीतिक-सन्दर्भ से बड़ा दावा है। क्योंकि स्वाधीनता राजनीतिक स्वातन्त्र्य से बड़ी है। इस दृष्टि से अज्ञेय की भारतीय आधुनिकता के अनेकार्थी पाठ हैं और उनकी रचना की समस्या में निर्वैयक्तिकता का बड़ा हाथ रहता है। अज्ञेय परम्परा को टी. एस. इलियट से व्यापक और भिन्न अर्थ में ग्रहण करते हैं और परम्परा को दाय-संस्कार मानते हैं। उनके यहाँ संस्कारवान होने की क्रिया ही आधुनिकता है। फिर हिन्दी सदैव विद्रोहों की भाषा के साथ आधुनिक संस्कारों से सम्पन्न रही है। हिन्दी का देश ही भाषाओं और संस्कृतियों के संगमों का देश रहा है। इस भाषा ने भारतीय संस्कृति और भारतीयता के बोध को जीवित रखा है। इस तरह संस्कार और संवेदना दोनों के बीच सेतु बनते रहे हैं अज्ञेय। और कहते रहे हैं–'बढ़े चाहे बोझ जितना शास्त्र का, इतिहास का, रूढ़ि के विन्यास का, या सूक्ति का, कम नहीं ललकार होती जिन्दगी की' इसलिए अज्ञेय आधुनिक होते हुए भी पश्चिमी अर्थ में आधुनिकतावादी नहीं है जैसा कि कुछ अंग्रेजी पढ़े लोग उन्हें सिद्ध करते रहे हैं।

स्वयं अज्ञेय ने प्रश्नाकुल भाव से यह विचार व्यक्त किया है कि "जिन बहुसंख्य लोगों से मेरा सांस्कृतिक परम्परा का साझा है, क्योंकि मैं मूलतः भारतीय हूँ और एक

प्रकार का हिन्दू भी—उन लोगों से मेरी संवेदना भिन्न है। किन्तू दूसरी ओर जिन अल्पसंख्यक लोगों की संवेदना मुझ-सी है उनसे संस्कार-परम्परा के विषय में मेरा कोई मेल नहीं है। तब मैं किसके लिए लिखता हूँ?' मूल बात यह है कि अज्ञेय की आधुनिक संवेदना डी. एच. लारेन्स, टी. एस. इलियट से भिन्न है। अज्ञेय ने 'त्रिशंकु' के पहले ही निबन्ध 'संस्कृति और परिस्थिति' में डी. एच. लारेन्स को विस्तार से उद्धृत किया है। ताकि औद्योगिक सभ्यता के विस्तार प्रसार से उत्पन्न सांस्कृतिक संकट की ओर भारतीय पाठकों-बुद्धिजीवियों का ध्यान आकृष्ट किया जा सके। अज्ञेय ने कहा है—"इसीलिए साहित्य के प्रश्न को साहित्य के या साहित्यालोचन के संकुचित घेरे से निकालकर मैं उसे एक सांस्कृतिक विभूति के रूप में दिखाना चाहता हूँ। यह रूप उसे प्राप्त होता है, यह सब जानने के लिए आप को समाज के संगठन की ओर ध्यान देना होगा।" (त्रिशंकु-संस्कृति और परिस्थिति) उन्होंने इस बात पर भी यहाँ ध्यान दिलाया कि पुराने सामाजिक संगठन के टूटने से उसकी सजीव संस्कृति और परम्परा मिट गयी है— हमारे जीवन में से लोकगीत, लोकनृत्य फूस के छप्पर और दस्तकारियाँ क्रमशः निकल गयी हैं और निकलती जा रही हैं। बात केवल इतनी नहीं है कि जीवन देहाती न रहकर शहरी हो गया है जीवन का ढंग ही नहीं बदला, जीवन ही बदला है। अब जीवन देहाती रहा है न शहरी। उसे संगठन के सूत्र में बाँधने वाले अन्तःसूत्र टूट गये हैं। यन्त्र युग की निर्मम मार भारत पर पड़ी है— प्रगति भारी पड़ी है। कलकत्ते के 'गार्डनरीच' बम्बई के 'वरलो चाल्स' का उदाहरण देकर कहा कि विनाशक-क्रिया का खेल प्रकृत जीवन को निगल गया है। "यह विनाशक-क्रिया, मानव जीवन की स्वाभाविकता का यह ध्वंस, समाज संगठन के ह्रास का ही बाह्य लक्षण है। इसी क्रिया को इंग्लैण्ड में देखकर वहाँ का का दिव्य कलाकार डी. एच. लारेन्स फूट उठा था।' इसलिए फूट पड़ा था कि पुराने इंग्लैण्ड को नये इंग्लैण्ड ने ध्वस्त कर दिया और यह दर्दनाक इतिहास सामने था। यही बात कष्टदायक रही है कि जो नैरन्तर्य है वह आर्गेनिक नहीं है, यान्त्रिक है।

यहाँ अज्ञेय का बौद्धिक बड़ी पीड़ा से बयान दे रहा है कि पुरानी संस्कृति मर रही है और संस्कृति का प्रश्न हमारे जीवन-मरण का प्रश्न है। यह दुहराने की आवश्यकता नहीं कि पुरानी व्यवस्था के टूटने का कारण मशीन है। पुराने लुहार को अनुभव की लम्बी-परम्परा बहुत कुछ देती थी, उसका अपना अनुभव संचित-ज्ञान था। "वह सब अब नहीं रहा, आज के श्रमिक के लिए जीवन का अर्थ है— एक निरर्थक यान्त्रिक क्रिया की बुद्धिहीन अनवरत आवृत्ति।" पुराना दस्तकार निरक्षर होकर भी संस्कृत था, आज का मजदूर जासूसी किस्से और सिनेमा, पत्र पढ़कर भी घोर अशिक्षित है। उसकी जीवन की शिक्षा एक अकेली अर्थहीन यान्त्रिक क्रिया तक

सीमित है। यहाँ प्रश्न यन्त्र-युग के आर्थिक आधार तक सीमित नहीं है– प्रश्न आर्थिक से बढ़कर सांस्कृतिक है। 'मशीन ने केवल रोजगार नहीं मारा, मशीन से मानव का एक अंग मर जाता है, उसकी संस्कृति नष्ट होती है।' और 'प्रगति' के नाम पर उसकी संस्कृति की जीवन लय मटियामेट हो जाती है। मशीन-युग का मानव दो अवस्थाओं की यन्त्रणा भोगता है–एक जिसमें मेहनत है–पर जीवन स्थगित है दूसरा जिसमें जीवन को पाने की उत्कट प्यास है। यह 'द प्राब्लम ऑफ लेजर' की समस्या यन्त्र-युग की देन है। ऐसा नहीं कि पहले किसान श्रम के साथ सुस्ताने नहीं थे यह सुस्ताना जीवन का 'बाई प्रोडक्ट' था–उसका ध्येय नहीं था। किन्तु आज के श्रमिक के लिए रोजगार एक पदार्थ है उसके दाम लगते हैं, बस।' आज जो बाजारवाद, उपभोक्तावाद की संस्कृति भारत में आ रही है, उसके कदमों की आहट अज्ञेय 1940-1945 में सुन रहे थे। आधुनिक यन्त्र-युग के जीवन में 'संस्कृति के केन्द्र साहित्य' को जगह नहीं है और मनोरंजन के नाम पर घाटिया सेक्स और हिंसा का प्रदर्शन, नारी देह पर धावा–धर-पटक का खेल। सभ्यता में बँधे लोग गल्प साहित्य में तृप्ति खोजते हैं, पर वहाँ अतृप्ति ही अतृप्ति है। अनुभूति की गहराई, सूक्ष्मता, विशालता-व्यापकता के नाम पर छाया जीवन का कच्चापन सतही-छिछलापन। अज्ञेय मनोविश्लेषण शास्त्र के क्षतिपूर्ति सिद्धान्त से नये संकटों का संकेत देते हैं, क्योंकि यह क्षतिपूर्ति पुष्ट जीवन का मनोरंजन नहीं है। आधुनिक पत्र-पत्रिकाएँ, सिनेमा-थियेटर, अखबार, रेडियो सभी अप्राकृतिक मनोरंजन जीवन से पलायन कर जीवन को सस्ता बना रहे हैं उसका अर्थ और महत्त्व नष्ट कर रहे हैं।

पश्चिमी आधुनिकता में 'प्रगति' का अर्थ है गम्भीर सतहों को तोड़कर जीवन में सस्ता छिछलापन परोसने की तैयारी। आज का युग 'मॉसिस' का युग है और मॉस कल्चर की मांस अपील का बोलबाला है। मॉस अपील के लिए हिन्दी की कुछ पत्रिकाएँ खोटी धातु मिलाकर जीवन को सस्ता बना रही हैं। प्रेम नदी, प्रेम छत, प्रेम नगर, प्रेम द्वार बन गये तो 'प्रेम' वासना बन गया। बाजार में चमकने लगा, खोटा हो गया–'मैं तुमसे प्रेम करता हूँ' का सिक्का खोटा हो गया। प्रामिस को सच्चा करने वाला गोल्ड रिजर्व नहीं रहा है। शब्द ही सस्ता नहीं हुआ–मानसिक जीवन भी सस्ता हुआ। इतना सस्ता हुआ कि आज नामी हिन्दी पत्रिकाएँ 'महाप्रेम विशेषांक' निकालकर धोखा दे रही हैं जबकि उन्हें पता है प्रेम का गहरा अर्थ सदा के लिए विदा हो चुका है। पूरी प्रेम परिस्थिति बदल गयी है।

आज उत्तर-आधुनिकतावाद की संस्कृति ने जिस मीडिया क्रान्ति के नाम पर सांस्कृतिक मीडिया साम्राज्यवाद का जाल फैलाया है जिसकी चर्चा बाल्टर बेंजामिन, थियोडोर एडोर्नो, जुरगेन हैबरमास, लुईस आलथूसे, फ्रेड्रिक जेमेसन करते हैं और

जिसे लेकर टेरी इगल्टन उत्तर-आधुनिकता का शोक गान गाते है जिसमें वैश्विक पूँजी का सांस्कृतिक तर्क उपभोग के लम्पट समय से जुड़ा हुआ है और बाजारवाद का वर्चस्ववाद इजारेदारी व्यवस्था में हर चीज को बेंच रहा है– औरत-आदमी की देह हो या विचार मिशेल फूको, एडवर्ड सईद, सूसन सौटैंग, जुलिया क्रिस्टीना, देरीदा, मिखाइल बाख्तिन, ज्याँ बोद्रिला कह रहे हैं–आदमखोर संस्कृति आ रही है। टेक्नोलॉजी पर आधारित संचार सूचना क्रान्ति, हाई माडर्निज्म का राक्षस। और बर्बर व्यक्तिवाद के साथ अन्धी उपभोक्ता संस्कृति उत्तर-आधुनिक समय के नये पाठ रच रही है। सभी मूल्य ध्वस्त हो गए हैं। अवधारणाएँ मर रही हैं और अब बाजार ही नियामक शक्ति है। प्रथम विश्वयुद्ध के बाद और दूसरे विश्वयुद्ध के बीच जो मूल्यान्धता यूरोप में पैदा हुई थी उसका सच्चा यथार्थ अज्ञेय ने प्रस्तुत करते हुए कहा है "इस परिस्थिति का परिणाम यह है कि आधुनिक जीवन विज्ञापन की नींव पर खड़ा है–बिना विज्ञापन के आधुनिक सभ्यता चल नहीं सकती।' आधुनिक युग में किसी कला ने उन्नति की है तो विज्ञापन कला ने की है। आज आधुनिक पत्र साहित्य का मुख्यांश विज्ञापनों पर जीता है।' इस तरह विज्ञापन ही आज के युग का ब्रह्म है और ब्रह्मास्त्र भी। इस परिस्थिति में सम्पादक विराट् व्यापारिक उद्योग का एजेंट बनकर रह गया है। प्रकाशन व्यवसाय में तो सम्पादक की स्वतन्त्रता मालिक के यहाँ गिरवी रखी है। सम्पादक का काम जनता को प्रबुद्ध बनाना नहीं रहा, धन कमाना रह गया है। मशीनयुग का व्यवसायी सम्पादक शब्द को भ्रष्ट कर रहा है और साहित्य को घटिया बना रहा है–विज्ञापनबाजी से ठगशास्त्र में दक्ष हो रहा है–'संस्कृति का मूल आधार भाषा है और भाषा का चरम उत्कर्ष साहित्य में प्रकट होता है। अतः साहित्य का पतन संस्कृति का और अन्ततः जीवन का पतन है–मशीन युग हमारे जीवन को सस्ता, घटिया और अर्थहीन बना रहा है।" (त्रिशंकु–संस्कृति और परिस्थिति)

प्रश्न है कि यन्त्र युग में गतिशील संस्कृति को कायम कैसे रखें? इस प्रश्न का उत्तर सरल नहीं है, क्योंकि विश्व-संस्कृति का सपना दिखाया जा रहा है। साहित्य की कला गर्वीली गरीबी में मुक्त थी आज बन्धक है। तब त्राण कैसे मिलेगा? हमें समझना होगा कि हमारी सभ्यता-संस्कृति साहित्य का उद्धार न विज्ञापन से होगा, न मशीन से। गांधी ने 'हिन्द-स्वराज' में जिस पश्चिमी सभ्यता को 'चाण्डाल सभ्यता' कहा था उसका पूरा इतिहास भूगोल अज्ञेय ने यहाँ पाठक के सामने रख दिया है। अज्ञेय ने कहा है हमें ऐसी शिक्षा की आवश्यकता है जो व्यक्ति की प्रसुप्त मानसिक शक्तियों का 'स्फुरण' करे।

अज्ञेय ने यहाँ आलोचक राष्ट्र के निर्माण का जोरदार विचार प्रस्तुत किया

है—"यदि शिक्षण आधुनिक जगत् के प्रति अपना दायित्व पूरा करना चाहता है तो उसे यह दुहरी जागरूकता पैदा करनी होगी। एक तो ऊपर वर्णित सांस्कृतिक विकास की क्रियाओं के प्रति और दूसरे तात्कालिक भौगोलिक और मानसिक परिस्थिति के प्रति और हमारी रुचियों, आदतों, विचारधाराओं और जीवन-प्रणालियों पर इस परिस्थिति के असर के प्रति। स्वस्थ संस्कृति में हम नागरिक को स्वतन्त्र छोड़कर आशा कर सकते हैं कि उसकी परिस्थिति से ही उसकी संस्कृति उत्पन्न और नियमित होगी; किन्तु आज यदि हम जीवन के गौरव की रक्षा करना चाहते हैं तो हमें परखने और मुकाबला करने की शक्ति को संगठित करना होगा, हमें एक आलोचक राष्ट्र का निर्माण करना होगा। यह अतिरिक्त जागरूकता ही बचने का एकमात्र उपाय है।" (वही) यह प्रचेतन जीवनी शक्ति ही हमारी कला-संस्कृति को बचा सकती है अन्यथा हम अपनी भाषा और संस्कृति को नष्ट करके पश्चिम के पिछलग्गू बनकर रह जायेंगे। इस तरह आधुनिक आलोचक राष्ट्र के निर्माण की संकल्पना ही अज्ञेय की उजली भारतीयता है—भारतीय आधुनिकता है। इसी में यह ध्वन्यर्थ निहित है कि बिना गहरी-विस्तृत अनुभूति के संस्कृति नहीं है।

'त्रिशंकु' में अज्ञेय का दूसरा लेख है— 'कला का स्वभाव और उद्देश्य'। वह इस प्रश्न से शुरू होते हैं— 'कला क्या है?' इस प्रश्न पर अज्ञेय ने पहले सूत्र फिर व्याख्या इस भारतीय प्रणाली को अपनाया—"कला सामाजिक अनुपयोगिता की अनुभूति के विरुद्ध अपने को प्रमाणित करने का प्रयत्न—अपर्याप्तता के विरुद्ध विद्रोह है।' (त्रिशंकु) उनका ध्यान काव्य, कला को लेकर वाल्मीकि रामायण में कौंच-वध की कथा पर गया। जिसकी ध्वनि है कि कविता मानव की आत्मा के आर्त्त-चीत्कार का रूप है। इस कौंच-वध घटना की कई व्याख्याएँ विद्वानों ने की हैं। अज्ञेय ने कहा कि यह खेतिहर सभ्यता या चरवाहा सभ्यता की अवस्था होनी चाहिए जब मानव आखेट करके मांस खाता था। कम विकसित समाज की कल्पना में मूक करुणा का भाव, अपर्याप्तता का बोध। प्रश्न उठता है कि अपर्याप्तता का क्या मतलब? 'समाज' का क्या अभिप्राय? कलाकार में अपर्याप्तता की चीत्कार से जरूरी नहीं है कि कलावस्तु ही उत्पन्न हो—उसकी अपर्याप्तता या हीनता उसे ग्रस भी सकती है। कलाकार समुदाय में एक प्रकार की अहम्मन्यता, दुर्विनीत श्रेष्ठता की भावना दीखा करती है, वह भी एक आत्म-रक्षा का कवच है। आधुनिक मनोविज्ञान की भी स्थापना है कि इस प्रकार की क्षतिपूरक क्रियाएँ मानव जीवन में बड़ा महत्त्व रखती हैं। 'कला कैसे उत्पन्न होती है' विचार में यह विचार मौजूद है कि कला किसलिए? कला एक अपर्याप्तता की भावना के प्रति व्यक्ति का विद्रोह है और सम्पूर्णता की ओर जाने का प्रयास। और व्यक्ति को सिद्ध प्रमाणित करने की चेष्टा।

अर्थात् एक प्रकार का आत्मदान है। इसलिए सच्ची कला कभी अनैतिक नहीं हो सकती। कलाकार का आत्मदान नैतिक अर्थ में 'स्वतः सुखाय' भी होता है। अतः 'कला कला के लिए' झूठ नहीं है, वह अत्यन्त सत्य है—लेकिन एक विशेष अर्थ में। अज्ञेय की कला सम्बन्धी इस अवधारणा को लेकर वामपंथियों ने बड़ा हो-हल्ला किया है तथा उन्हें समाज विरोधी, व्यक्तिवादी रचनाकार कहने में कोई कोर-कसर नहीं छोड़ी है।

अज्ञेय ने टी.एस. इलियट के विश्वप्रसिद्ध लेख 'ट्रेडीशन एण्ड इंडिविजुअल टैलेंट' का भावानुवाद 'रूढ़ि एवं मौलिकता' शीर्षक से किया है। जगह-जगह अज्ञेय ने अपनी व्याख्या उसके भावानुवाद में जोड़ दी है। इस तरह अज्ञेय इलियट में प्रवेश कर गये हैं और इलियट अज्ञेय में। अज्ञेय की वैज्ञानिक दृष्टिकोण में आस्था उन्हें एलियटीय आधुनिकता और परम्परा से अलग करती है। फिर इलियट केवल यूरोपीय परम्परा की ओर से बोलते हैं— यह दृष्टिकोण ईसाइयत की धर्म-भावना को गहने के कारण संकीर्णता का शिकार हो गया है। इसीलिए सावधान होकर अज्ञेय इलियटीय दृष्टिकोण को भावानुवाद में बदल देते हैं। यहाँ वे 'ट्रडीशन' के लिए 'रूढ़ि' शब्द का प्रयोग करते हैं लेकिन बाद के निबन्ध लेखन में 'परम्परा' शब्द को उपयोग में लाते है—और परम्परा में सातत्य और परिवर्तन दोनों की महत्त्व प्रतिष्ठा करते हैं।

यहाँ 'रूढ़ि और मौलिकता' में कहा है कि कलाकार जितना ही सम्पूर्ण होगा, उतना ही उसके भीतर भोगने वाले प्राणी और रचने वाले प्राणी की मनीषा का पृथकत्व स्पष्ट होगा। अक्सर लोग कहते हैं 'भारतवासी रूढ़िवादी होते हैं' कभी इस कथन में सराहना का भाव था, आज इसमें खलनायक भाव भर गया है। हर तरफ 'प्रगति' की चर्चा रूढ़ि की निन्दा। "साहित्य में भी, विशेषतया आलोचना के प्रसंग में यह फैशन सा हो गया है कि रूढ़ि का तिरस्कार किया जाय। जब यह तिरस्कार इतना स्पष्ट नहीं भी होता तब भी हम किसी आधुनिक लेखक की समकालीनता अथवा आधुनिकता का मूल्यांकन इसी कसौटी पर करते हैं कि वह किस हद तक रूढ़ियों को मानता अथवा तोड़ता है। उदाहरणतया हम प्रायः कहते हैं कि 'हरिऔध' रूढ़िवादी हैं तथा पन्त और निराला आधुनिक हैं यानी रूढ़ियों के प्रति विद्रोही हैं।" (त्रिशंकु) आगे कहा कि आलोचना के वर्तमान फैशन पर ध्यान न दे, तब भी पाठक पाता है कि आजकल कवि की रचनाओं में 'मौलिकता' पर जोर देने की परिपाटी चल पड़ी है। फलतः "आजकल का साहित्यकार अपनी 'भिन्नता' के लिए ही प्रशंसा पाता है। 'मौलिकता', 'भिन्नता' का ही पर्यायवाची बन गयी है। कवि को हम उसके पूर्ववर्तियों से, विशेषकर निकट पूर्ववर्तियों से, उच्छिन्न करके देख सकें तभी हमें

सन्तोष होता है।' (वही) पाठक खोजता है कि रचना में पूर्ववर्तियों की लम्बी परम्परा, उसके साहित्य की रुढ़ि, पुनः जी रही या जीवन्त हो रही है। इस अर्थ में रूढ़ि का पर्याय है—परम्परा। प्रश्न उठता है कि क्या 'रुढ़ि' की परिभाषा 'पुराने साहित्य की अग्राह्य और खण्डनीय परिपाटियाँ' ही हैं? क्या परम्परा का निर्वाह बीत गयी पीढ़ियों का अन्धानुकरण है? रूढ़ि क्या है? परम्परा का साहित्य में क्या स्थान है। और साहित्यकार के लिए क्या मोल?' फिर निवेदन किया कि रूढ़ि की रूढ़िग्रस्त परिभाषा छोड़नी होगी और उदार दृष्टिकोण से नया और विशालतर अर्थ लेना होगा। परम्परा कोई बनी-बनायी चीज नहीं है उसे परिश्रम से लेखक चाहे तो प्राप्त कर सकता है—कमा सकता है। रूढ़ि की साधना से ही वह मिलती है—अतः रूढ़ि की साधना साहित्यिक प्रौढ़ता प्राप्त करने के लिए अनिवार्य है।

"रूढ़ि की साधना, परम्परा के प्रति जागरूकता, कैसें प्राप्त हो सकती है और किस प्रकार साहित्यकार के मानस को, उसके कार्य के मूल्य को, प्रभावित करती है? इस जागरूकता का मुख्य उपकरण है एक ऐतिहासिक चेतना। अर्थात् जो कालानुक्रम में बीत गया है— उसकी वर्तमानता की अनुभूति।"

वह चिर जागृत अनुभूति रचनाकार के लिए अनिवार्य है। "आधुनिक हिन्दी लेखक में यदि यह ऐतिहासिक चेतना होगी तो उसकी रचना में न केवल अपने युग, अपनी पीढ़ी से उसका सम्बन्ध बोल रहा होगा—बल्कि उससे पहले की अनगिनत पीढ़ियों की और उनके साथ अपनी पीढ़ी की संलग्नता और एकसूत्रता की भी तीव्र अनुभूति स्पन्दित हो रही होगी।" अतीत 'था' नहीं 'है' अर्थात् जो पहले से वर्तमान है। "अतीत और वर्तमान के इस दुहरे अस्तित्व की, उनकी पृथक् वर्तमानता और उनकी एकसूत्रता की निरन्तर अनुभूति ही ऐतिहासिक चेतना है; और इस चेतना का निरन्तर स्पन्दनशील विकास ही परम्परा का ज्ञान।" उदाहरण 'नूतन' और 'विद्रोही' कवि निराला का देकर कहा कि उनका मूल्यांकन परम्परा के अन्तःसूत्रों को समझकर ही किया जा सकता है। इस तरह की खोज ऐतिहासिक विवेचन के लिए ही नहीं कलात्मक विवेचन के लिए भी जरूरी होती है। पहले का सामंजस्य नये के आविर्भाव से डाँवाँडोल हो जाता है। इस तरह एक तारतम्यता परम्परा में रहती है। रचनाकार रूढ़ और मौलिक में प्रतिभा से नया तारतम्य स्थापित करता है। परम्परा में अतीत और वर्तमान दोनों का योग घटित होता है। यहाँ अतीत का अन्धानुकरण विघातक होगा क्योंकि केवल आवृत्ति नूतनता नहीं हैं। नूतनता के चमत्कार के बिना वह कला नहीं है और उसमें परम्परा की प्रवहमानता स्पन्दित न हो तो वह वर्तमानता नहीं है।

सामूहिक मन परिवर्तनशील होता है तभी तो 'वाल्मीकि के लिए वेदों को,

कालिदास के लिए वाल्मीकि को, तुलसीदास के लिए कालिदास को या मैथिलीशरण गुप्त के लिए तुलसीदास को वह छोड़ नहीं देता; वह इन सबको अपनी प्रवहमानता के लम्बे सूत्र में पिरोता चलता है। उसके मन में 'अतीत' कुछ नहीं होता—केवल पहले से वर्तमान की परम्परा प्रवहमान रहती है। रचनाकार के लिए माला में गुँथना ही रूढ़ि या परम्परा का वरदान है, रूपमय वरदान। मूल बात यह कि कला की सामग्री निरन्तर बदलती रहती है—कला शायद नहीं बदलती। सामूहिक मन को अज्ञेय ने युंग की धारणाओं से व्याख्यायित किया है। सामूहिक मन का अनुभव परिश्रम का फल है। "भारत के ग्राम्यमन की जो अनुभूति गाँधी में है या हिन्दी-साहित्य में प्रेमचन्द में थी, वह पाण्डित्य के सहारे नहीं आयी। जो सांस्कृतिक चेतना प्रसाद में गूढ़ अध्ययन के सहारे जागी जान पड़ती है, वह अधिक स्वाभाविक और स्वच्छ रूप में सियाराम शरण गुप्त में लक्षित होती है।" आग्रह पाण्डित्य पर नहीं, रचनाकार में अतीत की चेतना पर है। आत्मदान द्वारा रचनाकार निर्माण के लिए अपने को मिटाता चलता है और उस परम्परा को भी परिवर्धित कर रहा होता है जिसके प्रति वह समर्पित है। 'लघु से महत् की ओर बढ़ते जाना कलाकार की प्रगति है।'

अज्ञेय ने टी. एस. इलियट की इस काव्य परिभाषा की व्याख्या पर विशेष ध्यान दिया है कि कविता भावों का उन्मोचन नहीं है बल्कि भावों से मुक्ति है, वह व्यक्तित्व की अभिव्यक्ति या अभिव्यंजना नहीं, बल्कि व्यक्तित्व से मोक्ष है।' साहित्य के निर्माण को समझने के लिए रूढ़ि से आगे व्यक्ति के आत्मोत्सर्ग की क्रिया का विशेष महत्त्व है। यह समझना भी जरूरी है कि आलोचना का विषय साहित्य है—साहित्यकार नहीं, कविता है कवि नहीं। इसलिए कविता को जाँचने-परखने में हमें निरन्तर मन की धातु (क्वालिटी) को 'परखना' होगा जिससे साहित्य उद्‌भूत हुआ है। ध्यान रहे कि 'मन की परख'। व्यक्तिगत इतिहास से भिन्न चीज है। क्योंकि 'अनुभव से मिलने वाला मन' और 'रचना करने वाला मन' अलग-अलग हैं। इस प्रकार किसी साहित्यिक कृति का मूल्यांकन करते समय हमें अन्य साहित्यिक कृतियों के साथ उसके सम्बन्ध पर ध्यान देना होगा—साथ ही यह ध्यान भी देना होगा कि 'रचना' का उसके निर्माता रचनाकार—मन से क्या सम्बन्ध है। यह जानना होगा कि कौन सा कवि-मानस 'परस्पर-भिन्न' 'उड़ती हुई' 'अनुभूतियों के मिश्रण और संयोग' तथा 'चिर नूतन संगम' के लिए अधिक परिष्कृत और 'ग्रहणशील माध्यम' है। कवि आलोचक टी. एस. इलियट ने इस क्रिया की तुलना एक 'रासायनिक क्रिया' से की है—"सल्फर डाइआक्साइड और आक्सीजन के भरे हुए पात्र में यदि प्लाटिनम का चूर्ण प्रविष्ट किया जाय तो वे दोनों गैसें मिलकर सल्फ्यूरस एसिड में परिवर्तित हो

जाती हैं। यह क्रिया प्लाटिनम की उपस्थिति के बिना नहीं होती, तथापि बनने वाले अम्ल में प्लाटिनम का कोई अंश नहीं होता, न प्लाटिनम में किसी प्रकार का कोई परिवर्तन ही दीखता है—वह ज्यों का त्यों पड़ा रह जाता है। इलियट कवि-मानस की तुलना इस प्लाटिनम के चूर्ण से करता है।" (त्रिशंकु) कहना चाहिए कि कवि-मानस किन्हीं विभिन्न काव्यानुभूतियों पर असर डालकर उनके 'मिश्रण' और 'संगम' का माध्यम बनता है। उस संगम से कलाकृति निर्मित होती है। कविमानस के संयोग से कलाकृति बनती कैसे है—एक उदाहरण लें 'कवि का मन एक भट्ठी है—जिसके ताप में विभिन्न धातुएँ पिघलकर एकरस हो जाती हैं। ढली हुई धातु विभिन्न तत्त्वों से बनी है उनमें से कुछ धातुएँ भट्ठी के स्वामी की सम्पत्ति भी हो सकती हैं—तथापि भट्ठी के स्वामी से भट्ठी का और भट्ठी से धातु का अलगाव और स्वतन्त्र अस्तित्व अक्षुण्ण बना रहता है। कलाकार जितना ही बड़ा होगा उतना ही व्यक्ति-जीवन और रचनाशील मन का अलगाव आत्यन्तिक होगा। उतना ही रचना करने वाला मानस, अनुभव करने वाले मानस से पृथक् होगा।

अज्ञेय ने इस बात को लेकर प्रश्न उठाया है कि जिस मिट्टी से काव्यरूपी प्रतिमा बनती है जिन तत्त्वों द्वारा कवि मानस का असर एक चमत्कारिक योग उत्पन्न करता है, वे तत्त्व क्या हैं?' अज्ञेय उन्हें दो श्रेणियों में बाँटने की बात कहते हैं—(1) स्थायी भाव (इमोशन्स), (2) संचारी भाव। कला का रस 'बाहर' से नहीं 'भीतर' से ही उत्पन्न होता है—हाँ इस रस में अनेक अनुभूतियों का मिश्रण रहता है। "वास्तव में कलाकार का मन एक भण्डार है जिनमें अनेक प्रकार की अनुभूतियाँ, शब्द, विचार, चित्र इकट्ठे होते रहते हैं उस क्षण की प्रतीक्षा में जब कि कवि-प्रतिभा के ताप से एक-नया रसायन, एक चमत्कारिक योग नहीं उत्पन्न होता।" कलावस्तु की 'भव्यता' उस रासायनिक क्रिया की तीव्रता में है जिसके द्वारा विभिन्न भाव एक होते हैं और अर्थ—चमत्कार की सृष्टि करते हैं। वास्तव में, काव्य में कवि का व्यक्तित्व नहीं, वह माध्यम प्रकाशित होता है जिसमें विभिन्न अनुभूतियाँ, विभिन्न भावनाएँ एक चमत्कारिक योग में युक्त होती हैं। अतः काव्य एक व्यक्तित्व की नहीं, माध्यम की अभिव्यक्ति है। कवि का काम नये भावों की खोज करना नहीं है, बल्कि पुराने और परिचित भावों के उपकरण से ही नूतन अनुभूतियों की सृष्टि करना है। विश्वभर का साहित्य उठाकर देख लीजिए परिचित भाव ही नूतनता की सृष्टि करते मिलेंगे। 'नूतनता' 'योग प्रकार' की 'विभिन्नता में है।

बड़े से बड़े रचनाकार में बहुत सा अंश चेष्टित; अभ्यास सिद्ध होता है। छोटे कवि में दोष यही होता है जहाँ 'परिश्रम' आवश्यक है वहाँ वह प्रतिभा, पर निर्भर करता है और जहाँ 'प्रतिभा' का क्षेत्र है वह आयासपूर्वक तीव्रता लाना चाहता है।

ये दोनों बातें रचना को वैयक्तिक बनाती हैं और निर्वैयक्तिकता की दृष्टि से काव्य-दोष हैं। टी. एस. इलियट मानते हैं कि कविता निजी अनुभूति से मुक्ति है। काव्य या कला के भाव निजी न होकर 'सबके लिए' होते हैं—निर्वैयक्तिक होते हैं। फलतः कविता का जीवन आज में बँधा न होकर 'अनन्त' होता है—निर्वैयक्तिक होता है। इस दृष्टि से आलोचना और आधुनिकता फैशन भर नहीं है वह परम्परा के भीतर से उपजी चरम चेतनापरक उपलब्धि का नाम है।

अज्ञेय का दृढ़ विश्वास है कि कवि के लिए अपनी परम्परा से गहरा परिचय आवश्यक है—फिर आपत्ति चाहे परम्परा के नाम पर हो या 'प्रगति' के नाम पर। "क्योंकि ये स्थापनाएँ ऐसी नहीं हैं, हमारे ही शास्त्र का विकास हैं, कुप्पी नयी है, लेकिन आसव पुराना है।" हमारे आचार्यों ने रूढ़ियों के अध्ययन पर जोर दिया है। काव्य का सरोकार साधारण-असाधारण भावों से है। काव्यानुभूति की नूतनता विभिन्न भावों के योग में है। काव्य का 'रस' कवि में नहीं है, चमत्कारिक रासायनिक योग में है। 'प्रगति' वालों की आपत्ति हो सकती है—परम्परा की निकटता 'अन्धानुकरण' है—जबकि परम्परा नूतन विकास का द्वार है। अतः 'हम अतीत के प्रति नये-नये दृष्टिकोण की माँग करते हैं, वर्तमान में उसके स्थान की एक नयी परिकल्पना करते हैं, हमारे लिए वयस्कता, शैशवावस्था का खण्डन नहीं है। उससे सम्बद्ध और प्रस्फुटित विकास का बोध है। हम परम्परा की एक विकसित परिभाषा करते हैं कि वह वर्तमान के साथ अतीत की सम्बद्धता और तारतम्यता का नाम है।" यह तारतम्यता ही सातत्य एवं परिवर्तन को जन्म देती है और बाँधकर खोल देती है। तभी तो परम्परा बन्धन नहीं है मुक्ति की नूतन चेतना है। यहाँ कहना होगा कि अज्ञेय ने इलियट के निबन्ध के भावानुवाद में मक्खी पर मक्खी न मारकर, कोरा शब्दानुवाद न कर अपनी अनुवाद कला की सर्जनात्मकता को रक्षित रखा है। अनुवाद कर्म में प्रवृत्त होने वाले चतुर सुजान इसे 'अनुवाद-प्रतिमान' के रूप में लेकर इससे बहुत कुछ सीख सकते हैं—सिखा सकते हैं कि कैसे अज्ञेय ने भारतीय उदाहरणों से अनुवाद का विदेशीपन-परायापन खत्म किया है। सर्जनात्मक अनुवाद एक अलग रचना है—एक अलग सृष्टि।

यहाँ एकदम एक नये विषय पर लेख है—'पुराण और संस्कृति'। आरम्भ में कहा है कि संसार के अन्य देशों की भाँति जब भी परम्परागत सांस्कृतिक वातावरण में किसी बाहरी शक्ति के प्रवेश के कारण हलचल उत्पन्न हुई है तब-तब देश के जीवन में एक नयी सांस्कृतिक जागृति देखने को मिली है। भारत में तो अनेक दर्पोन्माद में, विजयोल्लास में गर्क विदेशी आक्रमणों के अनुभव मौजूद हैं। हमारा मध्य युग भी इन अनुभवों से अछूता नहीं है जिसमें कम विकसित सांस्कृतिक जीवन परिपाटी

भारत में प्रविष्ट होती रही हैं। लेकिन सांस्कृतिक पूँजी के नाम पर हमने उनका स्वागत किया है। केवल हम सांस्कृतिक अवचेतन के नाम पर रक्षामूलक प्रयत्नों में ही व्यस्त नहीं हैं। अकबर-कालीन भारत में हिन्दू-मुसलमान विद्वानों में आदान-प्रदान बहुत हुआ—इससे दोनों को विशाल सांस्कृतिक निधि प्राप्त हुई। यूरोपीय जब भारत आये तो भारत कम संस्कृत न था और यह सच है कि अंग्रेज और फ्रान्सीसी भी सभ्यता-संस्कृति के कई उत्कर्ष देख चुके थे। अज्ञेय जी को मैक्समूलर और रवीन्द्रनाथ ठाकुर याद आये और उनके विचार दिमाग में घूम गये। प्रश्न उठता है तब इस नवचेतन या नवजागरण का कारण क्या है? हिन्दू-मुसलमान संघर्ष के बाद जो सौमरस्य उत्पन्न किया उसमें टोडरमल और रहीम खानखाना का घनिष्ठ सम्बन्ध भुलाया नहीं जा सकता। फिर ब्रिटिश भारत का नया इतिहास निर्मित हुआ। यहाँ अंग्रेजी पारिवारिक जीवन की रीतियाँ भी आयीं और पार्थक्य की भावना ने भी बल पकड़ा। जो इतिहास चक्र घूमा उसमें सभी समाजों की पीठ पर रूढ़ियों का बोझ है।

अज्ञेयजी ने बहुत महत्त्वपूर्ण प्रश्न उठाया है कि किसी देश के सांस्कृतिक जीवन में देवगाथाओं अथवा पुराण गाथाओं का क्या स्थान होता है। इस बात में बहुत मतभेद रहा है। हमारे देश में उन्नीसवीं शताब्दी में धार्मिक सुधारवाद की जोरदार हवा चली। उस हवा में पुराणों का महत्त्व खो गया और कोई-कोई तो पुराण शब्द से बिदकने लगा। तमाम हिन्दू अज्ञानता वश अपनी सन्तानों को पुराणों से बचने का उपदेश देते रहे और ऐसे मूल्यमूढ़ कि रामायण-महाभारत का महत्त्व भी भूल गये। क्या विडम्बना है कि वेद-व्यास के 'महाभारत' को गर्हित मानने वाले लोग अंग्रेजीदाँ बनने के चक्कर में होमर-वर्जित पट टूट पड़े। यह तो भला हो मैक्समूलर का कि उसने कह दिया कि होमर का काव्य जिन अतिविकसित अथवा जर्जरित पुराण गाथाओं पर आश्रित है उन्हीं का शुद्ध रूप मूल रूप में वैदिक गाथाओं में मिलता है। वैदिक गाथाओं में आर्यों के उस सांस्कृतिक-प्राग्जीवन का चित्र मिलता है जिसका एक बिगड़ा हुआ रूप पुराणों में पाया जाता है। पता नहीं अज्ञेय ने इस रूप को 'विकृत रूप' कैसे कहा और क्यों कहा? शायद पुराणों के प्रति शिक्षित व्यक्तियों की जुगुप्सा के कारण कहा होगा।

अज्ञेय का यह कथन बेहद सारगर्भित है कि "मानो वे उस पृष्ठभूमि के लिए लज्जित हैं, जिस पर उनका जीवन पनपा और विकसित हुआ है। यह दृष्टिकोण मेरी समझ में न केवल अवांछनीय है, बल्कि अहितकर भी है। इसलिए नहीं कि मैं पुराणों को धर्म का अंग मानता हूँ, बल्कि इसलिए कि बिना पुराणों के अध्ययन के किसी भी देश की सांस्कृतिक-भित्ति तक नहीं पहुँचा जा सकता और इसलिए उस जीवन के प्रति अपना दायित्व भी नहीं निबाहा जा सकता। ग्रीक दार्शनिकों ने पुराणों

का नया मूल्यांकन किया और नैतिक-भौतिक ऐतिहासिक व्याख्या की है। इस व्याख्या से यह स्पष्ट किया कि पुराणों के चरित्र 'बहुधा प्राकृतिक क्रियाओं के काव्यमय मानवीकृत प्रतिचित्र' हैं। वे देख सके कि देवता महान योद्धाओं–राजाओं-ऋषियों के अतिमानवीय रूप हैं। इन सभी अवधारणाओं में मानव सत्य निहित है। "ग्रीक युग का अनेकेश्वरवाद लुप्त हो गया है, परन्तु ग्रीक पुराण की देन को यूरोप का प्रत्येक साहित्यिक आज भी कृतज्ञतापूर्वक स्वीकार करता है।" (त्रिशंकु)

आज के भारतीय को भी पुराणों का औचित्य समझना चाहिए। जीवन के गहनतम रहस्यों को समझने के लिए पुराण साहित्य सबसे बड़ी कुंजी है। पुराण की वह सांस्कृतिक इकाई है, जिसमें जीवन की बहुलता प्रस्फुटित हुई है। यहाँ 'परिस्थिति और साहित्यकार' शीर्षक से ऐसा अद्‌भुत लेख है जिसका आरम्भ व्यंग्य से हुआ है। पूर्व परम्परा और भौगोलिक स्थिति में हिन्दी का सितारा उठता हुआ दिखाई दे रहा है–इस बात को यन्त्रवत दुहराने का कोई अर्थ नहीं है। आलंकारिक भाषा की अतिरंजना भ्रमभरा स्वप्न है क्योंकि हमारी सारी प्रगति की रुझान यान्त्रिकता की ओर हैं। यह यान्त्रिकता हमारे जीवन को सस्ता-छिछला बाजार बनाकर संस्कृति पर कुठाराघात कर रही है। हमारी तृप्ति के साधन घटिया और दूषित हो रहे हैं। स्त्री का आदर्शीकरण, स्त्री को पाने-भोगने की इच्छा हमारी मानसिक प्रवृत्तियों को बदल रही है। फलतः फ्रान्सीसी मित्र का पर्सोना न भी लगायें तो भी कहना होगा–"आज का हिन्दी-साहित्य अधिकांश में अतृप्ति का या कह लीजिए लालसा का, इच्छित विश्वास। 'विशफुल थिंकिंग का साहित्य है।' यह संकेत हिन्दी साहित्य की आन्तरिक स्थिति की छानबीन की आहट लिए हैं और उसे टोहने का अरमान।

जो गनुष्य औसत से ज्यादा प्रतिभाशाली है–जीनियस है–वह परिस्थितियों को जीतकर 'अनाहत' निकल जाता है–लेकिन जीनियस के बारे में कोई स्थापना नहीं की जा सकती। दुर्भाग्य यह है कि औसत व्यक्ति साहित्य की ओर प्रेरित नहीं होता। ऐसा प्राणी 'सामूहिक प्राणी' नहीं है–वह केवल सचेतन व्यक्ति है। 'घर' एक बड़ी सामाजिक-सांस्कृतिक अवधारणा से जुड़ी अवधारणा है जहाँ व्यक्तित्व बनता है। आधुनिक औद्योगिक समाज में व्यक्ति को लेकर अनेक तरह का विचारमंथन है। व्यक्ति की कृतियाँ समाज द्वारा स्वीकृत होकर ही समाज को गति देती हैं। इसलिए उसके व्यक्ति में समाज बोलता है–और वह व्यक्ति जीनियस हुआ तो समाज में भूचाल ला देता है–वह निर्ममता से राहों का अन्वेषण करेगा–नयी राह निकालेगा। उसे नये की स्वीकृति न पाने पर कुण्ठित होगा। फिर हम तो संक्रान्ति युग में जी

रहे हैं, जहाँ परिवर्तन की गति बहुत तेज है—राजनीति साहित्य में भारी परिवर्तन उपस्थित है और पुरानी मान्यताओं का अस्वीकार है। व्यक्ति के मन पर जीवन-परिवर्तन की स्थितियों का दबाव बढ़ गया है। फलतः "भारतीय साहित्यिक पाता है कि उसके आसपास से सब कुछ बदल रहा है जो मान्यताएँ ध्रुव-सी अटल मानी जा रही थीं, वे सब सहसा सन्दिग्ध हो उठी हैं।" वह किसी घर, किसी आश्रय की तलाश में है। जीवनानुभवों के दबाव ने गति दी है पर आसपास का समय गतिहीन है। इस अवस्था ने एक क्लान्त अतीत पैदा किया है हमारा पूरा साहित्य इससे प्रेरित-प्रभावित है।

स्वीकृति पाने के लिए व्यक्ति समाज का मुँह जोहता है। व्यक्ति की मौलिकता का घनीभूत रस है—व्यक्तित्व की प्राणवायु। इस स्थान पर व्यक्ति परम्परा को नहीं गढ़ता—परम्परा उसे गढ़ती है—काढ़ती है—चाल खोलती है—संस्कृति का ज्ञान देती है। स्वीकृति के लिए लारेन्स और इलियट को कम नहीं रगड़ना पड़ा। परम्परा से रगड़ इसलिए कि रचनाकार स्वयं अग्निधर्मा होता है—"बुद्ध के बोधिसत्व होते हैं तो महान लेखकों को भी अनिवार्य रूप से विद्रोहसत्त्व होना चाहिए।" प्रत्येक अच्छा लेखक अतृप्तियों का अनुभव करता है और उन्हीं अतृप्तियों से सर्जना फूटती है। आज का आधुनिक लेखक तो अतृप्तियों का पुंज है—यह विचार अज्ञेय ने 'तारसप्तक' 1943 के 'कवि वक्तव्य' में भी रेखांकित किया है। यह भी माना कि समर्थ व्यक्ति और रचनाकार ही रूढ़ि-परम्परा-समाज से विद्रोह करने का हौसला दिखाता है। प्रेमचन्द बड़े लेखक हैं तो उनके उपन्यासों में समाज की त्रुटिपूर्णता, अपर्याप्तता की भावना तीव्र है और मनोनुकूल समाज की माँगें उतनी ही प्रबल। 'गोदान' में होरी यथार्थ है, मेहता नहीं। जैनेन्द्र के 'परख' का भावाक्रान्त आदर्शोन्मुख यथार्थवाद के बाद 'सुनीता' की समस्या कल्पित हैं, एक बढ़िया बौद्धिक व्यायाम। हाँ, 'त्यागपत्र' में जैनेन्द्र का नारी-दर्शन है, उनके विचार का फल है—मनोविश्लेषण की कुण्ठाएँ हैं। महादेवी में निरापद रहस्यवाद नहीं है रोमांटिक झलक सियारामशरण गुप्त में कवि का आहत-मर्म बोलता है—लेकिन प्रसादजी में निश्छल प्रेमव्यथा का कोलाहल। प्रसाद के अतीत में वर्तमान की ध्वनियाँ हैं। प्रश्न उठता है अज्ञेय की व्याख्या-विमर्श से प्राप्त स्थापनाओं का क्या महत्त्व है? आलोचना गुण-दोष से आगे बढ़कर कवि-मानस की परख है। सियारामशरण और टी.एस. इलियट की कविताओं के उदाहरण देकर अज्ञेय ने कहा कि आलोचक में रचना की मानसिक प्रौढ़ता की परख का महत्त्व है—झूठे सिद्धान्तों के आरोपण का नहीं है।

'संक्रान्ति काल की कुछ साहित्यिक समस्याएँ?' शीर्षक लेख में अज्ञेय ने कहा कि प्रत्येक नयी पीढ़ी अपनी पूर्ववर्ती पीढ़ी की माँगों को पूरा करने में अपने को असमर्थ पाती है। तब प्रश्न उठता है कि क्या आधुनिक युग की परिवर्तनशीलता

नयी और पुरानी पीढ़ी के संघर्ष के अलावा कुछ नहीं है? इस प्रश्न के उत्तर में विज्ञान के विद्यार्थी रहे अज्ञेय भूगर्भवेत्ताओं की धारणाओं को काल गति समझाने के लिए सामने लाते हैं। मानव जीवन जड़ नहीं है—सुधारों की परम्परा की आड़ में अन्तर्विरोध पनपते हैं, रूढ़ियाँ कड़ी पड़ती हैं और छोटे-छोटे 'सेफ्टी वाल्व' खुलते हैं। फिर कभी अत्यधिक ताप के कारण जीवन के इंजन का बायलर फट जाता है, सामाजिक-राजनीतिक, धार्मिक-क्रान्तियाँ होती हैं।' जो लोग केवल 'संक्रान्ति' की दुहाई देते हैं उनका मजाक उड़ाया जाता है। क्रान्ति की ओर उन्मुखता और क्रान्ति की ओर से विमुखता इन दोनों से अलग एक तीसरी अवस्था भी होती है और वास्तविक परिवर्तन उसी में होता है। रूस में क्रान्ति हो चुकी, लेकिन भारत अन्तर्विरोधों में फँसा हुआ है। फिर साहित्य के अध्ययन के लिए एक सांस्कृतिक इकाई को चुनना होगा अर्थात् भाषा समूह से सम्बद्ध मानव समुदाय को। क्योंकि भाषा अथवा शब्द ही संस्कृति की धुरी होता है।

आधुनिक काल लगातार बढ़ते तनाव का युग है। अतएव संक्रान्ति काल को वास्तविक संघर्ष का युग कहना चाहिए। यह संघर्ष-युग एक बड़ी क्रान्ति की तैयारी करता रहता है—इसमें पीढ़ियों का संघर्ष उभरता है। यह संघर्ष मनुष्य का नहीं परिस्थिति का संघर्ष होता है और रचनाकार के आगे यह संघर्ष नयी-नयी समस्याएँ उत्पन्न करता है। रचनाकार औसत आदमी से ज्यादा विकसित मानव होता है। अतः समस्याओं का सामना अधिक सजगता से करता है। 'प्रगति की समस्या' को वह उठाता है और उससे जूझता है। इस प्रकार अज्ञेय सतर्क मन से तीन तरह की समस्याओं के समूह का सामना करने पर विचार करते हैं—(1) साहित्य और प्रगति, (2) साहित्य और राजनीति, (3) साहित्य किसके लिए। अपनी सुविधा के लिए इस क्रम को उलटकर 'साहित्य किसके लिए' का विवेचन करते हैं।

साहित्य किसके लिए? यह कठिन प्रश्न साहित्य के भीतर के तनाव से पैदा होता है। आधुनिक युग का रचनाकार यह मानने का आदी है कि कला स्वतन्त्र है—कलाकार भी स्वतन्त्र है। लेकिन स्वतन्त्र होने का यह अर्थ नहीं कि रचनाकार का कोई सामाजिक दायित्व नहीं है। रचनाकार समाज-राजनीति से संघर्ष करता है और समाज की चिन्ता करता है। भारतीय चिन्तन परम्परा मानती है कि यह तो रचनाकार का दायित्व है। लेकिन यह चिन्तन परम्परा विदेशी आक्रान्ताओं के काल में कमजोर पड़ी है। यूरोप से आर्टिस्ट का जो आदर्श हमारे बीच आया वह उन्नीसवीं शताब्दी के व्यक्तिवादी इंग्लैण्ड से आया और अपने साथ 'व्यक्ति स्वातन्त्र्य' की कुछ उग्र और विकृत भावना लेकर आया। हमने कलाकार को 'बोहेमियन' के रूप में देखा। ऐसे व्यक्ति के रूप में जो किसी के प्रति कोई उत्तरदायित्व नहीं मानता और

जिसका एकमात्र इष्टदेव उसकी अपनी भीतरी वासना या प्रेरणा है।" (त्रिशंकु) इस प्रकार व्यक्ति और परिस्थिति की पीठ पर दो परस्पर विरोधी संघर्षों का आदर्श लद गया। आज भारतीय रचनाकार के सामने 'कलाकार' और सुधारक का संघर्ष दो दृष्टिकोणों का विरोध बनकर अड़ा खड़ा है। भारत के चिन्तन ने इस प्रश्न के उत्तर के लिए भावपूर्ण वैदिक उक्ति चुनी थी—कस्मै देवाय? कला किसके लिए, किसलिए? आज के पाठक के लिए भी यह ध्यान देने पर यह प्रश्न कम महत्त्वपूर्ण नहीं है। क्योंकि आधुनिक जीवन का दबाव पाठक पर बढ़ गया है।

कला को दो दृष्टियों से देखा जा सकता है—कथाकार के और पाठक (रसिक) के। पाठक के लिए कला का उद्देश्य है जीवन को सहनीय बनाना, जीवन के 'विजन' का विस्तार करना। लेकिन कलाकार कला में धर्म, नीति, शिक्षा, विज्ञान, मनोरंजन और प्रोपेगंडा सभी से जूझता है। कलाकार यदि सचमुच कलाकार है, प्रचारक नहीं है तो उसकी प्रेरणा समाज के सत्य को चित्रित करने की है। संसार की नाना अनुभूतियाँ कलाकार के लिए वह मिट्टी है जिससे वहाँ प्रतिमा बनाता है, यदि सामग्री है—उपकरण है। कलाकार इस साम्रगी का मनमाना उपयोग कर सकता है करता है। कलाकारी को अमीर-गरीब दोनों पर लिखने का समान अधिकार है आप उसे विवश नहीं कर सकते कि वह गरीबों पर ही लिखे। कलाकार सुख-दुःख से ऊपर उठकर मानवता के गान गाता है। कलाकार की अनुभूति कितनी ही व्यापक हो Objective आब्जेक्टिव तटस्थ-अनासक्त नहीं हो सकती। वह सब्जेक्टिव होने को विवश है। यदि हम 'सुधारक' का पक्ष मान लें—तो यह जनता का सिद्धान्त है। यथार्थ वर्णन की निष्पक्षता में घोर विनाशकारी ताकत छिपी रहती है। अतः कला की सामग्री को सीमित नहीं किया जा सकता—नहीं करना चाहिए। क्योंकि कलाकार का स्वभाव है कि वह ढाँचों को, लीकों को, सड़ी परिपाटियों को, झूठी नैतिक शिक्षाओं के मॉडलों को ध्वस्त करता है। इसी अर्थ में कला न उच्छ्वास है न उद्‌गार, न फैशन है न रीति—वह अग्नि-धर्मा शक्ति है। कलाकार समाज को विद्रोह की, क्रान्ति की, सहभाव की, समाज को आगे बढ़ाने की प्रेरणा दे सकता है। इस तरह निष्कर्ष निकला—(1) कला की सामग्री को सीमित करना अनधिकार चेष्टा है, (2) परिस्थितियों को ध्यान में रखकर हम जैसी प्रेरणा चाहते हैं वह यदि साहित्यकार में स्वभावतः नहीं है तो हम बलात् उसे पैदा नहीं कर सकते, (3) साहित्य में प्रेरक शक्ति हो सकती है, किन्तु वह साहित्यकार की आन्तरिक क्षमता का स्वयंभूत फल है।

आज ये स्थापनाएँ 'सुधारक' का प्रतिवाद करती हैं। जनता के लिए वही लिखेगा—जिसकी मूल जड़ें विशाल जन-समुदाय में हों। अतः 'सुधारक' को साहित्य

का मोहत्याग कर जन-कल्याण के कार्यों में लगना चाहिए। टामसमान ने सांस्कृतिक सजगता का पाठ साहित्यकार को पढ़ाया है—सुधारक को नहीं। उलटे रास्ते का संघर्ष तो साहित्य को खतरे में डालता है। साहित्य-मन्दिर में उस देवता की मूर्त्ति स्थापित करो जो मानसिक-सांस्कृतिक स्वाधीनता का पाठ पढ़ाती हो।

आधुनिक जीवन में साहित्य और राजनीति का सम्बन्ध क्या हो, कितना हो, यह बहुत ही जटिल और उलझा हुआ प्रश्न है। साहित्यकार और राजनीतिज्ञ दो अलग-अलग वर्ग हैं। रचनाकार शिकायत करता रहा है कि साहित्य पर राजनीति का कब्जा घातक है। 'फिर जिसके पास शक्ति है या साहित्यिक भाषा की प्रतिभा है वह कभी भी अभिव्यंजना के एक ढंग से तृप्त नहीं हो सकता। वह नयी राहें खोजता है। चित्रकार माइकेल एंजेलो ने गीतों की पुस्तक रच डाली और कवि दान्ते ने एक बार चित्र बनाया। कविवर रवीन्द्रनाथ टैगोर ने उत्तर-जीवन में तूलिका और रंगों को अपनाया। स्पष्ट है कि प्रतिभा अलग-अलग मार्ग खोजना चाहती है, कोई एक मार्ग नहीं। अज्ञेय शक्ति या प्रतिभा को 'लिविडो' या दैवी प्रेरणा से जोड़कर उसे कई रूपों में प्रकट पाते हैं। इतिहास में ऐसे भी युग आये हैं जब साहित्य ने गौरवपूर्ण स्थान पाया है और राजनीति उसके सामने गौण रही है। कभी-कभार साहित्य और राजनीति को तीसरी शक्ति 'धर्म' ने ग्रस लिया है। लेकिन आजकल भारत में राजनीतिक जागरण का प्रकाश फैला हुआ है—आज राजनीतिक समस्याएँ ही हमारी प्रमुख समस्याएँ हैं। जब रोम जल रहा था नीरो संगीत में मस्त था। नीत्से-लेनिन राजनीतिज्ञ थे लेकिन साहित्य पर उनका प्रभाव पड़ा। साहित्यकार हो या राजनीतिज्ञ दोनों के लिए मानसिक-स्वाधीनता अपेक्षित होती है। जबकि राजनीतिक दलबन्दियाँ क्षणस्थायी हैं साहित्य ऊँची चीज है। सृजनशक्ति विलास नहीं है—मूल्य-चेतना की शक्ति है।

हमारे यहाँ मार्क्सवाद के आने पर साहित्य और प्रगति को लेकर कई प्रश्न उठे हैं। 'प्रगति की समस्या' के कई पहलू हैं जो 'प्रगतिवाद' से जुड़े हैं। अज्ञेय ने लिखा है कि साहित्य में प्रगतिशीलता की माँग करने वाले प्रायः एक मौलिक सत्य को भूल जाते हैं। प्रगतिशीलता कहाँ से उत्पन्न होती है। इसकी परीक्षा करने से पहले एक और बात जरूरी है कि साहित्य—कोई भी कला—कहाँ से उत्पन्न होती है। कला के मूल उद्भव की जाँच करें, तो स्पष्ट हो जायेगा कि प्रगतिवाद का सिद्धान्त राजनैतिक और आर्थिक क्षेत्र में भले ही स्वीकार हो सके, साहित्य, साहित्य-सृष्टि—के क्षेत्र में अस्वीकार्य ही रहेगा। (त्रिशंकु) क्यों अस्वीकार्य रहेगा? इसलिए कि साहित्यिक—कोई भी कलाकार—अनिवार्य रूप से अपनी परिस्थितियों का परिणाम होता है। वह अपने आसपास व्याप रहे संघर्ष का फल है। कला संघर्ष का फल है तो कलाकार बलवती

प्रेरणा से चालित। उसकी गति प्र-गति है या प्रति-गति है या अधोगति। इसका निर्णय कला के भीतर से नहीं हो सकता। निर्णय के आधार जब बाह्य हो जाते हैं तो आलोचक की बन आती है। उसकी कसौटी राजनीति, समाजशास्त्र, सौन्दर्यशास्त्र कुछ भी हो सकती है। "ठीक यहीं पर प्रगति के 'वाद' की पराजय है। यहीं पर साहित्य अपने को उसके बन्धन से मुक्त करता है। नीतियाँ सापेक्ष्य हैं। रूढ़ियाँ निरन्तर बदलती रहती हैं। आज तो प्रगति है कल वह प्रति-गति और अधोगति भी हो सकती है। नियन्त्रण से कला को राजनीति मिल सकती है—साहित्य नहीं मिल सकता। 'प्रगतिवाद' के पास जो रटा-रटाया उत्तर है—वह यह है कि वह तूफान ला सकता है। वह भूल जाता है 'प्रगति' तो 'वाद' बनते ही 'रूढ़ि' बन जाती है। रचनाकार में प्रगतिशीलता का अर्थ हो सकता है तो यही कि वह अनुभूति और परिस्थिति में कार्य-कारण परम्परा की कृति को बढ़ावा दे।

प्रश्न उठता है कि क्या लेखक बिकाऊ है? रचनाकार के लिए पारिश्रमिक की समस्या अन्ततः साहित्यिक समस्या नहीं है—वह आर्थिक समस्या है। 'लेखक संगठन का प्रश्न' आर्थिक अधिकारों की रक्षा का प्रश्न है। रचनाकार है तो चाहे भूखा मरे, जेल काटे, अपने को बेचता नहीं है। वह सत्ता की गुलामी नहीं कर सकता है—सत्ता के कुकर्मों को खोलने की निर्भयता से सम्पन्न होता है। प्रेमचन्द अपने सम्पूर्ण साहित्य में धन से दुश्मनी करते हैं तो उसका एक बड़ा अर्थ है। रचनाकार—किसान-मजदूर-गरीब यातनाग्रस्त की ओर से बोलता है, प्रतिपक्ष में रहता है। रचनाकार समझौतावादी नहीं होता, वह खतरों से खेलता है। यही उसकी शक्ति है। 'चेतना का संस्कार' लेख में अज्ञेय ने माना है कि हम सत्ता-युग में जीवित हैं, सत्ता पैसे की है, यन्त्र की है, धातु की है, आर्थिक संगठन की है। कुछ लोग कहते हैं यह जनतन्त्र के विकास की चरम अवस्था है। आज जनतन्त्रवाद और अधिनायकवाद में सीधा संघर्ष है। तत्त्वतः यह संघर्ष दो का नहीं एक ही का संघर्ष है। इसलिए समस्याओं को बुद्धि के प्रकाश में देखना चाहिए। यान्त्रिक शक्ति से हमने गति और बल को असंख्य गुना बढ़ा लिया है विराट् उत्पादन ही कलें सामने आ रही हैं और अनेक प्रकार के गणक यन्त्र। इस सभी युग में हमारी शक्ति रचना और पिपाशा भी कई गुना बढ़ी है लेकिन उस अनुपात में विवेक वृद्धि नहीं हुई। आज की मौलिक विसंगति हैं—सत्ता और विवेक का वैषम्य। हम प्रकृति पर नियन्त्रण करने के लिए हर जगह कूद रहे हैं। भौतिक विकास तो है वह आत्मिक विकास अवरुद्ध हो गया है। हमारा आध्यात्मिक ह्रास हुआ है और भोगवाद मानव मन पर छा गया है—उसकी नैतिकता की आँखों की ज्योति मन्द हो गयी है। तात्कालिक सुख अब हमारी हर क्षेत्र में कसौटी है। आधुनिक हिन्दी काव्य में पेशा के साथ भोगवाद की लहर आयी

है—मूल्यान्धता बढ़ी हे। वेल्स ने कहा कि आधुनिक सभ्यता की त्रासदी है कि उसने नयी पीढ़ी की प्रतिभा को सही दिशा नहीं दी है। 'विकास' की दौड़ में दिशाहीनता आज के युग की सबसे बड़ी 'विसंगति' है। मानव की चेतना कम विकसित होगी तो वह सतह पर आ जायेगा। इसलिए चेतना का परिष्कार आवश्यक है। अमीबा और डायनासोर से निकलकर जीव-विज्ञान ने न जाने कितनी मंजिलें पार की हैं। डार्विन की खोजों ने पुराना इतिहास बदल दिया है। फ्रायड, एडलर युंग ने मनोविश्लेषण में नयी विचार यात्राएँ की हैं और उसने विकासवाद के सिद्धान्त से पाया है कि जड़ से जीवन का विकास हुआ है—चेतना आगे बढ़ी है। चेतना का विकास मूलतः संस्कृति का विकास है।

'त्रिशंकु' संग्रह के परिशिष्ट में 'केशव की कविताई' पर वार्तालाप है और देव-बिहारी की कविता की गहराई पर चर्चा है। केशव ने स्वयं ट्रडीशन बनाया, बिहारी को ट्रडीशन बना-बनाया मिला। केशव रीति में भटक गये 'राम चन्द्रिका' लिखी जबकि वे अच्छा व्यंग्य लिख सकते थे। यहाँ चार नाटकों की चर्चा है—उग्र का नाटक 'महात्मा ईसा', प्रसाद का नाटक 'स्कन्दगुप्त' चन्द्रगुप्त विद्यालंकार का नाटक 'रेवा' और हरि कृष्ण प्रेमी का नाटक 'स्वप्न भंग' अज्ञेय ने यहाँ एकाग्रमन से पड़ताल की है, कि कैसे सिनेमा ने हिन्दी स्टेज को चौपट किया है। फिर एक 'भूमिका' शीर्षक से कहा गया है कि रचना को सिद्धान्तों के बोझ से नहीं मारना चाहिए। 'दो फूल' सत्यवती मलिक के कहानी संग्रह की व्याख्या है। यहाँ 'आधुनिक कवि : महादेवी वर्मा' पुस्तक पर विचार किया है और कहा गया कि महादेवी में मीरा जैसी तन्मय आत्मविस्मृति नहीं है। और अन्त में 'वागर्थ प्रतिपत्तये' में कहा गया है कि कविता ही कवि का परम वक्तव्य है। 'तारसप्तक' परम्परा के गठन से निकला काव्य-तर्क इस लेख में अपनी अपूर्व विचार दीप्ति से विद्यमान है।

'त्रिशंकु' के सैद्धान्तिक चिन्तन ने हिन्दी के मौलिक काव्यशास्त्र को दृढ़भूमि दी है और आचार्य रामचन्द्र शुक्ल और आचार्य हजारीप्रसाद की सैद्धान्तिकी को आगे बढ़ाया है। इस दृष्टि से हिन्दी आलोचना के सैद्धान्तिक आधार को दृढ़ करने के लिए छायावाद में जो कार्य जयशंकर प्रसाद ने 'काव्य और कला तथा अन्य निबन्ध' लिखकर किया था, वही कार्य अज्ञेय ने प्रगति-प्रयोग-नयी कविता या उत्तर छायावाद में 'त्रिशंकु' के निबन्धों से किया है। अज्ञेय जी का निबन्ध-चिन्तन हिन्दी आलोचना की मौलिक उपलब्धि कहा जा सकता है।

स्वाधीन चिन्तन से जुड़े प्रश्न

हिन्दी निबन्ध लेखन के क्षेत्र में अज्ञेय ने भारतेन्दु, बालकृष्ण भट्ट, प्रतापनारायण मिश्र, बालमुकुन्द गुप्त, आचार्य रामचन्द्र शुक्ल, प्रसाद-निराला, आचार्य हजारीप्रसाद द्विवेदी की परम्परा को नया अर्थ-सन्दर्भ दिया है। अज्ञेय के रचनाकार जीवन में ऐसे पड़ाव और मोड़ आते रहे हैं जहाँ उन्होंने निबन्ध विधा का नये रूप में आविष्कार किया है। कविता की तरह अज्ञेय ने निबन्ध-विधा में भी कम प्रयोग नहीं किये हैं और नयी-नयी शैलियों में इस विधा को माँजा-चमकाया और निखारा है। अज्ञेय जी में यह 'पड़ाव' 'चिन्ता' काव्य-संग्रह के प्रकाशन के साथ ही आया। उन्होंने चिन्तन की छायावादी, उत्तर-छायावादी लीकों को तोड़ा और नयी सर्जनात्मक चिन्ताओं, प्रश्नाकुलताओं और जटिल संवेदना की समस्याओं को 'त्रिशंकु' के निबन्धों में स्थान दिया। इस निबन्ध-संग्रह का हिन्दी-निबन्ध की विकास-यात्रा में वही स्थान है जो जयशंकर प्रसाद के निबन्ध संग्रह 'काव्य और कला तथा अन्य निबन्ध' का है। अज्ञेय ने साहित्य-संस्कृति के प्रश्नों पर साहित्यालोचन के बँधे घेरे से निकालकर मुक्त चिन्तन किया। उन्होंने निर्भय भाव से 'रूढ़ियों' का निषेध करते हुए समाज-संस्कृति-राजनीति के संगठनों की ओर ध्यान केन्द्रित किया और स्वीकार किया कि नयी सर्जनात्मकता पर आधुनिक जीवन का दबाव बढ़ गया है।

अज्ञेय जहाँ-जहाँ भ्रमण के लिए गये वहाँ-वहाँ से कुछ न कुछ मूल्यवान चिन्तन का खज़ाना कमाकर लाये। इसलिए उनकी यायावरी वृत्ति का उनके निबन्धों की कला-कवि-दृष्टि पर प्रभाव पड़ा। उन्होंने सीप-घोंघे, पत्थर और चित्र सभी के 'कोलॉज' से एक नया निबन्ध में प्रयोग किया। इन प्रयोगों ने उनके आत्माभिव्यंजक निबन्धों की सर्जनात्मकता में एक छवि-चित्रों का लोक ही खोल दिया। 'सच्चा' और 'चुप्पा', 'मौन' और आत्ममंथन के अभ्यासी उनके रचनाकार ने हिन्दी गद्य की सूरत ही बदल डाली। एक नये तरह का गद्य नयी वैचारिकता के साथ सामने आया। गद्य की बेहद सर्जनात्मकता ने सिद्ध किया कि 'कलाकार हूँ नहीं शिष्य साधक हूँ', का अर्थ प्रियंवद अज्ञेय पर सटीक बैठा है। हिन्दी कविता की ही नहीं, हिन्दी-गद्य की

(निबन्ध, उपन्यास, कहानी, यात्रा संस्मरण, डायरी, पत्रकारिता) असाध्य वीणा भी अज्ञेय के हाथों ही बजी है। अज्ञेय का ही यह कलेजा है कि हिन्दी-गद्य में विशेषकर निबन्ध, यात्रा-वृत्त, डायरी में परम्परा-संस्कृति की पोटली को खोलकर सभी को परोस दिया। आँखों देखी कबीर शैली में जीवन के राग-दीप्त सच को नयी रचना-स्थिति के साथ सम्बद्ध कर दिया और इस कला ने निबन्ध को पुनर्जीवित करने का अरमान बुलन्द किया। आँखों देखी इस अज्ञेय शैली का ही हुनर है कि यात्रा-संस्मरण हो, कहानी हो, डायरी, पत्रकारिता हो, निबन्ध-विधा में वैयक्तिक रसायन प्रक्रिया से वे कायाकल्प कर देते हैं। फिर भी अगर कुछ बचा रहता है तो उसे वे किसी न किसी विधा में बदलकर 'रिसाइकलिंग' करके नया प्रयोग रूप दे देते हैं। अपने को बदलने के लिए हर समय खुला रखने के कारण अज्ञेय में 'अपूर्वता' की शक्ति बढ़ जाती है। सर्जनात्मकता की आधुनिक समस्याओं को बौद्धिक स्तर पर झेलने के कारण उनके निबन्धों में हल्की भावुकता, छिछली भावमयता का उच्छलन या उफान नहीं है। अनुभव-चिन्तन की चुनौती से दुहा गया वागर्थ है—जिसमें पानी मिलाया ही नहीं गया है। अज्ञेय के निबन्धों के अनुभव चाहे वे 'संस्कृति और परिस्थिति' या फिर 'संक्रान्तिकाल की कुछ साहित्यिक समयाएँ' जैसे निबन्ध हों— हमारे अन्तर्मन में धँस जाते हैं और हम भीतर ही भीतर स्वीकार अस्वीकार के झूले में झूलते रहते हैं। भारत और पश्चिम से अज्ञेय का साक्षात्कार प्रश्नाकुल अनुभव होने के कारण उनकी भारतीयता का नया संस्कार करता है—आप चाहें तो इस निबन्ध चिन्तन को 'भारतीय आधुनिकता' कह सकते हैं। देशी-विदेशी अनुभव में 'रूढ़ि और मौलिकता' जैसे भावानुवाद परक निबन्ध में नये चिन्तन को आत्मसात् करने की प्रक्रिया में जिस मौन आत्ममंथन की शुरुआत हुई, उसमें सांस्कृतिक अस्मिता के प्रश्नों ने पहली बार हिन्दी-निबन्ध की विकास-यात्रा में इतनी एकाग्रता और समग्रता से रूपाकार ग्रहण किया है।

अज्ञेय के निबन्ध निर्मल वर्मा के निबन्धों की तरह यह साक्ष्य जुटाते हैं कि आत्ममंथन की यह मौन सर्जनात्मक प्रक्रिया उनमें तब तक श्रीगणेश नहीं बनती जब तक कि वे 'अन्य' के सम्पर्क में नहीं आते हैं। 'अरे यायावर रहेगा याद' तथा 'एक बूँद सहसा उछली' में जो अनुभव संसार निवास करता है जिसके पीछे भारतीय और पश्चिमी संस्कृति की गहरी समझ है—वह समझ आरम्भिक वर्षों के निबन्धों में उतनी नहीं है जितनी कि बाद के वर्षों के निबन्धों में 'अन्य' को लेकर मिलती है। 'उड़ चल हारिल' के संकल्प का रचनाकार आखिरकार निबन्धों में विचार का एक नया सवेरा प्रस्तुत कर देता है। पौ फटती है और नयी-नयी विचार किरणें प्रकाश से निबन्धों को भर देती हैं। एक औपनिवेशिक नागरिक होने के नाते अज्ञेय ने अन्य

शीलवान, शिक्षित भारतीयों की तरह निबन्धों में नयी दृष्टि की 'सभ्यता समीक्षा' में सृष्टि कर डाली। लेकिन उनके विरोधियों ने सबकुछ को नकल माना और उन्हें पश्चिमी ढंग का मक्कार बुद्धिजीवी, बर्बर व्यक्तिवादी घोषित किया। फलतः अज्ञेय के निबन्धों की मौलिकता और सर्जनात्मकता पर विचार ही नहीं हुआ। दो सौ वर्षों की गुलामी ने जिस गुलाम मानसिकता का पोषण किया था--वह एक असहज स्थिति थी और उससे बाहर निकलकर सोच पाना, यूरोप की 'अन्यता' से मुक्त हो पाना तो वामपंथियों तक के लिए सम्भव न था, वे खुद मार्क्स-लेनिन के मानसिक गुलाम थे। लेकिन तमाम जोखिम उठाकर अज्ञेय ने मार्क्स-लेनिन की वैचारिक गुलामी को अस्वीकार किया। इसलिए अज्ञेय के निबन्धों में भारतीय परम्परा का नचिकेता-भाव निरन्तर विद्यमान रहा है। उन्होंने साहित्य और साहित्यालोचन पर शंकाकुल होकर सन्देह उठाये हैं, उनकी बारीक बौद्धिक छानबीन की है और पाण्डित्य को कभी भी कहीं भी बोझ नहीं बनने दिया है। इस प्रश्नाकुल प्रेरणा शक्ति के कारण ही वे आचार्य हजारी प्रसाद द्विवेदी की निबन्ध परम्परा को आगे बढ़ा सके हैं और हिन्दी निबन्ध का एक नया साँचा और ढाँचा निर्मित करने में समर्थ हुए हैं।

अज्ञेय ने चिन्तन की प्रकृत-भावभूमि पर विचरण करने के कारण साहित्य-कला-संस्कृति, साहित्यालोचन से जुड़े निबन्धों में अपना कुँवारा-सतर्क मौन नहीं खोया अपितु हमेशा कहा कि 'शब्द और सत्य' का संघर्ष जारी है और इस संघर्ष में अरमान यह है कि वे शब्द और अर्थ से नया रचनात्मक रिश्ता कायम करें। इस नये रिश्ते में हाय-हाय झाँय-झाँय नहीं है—आत्मनिर्वासन नहीं है—अकेलापन है जिसकी सामाजिकता में विचार पग धर रहे हैं। यह 'वामन' का तप-बल है जिसमें सजग, बौद्धिक, आत्मबोध मौजूद रहा है। आज भी अज्ञेय के निबन्धों की वामन-चरण कला का प्रताप सजग-पाठक को चकित करता है। मैथिलीशरण गुप्त के शिष्य अज्ञेय साहित्यिक परम्पराओं में मौजूद रीतिवाद को विद्रोही-तेवर-से ध्वस्त करते हैं। इसी तेवर में 'तारसप्तक', 'दूसरा सप्तक', 'तीसरा सप्तक', 'रूपाम्बना', 'पुष्करिणी' की भूमिकाओं के निबन्ध परक विचारों के कोणों को देखा जा सकता है। पन्त के 'पल्लव' मैथिलीशरण गुप्त के 'मेघनाद वध की भूमिका' निराला 'अनामिका' की भूमिका, महादेवी की 'दीपशिखा' की भूमिका को देखा जा सकता है। 'तारसप्तक' की भूमिका ने इतना वैचारिक कोलाहल पैदा किया था कि छायावाद के नामी-गिरामी आलोचकों को समझ में नहीं आ रहा था कि 'यह सब क्या है और क्यों है?'

कहना होगा कि यह एक ऐसी चिन्तन-प्रधान निबन्ध-यात्रा है जो विदेशी भूमि से होती हुई हमें अपने भारतीय आत्मबोध तक लाती है। इस लम्बी-अन्तर्यात्रा में

कोलम्बस साहस है जो 'त्रिशंकु' के निबन्धों में दहाड़ता मिलता है।

अज्ञेय जब कभी 'परिस्थिति और साहित्यकार' जैसे निबन्ध लिखते हैं तो स्पष्ट कहते हैं कि परिस्थितिवश हमारी रुझान यान्त्रिकता की ओर है। हमारी सारी प्रगति हमारे अस्तित्व का रुझान यान्त्रिकता की ओर हो रहा है। यह यान्त्रिकता हमारे जीवन को लीक पर डाल रही है और जीवन सस्ता, छिछला, घटिया और संस्कृति बेजान हो रही है। साथ ही 'आज के अधिकांश हिन्दी साहित्य में अतृप्ति–लालसा, दिवास्वप्न, यौन प्रतीकों, इच्छित विश्वासों का साम्राज्य है। इस स्थिति में मौजूद अज्ञेय ऐसा 'जीनियश' है कि वह शृंखलाओं को तोड़कर अनाहत निकल जाता है–वह निरा व्यक्ति नहीं है–सामूहिक प्राणी है और समष्टि का अंग बनकर बोलता–विचार करता है। 'त्रिशंकु' 'हिन्दी-साहित्य : एक आधुनिक परिदृश्य' 'आलवाल' 'अद्यतन' 'जोगलिखी' और 'धार और किनारे' जैसा कोई निबन्ध संग्रह हो–वह पूरे मनोयोग से सर्जना और सन्दर्भ पर गहन विचार विश्लेषण-मंथन करता है और विचार को एक 'पाठ' या टेक्स्ट में बदलकर उसका बासीपन छाँट देता है। वह पूरी हिम्मत से कह सकता है "प्रगतिवाद, का सिद्धान्त राजनीतिक और आर्थिक क्षेत्र में भले ही स्वीकार हो सके, साहित्य सृष्टि के क्षेत्र में अस्वीकार रहेगा।" (सर्जना और सन्दर्भ, पृ. 63) वह यह भी मानता है कि नीतियाँ सापेक्ष्य हैं– रूढ़ियाँ निरन्तर बदलती रहती हैं। अतःनैतिक कसौटियाँ सापेक्ष्य हैं, प्रगति भी सापेक्ष्य है। फलतः आज जो प्रगति है कल वह प्रतिगति हो सकती है। और यदि ऐसा है जो प्रगतिवादी आलोचक की कसौटियाँ साहित्यिक कसौटियाँ नहीं हैं; क्योंकि साहित्य आत्यन्तिक होने का दावा करता है। 'कला पर ऐच्छिक नियन्त्रण लगाने से, उसे किसी निर्दिष्ट दिशा में चलाने के प्रयत्न से, विज्ञान मिल सकता है, अर्थशास्त्र, राजनीति, समाज़शास्त्र आदि मिल सकता है, साहित्य नहीं मिल सकता।'

दरअसल, विरले ही निबन्धकार, चिन्तक-आलोचक, कवि कथाकार होते हैं जो अज्ञेय की तरह या रवीन्द्रनाथ टैगोर की तरह या टाल्स्टाय की तरह आधी शताब्दी तक अपने समय के समग्र साहित्य जगत् को निरन्तर प्रेरित-प्रभावित करते रह सकें। बल्कि उस पर ऐसी अमिट, प्रेरणार्थक छाप छोड़ सकें जो सर्जन-परम्परा आधुनिकता, प्रयोग-प्रगति का दुर्निवार हिस्सा हो जाएँ। अज्ञेय के ये निबन्ध उनकी सुदीर्घ चुनौती भरे अन्तर्यात्रा के ऐतिहासिक दस्तावेज तो हैं ही वे साहित्य-चिन्तन के प्रतिमान भी हैं। ये निबन्ध हमारी उन सभी समस्याओं-चिन्ताओं, बहसों, वैचारिक मुठभेड़ों से हमारा साक्षात्कार करवाते हैं जो एक आधुनिक भारतीय लेखन के रचना-कर्म से जुड़े हैं। इन लेखों ने अपने प्रकाशन काल में न जाने कितनी तरह की साहित्यिक बहसों, वाद-विवादों को प्रेरित एवं प्रभावित किया है कि आज भी

उन्हें पढ़ना-गुनना, उनके भीतर से गुजरना एवं सार्थक वैचारिक उत्तेजना को जीना है। सच बात तो यह है कि इनकी अर्थवान बहुवचनात्मकता केवल अज्ञेय के सृजन और चिन्तन को समझने तक ही सीमित नहीं हैं—बल्कि वे अपनी परम्परा के मूल सर्जनात्मक विकास की समझ के लिए भी अपेक्षित हैं। ऐसी स्थिति के कारण इन निबन्धों का भारतीय चिन्तन-परम्परा में ही नहीं, 'तीसरी दुनिया' के साहित्यालोचन और साहित्य-चिन्तन में एक दुर्निवार स्थान है। क्योंकि ये निबन्ध आज भी भारतीय रचनाकार की चुनौतियों—चिन्ताओं, खतरों और झंझटों को नये कोणों से स्पष्ट करते हैं। और जिनका सामना हर हालत में संक्रमणशील समाज की सर्जनात्मक प्रतिभा को करना है। निरन्तर उत्तर-आधुनिकतावाद, वृद्ध पूँजीवाद, उदारवाद, बाजार व्यवस्था, भूमण्डलीकरण का हमला इस देश की सभ्यता-संस्कृति पर हो रहा है। विचार के इस अँधेरे समय में अज्ञेय का निबन्ध-चिन्तन ही हमें नयी दिशा और दृष्टि से दे सकता है।

परम्परा, आधुनिकता, व्यक्ति स्वातन्त्र्य, काव्य-प्रयोग, काव्यानुभूति, प्रतीक-बिम्ब, लय-नाद-संगीत, शब्द-अर्थ, काव्य भाषा, सम्प्रेषण व्यापार से जुड़े प्रश्नों पर अज्ञेय ने न जाने कितने निबन्धों में 'कितनी नावों में कितनी बार' बैठकर तन्मय चित्त से विचार किया है। विस्तार के कारण उन सभी की चर्चा यहाँ कर पाना सम्भव नहीं है, लेकिन उनके विचारों की गूँज, अनुगूँज, प्रतिध्वनि इस लेख की आत्मा में मिलेगी। अज्ञेय ने समय-समय पर उठने वाली समस्याओं पर चिन्तन किया है और उस चिन्तन को निबन्धों में पूरी व्यक्तित्व व्यंजकता से प्रस्तुत किया है। निबन्ध में खुलापन उसकी विधागत विशेषता है और इस विधा की स्वतन्त्रता का अज्ञेय ने पूरा उपयोग किया है। समाज, संस्कृति और धर्म से सम्बन्धित निबन्धों की यहाँ एक कोटि है तो दूसरी कोटि साहित्यिक आलोचनात्मक निबन्धों की है। कुछ ऐसे भी निबन्ध हैं जो अवनीन्द्रदास ठाकुर जैसे चित्रकारों-कलाकारों पर केन्द्रित हैं—कुछ निबन्ध साहित्यालोचन की समस्याओं पर केन्द्रित हैं और रचनाकारों की सृजन प्रक्रिया पर भी विचार करते हैं। वे निबन्ध और लेख जो निबन्ध के कटघरे में फिट नहीं होते, उन पर यात्रावृत्त, संस्मरण, डायरी, आत्मकथात्मक अंश आदि पर अलग से विचार किया जाता रहा है।

अज्ञेय ने ललित-निबन्ध या व्यक्ति व्यंजक निबन्ध 'कुट्टिचातन' नाम से लिखे हैं और 'सबरंग कुछ राग' इसी तरह के ललित निबन्धों का उनका संग्रह है। वैसे भी निबन्ध बड़ा व्यापक नाम है और लघु निबन्ध से लेकर शोध-निबन्ध तक अपने पैर फैलाये हुए हैं। इसलिए संस्मरण, डायरी, यात्रावृत्त से लेकर व्यक्ति व्यंजक निबन्ध सब इसी कोटि में समाहित हो जाते हैं। निबन्ध एक ऐसा माध्यम है जिसमें

किसी भी क्षेत्र के चिन्तन को मुखर भाव से प्रस्तुत किया जा सकता है। इसलिए यह मानना आज गलत सिद्ध हो गया है कि निबन्ध अलोकप्रिय विधा या कठिन विधा है। और उपन्यास-कविता उसकी तुलना में ज्यादा लोकप्रिय विधाएँ हैं। गद्य को कवियों का निकष मानने वाले आज भी घोषित तौर पर कहते हैं कि कवि-कर्म की कसौटी तो निबन्ध हैं। कवि को काव्यानुभूति और लय का सहारा रहता है, लेकिन निबन्धकार को ऐसा कोई सहारा नहीं रहता है। निबन्ध विचार प्रधान हो या व्यक्ति-व्यंजक-ललित निबन्ध हो—उसमें विचार की क्रमबद्धता, रचना की रम्यता रहती है तो वह ललित या 'रम्य रचना' का दर्जा पा जाता है। हालाँकि विद्यानिवास मिश्र जैसे ललित निबन्धकार दबे स्वर में कहते रहे हैं कि संस्कृत वाङ्मय में ललित शब्द का प्रयोग मनुष्य द्वारा सजाने-सँवारने का भाव रखता है। इसीलिए लालित्य निबन्ध में विशेष प्रयोजन से ही सटीक बैठता है। लालित्य का प्रयोजन निबन्ध में अलंकरण या कृत्रिम शोभा बढ़ाना नहीं है अपितु भावक या पाठक के चित्त की विशदता या विस्तार ही है।

भाव या विचार की गहराई से निबन्ध कभी प्रतीकों की ओर बढ़ता है कभी उक्तिवैचित्र्य की विदग्धता से भाव-घनता की ओर। अपने चरम पर ललित-निबन्ध काव्यात्मक ऊँचाई पाकर कविता हो जाता है। उसमें व्यक्ति के व्यक्तित्व की व्यंजकता रहती है तो कुछ लोग उसे ललित न कहकर व्यक्ति व्यंजक निबन्ध कहना अधिक समीचीन मानते हैं। कुछ का कहना है कि 'आत्म' की अभिव्यक्ति को प्रधानता देने के कारण उसे आत्मव्यंजक निबन्ध कहना अधिक उपयुक्त माना जा सकता है। क्योंकि 'आत्म' में 'आत्मा की पुकार रहती है इसलिए उसे सुमनस लोग सहज ही ग्रहण कर लेने में समर्थ हो जाते हैं। लेकिन यह आत्म-व्यंजक या व्यक्ति-व्यंजक निबन्ध कोरे व्यक्ति का वाचक नहीं है। उसमें प्रायः व्यक्ति 'अनुपस्थित' रहता है और नीचे तल से बोलता है। इसलिए उसका 'मैं' प्रायः 'हम' का पर्याय होकर आता है और पाठक का उससे साधारणीकरण होना सहज सम्भव है। पश्चिम के 'पर्सनल ऐसे' में 'मैं' की कोर ज्यादा नुकीली है लेकिन भारत का 'मैं' प्रायः 'हम' होकर आता है।

भारतीय निबन्ध का मुक्त फक्कड़पन भी 'सबका होकर' 'सब के घट में बैठकर दुनिया को देखता है। उसके भीतर से उसके मिथक देवता बोलते-बतियाते मिलते हैं। इसलिए निबन्ध में बतकही या बतरस का अपना मजा है। वैचारिक आधार को भूलकर केवल 'गप्प' को निबन्ध नहीं माना जा सकता। न वह किस्सागोई की कला है—आख्यान है। फिर निबन्ध की दो मोटी कोटियाँ हैं—विचार प्रधान निबन्ध और ललित व्यक्तिव्यंजक निबन्ध। किन्तु दोनों में ही विचार का धागा ज्यादा या कम

होकर अवश्य रहता है। सर्जनात्मकता का यह स्वभाव है कि विचार और भाव-भाषा में एकता स्थापित करती है। यही कारण है कि आचार्य रामचन्द्र शुक्ल के निबन्ध बौद्धिक गरमाहट की ऊँचाई छूने पर भी सर्जनात्मक हैं—'यात्रा के लिए निकलती रही है—बुद्धि किन्तु हृदय को साथ लेकर।' अर्थात् उनके विचार-प्रधान निबन्धों में हृदय-बुद्धि का सामंजस्य है। भारतीय दर्शन में तो प्रमाण-वार्तिक, हो, शांकर-भाष्य हो, उसे सर्जनात्मक गद्य कहा गया है। ऐसा इसलिए कहा गया है कि विचारप्रधान निबन्ध में भावना तिरोहित नहीं होती उसका एक भिन्न प्रकार का बौद्धिक संस्कार हो जाता है। विचारप्रधान निबन्ध अपने तर्क से शक्ति पाता है और यह शक्ति ही लोक में आलोक भर देती है।

बौद्धिक रुझानों के इस युग में तर्क कर्कशता बढ़ी है और निबन्ध में हृदय की बहक को आदर नहीं दिया जाता है। निबन्धकार एक विचार से एक प्रतीक से एक मिथक से एक प्रकरण प्रसंगः घटना से महीनों जूझता है और न जाने कितने संकटों से उबरकर एक विचारप्रधान निबन्ध लिख पाता है। इसलिए ललित-निबन्ध और विचारप्रधान निबन्ध की धातु एक-सी नहीं होती। विचार की घनता विचार की ठोस भूमि तलाशती है और विचारप्रधान निबन्ध 'बौद्धिक संवाद' बन जाता है। अज्ञेय के निबन्ध प्रायः बौद्धिक संवाद का स्थान ग्रहण कर लेते हैं। जैसे अज्ञेय का एक विचार-प्रधान निबन्ध है 'साहित्य बोधः आधुनिकता के तत्त्व'। अज्ञेय यहाँ सुझाते हैं और सजग सूझ-बूझ से सुझाते हैं कि समकालीन सन्दर्भ में 'साहित्य-बोध', की अपेक्षा 'संवेदना-बोध' ही अधिक सारमय संज्ञा है।' फिर प्रश्नाकुल भाव से पूछते हैं—क्या संवेदना के साथ 'नयी' या 'पुरानी' जैसा कोई विशेषण जगाना उचित है? क्या संवेदना ऐसे बदलती है? क्या मानव मात्र एक नहीं हैं? क्या यह एकता देश और काल दोनों के आयाम में एक-सी अखण्डित नहीं रहती? स्थिति के बदलते ही संवेदना बदलती है और संवेदना विस्तार के साथ जगत् के नये-नये क्षेत्र खुलते हैं और उन क्षेत्रों की विकसित विवेक वयस्कता का संवेदनात्मक ज्ञान, ज्ञानात्मक संवेदना बनकर नैतिक बोध से जुड़ जाता है। नैतिक-अनैतिक, पाप-पुण्य के प्रश्न मानव की संवेदना को नियन्त्रित करने लगते हैं और तब विज्ञान आता है जो मानव की नैतिकता को ईश्वर परक न मानकर मानव सापेक्ष्य मान लेता है। ध्यान में रखने वाली बात है कि अज्ञेय जी विज्ञान के विद्यार्थी रहे हैं और विज्ञान के अध्ययन-चिन्तन ने उनके निबन्धों की भाषा में तर्क एवं व्यंजना-व्यापार को दूर तक प्रभावित किया है। निबन्ध में वह विषय के हर कोने पर विचार करते हैं और गबदी अतार्किकता, झूठी धार्मिकता को स्थान देना उनके निबन्धकार का रचना-धर्म नहीं है। वह सोच-समझकर यह तय कर लेते हैं कि संवेदना का सम्बन्ध जैविक परिस्थिति से

नहीं; सांस्कृतिक परिस्थिति से है और प्रत्येक संस्कृति के मूल में एक जीवन दर्शन होता है—जैसे-जैसे जीवन-दर्शन बदलता है वैसे ही संवेदना भी बदलती जाती है। नैतिकता की भावना बदलने का कारण है धार्मिक या धर्म भावना का रूप-परिवर्तन। यही कारण है कि आज ईश्वर और धर्म के किनारे जाने से मनुष्य केन्द्र में आ गया है। दूसरा परिवर्तन का कारण है प्रकृति की नयी परिकल्पना। इस नयी परिकल्पना में वैज्ञानिक चिन्तन यान्त्रिक चिन्तन में बदल गया है और कोई मूल्य आत्यन्तिक या स्वयंसिद्धमूल्य नहीं रहा। मम और ममेतर का सम्बन्ध बदल गया और एक नयी आधुनिक संवेदना का जन्म हुआ है। आधुनिक संवेदना में जीवन की प्रक्रिया का यह बढ़ता ज्ञान, जीवन-यन्त्र की यान्त्रिक गति का बढ़ता हुआ परिचय अपने आप में समस्या हो गया। जितना ही हमारा जीवन सतह पर आता जाता है उतनी ही सतह बढ़ती जाती है और आभ्यन्तर जीवन उतना ही सिकुड़कर छोटा होता जाता है—'छिछली, उथली, घनी चौंध से अन्ध घूमते हैं हम/अपने रचे हुए मायावी उजियाले में।' फलतः संवेदना में द्विभाजन हो गया। इधर आधुनिकता जो परिवर्तन लायी है—उसके कारण सम्प्रेषण की अनेक समस्याएँ उत्पन्न हुई हैं। आज आधुनिक लेखक और पाठक के बीच समस्या गहराई है। साथ ही संस्कृति को लेकर जो भ्रान्त धारणाएँ फैली हैं उन्होंने इस समस्या को और जटिल बना दिया है। हमें ध्यान रखना होगा कि अन्य संस्कृतियों की भाँति भारतीय संस्कृति भी एक मिश्र संस्कृति है—संग्राहक संस्कृति है। संस्कृति की भाँति हमारी भाषा भी मिश्र भाषा है।

अज्ञेय के निबन्धों के इतने प्रकार और रूप हैं कि उनका वर्गीकरण पाठकों को अनुचित प्रतीत होगा। फिर सभ्यता-समीक्षा के वैचारिक स्तर पर यह कोरी गड़बड़ी ही होगी। अन्य विधाओं में निबन्ध जितना खुलापन नहीं होता। निबन्ध की व्यापकता यह है कि वह नितान्त आत्मीय, अनौपचारिक और आत्माभिव्यंजक विधा है। उसका पूरा मिजाज विनोदी मनमौजी और बतरसी होता है। उसकी गहराई नर्मदा की धार होती है और चौड़ाई ब्रह्मपुत्र का पाट। निबन्ध में विचारों की ताकत सभी पुराने घाटों के बँधे ठाठ को तोड़ देती है—उसे बाँध में बाँधना भाता ही नहीं। स्वभाव से निबन्ध बिगड़ैल घोड़ा होता है जिस पर ठीक से सवारी ज्ञानी-ध्यानी ही कर पाता है। विचार-प्रवाह का अर्थ है कि उसमें नयी रो नयी धार फूटती रहती है। भारतेन्दु-युग के निबन्धकारों का खुला-खिला गद्य, द्विवेदी युग के निबन्धकारों की अल्हड़ता, रीति विरोधी अभियान की मुद्रा, छायावादी निबन्धकारों की क्लासिक संवेदना, प्रगतिवादी निबन्धकारों की निर्भय युक्तता और नयी कविता-युग के निवन्धकारों की विपुल अलमस्त उन्मुक्तता निबन्धों का सौन्दर्य कही जा सकती है। अज्ञेय को 'अभिजात' कहकर चाहे कितना ही कोसा जाय, लेकिन यह सच है कि

वे निबन्धों में अभिजात-चिन्तन से ऊपर उठकर उसका अतिक्रमण करते हैं जैसे उनका निबन्ध है—'हिन्दी साहित्य : चौपाई'। उनके विचार से तुलसी की राम भक्ति सिर्फ भक्ति नहीं थी, उसमें लोक-धर्म का सौन्दर्य भी था। तुलसीदास बिना बाहर की संस्कृति से द्वेष किये बगैर अपनी संस्कृति में जान फूँकना चाहते थे। इस तरह के निबन्ध-प्रयोग अज्ञेय को निबन्ध की लोकतान्त्रिक विधा में बहुत सम्मान से देखने का हौसला देते हैं।

वास्तविकता यह है कि बीसवीं शताब्दी में नये-नये विचार-क्षेत्रों, सिद्धान्तों, साहित्य-मठों की प्रतिष्ठा बढ़ी। स्वाधीनता आन्दोलन की सर्जनात्मक हवा में मनुष्य की मुक्ति की आकांक्षा का उद्दाम-शक्ति प्रवाह फूट-फट पड़ा। साहित्य-चिन्तन और साहित्यालोचन ने ऐसे क्षेत्रों में प्रवेश किया जो अकादमिक आलोचना से कहीं अधिक व्यापक थे और समय-समाज-संस्कृति को लेकर आगे बढ़ते थे। साहित्यालोचन और दर्शन के बीच निबन्ध ने नया मार्ग खोज निकाला। ग. मा. मुक्तिबोध ने 'नयी कविता का आत्मसंघर्ष तथा अन्य निबन्ध' पुस्तक के निबन्धों से चिन्तन का पूरा इतिहास और समाजशास्त्र बदलकर साहित्य का एक नया साहित्य-सौन्दर्यशास्त्र विकसित करने का महत्त्वपूर्ण प्रयत्न किया। इसी प्रयत्न की पूरकता में अज्ञेय आये। अज्ञेय और मुक्तिबोध की पूरकता पर ध्यान कम दिया—एक-दूसरे को एक-दूसरे का विरोधी सिद्ध करने में आकाश-पाताल के ही कुलावे मिलाये गये। जबकि अज्ञेय और मुक्तिबोध दोनों ने अपने चिन्तन की विशिष्ट शैली से हिन्दी निबन्ध का विकास किया है। इन दोनों रचनाकारों ने समय के बहुमुखी और संश्लिष्ट दबावों के नीचे नवीन चिन्तन सम्भावनाओं को उजागर किया जिसके एक छोर पर पत्रकारिता और दूसरे छोर पर विचारधाराओं की सिद्धान्त-दृष्टि का दबदबा रहा। अपने समय की सच्चाई को लेकर अज्ञेय ने 'नयी कविता' जैसा अद्‍भुत संवाद शैली में निबन्ध लिखा और कहा—'मैं अकिंचन। केवल रुचि के कारण साहित्य पढ़ने वाला एक साधारण व्यक्ति। मैं नयी कविता पढ़ता हूँ।' यह भी कि नयी कविता पढ़ने के लिए ही लिखी जाती है। और नयी कविता कुछ है अवश्य। छायावाद-काल के प्रोफेसरगण नयी कविता पर हमला करते हुए अपनी तर्क विकृति का नमूना पेश कर रहे थे। उनकी निगाह में प्रगतिवाद एक राजनीतिक बिल्ला और प्रयोगवाद एक गाली था। अज्ञेय ने अध्येता बनकर छायावादी प्रोफेसर से कहा—नयी कविता सबसे पहले एक नयी मनःस्थिति का प्रतिबिम्ब है—एक नये मूड का—एक नये राग-सम्बन्ध का। अज्ञेय ने भवानीप्रसाद मिश्र, रघुवीर सहाय की कविताओं के उदाहरण देकर नयी संवेदना के नये रूपों-नये प्रयोगों को स्पष्ट किया। इस तरह निबन्ध विधा-नये विचारों के रक्त से तगड़ी हो गयी। यह निबन्ध विधा की शक्ति का ही प्रमाण है

कि उसने अज्ञेय को तमाम प्रहारों को झेलने की जीवट प्रदान की। अपने मन की बात अज्ञेय अपने पाठक समाज तक इन निबन्धों के माध्यम से ही पहुँचा सके। अज्ञेय को 'चिंपाजी' और 'मनहूस' कहने वालों को इन निबन्धों ने ही करारा उत्तर दिया। इन निबन्धों ने ही कई आलोचकों का वह चेहरा उजागर किया—जिनका आलोचना द्वेष के नरक के सिवा और कुछ नहीं है। इस तरह अज्ञेय के निबन्धों ने उनके स्वाधीन-व्यक्तित्व और स्वाधीन चिन्तन की चेतना को वाणी दी और वे अपने समय के संकट को अधिक घनता, अधिक गहराई और साहसपूर्ण निर्भय से अभिव्यक्त कर सके। उन्होंने नये विचारों की सर्जनात्मक ऊर्जा से हिन्दी-निबन्ध-साहित्य को वह गौरव प्रदान किया जो उसे पहले कभी प्राप्त नहीं था।

आज कितने आश्चर्य की बात लगती है कि अज्ञेय के लिए निबन्ध कभी भी छायावादियों की तरह आत्माभिव्यक्ति का माध्यम नहीं रहा—जबकि उनका 'आत्म' उसमें खुलकर व्यंजित हुआ है। रवीन्द्रनाथ और आचार्य हजारीप्रसाद द्विवेदी के निबन्धों की तरह अज्ञेय के निबन्ध एक गहन क्लासिकल विचार यात्रा के दस्तावेज हैं—जिनकी अलग टोन है और अलग टेम्पर। अज्ञेय के निबन्धों को पढ़ने वाले प्रबुद्ध पाठक को उनके आलोचनात्मक विवेक, विचार की सूक्ष्म से सूक्ष्म पकड़, नीर-क्षीर शैली, व्यंग्य वक्रोक्ति-हास-कटाक्ष की ताजगी चकित करती है। कई बार मैं सोचता हूँ कि अज्ञेय ने अगर निबन्ध-विधा के अलावा किसी अन्य विधा में लिखा ही न होता—तो क्या वे अपने टटके, प्रखर, मौलिक, तेजस्वी और एकदम क्रान्तिकारी चिन्तन के लिए याद न किये जाते? चिन्तन की गहराई में गोता लगाकर मोती लाने वाले को क्या पाठक का अपनापन प्राप्त न होता। निश्चय ही इस पनडुब्बा निबन्धकार को उनके अलीकी चिन्तन की मूल्यवत्ता के लिए अमर स्थान मिलता। अज्ञेय के कई आलेख, वक्तव्य टिप्पणियाँ समय के तात्कालिक दबावों और सरोकारों को लेकर लिखे गये हैं। उनकी चिन्ताओं के केन्द्र में समय-सन्दर्भ रहे हैं और काल-चिन्तन का अभिनव नयापन। हिन्दी में पहली बार काल चिन्तन पर किसी निबन्धकार ने इतनी मौलिक सूझ से विचार-मंथन प्रस्तुत किया है। कहना होगा कि अज्ञेय के लिए निबन्ध लिखना—समस्याओं-चिन्ताओं को सुलझाना उतना नहीं है—जितना कि निरन्तर बदलते हुए परिप्रेक्ष्य में उन पर नये सिरे से विचार करना—नये विचारों की जटिलता का छाती तान कंर सामना करना है। 'त्रिशंकु' के निबन्धों में संशय के विचार-कण थे, लेकिन आगे के निबन्ध-संग्रहों में पके हुए चिन्तन का विश्वास है।

यह बात भी भूलने के विरुद्ध है कि निबन्ध-विधा में नये विचारों की लपट झुलसा देने वाली होती है और योगीभाव से उनका मुकाबला करना होता है। बड़े-बड़ों

के पैर उखड़ जाते हैं चिन्तन प्रवाह में। सन्देह और आस्था का अन्धकार निबन्धकार को घेरकर खड़ा हो जाता है—वह हर नये मोड़ पर अपने को लहू-लुहान करता है और अन्धकार से जूझते हुए सबेरे तक चलता है। फिर अज्ञेय तो कभी भी जानी-पहचानी पगडण्डी पर नहीं चले। हर बार नयी दिशा की ओर निकल पड़े। उन्हें न कभी पाने का गर्व हुआ न खो जाने की पीड़ा। भारतीय चिन्तन में परम्परा-संस्कृति-इतिहास के पदचिह्न जहाँ खो गये थे उन्हें अपने पिता हीरानन्द शास्त्री की तरह उन्होंने खुदाई करके पुनः पाने की कोशिश की। चिन्तन में वे वेदान्त के ऋषि की तरह कभी थके नहीं—अनथक यायावर रहे। अरविन्द-विवेकानन्द-तिलक गांधी-लोहिया-जयप्रकाश नारायण, मानवेन्द्र राय, फ्रायड, हेडेगर, नीत्से आदि न जाने कितने मनीषियों के प्रभाव-प्रवाह में आये, लेकिन अपने चिन्तन की मौलिकता पर कभी आँच नहीं आने दी। उनका समस्त निबन्ध-चिन्तन एक पावनता जनित विवेक में रमता गया और अन्तिम दिनों में जानकी-यात्रा, ब्रज-भाव की यात्राओं पर उन्होंने अनुपम विचार के निबन्ध लिखे। भारतीय सभ्यता-संस्कृति के खोये हुए रास्तों की तलाश में वे निरन्तर अन्वेषी भाव से निकलते रहे। उन्होंने पश्चिमी सभ्यता-संस्कृति-साहित्य-धर्म के भीतरी रहस्यों को समझकर पश्चिमी आधुनिकता के सत्यानाशी पक्षों को अपने निबन्धों में उजागर किया। नयी राहों के इस अन्वेषी ने गाली खाकर भी अपने चेहरे पर, सोच पर झुर्रियाँ नहीं पड़ने दीं और सच के दरवाजों को हर जोखिम झेलकर खटखटाया और मानव-केन्द्रित पश्चिमी चिन्तन के सामने भारतीय चिन्तन के विकल्प को प्रस्तुत किया। अपनी सांस्कृतिक-अस्मिता की भूली हुई पहचान के साथ जातीय-स्मृति के, प्रतीकों-मिथकों-पुराणों-रूपकों के नये अर्थ-सन्दर्भों का जादुई पिटारा खोल दिया। भाई लोग अज्ञेय के चिन्तन को विदेशी नकल, विदेशी जूठन, टी. एस. इलियट, डी. एच. लारेन्स, प्रूस्त, टामसमान, नीत्से, सार्त्र, हेडेगर के विदेशी छायानुवाद कहकर ठुकराते रहे। लेकिन अज्ञेय न रुके, न झुके—एकाग्र चिन्तन की 'समाधि' में अपने 'आत्म' की पहचान को समर्पित रहे।

स्वतन्त्रता पाने से पूर्व और स्वतन्त्रता-प्राप्ति के बाद जिस सांस्कृतिक नवजागरण का श्री गणेश नये संकल्प के साथ हुआ था उसकी अमिट-छाप अज्ञेय के निबन्ध-साहित्य में मिलती है। हमारे पुरखों ने पुराणों, वेदों, उपनिषदों-रामायण-महाभारत के चिन्तन से जो सजग आत्मबोध की आग को हमें सौंपा था उसे पश्चिमी झंझावातों में भी अज्ञेय ने नष्ट नहीं होने दिया। हाँ, यह प्रश्न बार-बार उठाया है कि हमने, पश्चिमी नकल के चक्कर में अपने को कैसा बना लिया? क्या वह 'छवि' जिसे हमने बीसवीं शताब्दी के आरम्भ में अपनी परम्परा संस्कृति की स्मृति को जगाकर पाया था और अब स्वतन्त्रता प्राप्ति के बाद भुला दिया। ऐसी स्थिति में हमारी जीवन्त

सभ्यता संस्कृति का होगा क्या? हम क्यों फिर से पश्चिम के 'उपनिवेश' बनने की तैयारी कर रहे हैं। अपना स्वाभिमान खोकर हम उनके पीछे दौड़ रहे हैं। भाषा, धर्म, दर्शन, परम्परा, देश-प्रेम जैसी तमाम अवधारणाओं को सिर्फ बौद्धिक विलास समझकर हम 'भारतीय आधुनिकता' के उज्ज्वल पक्षों को मलिन कर रहे हैं। अज्ञेय अपने निबन्धों में 'काल का डमरू नाद' जैसा निबन्ध हो या 'उन्मेषशालिनी प्रतिभा' जैसा निबन्ध निरन्तर संस्कृति के प्रतीकों-मिथकों पर पुनर्विचार करते हैं और पुनर्भाष्य करते हुए हमें भाषा और अस्मिता की ओर लौटने की प्रेरणा देते हैं। अज्ञेय के निबन्धों का केन्द्रीय विचार है—अपनी जड़ों की तलाश।

अज्ञेय के साहित्य, संस्कृति और समाज परिवर्तन की प्रक्रिया से गहरे जुड़े निबन्धों में भाषा के सरोकार इसलिए भी ज्यादा हैं कि उनकी बुनियादी चिन्ता भाषा संस्कृति से जुड़ी चिन्ता है। पचास वर्षों से अधिक की अवधि में निरन्तर रचना-कर्म के सरोकारों से जुड़े रहने के कारण 'कवि हूँ, आधुनिक हूँ नया हूँ' का चिन्तन तनाव भी रहा और खूब रहा। अध्ययन, अध्यापन, आलोचन और सम्पादन में अविराम प्रवृत्त रहने पर भी उनमें काव्य-विवेक के प्रवक्ता का दम्भ नहीं जागा। पिछले पचास वर्षों में उनके ऊपर बार-बार शत्रु भाव से आक्रमण होते रहे—और इस आलोचना-प्रत्यालोचना से भी उन्होंने लाभ उठाया। वे अपने निबन्धों में इस विचार पर अडिग रहे कि कविता भाषा में नहीं, बल्कि शब्द में होती है। काव्य सर्जना और काव्यात्मक उक्ति का आधार शब्द होता है। भाषा को काव्य सर्जना का आधार मान लेने पर कविता पर उसका अनिष्टकारी प्रभाव पड़ता है। कुछ लोगों ने अज्ञेय के विचारों को ठुकराने के लिए 'सपाट बयानी के सिद्धान्त' भी गढ़े और उन्हें कविता के प्रतिमान के नाम से चलाना चाहा। ग्रेशम के नियम के अनुसार, इन काव्य-प्रतिमानों के खोटे सिक्कों ने हिन्दी आलोचना से असली सिक्कों को गायब कर दिया। लेकिन अज्ञेय डटे रहे और लय-संगीत, नाद, छन्द के बोध को पाठक के सागने बार-बार व्यंजित करते रहे। अज्ञेय के निबन्धों का बहुत ही रचनात्मक असर पाठकों पर हुआ। बोलचाल की लय की चुनौतियों ने छन्द और लय पर गहरा प्रभाव डाला। छन्द-लय के क्षेत्र में पन्त-निराला के ठोस उदाहरण देने के बाद अज्ञेय ने बेझिझक भाव से कहा, "स्वयं मेरी कविता में छन्द और लय की दृष्टि से जो परिवर्तन आये और जो विकास लक्षित होगा, उन पर विचार तीन आरम्भ-बिन्दुओं से किया जा सकता है। कुछ परिवर्तनों की मूल प्रेरणा ही लय और छन्द के प्रयोग अथवा तत्सम्बन्धी कुतूहल से है। संस्कृत, हिन्दी प्राकृत-अपभ्रंश के छन्दों से जुड़े हुए प्रयोग तो इसमें शामिल हैं ही, लोकगीतों की धुन, उर्दू की कद्र और अंग्रेजी के स्वर-यात्रा विचार का असर उसमें देखा जा सकता है छन्द और लय सम्बन्धी प्रयोगों की दूसरी कोटि का आधार सामान्य भाषा

व्यवहार है और उससे जुड़ा हुआ काव्यपंक्ति की यति के साथ व्याकरण-सम्मत वाक्य का सम्बन्ध, दोनों का मेल अथवा उनकी टकराहट, उससे उत्पन्न तनाव और लय में इस तनाव की उपयोगिता।' एक नाटकीय तत्त्व अज्ञेय के रचना-कर्म में बराबर मौजूद रहा है जो एक ओर उन्हें ब्राउलिंग से जोड़ता है—दूसरी ओर भर्तृहरि से।

अज्ञेय के निबन्धों में वाक् देवी की चैतन्य शक्ति का प्रासाद है। उनका निबन्ध 'शब्द, मौन, अस्तित्व' साक्षी है कि इच्छा, क्रिया, ज्ञान के सामंजस्य का सौन्दर्य ही उन्हें प्रिय है—यह प्रियता चिन्तन की ईमानदारी से जुड़ी है। वे कहते हैं 'क्योंकि लेखक पागल होता ही' है। यह कोई बड़ी मौलिक बात नहीं है। लेकिन मौलिकता शब्द इस चिरन्तन आविष्कार का ही नाम है कि कला के क्षेत्र में वास्तव में नया कुछ नहीं होता। यहाँ तक कि जो नयेपन का आभास देता है, वह नये के रूप में तब तक प्रतिष्ठित नहीं होता, जब तक कि हम उसमें अथवा उसके द्वारा, जो कुछ उससे पहले था उसके नये मूल्यांकन का आधार न पा लें और उससे एक अर्थवान सम्बन्ध न स्थापित कर लें—दूसरे शब्दों में जब तक कि हम उसमें वह न पहचान लें जो कि 'नया नहीं' है। रचनाकार को तनाव शक्ति देता है—वही लिखने की प्रेरणा देता है। शायद कलामात्र में जो शक्ति सृजन की प्रेरणा बनती है वह यही तनाव है। अगर ताकतवर संवेदन है तो नया जीवानानुभव सृजन-तनाव पैदा करता है। कलाकार चिरयात्री का प्रतीक है। इसका अर्थ हुआ कि कलाकार दूरी को निरन्तर मिटाता रहता है और सही शब्द को तलाशता रहता है। शब्द की, सही शब्द की खोज ही असली समस्या है।

एक प्रकार से अज्ञेय के निबन्ध उनके रचना-कर्म की 'पोयट्री वर्कशाप' कहे जा सकते हैं। वे 'बाई-प्रोडक्ट' हैं और अज्ञेय का पूरा कवि-संघर्ष शब्द-संघर्ष का पर्यायवाची है। वे साफ कहते हैं—'केवल सही शब्द मिल जायें तो' सर्जनात्मकता में भराव आ जाय। मेरी खोज भाषा की खोज नहीं है। केवल शब्दों की खोज है। भाषा का उपयोग मैं करता हूँ निस्सन्देह, लेकिन कवि के नाते जो मैं कहता हूँ वह भाषा के द्वारा नहीं केवल शब्दों के द्वारा। मेरे लिए यह भेद गहरा महत्त्व रखता है।' इस प्रकार वे लेखक के नाते कला-सृजन के माध्यमों में सबसे अधिक वेध्य माध्यम का उपयोग करते हैं। ऐसे माध्यम का जिसको निरन्तर दूषित और संस्कारच्युत किया जाता रहता है। निस्सन्देह अन्य कलाएँ भी वेध्य हैं। इन सभी को व्यापारिक, पापुलर बनाया जा सकता है और निरन्तर बनाया जाता है। लेकिन चित्रकारी के बिना, गाये बिना, पत्थर या लकड़ी उकेरे बिना भी सामाजिक हुआ जा सकता है, बोले बिना सामाजिक नहीं हुआ जा सकता।' भाषा में अनन्त क्षमता है उसका हीनतर उपयोग उसे 'संस्कारच्युत' करना है—उसका बल्गराइजेशन है। कवि का

उद्देश्य केवल शब्द की निहित सत्ता का पूरा उपयोग करना नहीं है, बल्कि उसकी जानी हुई सम्भावनाओं के परे तक उसका विस्तार करना है।' ध्यान रखना होगा कि ये निबन्ध एक विद्रोही कवि के द्वारा लिखे गये निबन्ध हैं। इसलिए इनमें भाव-विचार की बारीकी ज्यादा है। फिर ये निबन्ध व्यक्तित्व व्यंजकता की शक्ति से सम्पन्न हैं और इनमें कवि का अनुभव रचा-बसा हुआ है। कविमन की उमड़न-घुमड़न ने इन व्यक्तिव्यंजक निबन्धों का आन्तरिक संसार निर्मित किया है। घुमड़न होती रहे, मन उन्मादित होता रहे और लिखने की लाचारी बनी रहे—यही अज्ञेय का अरमान है—कवि-टेम्पर है। सामान्य जीवन की छोटी-से-छोटी घटना को व्यापक-सामाजिक सन्दर्भ में वे झंकृत करते रहते हैं। इसलिए उनका निबन्ध केवल रिपोर्ट नहीं है वह रचनानुभव का सन्दर्भ लिए रहता है। अज्ञेय का कविमन उसमें काट-छाँट—तराश करता रहता है, इसलिए एक-एक शब्द नपा-तुला रहता है। अज्ञेय का कथाकार-संस्मरणकार भी उनके कवि के पीछे चलता है—वे मूलतः कवि हैं—बाद में और कुछ। भीतर से जुड़े बाहर के सन्दर्भ प्रस्तुत विषय को अप्रस्तुत से जोड़कर गहराई-व्यापकता और वृहत्तर सामाजिकता की निष्पत्ति करते हैं। अज्ञेय की कवि-संवेदना में विराजमान शिव-प्रतिमा का सौन्दर्य है उनकी बहुलता-बहुश्रुतता। यहाँ बहुश्रुत का अर्थ किताबी-क्रीड़ा नहीं है, बहुश्रुत का अर्थ है कि वह अनेक ज्ञान-विज्ञान के स्रोतों से रस ग्रहण करता है और उन रसों को एक चिन्तन-प्रवाह में बदल देता है। अज्ञेय जानते हैं कि पाण्डित्य के बोझ से न कविता लिखी जा सकती है न अच्छा सर्जनात्मक निबन्ध। भावुक कवि अच्छा गीतपरक प्रबन्ध तो लिख सकता है, एक संयम से भरा विचारों से निथरा निबन्ध नहीं लिख सकता।

यह तो अज्ञेय की शक्ति ही है कि वे लोक और शास्त्र दोनों की संस्कृति को छानकर निबन्ध में लाते हैं। इसलिए उनके गम्भीर चिन्तन से पाठक ऊबता नहीं है—वह जिज्ञासु पाठक बनता है। वे सन्दर्भों को जोड़ने में माहिर हैं और समसामयिक घटनाओं के भाष्य में चौकन्ने। उनके निबन्धों का प्राणतत्त्व है बिखरे सूत्रों को जोड़ना, सुलझाना और सूत्रों को संश्लिष्ट करके कौशल से प्रत्यक्ष कर देना। सन्दर्भों का दुरुपयोग न हो, इसलिए वे पाण्डित्य-प्रदर्शन से बचते हैं। उन्हें ध्यान रहता है कि उनका भाव-बोध केवल उनका 'निजी' भाव-बोध नहीं है। इसलिए भाव-बोध की 'निजता' सनातनता की ओर बढ़ जाती है और समूची संस्कृति की बन जाती है। इसमें पाठक पाता है कि उनमें व्यास-वाल्मीकि, कालिदास-भवभूति, कबीर-तुलसीदास, सूरदास-घनानन्द, भारतेन्दु-मैथिलीशरण गुप्त पूरी परम्परा बोलती बजती है।

अज्ञेय धुनी निबन्धकार हैं, पागलपन की हद तक धुनी। उनके भीतर का बहुश्रुत विद्वान समग्र जीवन पर, देश-विदेश पर ध्यान लगाता है और वे विडम्बनाओं,

यातनाओं को सम्भावना बना लेते हैं। यही उनकी चिन्तन कला का मायावी चमत्कार है। यह चमत्कार पाठक को सन्दर्भ तक ले जाता है, लेकिन ये सन्दर्भ बोझ नहीं बनते हैं—भीतर के राग-दीप्त सच का साक्षात्कार कराते हैं। वे बराबर चौकसी बरतते हैं कि विचार के सूक्ष्म ताने-बाने न टूटने पायें और उसमें परिवेश की चेतना भी उजागर हो। पाठक परिवेश की स्मृति से जुड़कर एक नये अनुभव के भीतर से 'आत्म-दर्शन' कर सके। उदाहरण के लिए अज्ञेय का निबन्ध 'कविता : श्रव्य से पठ्द' तक देखा जा सकता है।

अज्ञेय का एक निबन्ध है—'मार्ग दर्शन', जिसमें आदमी रास्ता पूछ रहा है और कोई भी ठीक से बता नहीं पा रहा है। आचार्य हजारीप्रसाद द्विवेदी के निबन्धों में कुछ शब्द ऐसे गढ़े जाते हैं कि गढ़ने की प्रक्रिया में ही शब्द का गहरा संस्कार हो जाता है। अज्ञेय शब्दों को गढ़ने में आचार्य द्विवेदी जितने प्रवीण नहीं हैं—लेकिन शब्द-चयन में संयमी और सावधान हैं—इसलिए स्मृति को जागृत करने में दक्षता बरतते हैं। निबन्ध की बनावट और बुनावट में वे भारतीय संस्कृति का मजबूत टांका लगाते हैं—ताकि संस्कृति की सम्पूर्णता में पहचान हो सके। उनमें शब्दों की नयी सम्भावनाओं की खोज के साथ शब्दों का नया अर्थ-सन्दर्भ देने की कला है। वे एक खास ढंग से आचार्य हजारीप्रसाद द्विवेदी, विद्यानिवास मिश्र, मुक्तिबोध और विजयदेवनारायण साही की तरह जीवन के बहुमुखी अनुभवों के निबन्धकार हैं। ये सभी निबन्धकार अपने समूचे लेखन में एक युगान्तर उपस्थित करते हैं। बौद्धिक संवेदना और स्वाधीनता पर अज्ञेय का बल ज्यादा है इसलिए 'अद्यतन' और 'धार और किनारे' जैसे निबन्ध संग्रहों में 'भवन्ती', 'अन्तरा', 'शेषा' जैसी डायरियों का यह विचारसूत्र बार-बार सामने लाते हैं कि मनुष्य के लिए सबसे बड़ा मूल्य है स्वाधीनता। स्वाधीन मनुष्य ही स्वाधीन चिन्तन कर सकता है और एक आलोचक राष्ट्र के निर्माण का सपना देख सकता है। 'त्रिशंकु' अज्ञेय के आलोचनात्मक निबन्धों का पहला संग्रह है—उसके विचारों की नवीनता ने हिन्दी-चिन्तन के ठहराव को तोड़ा था। आज भी उस निबन्ध—संग्रह का चिन्तन अर्थवान है और उसका एक गौरवपूर्ण ऐतिहासिक स्थान हिन्दी निबन्ध की विकास यात्रा में है।

निस्सन्देह अज्ञेय ने हिन्दी-निबन्ध को एक नया मोड़ दिया है और एक नया रचनात्मक-संस्कार भी। अपने व्यक्तित्व के अन्यतम स्पर्श से वे रागमूलकता के साथ व्यंग्य-वक्रता पैदा करने में चतुर सुजान हैं। अहं का विसर्जन कविता और निबन्ध दोनों में हम पाते हैं और पाते यह भी हैं कि मुक्ति की आकांक्षा पूरे चिन्तन को आलोक से भर रही है। अज्ञेय के निबन्धों की संवादधर्मी-विश्लेषणात्मकता निरन्तर नये बौद्धिक प्रश्न उठाती है और कभी-कभार यह कहने का साहस भी रखती है कि

आजादी के बाद के राजनीतिक माहौल ने भारतीय-समाज को गुमराह किया है। साहित्य-क्षेत्र का दुर्भाग्य यह कि परख के लिए पश्चिम की कसौटी को लेकर पूछा जाता है कि भारत के लेखक में मौलिक क्या है? अगर भारतीय लेखक पश्चिम की कसौटियों पर खरा उतरता है तो उसे 'नकलची' कहकर अपमानित किया जाता है और जो अच्छा है उसका श्रेय रचनाकार-निबन्धकार को न देकर पश्चिम को दिया जाता है। इस गुलाम औपनिवेशिक मानसिकता को लेकर वे भारतीय कृतिकार की मौलिकता को आँकते हैं। इसी दृष्टि के कारण हम न अज्ञेय के कवि-कर्म का मूल्यांकन ठीक से कर सके हैं, न उनके निबन्धकार-पत्रकार संस्मरणकार का। यह ठीक है कि अज्ञेय ने विदेश का साहित्य डटकर पढ़ा है और जो अच्छा है—उससे प्रभावित भी हुए हैं। इन प्रभावों ने उन्हें विचलित भी किया है, लेकिन उन प्रभावों ने ही उन्हें कवि-कथाकार, जर्नलिस्ट, डायरी लेखक, निबन्धकार बनाया हो—ऐसा नहीं है। उनमें प्रबल भारतीय संस्कार ही क्रियाशील हैं।

अज्ञेय के निबन्ध विचारों की नयी आग से पाठक को सुख देते हैं। वे कहते हैं—'मिट्टी, ताव, साधना, उँगलियाँ। रूपाकार, प्रभाव, मन। सब मैं हूँ। सबको स्वीकार करता हूँ। फिर भी मैं मैं ही हूँ। मैं रचता हूँ, मुझमें रचा जाता है। नया होता है।' इसलिए अज्ञेय के साथ 'परायापन, खटका पैदा करता है। क्योंकि मूल्य तभी हैं—जब मनुष्य है। यदि मनुष्य एक यन्त्रभर है तो मूल्य कुछ नहीं है, केवल यान्त्रिक दक्षता के नियम हैं। आज कठिनाई यह है कि हम अच्छी यन्त्र प्रणालियों के सहारे पक्की मूल्य व्यवस्था भी चाहते हैं।' कविता हो या निबन्ध वे मिथकों में कतर-ब्यौंत नहीं करते। कतर-ब्यौंत करने वाली मूल्य मूढ़ आधुनिकता के समर्थक नहीं हैं, क्योंकि मिथक फैशन की पोशाक की तरह नहीं होते कि बदलती रुचि के साथ-साथ इधर-उधर से काटकर या खोलकर उसे नयी रुचि के अनुकूल बना लिया जाय। यदि आप आधुनिक होना चाहते हैं—तो भी आज उस शक्ति स्रोत को घोंटने का प्रयत्न मत कीजिए। क्योंकि मिथक एक कहानी भर नहीं, एक चुनौती होता है। हर मिथक के भीतर एक गुठली होती है, गुठली के भीतर एक शक्ति-बीज। जैसे कर्ण के कवच-कुण्डल सहजन्मा ही हो सकते हैं—वैसे ही गुठली भी मिथक की सहजन्मा होती है—उससे अलग नहीं की जा सकती। मिथक में परम्परा जीती है और परम्परा सातत्य और परिवर्तन की सनातनता का नाम है। इस अर्थ में कविता और निबन्ध दोनों विराट् रूप का दर्शन करते हैं। यहाँ विराट् रूप मानो आत्म कथन है, एक तर्क है, एक विचार है—एक विचार बीज और पल्लव अपनी मिथक चेतना के कारण ही अज्ञेय नये अमरीकी साहित्यालोचक जो हमारे देश में पॉप-संस्कृति बेचने आते हैं, विज्ञापनी भड़ैती करते हैं—भौतिक संस्कृति का छिछोरापन परोसते हैं—उनका समर्थन

नहीं करते। अज्ञेय के निबन्ध नयी पीढ़ी को जगाने वाले निबन्ध हैं—बहलाने वाले नहीं। अज्ञेय का निबन्धकार समाज-संस्कृति को भीतर से देखता है, भीतर घुसता है वह यथार्थ का आभ्यन्तरीकरण करता है जिससे कि वह उसकी पकड़ में आ सके और सच्चाई से आ सके। भीतर से देखकर ही वे कहते हैं कि हमारे राजनीतिज्ञ भाषा के कबाड़िए हैं। वे न लोकतन्त्र का अर्थ समझते हैं—न धर्म का, न धर्मनिरपेक्षता का। भारतीय संस्कृति उनके लिए अर्थहीन है, क्योंकि इस संस्कृति से उनका लगाव नहीं है।

अज्ञेय के निबन्धों की ध्वन्यर्थ-व्यंजना का सार यह है कि आधुनिक जीवन की सबसे असहनीय देन है—'आत्म-उन्मूलन' का बोध। एक ऐसा मरूथल जहाँ आत्म, ईश्वर, प्रकृति, परम्परा, जीवन लय सब छूटते जाते हैं, जिससे यह जीवन गठित हुआ था या आत्मनिर्मित हुआ था। यही वह क्रीड़ा है जो हमारे अस्तित्व की जड़ से चिपका है और आत्म-बोध को स्वाधीनता को लीले जा रहा है। यही केन्द्रीय 'थीम' इन निबन्धों में है जो 'आधुनिक', 'बुद्धिजीवी' और 'आधुनिकता' को लेकर चिन्तित है। हमारे समय के मूर्धन्य चिन्तक अज्ञेय इन निबन्धों में हमारे समय-समाज-रचना-स्थिति की सामाजिक-सांस्कृतिक चिन्ताओं का ऐतिहासिक दस्तावेज प्रस्तुत करते हैं। इन निबन्धों के गद्य की सर्जनात्मकता और विचारों की उन्मुक्तता ने हिन्दी निबन्ध के वैचारिक स्तर को ऊँचा उठाने में ऐतिहासिक भूमिका अदा की है।

अज्ञेय के निबन्धों में मूल्य-बोध की पावन गंगा धारा का प्रवाह है उन्हें प्रवाहधर्मी भारतीय संस्कृति की चिन्ताएँ घेरे रहती हैं। उनका कथन इसी मनोभूमि का व्यंजित है कि 'मैं स्वान्तः सुखाय' नहीं लिखता। कोई भी कवि केवल मात्र 'स्वतःसुखाय' लिखता है या लिख सकता है, यह स्वीकार करने में मैंने अपने को सदा असमर्थ पाया है। इसीलिए 'अभिव्यक्ति' में एक ग्राहक या पाठक या श्रोता मैं अनिवार्य मानता हूँ, और इसके परिणामस्वरूप जो दायित्व लेखक या कवि या कलाकार पर आता है उससे कोई निस्तार मुझे नहीं दीखा।' यह उन लोगों को सतर्क-सटीक उत्तर है जो अज्ञेय पर अहंकेन्द्रित व्यक्तिवादी होने का आरोप लगाते रहे हैं। अपने पूरे साहित्य चिन्तन का सार अज्ञेय के सृजन कर्म में स्वाधीनता को माना जा सकता है। और यह 'स्वाधीनता' अनेक अर्थों को व्यंजित करती है और इसमें व्यक्ति दृष्टि का विपुल विस्तार निहित है। अपने लेखन के आरम्भ काल से ही अज्ञेय रचना-सम्प्रेषण और पाठक की समस्याओं को लेकर बेहद सजग रहे। जटिल संवेदना को लेकर नये मार्गों की तलाश में सक्रिय रहे और नयी जिन्दगी की ललकार को रचना में स्थान देने का संकल्प किया। एक खास अर्थ में जयशंकर प्रसाद की तरह अज्ञेय के लिए काव्य या सर्जनात्मकता संकल्पात्मक अनुभूति है, लेकिन व्यक्ति की

अभिव्यक्ति नहीं, व्यक्तित्व से पलायन। 'कला निर्वैयक्तिक भाव-स्थिति का स्पर्श।' आधुनिकता का अर्थ—निरन्तर संस्कारवान होने की प्रक्रिया के साथ परम्परा के सामने इतिहास द्वारा प्रस्तुत चुनौतियों की पड़ताल और पहचान। इसके साथ आधुनिकता सम्प्रेषण-व्यापार के संकटों को पार करने की दृष्टि का आविष्कार करती है। वह सर्जनात्मक प्रयोगशीलता की वृष्टि करती और काल के चिरन्तन, सनातन आवर्ती काल के रहस्य को खोलती है। इस तरह लेखक और पाठक दोनों नये होते रहते हैं और उनका बासीपन पीले पत्तों की तरह झड़ता रहता है।

नवीन प्रयोगशीलता में सर्जनात्मकता का ताजापन निहित रहता है, इसलिए परम्परा के भीतर की परम्पराओं का सच और गहरे अर्थों में पाठक को प्राप्त होता रहता है जैसे वैष्णव-परम्परा में शैव-शाक्त-श्रमण-आसीत सभी भीतर-ही-भीतर मेल करके एक नया संसार कबीर-तुलसी में रचती है वैसे ही वे अज्ञेय को नयी प्रयोगशीलता की आधार भूमि देती है। नयी रचना-स्थिति के इस तर्क को अज्ञेय कभी-भी, निबन्धों में अस्वीकार नहीं करते। यह ठीक है कि सम्प्रेषण के साधनों के बदलाव ने, यन्त्र और विज्ञापन, छपाई और कला के नये हुनर—करतब मिलकर नयी रचना स्थिति का तर्क निर्मित करते हैं क्योंकि रचना के साथ पाठक भी बदल रहा है इसलिए रचना से उसका सम्बन्ध पुराने ढंग का रहा ही नहीं है। रचनाकार और पाठक की मनोभूमि और मानसिकता में आ रहा यह बदलाव आधुनिक या नयी संवेदना के लिए सम्प्रेषण के नये मार्गों को खोज रहा है। अज्ञेय ने बार-बार निबन्धों में इस विचार को रेखांकित किया है कि नया रचनाकार नयी रचना-स्थिति के तर्क के कारण ही बौद्धिक रुझानों की सजगता से भरा हुआ है। अनेक आधुनिक दबावों से उसकी रचनाशीलता बदल गयी है। अज्ञेय, एक रचनाकार-चिन्तक के रूप में समकालीन चुनौतियों के साथ नये सृजन की सम्भावनाओं कभी ध्यान दिलाते हैं। उनका यह कथन साक्षी है कि जैसे-जैसे बाह्य वास्तविकता बदलती है—वैसे-वैसे हमारे उससे रागात्मक सम्बन्ध जोड़ने की प्रणालियाँ भी बदलती हैं और अगर नहीं बदलतीं तो उस बाह्य वास्तविकता से हमारा सम्बन्ध टूट जाता है। प्रश्न उठता है कि यह सम्बन्ध टूटकर क्या रूप ले लेता है? उसका उत्तर है कवि बाह्य वास्तविकता से रागात्मक सम्बन्ध जोड़ने के लिए पाठक को नवीन जीवनानुभूतियों से जोड़कर 'अपटुडेट' करता है और जटिल संवेदना को सम्प्रेषण प्रणाली से अनुभव की नयी सम्प्रेषण प्रणाली में बदलकर रचना से तादात्म्य स्थापित कराता है—यहीं नयी रचना स्थिति में साधारणीकरण है। इसीलिए नये रचनाकार का आग्रह साधारणीकरण—सम्प्रेषण व्यापार पर कम नहीं है बल्कि पहले से ज्यादा ही है।

सोच-समझकर अज्ञेय इस विचार पर पहुँचे हैं कि मौलिकता रचना को परखने

की कसौटी नहीं है, न हो सकती है। क्योंकि जिसे हम रचना की मौलिकता का नाम देते हैं, वह मौलिकता न होकर 'भिन्नता' होती है—एक खास अर्थ में 'भिन्नता' ही मौलिकता है, वह चमत्कारवादी नवीनता नहीं है। देश और काल का दबाव रचनाकार की संवेदना, रचना-प्रक्रिया को, रचना के बोध को, प्रतीक-मिथक-बिम्ब के सौन्दर्यबोध को प्रभावित करता है। बड़ी बात अज्ञेय यह भी कहते हैं कि साहित्य की वस्तु मानवीय ही हो सकती है—वह विषय के साथ कवि के रागात्मक सम्बन्ध का पूरा 'रिफ्लेक्शन' या प्रतिबिम्ब या प्रतिच्छाया होगी। रचनाकार संवेदन में आ रहे 'द्विभाजन' की समस्या से जूझता है। कारण, जितना ही अधिक हमारा जीवन सतह पर आता जाता है, उतनी ही सतह बढ़ती जाती है, अर्थात् उसके अनुपात में आभ्यन्तर जीवन छोटा होता जाता है।' इसका नतीजा क्या होता है कि इस प्रकार संवेदना में द्विभाजन होता जाता है।' इस स्थिति के आने पर समर्थ रचनाकार इस द्विभाजन को दूर करने के लिए—हृदय की भीतरी गहराई में जूझता है। जूझने पर उसे यह सच पकड़ में आ जाता है कि वस्तु को रूप से अलग नहीं किया जा सकता है। रचना में विचार और भाषा का सम्बन्ध रक्त और त्वचा का सम्बन्ध है जिसे अलग करने पर केवल पश्चात्ताप बचता है, रचना क्षत-विक्षत होकर बिखर जाती है। इसलिए हिन्दी आलोचना में जो आलोचक अज्ञेय को 'फार्मलिस्ट' या रूपवादी कहकर 'रिड्यूस' करते रहे हैं, उन पर आज तरस आता है। वे इतनी छोटी बात न जान सके कि वस्तु अपने साथ विधा और रूप स्वयं चुनकर लाती है। इसी अर्थ में अज्ञेय का पूरा निबन्ध-चिन्तन 'व्यक्ति-व्यंजक' न होकर 'व्यक्तित्व व्यंजक' है।

अज्ञेय ने ही पहली बार ध्यान दिलाया— हिन्दी-आलोचना और आलोचक को कि आधुनिक स्थिति-परिस्थिति का संकट इकहरे कालबोध से उत्पन्न संकट है। छपाई-नपाई, संचार और सम्प्रेषण के यान्त्रिक साधनों ने मानव के कालबोध को इकहरा कर दिया है—रियलिटी की जगह 'हाइपर रियलिटी' ने ले ली है और धमकाया जा रहा है कि अब तो कम्प्यूटर कविता लिखेगा, कवि की क्या जरूरत है। इस सम्बन्ध में अज्ञेय का उत्तर है—कम्प्यूटर के हर-निर्णय का आधार ऐसे-ऐसे निर्णयों की एक लम्बी कड़ी है जो पहले से किये जा चुके हैं। कवि की रचना एक द्रष्टा की सृष्टि है : विकल्प और वरण वहाँ सृजन-प्रक्रिया का ही अंश है। काव्य कृति पहले से किये जा चुके निर्णयों पर आधारित निर्मिति नहीं है। और यह कम्प्यूटरों के सामर्थ्य से परे की बात है।' भूलना न होगा कि सृजन एक अनन्य संस्कृति की अनन्य अभिव्यक्ति है और उसमें सृजन-तनाव कई स्तरों पर क्रियाशील रहता है। 'आइडेंटिटी' बनाम 'माडर्निटी' का विवाद रचनाकार ही, सृजन-कर्म ही, छेड़ सकता है कम्प्यूटर उस ओर बढ़ने में असमर्थ है। फिर अज्ञेय मानते हैं कि

भारतीय रचनाकार इकहरा हो ही नहीं सकता। क्योंकि वह आवर्ती निरवधि-सनातन काल और ऐतिहासिक काल दोनों में एक साथ जीता है। भारतीय काल-बोध परिचय के काल-बोध एकदम भिन्न हैं। हमारी वाचिक परम्परा का काल-बोध हमारी संस्कृति के मूल्य-बोध का केन्द्रीय आधार है। अज्ञेय ने 'कविता : श्रव्य से पाठ्य तक', 'आज के भारतीय समाज में लेखक', 'काल का डमरूनाद', 'सर्जनात्मक अनवधान', 'उन्मेषशालिनी प्रतिभा', 'सावन किस रुत आयेगा', 'रचनात्मक भाषा और सम्प्रेषण की समस्याएँ' जैसे गम्भीर गहन-विचार-प्रधान निबन्धों ने काल-बोध और रचना पर उसके प्रभाव की समस्या को कई कोणों से उठाया है। मुझे कहना यह है कि अज्ञेय के इन निबन्धों का साहित्य-चिन्तन हमारी मूल्यवान उपलब्धि है। एक भारतीय लेखक के समक्ष उपस्थित साहित्यिक-सांस्कृतिक प्रश्नों-चिन्ताओं के बारे में अज्ञेय ने रचना-कर्म के साथ साहित्य-चिन्तन किया है। यह साहित्य-चिन्तन केवल 'मनोमंथन' नहीं है साहित्य का अमृत-मंथन है। उस अमृत-मंथन ने नये से नये विचारों की पहल या अगुवाई की है और देशी व देश की तमाम सैद्धान्तिक जड़ताओं को तोड़कर यह इच्छा व्यक्त की कि हमें पश्चिम के प्रतिमानों से नहीं अपने भारतीय प्रतिमानों से भारतीय-साहित्य और पश्चिमी साहित्य की परख करनी चाहिए। क्योंकि हमारी ज्ञान-मीमांसा, अर्थ-मीमांसा दुर्बल नहीं है—उसकी एक मूल्यवान परम्परा हमारे पास है और उसका हमें देश और काल के अनुसार बदलते हुए विकास-परिष्कार करना चाहिए। तमाम तरह के आक्षेप असहमतियाँ झेलकर अज्ञेय ने कभी रुकना-झुकना समझौता, दाँत निकालू अवसरवादिता का परिचय नहीं दिया। वे उन प्रश्नों पर एकाग्रचित्त से विचार करते रहे जो आधुनिक रचनाकर्म के लिए अर्थवान हैं। यही कारण है कि अज्ञेय के निबन्धों में 'कवि मनीषी चिन्तक' का अपनी परम्परा का पुराख्यान, पुनर्भाष्य और पुनर्पाठ करने वाला नया अभिनवगुप्त तेज और राजशेखर-प्रताप दोनों दिखाई देते हैं। आचार्य रामचन्द्र शुक्ल और आचार्य हजारीप्रसाद द्विवेदी की निबन्ध परम्परा का चिन्तन अज्ञेय में चिन्तन की बहुमुखी सर्जनात्मकता के साथ नयी-नयी छवियाँ धारण करते हुए मिलता है। इस चिन्तन ने अपनी परवर्ती पीढ़ी को प्रेरित-प्रभावित किया है और रमेशचन्द्र शाह, विद्यानिवास मिश्र, रघुवीरसहाय, शमशेर, मलयज, नन्दकिशोर आचार्य जैसे अनेक निबन्धकारों में अपनी गहरी छाप छोड़ी है।

आधुनिकता से संवाद

निबन्ध : विद्रोही बौद्धिक की आधुनिकता का संवाद निबन्ध क्यों? क्या इस प्रश्न का उत्तर अज्ञेय के पास है? उनके निबन्ध उनके चिन्तन स्रोतों से जुड़े रचनात्मक संवाद हैं। अपने संवेदनतन्त्र और रचनात्मक उपकरण, रचना स्वभाव और रचनाकार का धर्म या साहित्य की परीक्षा के लिए अज्ञेय निबन्ध लिखते हैं। संस्कृति; परम्परा, आधुनिकता, अस्मिता, व्यक्ति-मन की गहराई, अनुभव का रागदीप्त सच, अनुभूति की अनिर्वचनीयता, काल और कला-चिन्तन, कल्पना, प्रतीक, लय-नाद, बिम्ब-छन्द, शब्द और भाषा, भोक्ता और सृष्टा मन के अलगाव आदि की पड़ताल के लिए निबन्ध जैसा उन्मुक्त क्षेत्र उन्हें कहीं नहीं दिखाई देता। निबन्ध का खुला स्वतन्त्र रूप अज्ञेय जैसे स्वातन्त्र्य-मूल्य के हिमायती रचनाकार को भाता है। इसलिए इस स्वतन्त्रचेता, रूढ़ि विद्रोही, प्रयोग-विश्वासी, योजनाकार की मानसिकता का सच्चा परिचय उनके सर्जनात्मक निबन्धों में मिलता है। 'सप्तकों' की भूमिकाओं से वे विवाद-बहस के केन्द्र में आते हैं और 'त्रिशंकु', 'आलवाल', 'जोग लिखी', 'धार और किनारे', 'आत्मनेपद' आदि संग्रहों के तमाम निबन्धों से उनका मन खुलता है। चुप्पा अज्ञेय ने निबन्धों में अपना मौन तोड़ा है और उन्हें तगड़ा झटका दिया है जो 'प्रतिबद्धता' के नाम पर कहानी के शेर की तरह झपटते थे—केवल शेर की खाल ओढ़े थे। इसलिए 'प्रतिबद्धता' की धुनकियों को जब 'उत्तर-आधुनिकतावाद' ने हटा दिया तब वे सब ढेर हो गये। आज अज्ञेय के निबन्धों के विचारों से असहमति हो सकती है। किन्तु उनकी अन्तर्यात्रा शीतल-जल के स्नान-सी स्फूर्ति देती है। पाठक यहाँ अज्ञेय के 'वर्कशॉप' में प्रवेश करके गैर-रोमांटिक सहज चिन्तन की महिमा से 'विचार के आलोक' में लिपट कर प्रसन्न हो जाता है। एक प्रखर बौद्धिक की आधुनिकता का यह संसार चकित करने वाला है। अज्ञेय में किसी विचारधारा विशेष का जिद्दी आग्रह नहीं है, क्योंकि मतवाद को वे 'कठघरा' मानते हैं और वह हर तरह की मुक्ति के आकांक्षी आग्रही रहे हैं। उनका पूरा रचना कर्म मानव मुक्ति की तलाश में समर्पित रहा है। आज अज्ञेय मानव-मुक्ति के लिए संघर्ष करने वाले निबन्धकारों

में अग्रणी हैं।

इन निबन्धों में अज्ञेय ने रचना-कर्म और रचनाशील व्यक्तित्व के बारे में गहन-सूक्ष्म चिन्तन किया है और कला के स्वभाव और उद्देश्य पर कई कोणों से विचार। यह विचारयात्रा भावुकता-प्रधान, रोमांटिक आदर्शवादी यात्रा नहीं है जीवनानुभवों के ठोस सत्य इनमें ध्वनित हैं। मनोविश्लेषकों में अज्ञेय ने कार्लयुंग का साथ ग्रहण किया है और साहित्य-चिन्तन में टी. एस. इलियट तथा यास्पर्स का। जापानी ज़ेन साधना और मानवेन्द्रराय के रेडिकल मानववाद की उन पर धमक है। वैसे भी उनकी पूरी रचना-मानसिकता का निर्माण बीसवीं शताब्दी के भारतीय स्वाधीनता-संग्राम की मुक्ति चेतना ने किया है। वे औपनिवेशिक मानसिकता से ऊपर उठकर लोहा लेने वाले रचनाकार योद्धा हैं। यह स्वाधीनता प्रेम अज्ञेय के रचना संगठन में 'इंटीग्रेट' या गुँथा हुआ है। उनमें मैथिलीशरण गुप्त, जयशंकर प्रसाद, माखनलाल चतुर्वेदी और रायकृष्णदास एक साथ एकाग्र भाव से बोलते मिलते हैं। उनके भीतरी-मन का झरोखा 'स्मृति-लेखा' के कथनों में मिलता है या फिर 'भवन्ती', 'अन्तरा', 'शाश्वती' और 'शेषा' की अन्तःप्रक्रियाओं में। क्या यह सच नहीं है कि रचनाकार के लिए उसका व्यक्तित्व एक वास्तविक नियति होने के साथ 'मानवता' की उद्भावना होता है। व्यक्तित्व की अखण्डता, समर्पण, निष्ठा, आस्था, ईमानदारी, अनुभूति का खरापन अज्ञेय के लिए कोरे शब्द नहीं हैं—जीवन-दर्शन के संकल्प-बिन्दु हैं। रचनाशील व्यक्ति में द्वन्द्वशील प्रवृत्तियों का संगठन होता है। एक ओर व्यक्ति का निजी जीवन, दूसरी ओर निर्वैयक्तिक रचनात्मक प्रतिभा। यह विचार कि सत्य की उपलब्धि में यातना, वेदना, दर्द, दुःख सबसे बड़े सहायक हैं—'जो यातना में है वह द्रष्टा हो सकता है' या फिर 'दुःख सबको माँजता है।' 'जिज्ञासा ही सबसे बड़ी पीड़ा है' और इस पीड़ा-वेदना के बिना ज्ञान नहीं है। वेदनानुभूति किसका नाम है? ऐसी अनुभूति जो संवेदना को, चेतना को घनीभूत आलोक का वरदान दे देती है। प्रश्न उठता है क्या यह वरदान अज्ञेय को मिला है? अज्ञेय के निबन्ध क्या इसी घनीभूत आलोक के साक्षी हैं? शेखर को पुकारती सरस्वती की आवाज 'शेखर अब उतर आओ' हो या रेखा के समर्थन क्षण में भुवन का भावास्फोट हो—विश्लेषण धर्मी, चिन्तनशील बौद्धिकता, रागात्मक सम्बन्धों की बदली हुई प्रणालियों की वास्तविकता अहसास अज्ञेय की रचना-चेष्टा का नया संस्कार है। यही निरन्तर संस्कारित आधुनिकता अज्ञेय के निबन्धों की नवीनता-मौलिकता है।

अज्ञेय के निबन्धों में अन्तर्व्याप्त शिवत्व-बोध और सौन्दर्य-बोध का मूल्यांकन वे लोग नहीं कर सकते, जिनका मन विचारधाराओं की गुलामी से पश्चिमी चिन्तन का दास बन चुका है। कौन नहीं जानता सन् 1943 में 'तारसप्तक' के साथ अज्ञेय

का नाम हिन्दी की आधुनिक रचना-यात्रा में अपरिहार्य हो गया। यह व्यापक स्वीकृति भी छिपी न रह सकी कि अज्ञेय की रचना-यात्रा का इतिहास छायावादोत्तर साहित्य का इतिहास है। अज्ञेय के आलोचक उन्हें भाववादी-कलावादी-व्यक्तिवादी कहकर नकारते चाहे कितना भी रहे हों, वे अज्ञेय की विजय-यात्रा के रथ को रोक नहीं सके। आज का पाठक उनमें भोगे हुए यथार्थ अनुभव का आश्वासन पाता है। आज अज्ञेय का प्रिय प्रतीक 'सागर' अपना विराट् अर्थ-पाठ प्रस्तुत कर रहा है। शब्द की साधना का तप अज्ञेय कविता में करते हैं लेकिन भाषा (गद्य) में उनका विश्लेषण निर्भय भाव से आगे बढ़ता रहा है। उनके निबन्धों में बैठा 'आलोचक' सतर्क है और खण्डन-मण्डन में चतुर-सुजान। मम से ममेतर की स्वीकृति ने अज्ञेय के रचना-कर्म, आलोचनाकर्म को 'आत्मदान' के थीम का रचनाकार बनाया है। 'अन्य के लिए लुटाने की मुद्रा का भाव उनमें निरन्तर रहा है और यही उनकी 'भारतीयता' है। यह वह भारतीयता नहीं है जो जड़ता को स्वीकार करती है—यह वह भारतीयता है जो संस्कृति में, भाषा में, रचना में 'चित्त की खेती' बनी है। यह संस्कृति आत्मदान की प्रेरणा है। यही है 'असाध्यवीणा' का वह प्रियंवद 'शिष्य-साधक' जो कलाकार के दम्भ से दूर फकत साधक-आराधक है। इस शिष्य-साधक की मौन साधना ही उसे मुक्त करती है। प्रेम के न जाने कितने रूप अज्ञेय के रचना-कर्म में सदाबहार छवियों के साथ मौजूद हैं। नारी और प्रकृति सौन्दर्य में अज्ञेय के रचनाकार के प्राण बसते हैं। इस तरह अज्ञेय हिन्दी में कालिदास-भवभूति और जयशंकर प्रसाद का विस्तार परिष्कार हैं। वह चिन्तन की दृष्टि से टी.एस. इलियट में नहीं, जयशंकर प्रसाद में समाते हैं—माखनलाल चतुर्वेदी में रमते हैं और मैथिलीशरण गुप्त के प्रेरणास्रोतों से जुड़ते हैं। जीवन की कालिदासीय-लय से भरी राग-दीप्त मनःस्थितियों से कथन भंगिमाओं से जड़ीभूत सौन्दर्याभिरुचियों, पर प्रहार करते चलते हैं। वह अपनी इसी शक्ति के कारण लम्बे समय तक रचना और आलोचना के केन्द्र में रहे हैं। आज अज्ञेय के निबन्ध साक्षी हैं कि प्रतिकूल आलोचना से उन्होंने 'बहुत कुछ' सीखा है—उनके निबन्ध पुराने 'पूर्वग्रहों' के उत्तर हैं। उनकी ज्ञानमीमांसा (एपोरिया) में ऐतिहासिक काल और अनुभव के काल का 'काल-चिन्तन' चलता है। वे मानते हैं कि अनुभव की संरचना में काल हमेशा उल्टी दिशा में चलता है। परिणाम पहले और कारण बाद में अंकित होता है। भारतीय कालचिन्तन में काल की अवधारणा को लेकर ही 'संवत्सर' के निबन्ध लिखे हैं अज्ञेय ने। हिन्दी में पहली बार इस तरह के निबन्ध अज्ञेय ने लिखे हैं। जिनमें काल चिन्तन के अनेक आयामों पर विस्तार और गहराई से विचार किया गया है।

अक्सर कहा जाता है कि अज्ञेय ने विचारपरक और आत्मपरक निबन्ध अपने

रचना-कर्म की रक्षा के रूप में लिखे हैं। लेकिन यदि समग्रता में ध्यान दें तो उन्होंने प्रधानतया सर्जनप्रक्रिया, सर्जक की स्थिति, सामाजिक की सम्प्रेषणीयता, शब्द, मौन, अस्तित्व, अस्मिता, कला-सौन्दर्य आदि के सम्बन्ध विचार पर कवि केन्द्रित-विचार किया है। इस चिन्तन में काव्य और छन्द, काव्य और संगीत, लय और काव्यभाषा, कथा-भाषा और सम्प्रेषण, काव्य में विषय और वस्तु का महत्त्व, काव्य-सत्य, काव्य-सौन्दर्य, विज्ञान और काव्य आदि के रिश्ते और भिन्नता की चर्चा भी आती रही है। उनके निबन्धों के सामने रचना, रचनाकार व्यक्तित्व, व्यक्ति और समाज, सर्जक और सामाजिक के हृदय-संवाद की समस्या चुनौती के रूप में रही है। इसीलिए वे रचनाकार की चेतना और समाज के साथ उसके द्वन्द्व से निरन्तर जूझते रहे हैं। काव्य-हेतु (प्रतिभा + व्युत्पत्ति + अभ्यास) काव्य-प्रयोजन, काव्य का अधिकारी, काव्य के उपकरण-उपादान आदि भारतीय साहित्यशास्त्र पर लगातार चिन्तन किया है—शंकाओं को उठाकर बहस की है और बहस को जारी रखा है। प्रतिभा को प्रधान 'काव्यांग' मानकर उन्होंने रचना-प्रक्रिया के सन्दर्भ तनाव—'आभ्यन्तर तनाव की स्थिति' को स्वीकार किया है। एलियट और एलनटेट ने इसे ही 'टेंशन' का नाम दिया है। अज्ञेय ने एलियट के निबन्ध 'ट्रडीशन एंड इंडिविजुअल टैलेण्ट' का अनुवाद 'रूढ़ि और मौलिकता' शीर्षक से किया है और कहा है कि रूढ़ि माने परम्परा। अज्ञेय पर एलियट की धमक है लेकिन वे एलियटीय परम्परा से आक्रान्त नहीं हैं—उनका अपना अलग तरह का सोच है। वे मानते हैं कि यथार्थ अनुभूति या कलात्मक अनुभूति में ढलकर ही काव्यानुभूति या सौन्दर्यानुभूति बनती है। प्रो. जड़ाव लाल मेहता कवि-कर्म में संस्कारित प्रतिभा की जिस सन्दर्भ में बात करते हैं वह विचार अज्ञेय को लगभग मान्य रहा है।

दरअसल, अज्ञेय ने रचना-प्रक्रिया को यन्त्रणा भरी प्रक्रिया स्वीकार किया है। यही कारण है कि इस रचनाकार को 'हविष्यवाही अग्निपुरुष' की संज्ञा देते हैं। यह 'अग्निस्नात कबि पुरुष' निरन्तर 'आभ्यन्तर ताप से त्रस्त' रहता है। इसी अर्थ में रचना-कर्म विचार-यज्ञ में आहुति है। रचनाकार नियमों लीकों, रूढ़ियों प्रतिबन्धों को चुनौती देकर हर कीमत पर अपनी 'स्वाधीनता' की रक्षा करना चाहता है।

अज्ञेय की चिन्ताओं में केन्द्रीय चिन्ता है—संस्कृति और भाषा की। 'केन्द्र और परिधि' का पहला निबन्ध है—'सांस्कृतिक समग्रता : भाषिक वैविध्य'। भारत के 'भावनात्मक समन्वय की समस्या' आजादी का एक पहलू है और 'आजादी को दृढ़तर' कहने का एक तरीका। देश की आजादी और देश की अस्मिता का सम्बन्ध होता है और अस्मिता में 'भावनात्मक समन्वय निहित' रहता है। लेकिन भाषाओं और साहित्यों के सन्दर्भ में भावनात्मक समन्वय या एकता की चर्चा का मुद्दा

महत्त्वपूर्ण होता है। आश्चर्य तब होता है जब भारतीय भाषाओं के साहित्य के ज्ञान से शून्य अंग्रेजी जानने वाला तबका इस विचार को झण्डे की तरह उठाता है। अज्ञेय का विचार है कि यह समस्या अंग्रेजी और अंग्रेजी दाँ लोगों की ही बनायी हुई है। ये लोग अंग्रेजी के वातावरण में रहकर देश के जीवन से कट गये हैं और जिनके लिए 'भारतीय अस्मिता का बोध' कठिन है। ये लोग भारत का आजाद होना तो मानते हैं, लेकिन जिन्हें अपने 'भारतीय होने के बारे में सन्देह' है—वे सभी भारतीय परम्परा और संस्कार के साथ जुड़ने में कठिनाई का अनुभव करते हैं। जबकि इन अंग्रेजीदाँ लोगों में कुछ ऐसे भी होते हैं, जिन्हें भारतीय इतिहास का अच्छा ज्ञान होता है। फिर भी वे 'समकालीन भारतीय यथार्थ' तथा 'आधुनिक भारतीय संस्कृति' को जानने में असमर्थ रहते हैं। वे 'भारतीय संस्कृति' के नाम से चौंकते हैं। वे कहा करते हैं 'कल्चर' तो ठीक है—'इंडियन' भी ठीक है लेकिन 'भारतीय होते ही सब गड़बड़ हो जाता है। अंग्रेजीदाँ लोगों का 'मानसिक संस्कार' ऐसा रहा है कि वे भारतीय भाषाओं को वर्नाक्युलर' नाम से जानते हैं। गांधी जी ने इसी मनोवृत्ति को बदलने का अभियान चलाया। वे सफल भी हुए थे लेकिन आज फिर वही भारतीय भाषाओं को 'वर्नाक्युलर' मानने की प्रवृत्ति प्रबल हो रही है। इन्हें 'प्रादेशिक भाषाएँ' कहा जा रहा है—जिनमें प्रादेशिक मनोवृत्ति की अभिव्यंजना है तो भारतीय वे कैसे? हिन्दी इस प्रश्न का सटीक उत्तर है कि कोई भाषा, बोली या बोलियों पर आधारित होकर भी 'भारतीय हो सकती' है। 'भाषा' को 'भाखा' और 'भाखा' का शब्दसमूह ब्रजभाषा था और 'लिंक लैंग्वेज' थी ब्रजमंडल से बाहर सारे देश में सम्मानित भाषा। यह भाषा भारतीय चेतना का संवाहक थी, भारतीय संस्कृति की समग्रता की वाणी थी। आजादी मिलने तक हिन्दी पूरे देश को जोड़ने का काम करती रही, अर्थात् गाँधी के उठ जाने तक। उसके बाद सांस्कृतिक एकता को भाषा की दृष्टि से न देखकर राजनीतिक दृष्टि से देखा गया। यह बात ही भुला दी गयी कि सांस्कृतिक एकता का आधार एक अस्मिता बोध होता है और अस्मिता का भाषा के साथ गहरा सम्बन्ध है।'

प्रश्न उठता है कि समकालीन स्थिति-परिस्थिति में हमारा आचरण कैसा हो कि एक समग्र सांस्कृतिक चेतना उभरे। यह प्रश्न राजनीतिक नहीं है संस्कृति का है। हमारे संचार माध्यमों का विकास जानकारी तो बढ़ाता है लेकिन यह जानकारी एकांगी एवं विकृत होती है। क्योंकि संचार माध्यम स्वार्थों के समूह से बँधे होते हैं। ऐसी स्थिति के कारण प्रदेशों की संस्कृतियों में आपसी सहयोग-सहानुभूति के लिए कोरी जानकारी नहीं, समग्र दृष्टि चाहिए। यह दृष्टि मानेगी कि प्राचीनकाल से भारत में अलग-अलग संस्कृतियाँ, प्रादेशिक भाषाएँ स्वायत्त जीवन जीती रही हैं। सांस्कृतिक सीमाओं को जोड़कर ही हम आगे बढ़ सके—जहाँ नहीं जुड़े वहाँ टूट गये। ध्यान में

रखने की बात है कि हमारी जीवित विकासमान 'संस्कृतियाँ जड़ परम्पराओं की रक्षा से दूर रहीं। जीवित संस्कृतियों ने बृहत्तर इकाई के जीवन से जोड़कर अपने को समृद्ध किया। धर्म, दर्शन, कला, साहित्य, लोक-साहित्य, विज्ञान, राजनीति सभी क्षेत्रों में प्रादेशिक संस्कृतियों ने भरपूर योगदान किया। इस ताकत से भारतीय सांस्कृतिक चेतना विखण्डित नहीं हो सकी। वह निरन्तर विकसित होती रही। इन सभी भारतीय भाषाओं के विकास ने 'भारतीयता' के विकास में योग दिया है। जहाँ जातीयता तथा शुद्धतावाद के आग्रह बढ़े—वहाँ भाषा कमजोर पड़ी और उसकी रचनात्मकता पिछड़ती गयी।

भारतीय दृष्टि के विकास का दूसरा पक्ष साहित्यिक है। जीवित संस्कृति अपने को खोलकर उर्वरा बनाती है। गाँधीजी अपने घरों की खिड़कियाँ खोलकर रखने की बात कहते थे ताकि सभी संस्कृतियों की ताजी हवा आ सके। यहाँ सन्तुलन भी चाहिए क्योंकि साहित्य-संस्कृति अपनी जमीन को छोड़कर नहीं पनप सकता। जमीन छोड़ने पर हम पाते हैं कि भारत का एक अंग परोपजीवी होकर भारत से कट गया है। बाहर की हवा लेने का अर्थ यह नहीं है कि हमारे पैर हमारी साहित्यिक सांस्कृतिक भूमि से उखड़ जायें। रागात्मक सम्बन्ध हम तोड़ नहीं सकते, लेकिन समग्र चेतना के आधार को छोड़कर बहकने का क्या अर्थ? हमें समग्र भावनात्मक चेतना से जुड़ना होगा। अज्ञेय जी ने इस सन्दर्भ में अपना उदाहरण देकर कहा "मैं हमेशा भारत की एक भाषा में लिखता हूँ एक भारतीय भाषा में लिखता हूँ। यह संयोग की और मेरे सौभाग्य की बात है कि उस भाषा में हमेशा एक समग्र भारतीय चेतना व्याप्त रही और उसने समग्र भारत का आदर्श अपने और दूसरों के सामने रखा। ...मैंने हमेशा चाहा है कि उसके माध्यम से एक भारतीय चरित्र का रूप उभरे।' इस संकल्प-भाव के कारण ही अज्ञेय के पात्रों के देखने, सोचने, भोगने, जीने में एक समग्र भारतीय दृष्टि उभरी है। उनमें पूरा भारत अपने छवियों के साथ जीवित है। अज्ञेय इस बात को लेकर भी चिन्तित रहे हैं कि आधुनिक यान्त्रिक विकास भारत को तेजी से बदल रहा है। टेक्नोलॉजी सारे संसार में एकरूपता ला रही है, जिसने सांस्कृतिक समस्याएँ पैदा की हैं। यान्त्रिक एकरूपता ने 'संस्कृति' मात्र को संकट में डाल दिया है।

'सांस्कृतिक समग्रता : भाषिक वैविध्य' एक ऐसा विचार-प्रधान निबन्ध है जिसमें अज्ञेय जी के चिन्तन के बीज-भाव बड़ी संख्या में मौजूद हैं। उनके अन्य अनगिनत निबन्धों में इन्हीं बीज-भावों का पल्लवन हुआ है। वे जीवन-भर संस्कृति और भाषा पर विचार करते रहे और मानते रहे कि हमें अपनी सांस्कृतिक बहुलता, अस्मिता को बचाना होगा। हमारी 'भारतीयता' ने जड़ परम्परावाद को कभी भी

स्वीकार नहीं किया है। इसलिए परम्परा का संस्कारित रूप आधुनिकता उसमें सदा रहा है। पश्चिमी आधुनिकता—औपनिवेशिक आधुनिकता हमें बर्बाद कर रही है। उससे हमें अपनी भाषा-संस्कृति-साहित्य को बचाना है। इसी दृष्टि से वे 'हिन्दी के वर्तमान और भविष्य' पर निबन्ध लिखते हैं कि भारत की आधुनिक भाषाओं में हिन्दी ही सच्चे अर्थ में सदैव भारतीय भाषा रही है, क्योंकि वह निरन्तर भारत की समग्र चेतना को वाणी देने का चेतन प्रयास करती रही है। अन्य सभी भाषाओं में प्रदेश बोला है...हिन्दी में आरम्भ से ही देश बोलता रहा है।' भाषा कल्पवृक्ष है। जो उससे आस्थापूर्वक माँगा जाता है भाषा वह देती है। हिन्दी बोलने को लेकर ही उन्होंने एक व्यंग्य-निबन्ध लिखा है—'साहब हैं?' टेलीफोन आने पर अज्ञेय 'जी हाँ' कहते हैं तो दूसरी ओर का व्यक्ति समझता है कि क्या यह स्वर 'अज्ञेय' या वात्स्यायन से मिलता है—होना तो नौकर ही चाहिए।' साहब वर्ग का होता तो अंग्रेजी बोलता, नौकर-वर्ग का है हिन्दी बोल रहा है। दिल्ली में समूचे देश की संस्कृति के मानक बनते हैं—जहाँ से कसौटियाँ बाहर भेजी जाती हैं—वहाँ हिन्दी की यह हालत आत्मावसाद पैदा करती है। हिन्दी सेवा वाले हिन्दी को वर्नाक्युलर बना रहे हैं। अंग्रेजी के सहारे भारतीय भाषाओं का नाश करने वाला वर्ग पनप रहा है—यह वर्ग हिन्दी तथा अन्य भारतीय भाषाओं से घृणा करता है। 'जनतन्त्र में बुद्धिजीवी की भूमिका' शुद्ध मानवीय विवेक पर आश्रित स्वतन्त्र बुद्धिजीवी की नहीं रही है—वैसे बुद्धिजीवी शब्द पश्चिम के प्रभाव से बना है। भारतीय परम्परा में 'इंटलेक्चुअल' या बुद्धिजीवी कोई बहुत अच्छा नाम नहीं है। यदि अच्छा होता तो देश के निर्माण में उसकी भूमिका नगण्य न होती। बुद्धिजीवी का ध्यान शिक्षा-दीक्षा के बाद लाभों पर गया—देश के प्रति, दायित्व के प्रति वह उदासीन रहा। 'तटस्थ' और 'कमिटेड' दोनों नाशकारी सिद्ध हुए। सारी आधुनिकता और प्रगति का आधार पश्चिम है। क्या भारत में मौलिक चिन्तन की परम्परा का अभाव है? आज हम पश्चिम के पिछलग्गू क्यों हैं और कब तक बने रहेंगे? अंग्रेजी में चिन्तन—फिर अनुवाद—मौलिक चिन्तन की सम्भावना को नष्ट करता है।

'चुप की दहाड़' क्या है? अज्ञेय जी मौन अभिव्यक्ति को एक साधन मानते रहे हैं और बड़ा समर्थ साधन। रचनात्मक साहित्य में चुप का बड़ा सन्दर्भ है। मौन एक अस्त्र है, प्रबल-अस्त्र। चुप सविनय विरोध का उत्तम साधन। सविनय ही नहीं अविनय का भी बड़ा साधन है। सर्जनात्मक साहित्य से राजनैतिक सन्दर्भ में चले जाने का विशेष कारण आपातकाल का सन्नाटा रहा है। उसके बाद सेंसर, फिर आतंक, फिर अन्य कार्रवाइयाँ। आपातकाल राजनीतिक असहिष्णुता का पर्याय रहा। प्रजातन्त्र का लोप—लोकतन्त्रात्मक स्वाधीनता के मूल्य का नाश और उसका मजाक।

साधारण जन का साधारण जीवन संकट में पड़ा। साधारण जन की आपातकाल में चुप्पी। आपात की घोषणा के साथ सर्वसत्तावादी तन्त्र देश पर लादा गया। वह निरंकुशता के साथ खतरनाक था। फिर चुप की ओट यह देश लिये रहा। 'मौनं सम्मति लक्षणम' नहीं था। आपातकाल के समर्थक निन्दा के पात्र रहे हैं। मतदान हुआ तो जनता ने अत्याचारी को पलट दिया। चुप जन ने आजादी के पक्ष में मत दिया। बौद्धिक वर्ग क्रीतदास रहा, लेकिन उसे भी बोलना पड़ा। हमने जाना 'चुप भी एक दहाड़ होती' है। अज्ञेय का आपातकाल के दिनों पर लिखा गया यह निबन्ध आज ऐतिहासिक महत्त्व रखता है। क्योंकि चुप की यह दहाड़ लोकतन्त्र में ही नहीं, साधारण जन और मानव मात्र में हमारी श्रद्धा का आधार है। जो प्रतिबद्धतावादी बौद्धिक अज्ञेय को आभिजात्यवादी-व्यक्तिवादी 'भीड़' से दूर का रचनाकार मानते हैं। उनके लिए यह लेख उत्तर है कि अज्ञेय के रचना-कर्म का आधार सामान्य आदमी, मामूली साधारण आदमी रहा है। इस साधारण जन में उनकी अटूट आस्था है और उसकी स्वतन्त्रता के लिए संघर्ष का संकल्प।

अज्ञेय जी ने आजादी के बाद देश में पैदा होने वाले मोहभंग और उदासीनता के कारणों पर 'बौद्धिक की निराशा' निबन्ध में तार्किक विश्लेषण के साथ प्रस्तुत किया है। उन्होंने कहा—"उदाहरण के लिए आजादी को लेकर होने वाला मोहभंग ही लीजिए। मोहभंग का एक रूप वह होता है कि सन् 48 में हमें जो मिला वह वास्तव में आजादी नहीं थी : अंग्रेजों से आजाद होकर भी हम एक आजाद समाज की स्थापना नहीं कर सके हैं।" इस मोहभंग में आक्रोश है और कर्मप्रेरणा भी कि अगर वह आजादी नहीं मिली तो हम उसके लिए प्रयत्न करें। मोहभंग की एक दूसरी प्रतिक्रिया है कि आजादी एक धोखा है—स्वाधीनता कर्मी पाखण्डी माने जा सकते हैं। मोहभंग चाहे कविताओं में सपाट, बयानी का रूप ले या व्यंग्य-वक्रोक्ति, विडम्बना का वह है पीड़ादायक स्थिति। कवि—कर्म में प्रवृत्त एक नयी पीढ़ी मोहभंग से उपजे अन्धायुग, मूल्यमूढ़ता पर क्षुब्ध रही है। इस मोहभंग के साथ उदासीनता उपजी है—उदासीनतायुक्त मोहभंग। समाज में निर्माण के बदले विघटन और भ्रष्टाचार पनपा है—हृदयहीन अत्याचार ने नकारवाद को जन्म दिया है। 'कुछ भी करने से क्या होगा' यह मनोवृत्ति घातक है। क्योंकि परिस्थितियाँ बदली जा सकती हैं अन्याय से लड़ा जा सकता है। अज्ञेय के लिए आस्था का प्रश्न मानवीय अस्तित्व का प्रश्न पुरानी अस्तित्ववादी लीक पीटना नहीं है। यह तो मानवीय अस्तित्व में आस्था है। बुद्धि का काम सन्देह पैदा करना ही नहीं है, मानवीय विवेक का दीप जलाना भी है—अर्थात् मानवीय अर्थवत्ता, मूल्यों की खोज और निरन्तर शोध और नवीकरण। जीवन अर्थहीन नहीं है रचना कर्म में शब्द, उसके अर्थ की तलाश

है। इस निबन्ध में अज्ञेय का आस्थावादी जीवन-दर्शन है जिसमें अकर्मण्य उदासीनता को स्थान नहीं है।

लीक-पीटू जीवन अज्ञेय को कभी स्वीकार नहीं रहा। भारत का स्वातन्त्र्य-युग और उससे पूर्व स्वातन्त्र्य-संघर्ष का युग—दोनों को अज्ञेय ने अपनी शर्तों पर जिया-समझा है। 'असन्तोष की पहली पीढ़ी' आज पिछली पीढ़ी से 'संवाद की स्थिति' में है। पर आज की जन्मना आजाद पीढ़ी जो पकी-पकाई खा रही है—उसे पकाने वाली आग में क्रान्तिकारी-विद्रोही अज्ञेय का भी हाथ रहा। आजादी की पहली पीढ़ी—असन्तोष की पहली पीढ़ी, जिसे देश आशा का प्रतीक मानता है, लेकिन जिसे देश से कोई आशा नहीं है। जो युवा होकर अपना चेहरा बुढ़ाता हुआ मानता है—और कहता है कि उसका कोई चेहरा है ही नहीं। इस स्थिति के कारण इस पीढ़ी से 'संवाद' कठिन है। लेकिन अज्ञेय जी ने संकल्पबद्ध होकर आजादी के बाद की इस पीढ़ी से हृदय-संवाद और बुद्धि-संवाद किया है। एक अर्थ में अज्ञेय का पूरा साहित्य और साहित्येतर चिन्तन नयी पीढ़ी से बौद्धिक-संवाद स्थापित करने का ही प्रयत्न रहा है। वे कहते रहे हैं—"लेकिन हम कृतसंकल्प हैं कि वैसा सम्बन्ध बनायेंगे, बनाये रखेंगे, और हमें विश्वास है कि वह स्थापित हो सकता है।" उस बिना चेहरे के युवक से अज्ञेय प्रश्न करते रहे हैं—कौन हो तुम युवक? वह युवक कहता है "मैं आजादी का आदि-पुरुष हूँ। आजादी में जन्मा और पला। आजादी मनुष्य का जन्मसिद्ध अधिकार है।" आजादी का मूल्य अज्ञेय के लिए 'अनवरत जागरूकता' है। आजादी के युग से पहले और बाद में शिक्षा पायी। यह पाया कि शिक्षा का आधार है भाषा। और इस देश ने भाषा की प्रामाणिकता को हमेशा स्वीकार किया है। यथार्थ या वास्तविकता—रिएलिटी भी वाक् के बिना कोई स्थान नहीं रखती। ऐसा हमारे पुरखे मानते रहे। लेकिन क्या हो—'शिक्षा मिली—उसका आधार भाषा नहीं मिली।' कष्ट से भरे हृदय को लेकर लिखा "लोग भाषा सीखकर भाषा में वाक्सिद्ध होते हैं—मैं कम से कम दो भाषाओं में गूँगा हूँ, जिस समय मैं अपनी सहज बोली में सोचना सीख रहा होता, उस समय मैं पराये शब्द-समूह को रचना सीख रहा था; जिस समय मुझे गर्व होता कि मैं अपने को पहचानता हूँ, अपना निर्माता बल्कि अपना रचयिता हूँ, उस समय मैं गर्व कर रहा था कि मैं परायी लादी ओढ़ और ढो रहा हूँ, कि मैं अपना अनुवादक हूँ। यों शिक्षा मुझे मिली लेकिन बे-पेंदी की।" इस बे-पेदीं की शिक्षा ने संस्कृति और अस्मिता का बण्टाढार कर दिया। क्यों ऐसा हुआ?' "मिलाा बहुत कुछ, मुझे सभी कुछ पर सब बे-पेंदी का। शिक्षा मिली, पर उसकी नींव भाषा नहीं मिली। आजादी मिली, लेकिन उसकी नींव आत्मगौरव नहीं मिला। राष्ट्रीयता मिली, लेकिन उसकी नींव अपनी ऐतिहासिक पहचान नहीं मिली।" अज्ञेय का

अनुभव है कि 'मुझे व्यक्तित्व मिला; पर चेहरा नहीं मिला।' जो मिटा हुआ है उसे अपने नंग से लाचारी में छिपा रहा हूँ। अस्तित्व मिला, अस्ति नहीं, अवस्था मिली, आस्था नहीं। यह न होने का दर्द ही अज्ञेय के होने की पहचान है। यह बे-मुँहा मुखौटा ही मुख है—अकविता मेरी कविता है। मैंने इतिहास को पढ़ा कहाँ है, केवल रटा है। गर्व की चीजें 'स्वर्ग-युग' की नहीं 'अन्धयुग' की देन हैं। वहीं से आधुनिक भारतीय संस्कृतियों और समाजों का निर्माण आरम्भ हुआ। भारतीयों के बल पर उसी युग में भारत का व्यापार दूर-देशों में फैला। हमारे पूर्वी पड़ोसियों को जन के स्तर भारतीय संस्कृति मिली। पूरा सांस्कृतिक विनिमय उसी, 'अन्धयुग' की देन है। "इण्डोनेशिया के देहात ने रामायण को उसी युग में पाया-अपनाया, थाई देश के मन्दिरों पर राम, लक्ष्मण, रावण, सुग्रीव के भित्तिचित्र उसी युग में उकेरे गये, कम्बोडिया के लोक गायकों ने हनुमान की प्रशस्तियाँ गाना उसी युग में शुरू किया; चम्पा में हिन्दू मन्दिर उसी युग में बने।' हाय री विडम्बना! जिस युग में भारत आस-पास के देशों में प्रकाश बिखेर रहा था वह युग हमारा अन्धायुग! क्यों नहीं 'मुझे वह भाषा दी जाती, जिससे कि मैं अपनी आत्मा खोज सकूँ? क्यों नहीं वह इतिहास मिलता जिससे अपनी इयत्ता पहचान सकूँ? निरे पूर्वापर को परम्परा बताकर अर्थ दे सकूँ? यह कौन कहेगा कि इस नाम-रूप वदन-विहीन युवक की बात में सार नहीं है? वह ऐसा किससे कहेगा और किस अधिकार से? विदेशी साम्राज्यवादी इतिहासकारों ने हमारी संस्कृति, भाषा, परम्परा को हीन सिद्ध करके हमारी 'जातीय स्मृति' को मिटाने का षड्यन्त्र रचा है। अज्ञेय नयी पीढ़ी से 'संवाद की स्थिति' बनाना चाहते हैं, लेकिन संवाद की भाषा गायब है—परायी भाषा में 'संस्कृति-संवाद' नहीं हो सकता। क्योंकि हर भाषा की अपनी 'विचार-संस्कृति' होती है। नयी पीढ़ी यथार्थ के प्रति अन्धी नहीं है—लेकिन उस विश्वासघात का क्या हो जो 'औपनिवेशिक आधुनिकता' ने उसके साथ किया है।"

संस्कृति, परम्परा-भाषा साहित्य पर अज्ञेय सोचते हैं और सोचते हुए अपने निबन्धों में न मानते हैं, न थकते हैं। उस स्थिति पर दुःख व्यक्त करते हैं जो आजाद भारत की त्रासदी रही है—अपनी चिन्तन जड़ों से कटकर पश्चिम का पिछलग्गू बन जाना। वे अपने निबन्ध 'कुछ-युग चिन्तन' में कहते हैं कि साहित्य-सम्बन्धी सारा चिन्तन पीढ़ियों-वर्षों के आधार पर हो रहा है। आज प्रश्न उठ रहा है—क्या 'द्विवेदी-युग' भी था। प्रश्न उठता है हम साहित्य धारा को व्यक्ति या वाद के साथ क्यों जोड़ते हैं? महावीर प्रसाद द्विवेदी का रचनाकर्म उनके सम्पादक कर्म से बड़ा नहीं है। रचनाकार के नाते उनकी प्रतिभा दोयम दर्जे की है—ऐसी नहीं कि उसके आधार पर युग का नामकरण कर दें। अज्ञेय का यह विचार विवादास्पद है—

डॉ. रामविलास शर्मा तथा अन्य साहित्येतिहासकार इस मत से असहमत हैं। प्रश्न उठता है कि क्या युग प्रवर्त्तक रचनाकार-सम्पादक अज्ञेय के कृतित्व व्यक्तित्व के आधार पर 'नयी कविता युग' को आज 'अज्ञेय युग' कहना अनुचित होगा? जबकि इस युग के अनेक रचनाकारों पर अज्ञेय के कृतित्व-व्यक्तित्व की गहरी छाप है।

द्विवेदी युग का नाम उस युग के प्रमुख रचनाकार पर न होकर सम्पादक के नाम पर हो, इसमें एक संगति है। वास्तव में, यह युग सम्पादक का युग था। हिन्दी-साहित्य वाचिक-परम्परा से बाहर निकल कर छपाई के 'आधुनिक' घेरे में आ गया था। गद्य का परिनिष्ठित विकास, इतिहास बोध की प्रबलता, वाचन-श्रवण के बदले पठन-मनन की परम्परा में प्रवेश–आधुनिकता की ओर संक्रमण का यही दौर था। भारतेन्दु और महावीर प्रसाद द्विवेदी ने हिन्दी साहित्य को आधुनिक युग में प्रवेश दिलाने के साथ प्रतिष्ठित किया। उनकी महिमा के आधार पर यह नामकरण गलत नहीं है। अज्ञेय के मन में प्रश्न उठा है–'आज की भारतीय पत्रकारिता' का लोकतन्त्रात्मक समाज में स्थान क्या है? स्वस्थ समाज के समाचार स्वस्थ होंगे और बीमार समाज के समाचार-पत्र भी बीमार होंगे। प्रश्न है कि स्वतन्त्र पत्रकारिता का दायित्व किस पर है? क्योंकि समाचार-पत्र एक उद्योग है बड़ा व्यवसाय है–उद्योग व्यवसाय के नियमों के साथ बँधा है। सरकार पर समाचार-पत्रों की बढ़ती निर्भरता स्वतन्त्रता में कितनी बाधक है। राष्ट्रीय समाचार-पत्रों में 'राष्ट्रीयता' गायब है–केवल बिक्री है। सरकार का उद्देश्य 'राष्ट्रीयता' का विकास नहीं है–पत्र पर नियन्त्रण रखना है–विज्ञापन और सम्पादन का आंकना-समझना है। अज्ञेय स्वयं 'दिनमान', 'नवभारत टाइम्स', 'वाक्', 'थाट', 'प्रतीक', 'नया प्रतीक' के सम्पादक रहे और कहा कि समाचार-पत्रों का कार्य पत्रकारिता की स्वतन्त्र भाषा का मुहावरा विकसित करना है। अंग्रेजी समाचार-पत्रों के प्रभुत्व से मुक्त होना है।

अज्ञेय को ज्ञात है कि निबन्ध मन की मुक्त-भटकन है–निबन्धकार को छूट है कि वह किसी सुनियोजित डिजाइन के चक्कर में न पड़े। निबन्ध आख्यायिका नहीं है–विचारों-भावों से भरी बतकही है। निबन्ध अपने प्यार के विस्तार में नवकथा, संस्मरण, रिपोर्ताज, यात्रा आदि को समेट लेता है क्योंकि उसमें गहरी निजता, अनुभवों की अन्तरंगता, वैयक्तिकता के लिए निमन्त्रण रहता है। अज्ञेय ने यायावरी से कमाये सत्यों को निबन्धों में लिखा, लेकिन यह नहीं माना कि अब कोई मूल्य नहीं हैं–बचा है केवल बाजारवाद, देहवाद और यौनलिप्सा। जबकि उनके चिन्तन पर फ्रायड-एडलर युंग की छाप और छाया रही है। अज्ञेय उस नये मनुष्य की मनुष्यता में आस्था रखने वाले निबन्धकार हैं जो मानते हैं कि मनुष्य का सबसे बड़ा मूल्य है 'स्वाधीनता'। 'मेरी स्वाधीनता सबकी स्वाधीनता' उनके एक निबन्ध का

शीर्षक ही है। वे कहीं में विशुद्ध निबन्ध तथा आलोचनात्मक निबन्ध के बँटवारे की वकालत नहीं करते। इसलिए लगभग पचास वर्षों के भीतर लिखे उनके निबन्धों ने हिन्दी आलोचना को एक नया साहित्यालोचन दिया है। वह आचार्य रामचन्द्र शुक्ल, आचार्य हजारीप्रसाद द्विवेदी के साहित्य-चिन्तन को कई अर्थों में आगे बढ़ाते हैं। व्यक्तित्व की खोज, परम्परा, आधुनिकता, भाषा और अस्मिता, काव्यभाषा और लय आदि अनेक अवधारणाओं की महत्त्व-प्रतिष्ठा करते हैं—साथ ही अपने नये भाष्यों से नये विमर्श उठाते रहे हैं।

आद्य निबन्धकार माइकेल द मौन्तेन के कथन अज्ञेय पर सही उतरते हैं कि निबन्धकार को पाठक के पास 'सीधे-सच्चे-सहज रूप में' जाना चाहिए। उसमें कोई दिखावा, छल-छद्म, नकलीपन न हो। अज्ञेय के बचपन का एक नाम 'सच्चा' रहा है—सच्चा के लिए प्रसिद्ध रहा है कि वह झूठ नहीं बोलता। चुप्पा है, लेकिन 'मनहूस' नहीं है—रागी मनुष्य है। यह रागी मनुष्य अपना बौद्धिक चिन्तन 'आयोजन और सांस्कृतिक विकास', 'इतिहास और स्वातन्त्र्य बोध', 'अकेली यात्रा की देहरी पर', 'निरन्तरता और स्वतन्त्रता', 'शिक्षा जोड़ने वाली या तोड़ने वाली', 'अपनी चरम सम्भावनाओं की पहचान', 'स्वाधीन कर्त्तव्य का ऊर्जा स्रोत', 'हिन्दी : भारत के हृदय की कुंजी' तथा 'प्रासंगिकता के प्रश्न' जैसे तमाम निबन्धों में संस्कृति और व्यक्ति-स्वातन्त्र्य की चर्चा करता है। 'इतिहास और स्वातन्त्र्य-बोध' उनके स्वाधीनताबोध का आत्मविस्तार है। वे मानते हैं कि 'घटना क्रम के सन्दर्भ में मानव की अनवरत आत्मप्रत्यभिज्ञा ही इतिहास है।' पश्चिम के शब्द 'हिस्ट्री' से भिन्न अर्थ दृष्टि भारतीय शब्द 'इतिहास' रखता है। यह इतिहास परम्परावादी नहीं है—परम्परा की मानवीयता है। इतिहास के साथ हमारे महाकाव्यों ने आत्मबोध और स्वतन्त्रता के उपयोग-उपभोग को सम्भव बनाया है। मरणशील मानक सनातन-सत्यों की सृष्टि करता है, उन मूल्यों के लिए प्राण देता है। निष्कर्ष यह कि मानव ही मूल्यों का स्रोत और स्रष्टा है।

देश-काल की स्थिति-परिस्थिति कैसी भी क्यों न हो मानव परिपक्व विवेक के साथ समस्याओं-जटिलताओं से जूझता है और मानता है कि 'सा विद्या या विमुक्तये' अर्थात् जो शिक्षा, जो विद्या जो ज्ञान मुक्त नहीं करता; वह विद्या नहीं है। विद्या तो स्वतन्त्र व्यक्तित्व और चिन्तन का विकास करती है। परिवेश के साथ नया अर्थवान सम्बन्ध जीवन-सन्दर्भ, अनुकूलन की क्षमता, प्रतिभा, बहुज्ञता, निरन्तरता से विद्या का अर्थ बनता है अन्यथा नहीं। परम्परा का, कंटिन्युइटी का उसमें क्या योग है। पहले परम्परा का बँधा अर्थ था ट्रेडिसन। आज 'परम्परा' के बिना 'परिवेश' के अर्थवान रिश्ता बन नहीं सकता है। परम्परा में 'निरन्तरता' का अर्थ है—इतिहासबोध

का अर्थ है—जिसके बिना 'माडर्न' होना ही सम्भव नहीं है। इतिहास तो निरवधि महाकाल में फैलते हुए महावृत्त में एक छोटा-सा आवर्त्त भर है। निरन्तरता के बिना इतिहास का कोई अर्थ नहीं है। यह निरन्तरता प्रकृति में है, प्रकृति और मानव में है। यहाँ ध्यान देने पर हम पाते हैं कि अज्ञेय का चिन्तन टी. एस. इलियट से अलग होकर भारतीय चिन्तन-परम्परा से जुड़ा हुआ है। इस दृष्टि से उन्हें 'विदेशी नकल' का निबन्धकार कहना अपराध है। अज्ञेय ने लारेन्स, इलियट, जार्ज संटायना, वर्जीनिया वुल्फ, एफ. आर. लीविस, कामू-सार्त्र, हेडेगर—तमाम पश्चिम के निबन्धकारों को पढ़ा है—समझा है—उनका प्रभाव ग्रहण किया है, लेकिन उनकी 'नकल' नहीं की है। उनके निबन्धों में उनके अपने सोच-विचार की विशिष्टता है और मौलिकता भी। देशी-विदेशी चिन्तन में 'फ्यूजन' पैदा करके अज्ञेय नयी सर्जनात्मक-दृष्टि अपने निबन्धों में पैदा करते हैं। इस दृष्टि से वह हिन्दी साहित्यशास्त्र और साहित्य के नये अभिनवगुप्त कहे जा सकते हैं। व्याख्या में अन्तर्दृष्टि की सम्पन्नता इन निबन्धों की शक्ति है।

अज्ञेय अपने समस्त निबन्ध चिन्तन में विदेशी ढंग की शिक्षा व्यवस्था के कठोर आलोचक हैं—क्योंकि यह शिक्षा भारतीय को अभारतीय बनाती है, उसे अपनी जड़ों से काटकर अलानी बनाती है—'साधारण भारतीय से तोड़कर आप को अलग करती है। पूरे देश की यह बड़ी भारी पराजय है कि भूल रहे हैं कि अपने देश से कटकर विश्वनागरिकता नहीं मिलती। वह देश से एकात्म होकर उसकी सीमा का अतिक्रमण करने से मिलती है। यह बात भूलने की नहीं है कि हमारे पास एक विशाल और अद्वितीय संस्कृति है। 'संस्कृतियों का अभिन्न सम्बन्ध अपनी देश-भूमि से होता है, इस अर्थ में सभी संस्कृतियाँ अद्वितीय होती हैं। पर उनमें भारतीय संस्कृति का एक विशिष्ट स्थान है, क्योंकि किसी भी संस्कृति की इतनी लम्बी, अटूट और अविस्मृत-परम्परा नहीं है।' प्रश्न उठता है कि संस्कृतियाँ क्या करती हैं? संस्कृतियाँ मूल्यों की सृष्टि करती हैं—मानव एक प्रतीक सृष्टा प्राणी है, वह प्रतीकों की सृष्टि करके पशुत्व से अलग हो सकता है। संस्कृति मानव नियति का निरूपण कर स्वतन्त्र करती है। स्वतन्त्रता हर प्रकार मानव संस्कृति का सबसे बड़ा मूल्य बन जाता है। और भी मूल्य हैं जो संस्कृति के साथ उपजते हैं—लेकिन सबसे बड़ा मूल्य है—स्वतन्त्रता। प्राण देकर पीढ़ियाँ इस मूल्य की रक्षा करती हैं। आज पश्चिमी शिक्षा ने सस्ती सफलता देकर हमें बिकाऊ माल बना दिया है। हम मुनाफाखोर संस्कृति का शाप झेल रहे हैं। 'अपनी चरम सम्भावनाओं की पहचान' हम कैसे करें? मोहभंग में जीवित हैं, नारकीय परिस्थितियाँ हैं, खण्डित व्यक्तित्व है, जले सपने हैं—अजनबीपन है, आत्म-निर्वासन की यातना है। क्रान्ति से नैतिकता गायब है और आस्था को

भ्रष्ट-विकृत किया गया है। 'स्वाधीन कर्तृत्व का ऊर्जा-स्रोत' सूख रहा है। एक-तिहाई निरक्षर हैं, जो साक्षर हैं वे अंग्रेजी दिमाग के बुद्धिजीवी हैं।

आजादी के बाद 'प्रासंगिकता का प्रश्न' जोर-शोर से उठा है। रेलेवैंस के अर्थ में प्रासंगिकता की चर्चा बहुत होती है। हमारा कालबोध इतना तीखा हो गया है कि हर वस्तु और विषय को हम काल-सापेक्ष्य दृष्टि से देखते या देख सकते हैं? या कि इसलिए भी कि काल का ही नहीं, सापेक्ष्यता का भी हमारा बोध आज इतना प्रबल है कि किसी भी वस्तु को कोई न कोई सापेक्ष्य मूल्य दिये बिना हम किसी मूल्य की ही कल्पना नहीं कर सकते? रेलेवैंस का प्रश्न 'नया' है और अस्तित्ववादी मुहावरे से आया है—वह अस्तित्व की मूल्यवत्ता से जुड़ा है अर्थात् अनिवार्यतया काल के सन्दर्भ से जुड़ा है। 'मूल्यवत्ता हमेशा एक कालावधि के सन्दर्भ में विचारित होती है।' आत्मानुभव से अज्ञेय ने कहा है कि आज की विसंगतियों से उद्विग्न लोग पूछते हैं 'इसकी प्रासंगिकता क्या है?' 'परम्परा की प्रासंगिकता क्या है?' 'धर्म की प्रासांगिकता क्या है?' 'रामायण-महाभारत की प्रासंगिकता क्या है?' 'मूल्यों की प्रासांगिकता क्या है?' मानव पहला स्वाधीन पशु है—स्वाधीन होने के नाते पशु नहीं है। मानव-मूल्यों का स्रष्टा है—और कोई मूल्य नहीं है जिसके नाम पर अत्याचार न हुआ हो। मूल्य के नाम पर लोग जलाये-मारे गये। लेकिन आज हम सर्जन-श्रम हैं, स्वाधीन हैं, मूल्यों के स्रोत हैं, और इससे बड़ी कोई स्वाधीनता नहीं हो सकती है।

प्रायः मुझे अज्ञेय के निबन्ध अपनी प्रश्नाकुल व्याख्या से, भाष्य विमर्श से, अर्थ-मीमांसा—ज्ञान मीमांसा से अंग्रेजी-अमेरिकी स्वतन्त्र निबन्ध कला की ओर ध्यान दिलाते हैं। फ्रान्स, जर्मनी, इटली आदि देशों के निबन्ध साहित्य-कला-समीक्षा तक सीमित रहते हैं। वहाँ आलोचनात्मक निबन्धों का बोलबाला है। अमरीका में एडीसन, इमर्सन, पो, जेम्स रसेल, थोरो, रेगनेस, रेप्लियर, विलियम हेजलिर, क्लैरेन्स डे, पाल एल्मेर मोर, जार्ज सेंटायाना के निबन्धों का बड़ा नाम रहा। इन निबन्धों की शक्ति थी और है—इनका जनतन्त्रात्मक चरित्र और मुक्त दृष्टिकोण। यहाँ माना गया कि व्यक्ति—स्वातन्त्र्य के लिए निबन्ध से अधिक उपयुक्त और समर्थ कोई अन्य माध्यम नहीं है। हर माध्यम में कोई न कोई बन्दिश है लेकिन निबन्ध में कोई बन्दिश नहीं है। इस उन्मुक्तता निर्बन्धता के कारण भी अज्ञेय जी को निबन्ध लिखना 'मनपसन्द स्वच्छन्द' माध्यम बनाना गया है। उन्हें इमर्सन—थोरो पसन्द आये क्योंकि वे दोनों निरन्तर आत्म-शोधन पर बल देते रहे। इसमें व्यक्ति-चिन्तन के विचार-दीप जलते हैं—स्वावलम्बन का सुन्दर-निरूपण है और यही विशेषता अज्ञेय के निबन्धों में मिलती है।

अज्ञेय के निबन्ध-संग्रह 'स्रोत और सेतु' का निबन्ध 'मेरी स्वाधीनता! सबकी

स्वाधीनता' के चिन्तन तार एक अर्थ में इमर्सन से जुड़े हैं। दोनों के लिए व्यक्ति-स्वातन्त्र्य से उपजी स्वाधीनता एक वैविध्य भरा, रंगीन अनुभव है। जब कि दोनों मानते हैं कि स्वाधीनता की अवधारणा बड़ी जटिल और चुनौती भरी है। अज्ञेय के भीतर 'स्वाधीनता का एक समग्र-बोध' किसने जगाया? जब वे बचपन में घर से भाग गये। निकट के जंगल में जा छिपे। घर छोड़ा तो मन विद्रोह से भरा था—अन्य उत्तेजक रोमांचक अनुभव थे—किन्तु शाम को थका-हारा घर लौट आया। फिर गुप्त षड्यन्त्रकारी संगठन से जुड़कर—'स्वाधीनता' का एक अलग अर्थ सन्दर्भ पाया। भूमिगत क्रान्तिकारी आन्दोलन के उद्यम कर्मी के रूप में, राजनीतिक बन्दी के रूप में, सैनिक-अधिकारी के रूप में। सैनिक अधिकारी के रूप में स्वाधीनता की अलग पहचान हुई। फिर-कृतिकार, सम्पादक, कवि रूप में स्वाधीनता का अर्थ जाना और अन्त में यायावर के रूप में स्वाधीनता को पाया। उन्होंने संस्कारवान व्यक्ति के अनुशासन का वरण किया और अराजकतावादी नहीं रहे। अज्ञेय ने अनुभवों से पाया कि स्वाधीनता कोई स्थिर वस्तु नहीं है, इसके विपरीत स्वाधीनता निरन्तर आविष्कार, शोध और संघर्ष माँगती है, यहाँ तक कि उस शोध और संघर्ष की ही, स्वाधीनता की अन्तहीन ललक को ही स्वाधीनता का सारतत्व कह सकते हैं।' जिन अनेक अनुभवों से स्वाधीनता की समझ बढ़ी वह इलहाम नहीं था—भोगा सत्य था। प्रकृति में लयमग्न होकर स्वाधीनता का गहरा अर्थ पाया 'स्वाधीन विकास, स्वाधीनता में विकास, स्वाधीनता की ओर विकास, अपनी चरम सम्भावनाओं की सम्पूर्ण उपलब्धि। मूल विचार यह कि स्वाधीन होना अपनी चरम सम्भावनाओं की सम्पूर्ण उपलब्धि के शिखर तक विकसित होना है।' प्रश्न उठता है कि क्या कोई अकेला स्वाधीन हो सकता है? नहीं, यह तो मानवमात्र की स्वाधीनता से जुड़ा प्रश्न है। मानव जन्म स्वाधीन लेता है, लेकिन जीवन बन्धनों में व्यतीत करता है। अज्ञेय ने बुद्ध से भी स्वाधीनता का सन्दर्भ पाया और साहित्य से भी। साथ ही यह भी सत्य पाया कि 'साहित्यकार ऐसे समाज में स्वाधीन नहीं हो सकता जो समाज स्वाधीन नहीं है।' कलाकार कवि अपने स्वाधीनता को सामाजिक दायित्व के साथ पूरे समाज से जोड़ता है। समूचे समाज की स्वाधीनता से जोड़ना ही रचनाकार की स्वाधीनता है। अज्ञेय इस स्वाधीन कर्म में जीवन भर अर्पित रहे। आधुनिकतावादी-व्यक्तिवाद को नकार कर वे जनजीवन धारा के साथ जुड़े रहे। 'गुण का आस्वाद' अकेले नहीं किया—अपने को सबके लिए पूरे मन से उलीच दिया। सबके लिए अपने को पूरा उलीच देना—अज्ञेय का आत्मदान है।

अज्ञेय का निबन्ध 'जीवन के गुणाधार' की प्रतिज्ञा है कि 'यह सिद्धान्त प्रतिपादन है—आत्म-निबन्ध नहीं है।' अस्मिता और आत्मबोध का संकट 'आइडेंटिटी

क्राइसिस' आक्रात्मकता से विकृतियों को जन्म दे रहा है। टेक्नोलॉजी पर आधारित समाज नीति से परे हो गया है—मूल्यों की टकराहट का अर्थ व्यर्थता- बोध में हो रहा है। क्या यह 'सभ्यता का संकट' है। इस संकट पर कौन विचार करेगा—डॉक्टर, इंजीनियर या साहित्यकार। 'सभ्यता' शब्द परिभाषा माँगता है क्योंकि सभ्यता दूसरों के बीच रहने की विद्या या हुनर है। सभ्यता का एक व्यापक अर्थ है 'विश्व सभ्यता' और सीमित अर्थ है भारतीय सभ्यता, हिन्दू सभ्यता। लेकिन आज जिस सभ्यता की हम बात कर रहे हैं—यान्त्रिक-सभ्यता है और मानव पहला इतिहास जीवी प्राणी है। प्रतीक-स्रष्टा मानव पहला स्वाधीन प्राणी है—जिसके पास भाषा की शक्ति है। भाषा में संस्कृति और स्वाधीनता के मूल्य निहित हैं। स्वतन्त्रता पहला मानव मूल्य है, और संस्कृति का आधार है—मूल्य। मानव मूल्य सृष्टि करता है और एक अर्थ में उसके लिए अस्तित्व चरम मूल्य है। पश्चिम में अनास्था का युग है लेकिन हमारे यहाँ वैसी अनास्था की स्थिति नहीं है। हमारे लिए अनास्था इम्पोर्टेड इडीयम है। हमें पश्चिमवाद ने ऐसे जकड़ लिया है कि हम न अनास्था में जी रहे हैं, न आस्था में। दोनों के बीच बेचैनी से जी रहे हैं, जीने का इन्तजार कर रहे हैं। इस तरह के विचार उन्होंने 'भाषा और समाज', 'समग्र परिवेश की राजनीति', 'व्यक्ति और व्यवस्था'—(1) व्यक्ति और समाज तथा (2) समाज और व्यवस्था में व्यक्त बराबर किये हैं कि व्यक्ति के सामने मूल्यों का संकट है, अपनी भाषा, संस्कृति, अस्मिता की रक्षा का संकट है। अज्ञेय के विचार के तीन केन्द्र यही हैं—भाषा, सर्जनशीलता और समाज। और तीनों आधुनिकीकरण की समस्या से जुड़े हैं। हमारे संस्कृति के सामने अनुवाद की समस्या है—हमने एक अनुवादजीवी समाज बनाया है जिसकी सर्जनात्मकता बाधित है।

हमें याद है कि फ्रान्सीसी साहित्य में निबन्ध दुर्दमनीय स्वतन्त्र आकांक्षाओं को लेकर प्रकट हुआ। रूढ़ियों को ध्वस्त करता एक स्वाधीन चिन्ता में मग्न समाज नये चिन्तन की तलाश में जुट गया। यह स्वाधीन चिन्ता मौंतेन में चमकी-दमकी और आल्डस हक्सले, वाल्तेयर, रूसो में स्वच्छन्द विस्फोट बनकर मूर्त्त हुई। गम्भीर विषयों को लेकर सार्त्र-कामू उभरे और दार्शनिक आध्यात्मिक चिन्ताओं का मंथन शुरू हुआ। ऐसा मंथन हिन्दी में नहीं हुआ। हम ज्यादातर वेलिन्स्की, तुर्गनेव, दस्ताएवस्की, टाल्स्टाय की ओर भाग-दौड़ करते रहे। नाटक, कहानी, उपन्यास, कविता आदि में सामाजिक उपयोगिता पर डटकर विचार करते रहे, लेकिन आत्मपरक निबन्ध कम लिखे गये। व्यक्तिगत निबन्धों की दिशा में अज्ञेय तमाम आलोचना सहते हुए भी आगे बढ़ते रहे—और इस क्षेत्र में प्रतिमान बन गये। आत्मनिष्ठ और वस्तुनिष्ठ दो भेद करके अज्ञेय के निबन्धों की व्याख्या करना गलत दिशा में चल पड़ना है। वे

कहाँ 'स्व' को छोड़कर 'सर्वमय' हो जाते हैं, यह रेखा खींचना भी कठिन है। क्योंकि उनके निबन्ध भाव-विचार-कला-कर्म की उन्मुक्तता का आकाश छूते हैं। उनमें एक साथ सौन्दर्य, शोध और आनन्द का प्रवाह है—विदग्ध व्यंग्य है और नये चिन्तन की धूप खिली हुई है। वे 'आत्म' के बहाने आत्म-रहस्योद्घाटन करते चलते हैं, इसलिए इन निबन्धों में उनकी पूरी 'आत्मकथा' पर जीवन-कथा का रस-रोमांच मौजूद है।

आचार्य शुक्ल का कथन है—'यदि गद्य कवियों की कसौटी है तो निबन्ध गद्य की कसौटी है।' अज्ञेय ने इस आधुनिक निबन्ध विधा के माध्यम से लगातार समग्र भारतीय चिन्तन को सर्जनात्मकता के साथ पाठकों को परोसने का कार्य किया। उनसे पहले यह कार्य आचार्य हजारीप्रसाद द्विवेदी काफी गम्भीरता से कर चुके थे। लेकिन अज्ञेय जी मूलतः कवि थे—इसलिए अपने कवि-कर्म की कसौटी उनके लिए निबन्ध रही। उन्होंने विचार प्रधान और व्यक्ति व्यंजक दोनों प्रकार के निबन्ध संवेदन-घनता को लेकर लिखे। इसलिए उनके निबन्धों की मौलिक परम्पराएँ हैं और वह रागाकुलता जो भारतीय मनुष्य की सहज पहचान रही है, उनके 'मैं' में परम्परा, संस्कृति, समस्त जातीय स्मृति, अनुभव-अनुभूति की संग्राहकता एक साथ बोलती है। यहाँ 'मैं' और 'अन्य' का भेद ही गायब है। इसलिए आचार्य शुक्ल की भाँति उनके निबन्ध विचार-सम्पन्न और विचार-सघन होने के साथ बेहद सर्जनात्मक हैं। हिन्दी का यह सर्जनात्मक गद्य हिन्दी का गौरव है, जहाँ समस्त रागात्मकता बुद्धितत्त्व में परिणत हो जाती है। इन निबन्धों को अपने बौद्धिक चरित्र के कारण भारतीय आधुनिकता का संस्कार मिला है।

अज्ञेय ने बहुश्रुत-बहुपठित श्रम-साधना से हिन्दी-निबन्ध को सांस्कृतिक चेतना और संवेदना के सम्प्रेषण का माध्यम बनाया और चिन्तन की सहज सर्जनात्मकता से प्रमाणित किया कि अहं का विसर्जन कविता की तरह निबन्ध का भी आवश्यक मौलिक गुण है। रागात्मक संवेदना और बौद्धिक ऊँचाई दोनों को रचा-बसाकर अज्ञेय ने हिन्दी-निबन्ध का आधुनिक संस्कार परिष्कार किया और लोक-शास्त्र की मैत्री स्थापित की है। 'युग-सन्धियों पर' शीर्षक से उनका जो निबन्ध-संग्रह आया, वे 'साप्ताहिक हिन्दुस्तान' 1980 के अंकों में धारावाहिक छपे थे। इन सभी निबन्धों में विचारों की नयी युग करवट थी। 'शासन : एक जादुई कालीन', 'खोई हुई पीढ़ियाँ', 'संस्कृति : यहाँ, वहाँ या कब्र में?' 'इतिहास और-अभिजात पूर्वग्रह', 'धर्म निरपेक्षता के दर्जे', 'देशीयता और मौलिकता', 'वन, जन और औपनिवेशिक मन', 'भालू चढ़ गया पहाड़ पर', 'मानव होने का दर्द', 'साहित्यकार का सम्मान : किसलिए, 'हमारे समाज में नारी', 'संस्कृति बनाम इतिहास : कला की समस्या', 'अच्छा साहित्य कैसे बिके', 'आज गाँव के सिद्ध', 'राजनीतिक संस्कृति

और सामाजिक-संस्कृति', जैसे निबन्ध घूम-फिर कर संस्कृति की चिन्ताओं को ही बार-बार संकेतित करते हैं। एक विशेष बात यह भी है कि इन सभी निबन्धों में आपातकाल के बाद के भारत का सांस्कृतिक नरक पूरी कथा व्यथा के साथ व्यंजित है। 'शासन एक जादुई कालीन' में भ्रष्टाचार (करप्शन) का मनोभाव 'आधुनिक-विक्रमादित्य' बनकर सामने आया है। लोकतन्त्र एक मानसिकता है और सारा प्रशासनिक ढाँचा और कार्य पद्धतियाँ उस मानसिकता में से ही निकलती हैं। लोकतन्त्र की सार्थकता और दृढ़ता इस बात पर निर्भर करती है कि हम सामन्तवादी मानसिकता से मुक्त हों। लेकिन यहाँ तो कंकाल-नृत्य हो रहा है, सब बेखबर हैं।

भारतीय समाज में 'खोई हुई पीढ़ियाँ' हैं, क्योंकि ऐसे लोग बचे ही नहीं हैं जो नैतिक-आध्यात्मिक मूल्यों की ऊँचाई जीते हों। आपा-धापी के मूल्य-दर्शन में नैतिकता का मरुथल पैदा हो गया है। तो समस्या है 'संस्कृति, यहाँ, वहाँ या कब्र में'। इस पूरे निबन्ध में अज्ञेय ने व्यक्तिगत अनुभवों पर आधारित सत्य को प्रस्तुत किया है कि "मैं विदेशी साहित्य (तथाकथित विश्व साहित्य) भी पढ़ता हूँ, देश-देशान्तर घूमा हूँ, विदेशों में पढ़ा हूँ—पर इस रूप में प्रस्तुत किया जाय कि मैं हिन्दी में लिखता भले ही हूँ लेकिन हूँ तो विदेशी संस्कार का ही।' कुछ भी कहिए अज्ञेय ने अपनी जमीन अपनी संस्कृति नहीं छोड़ी। उनका मूल मनोभाव भारतीयता में आस्था का रहा है। अपनी मूल जमीन से जुड़ी उनकी सर्जनात्मकता इसी संस्कृति की उपज है। वे मानते हैं कि 'जिस साहित्यिक रचना में संस्कृति का मूल स्वर नहीं बोलता उसका विश्व-साहित्य में स्थान पाने का कोई सवाल ही नहीं है। कई बार अंग्रेजी मोह में हम अपनी संस्कृति की अवहेलना करते हैं—गाँधी, बुद्ध तक को ठुकरा देते हैं। हमारी अकादमियाँ, कल्चरल रिलेशन्स जैसी स्वायत्त संस्थाएँ पश्चिमोन्मुखी क्यों? इसलिए कि झूठे जनवाद की विकृत हवा में हमने यह स्वीकार करना चाहा है कि 'संस्कृति तो एक बुर्जुआ चीज है, बुर्जुआ है इसलिए प्रगति विरोधी है। फलतः प्रगति के समर्थक 'संस्कृति' के नाम से चिढ़ते हैं। अज्ञेय जी इसे झूठा और 'विकृत जनवाद' कहते हैं।

साहित्य का साधारण पाठक जिज्ञासा भाव से समकालीन साहित्य से जुड़ना चाहता है और उसकी रुचि और समक्ष साहित्य को प्रभावित करती है। 'इतिहास और अभिजात पूर्वग्रह' निबन्ध में अज्ञेय को ध्यान है कि भारतीय समाज बीसियों सदियों से श्रुति परम्परा में पला है, साहित्य को और सांस्कृतिक संवेदन को वह सुनकर ही ग्रहण करता आया है। इसलिए आज भी निरक्षरों में काफी लोग संस्कारवान हैं। साहित्य-विवेक से सम्पन्न है। अतः श्रुति परम्परा की उपेक्षा साहित्य के स्रोत की उपेक्षा है। 'वाचिक साक्ष्य को उसका उपयुक्त स्थान दिये बिना

समकालीन साहित्य का कोई सही इतिहास नहीं लिखा जा सकता। स्मृति की अविकृत परम्परा का आविष्कार भारत में हुआ—जिसने अध्ययन-परम्परा को निरन्तरता प्रदान की। आज भी हिन्दी प्रदेशों में तमाम रचनाएँ सुनी जा सकती हैं जो कहीं अभी तक छपी नहीं हैं। इस तरह लोक-समाज, लोक-कला, लोक-संस्कृति, लोक-भाषा, लोक-हृदय पर अज्ञेय के निबन्धों का ध्यान एकाग्र भाव से रहा है।

साहित्य की धर्मनिरपेक्षता, देशीयता और मौलिकता से जुड़े प्रश्न उनके निबन्धकार मन को बेचैन रखते हैं। साहित्य तो भाषा है और भाषा निरन्तर बदलती हुई गतिवान चीज। इसलिए भाषा परिवर्तनों का साहित्य के अध्ययन के लिए बहुत महत्त्व है, इस तरह भाषाविद का सन्दर्भ एक है—साहित्य अध्येता का दूसरा। साहित्य में भाषा के परिवर्तन साहित्य की नयी विधाओं का आविष्कार करते हैं। लेकिन साहित्य भाषा अथवा विधा ही नहीं है, सबसे पहले वह एक सम्प्रेषण है तो उसकी प्रक्रिया का माध्यम भी है—वह माध्यम जिसमें सम्प्रेषण की वह प्रक्रिया सम्पन्न होती है। भाषा एक समय है, युगीन समाज है, परिवेश है। इसलिए भाषा पूर्ववर्ती को नकार कर नहीं चल सकती। रचना परिस्थिति के साथ परम्परा है और परम्परा से निकली संस्कृति। 'खरी व्यक्तिगत अनुभूति मूल्यवान है, पर खरा भारतीय अनुभव भी कम मूल्यवान नहीं है और दोनों एक दूसरे की कसौटियाँ हैं। निस्सन्देह बाहर के प्रभाव होते हैं और होने चाहिए। पर सांस्कृतिक प्रभावों की प्रक्रिया इतनी सरल और इकहरी नहीं होती।' वह जटिल और प्राणवान होती है।

जन-समाज की स्मृति पर इतिहास का पूरा पाठ नहीं लिखा होता, लेकिन जन मानस में रचा-बसा इतिहास (स्मृति) वह आग होता है जो अतीत को जीवित रखता है और वर्तमान को प्रेरणा देता है। 'वन, जन और औपनिवेशिक मन' निबन्ध में यह प्रश्न उठाया गया है कि रामायण में राम का कथन 'रघुकुल रीति सदा चल आयी' जैसे सूत्र वाक्य जन मानस को बिजली की कौंध की तरह क्यों सूझते हैं। क्यों हम महाभारत का यह सूत्र नहीं भूलते कि 'सूचाग्र न दास्यामि बिना युद्धेन केशव।' ये उक्ति पूरी महाभारत कथा को जन-मानस में मूर्त कर देती है। यह स्मृति लोक शक्ति स्त्रोत हैं। असमिया के कुमार लाच्छित का वाक्य है 'मेरे मामा से मेरा देश बड़ा है। राजस्थानी के बिश्नोई शहीदों की अमृतादेवी की उक्ति है—'सिर कटाकर भी वक्ष बचाया जा सके तो भी सस्ता सौदा है।' ये सभी स्मृति के बीज मन्त्र हैं। 'पूतो फलो दूधो नहाओ' का बीज-मन्त्र कितना पावन भारतीय मन्त्र है। आजादी के बाद वनों पर ठेकेदारों की आरियाँ चलीं तो आर्थिक स्त्रोत ही नहीं कटे, देश का प्राण कटे। अंग्रेजों ने शुरू किया था वनों का प्रकृति का अधिकाधिक दोहन। और हम भारतीय उनके पीछे हो लिये। क्या बैर और विनाश का रिश्ता उपनिवेशवादी युग का परिणाम

नहीं है? अज्ञेय ने नन्दा देवी के वनों के विनाश पर कविताएँ लिखीं हैं। पर्यावरण के विनाश से उनका मन क्षुब्ध रहा है। हर जगह 'भालू चढ़ गया पहाड़ पर' या 'मानव होने का दर्द' है तो इसका अर्थ है मूल के विनाश से कष्ट पाने वाला मन। यहाँ अज्ञेय 'हमारे समाज में नारी' जैसे निबन्ध लिखते हैं, जिसमें गम्भीर बहस है। आधुनिकीकरण और औद्योगीकरण का अभियान हिंसा से जुड़ा है–प्रकृति के प्रति हिंसा, प्रकृति के साथ बलात्कार, परिवेश के साथ हिंसा–ये सभी प्रश्न नारी से जुड़े हैं। समाजव्यापी मूल्य मूढ़ता नारी पर हिंसा कर रहा है। यह नया पागलपन है।

आज अंग्रेजी पढ़े-लिखे लोग समाज-संस्कृति के निर्माता बन रहे हैं–यह चिन्ताजनक स्थिति है। इस चिन्ता पर निबन्ध है–'संस्कृति बनाम इतिहास! कला की समस्या।' संस्कृति अर्थात् प्राचीन ऐतिहासिक मान्यताएँ। सरकारी क्षेत्रों में संस्कृति की जो दुर्गति हुई है उसका एक पीड़ादायक इतिहास है। शिक्षा, विज्ञान, संस्कृति तीनों धक्के खा रहे हैं। विदेशी कह रहे हैं कि भारतीयों में इतिहासबोध नहीं होता। इतिहास को महत्त्व देने वाली मानसिकता पश्चिम की देन है। हमारा चित्रकार, रामायण, महाभारत, भागवत के चित्रों में कभी-कभार फिरंगी टोपी क्यों लगा देता है–पगड़ी-टोपी भूल जाता है। सच है कलाकार के लिए मानवता-बोध इतिहास-बोध से बड़ा है। इस तरह अज्ञेय ने भारी तर्कों-प्रमाणों से इस तरह के तमाम शोध-परक निबन्ध लिखे हैं। इन शोध-निबन्धों की विविधता और ज्ञान की गहराई विस्मयकारी है। बड़ी बात यह है कि 'विश्वयारी' के चक्कर में अज्ञेय भारतीय संस्कृति-परम्परा, साहित्य, दर्शन को कम करके नहीं आँकते और आत्म-धिक्कार के शिकार नहीं हो जाते। इस दृष्टि से इस तरह के निबन्ध एक नयी ढंग की प्रेरणा देते हैं।

हम कह चुके हैं कि व्यापक अर्थों में अज्ञेय के सभी निबन्ध सांस्कृतिक संवेदना का परिष्करण और नवीकरण हैं। 'धार के किनारे' निबन्ध संग्रह के सभी निबन्ध एक तरह के सांस्कृतिक आलोक से परिपूर्ण हैं। यहाँ 'भारतीय संस्कृति और विश्व-संस्कृति' (आलवाल से) तथा 'साम्प्रदायिक और नैतिक शिक्षा' (जोग लिखी से) गृहीत निबन्ध सांस्कृतिक संवेदना के गहन निहितार्थों को व्यंजित करने के कारण ही रखे हैं। 'राजनैतिक संस्कृति और सामासिक संस्कृति' निबन्ध में यह बात कही गयी थी कि संस्कृति की बात करने का जमाना नहीं रहा। जो लोग हठपूर्वक संस्कृति की बात करते हैं। उन्हें परम्परावादी, प्रतिक्रियावादी कहकर अपमानित किया जाता है। उस देश में अपमानित किया जाता है जहाँ संस्कृति (धर्म) गर्व की वस्तु रही है। लेकिन अज्ञेय ऐसे हठी निबन्धकार हैं कि संस्कृति का चर्चा किये बगैर उनसे रहा नहीं जाता। इतना ही नहीं, वे मानते हैं कि 'संस्कृति के सवाल उठाये

बिना न आधुनिक बना जा सकता है, न प्रगति की जा सकती है और न वास्तव में मनुष्य ही बना रहा जा सकता है।' यह बात राजनीति साहित्य के साथ कला और विज्ञान का भी सत्य है कि हम जीव-विज्ञान की नयी दृष्टियों में प्रवेश करें। क्योंकि इन नये सन्दर्भों में ही संस्कृति का विचार हो सकता है। साथ ही सामाजिक-राजनैतिक संस्कृति को नये सिरे व्याख्या होनी चाहिए ताकि नये भाष्यों-विमर्शों से नये जीवन-सत्यों के आसपास पहुँचा जा सके। इसी दृष्टि से अज्ञेय ने निबन्धों में जीवन भर संस्कृति (धर्म) चिन्तन किया है। यहाँ 'धर्म' का पर्याय है 'संस्कृति'। 'धर्म' शब्द से लोग चौंकते हैं इसलिए अज्ञेय ने 'धर्म' के स्थान पर 'संस्कृति' शब्द का प्रयोग किया है।

यहाँ 'बालजगत् की देहरी पर' या 'खिलौनों का समाजशास्त्र', 'संस्कृति की चेतना' या 'भारतीय संस्कृति और विश्वसंस्कृति', 'विज्ञान और हम' या 'आधुनिकता संवेदन ओ सम्प्रेषण', 'विराट का संस्पर्श' या 'शिक्षा सांस्कृतिक सन्दर्भ' जैसा कोई निबन्ध हो अज्ञेय अपनी प्रखर बौद्धिकता से संस्कृति' और 'आधुनिकता' पर विमर्श अवश्य करेंगे। उनकी मानसिकता का गठन इस प्रकार का है कि वे हम जिस 'परिवेश' में जी रहे हैं उसके ऊपर विचार अवश्य करेंगे ताकि वर्तमान की चिन्ताओं से सामना किया जा सके। इसलिए इन निबन्धों में परिवेश के प्रति निरन्तर रचनाकार का राग दीप्त सच वैचारिक आलोक से फूटता मिलता है। इस राग दीप्त सच की विशेषता यह है कि वह अपने पाठक या प्रमाता को भीतर तक झकझोरता हुआ मिलता है। चेतना को क्रियाशील करने वाली इस संस्कृति में अज्ञेय की ज्ञान-क्रिया इच्छा की परिधि का प्रेरणा रूप में विस्तार होता दिखाई देता है। देश-विदेश की यायावरी के अनुभव की आग पाठक की चेतना का नवसंस्कार करती हैं। समय-समय पर दिये गये भाषाणों, वक्तव्यों, भेंटवार्ताओं तथा प्रश्नोत्तरी के रूप में लिखित इन निबन्धों की विचार भूमि आत्ममंथनपरक है।

ज्यादातर-निबन्धों में देशी-विदेशी साहित्य की मूलचेतना, परिवेश, लेखक और गृहीता की स्थिति, वर्तमान की चुनौतियाँ, राग सम्बन्धों के बदलाव, नवीन यथार्थ के उदय, आधुनिकता, समकालीनता, प्रासंगिकता तथा नये साहित्य की प्रवृत्तियों, प्रश्नों की व्याख्या है। इन चिन्तनपरक और आत्मपरक निबन्धों में अज्ञेय के चिन्तनक्रम के उन्मूल बिन्दुओं को रेखांकित किया जा सकता है जो उनके समस्त साहित्य में अन्तर्व्याप्त हैं। उनके ज्यादातर निबन्ध युग की मनोभूमिकाओं, रचनाकार की मनःस्थितियों का सूक्ष्म गहन विश्लेषण हैं। अज्ञेय के प्रश्नाकुल मन से सीधे जुड़े होने के कारण इन निबन्धों की अन्तर्वस्तु और रूपकला ने निबन्ध शिल्प को तराशकर एक चेहरा, एक नया व्यक्तित्व दिया है। आज कहा जा सकता है कि

अज्ञेय चिन्तनशील परम्परा के उन व्यक्तियों में से हैं—जिसे बालकृष्ण भट्ट, बाल मुकुन्द, और महावीर प्रसाद द्विवेदी, जयशंकर प्रसाद, रामचन्द्र शुक्ल, निराला, महादेवी, चन्द्रधर शर्मा गुलेरी, राहुल सांकृत्यायन, हजारीप्रसाद द्विवेदी जैसे विद्वानों की तेजस्वी-परम्परा ने जिलाये रखा है—और जिससे हिन्दी की जातीय-स्मृति और चिन्तन-सृजन को पुनर्नवता प्राप्त हुई है। हम जिसे आज मौलिकता, नवीनता या आधुनिकता कहते हैं—वह इसी 'पुनर्नवता' का पर्याय है। इस 'आधुनिकता' में 'उत्तर-आधुनिकता' के तमाम बीज मिल सकते हैं। साथ ही एक आलोक दीप्त नव-औपनिवेशिक चिन्तन। परवर्ती-परम्परा में यही नव-औपनिवेशिक-चिन्तन विजयदेवनारायण साही, निर्मल वर्मा, रमेशचन्द्र शाह, मलयज और नन्द किशोर आचार्य के निबन्धों में पूरी बौद्धिक प्रखरता के साथ मिलता है।

अज्ञेय ने अपने को वन-सा बन्द और वन-सा सभी ओर से खुला 'सन्नाटे का छन्द' कहा है—'शब्द में मेरी समाई नहीं होगी मैं सन्नाटे का छन्द हूँ' और यह सन्नाटे का छन्द इतना गति-लय से भरा हुआ है कि पाठक को 'कालिदास' की याद आ जाती है। वास्तव में, कालिदास ने अज्ञेय में एक नया जन्म या पुनर्जन्म पाया है क्योंकि वे एक नये अर्थ और सन्दर्भ के साथ यहाँ जीवित मिलते हैं। वैसे भी कालिदास की गूँज-अनुगूँज उनके रचनाकर्म में अक्सर सुनाई देती है। किन्तु 'स्त्रोत और सेतु' के 'आलवाल' और 'जोग लिखी' के निबन्धों में वे एक साथ नयी सर्जनात्मकता के साथ मिलते हैं। उनके शब्दों की कल्प-सृष्टि में 'नदी के द्वीप' कविता की वह काव्य-दृष्टि 'माँ, उसे संस्कार तुम देना' एक अर्थ-व्यंजना में फूट-फट पड़ती है। हिन्दी के ज्यादातर आलोचकों ने 'नदी के द्वीप' कविता की मनमानी, गलत, सन्दर्भ से दूर व्याख्या करके यह सिद्ध किया है कि 'अज्ञेय नदी के द्वीप' हैं, यही उनका व्यक्तिवादी दर्शन है। लेकिन यह कैसी व्याख्या है जो 'नदी के द्वीप' कविता का पूरा गलत पाठ करती है। जब कि इस कविता में परम्परा के नये संस्कार की माँग का कवि-दर्शन है।

अज्ञेय के कवि-मन की 'अपूर्व' सृजन-आकांक्षा का अभी ठीक-ठीक भाष्य होना बाकी है। यह भाष्य मनमाने आरोपित प्रतिमानों से तो नहीं किया जा सकता। अज्ञेय ने सन्त-फकीर बनकर इस संसार को कभी नहीं छोड़ा। वे भोगने में विश्वास करते थे—भागने में नहीं। इसलिए यह कहना गलत है कि उन्होंने इस दुनिया को छोड़ा या नकारा था। हाँ, आरम्भ के अज्ञेय के रोमांटिसिज्म की एक सीमा थी, जिसे बाद में उनके गैर-रोमांटिक मिजाज ने उससे उन्हें मुक्ति दिलाई। एक ऐसी आलोचनात्मक दृष्टि 'भवन्ती', 'अन्तरा', 'शेषा' में जागृति की जो प्रश्नों को जगाती है और निरन्तर सोचने का तनाव उनके कवि-मन में पैदा करती है। इसलिए यह प्रश्न उठाना ही

बदनीयती है कि क्या अज्ञेय एक बिन्दु पर कबीर की तरह आधुनिक हो पाये हैं? क्यों कबीर के आत्मसंहारी अर्थ के सामने अज्ञेय बौने दिखाई देते हैं? अज्ञेय ने 'अहं' छोड़ा तो 'मैं' से जूझना पड़ा। उनके सामने मुक्ति और स्वतन्त्रता के प्रश्न सदैव मौजूद रहे। वे औपनिवेशिक गुलामी से मुक्ति के लिए अन्तिम क्षणों तक तड़पते रहे। उन्होंने कभी नहीं माना कि हर कवि अपने सृजनात्मक कर्म में सन्त होता है। उनकी दृष्टि में नैतिक अन्तर्दृष्टि की संवेदना का सर्वाधिक आदर रहा है और वह भी सन्त बनकर नहीं, कवि बनकर। इसलिए अज्ञेय का निबन्ध हो या कविता, जीवन-सत्य या कमाया हुआ सत्य उनके सृजन में 'भीतर' की लौ की तरह जलता है। लेकिन पाठक को यहाँ भी ग. मा. मुक्तिबोध का यह कथन नहीं भूलना चाहिए कि साहित्य पर आवश्यकता से अधिक भरोसा रखना मूर्खता है। फिर अज्ञेय पर तो मूर्खतापूर्ण बहसों का एक हिमालय खड़ा दिखाई देता है। इसलिए अज्ञेय के रचना-कर्म और चिन्तन पर नये सिरे से भाष्य करने की अपेक्षा बनी हुई है।

यह कैसा अपूर्वता से भरा भाष्य है कि भारत में फासिस्ट विरोधी-सम्मेलन का आयोजन करने वाले अज्ञेय को उनके समस्त 'क्रान्तिकारी' चिन्तन से काटकर 'विमर्श' किया जाये। अज्ञेय के विद्रोही मानस में औपनिवेशिक गुलामी से मुक्ति पाने के तमाम प्रश्नों के मगरमच्छ टकराते रहते हैं और वे उनका धैर्य से सामना करते हैं। निबन्ध हो या अन्य गद्य-रूप वे बने-बनाये साँचे तोड़कर नये रूपों का निर्माण करते हैं। उपन्यास, कहानियों, कविताओं, निबन्धों में कभी भी बँधे-बँधाये रूपों का अनुकरण नहीं किया। वे तो उपन्यास कहानी में निबन्ध रचने का सामर्थ्य रखते हैं—'शेखर : एक जीवनी' में उन्होंने कितने ही निबन्ध उपन्यास के भीतर रच डाले। परम्परागत विधाएँ उनमें गड्डमड्ड होकर नया रूप पा जाती हैं—क्यों? यहाँ न उपन्यास ठीक-ठीक उपन्यास है, न निबन्ध निबन्ध, न कहानी कहानी, न यात्रा-वृत्त ठीक-ठीक यात्रा-वृत्त। यह अज्ञेय की चिन्तन-कला की पुनर्नवता है—विधाओं की दिशा में नया प्रयोग।

आश्चर्य की बात है कि अज्ञेय निबन्ध हो, उपन्यास हो, कविता हो अपनी ओर से उसकी 'अपूर्वता' की 'मौलिक प्रयोग' चेतना की डींग नहीं हाँकते। उनका 'मौन' ही सब कुछ कह देता है। इस मौन में सृजन का विराट् देवता कहता है कि लिख-लिखकर सब झूठा करता जाता हूँ। शब्द में समाया समय उस सत्य को भाषित-पुनर्भाषित करता है। निबन्ध में तथ्यों का भाष्य नया होता है बाकी बहुत कुछ परम्परागत घिसा-बासी। हजारीप्रसाद द्विवेदी के लिए विधाएँ गप्प-गल्प-कल्प हैं, लेकिन अज्ञेय के लिए विधाएँ 'प्रयोग' हैं। क्योंकि 'प्रयोगों' से ही सर्जनात्मकता की प्रगति को सच पाया जा सकता है। यह सत्य ही सोने से ढँके घड़े का ढक्कन

उठाना चाहता है। यहाँ भी अज्ञेय को भाषा और लय-छन्द का ही सहारा है। वे निबन्धों में मिथक गढ़ते हैं, प्रतीक खोजते हैं और प्रतीक स्रष्टा मानव की स्मृति-मति-प्रज्ञा पर भरोसा रखते हैं। 'त्रिशंकु' के निबन्धों से लेकर 'स्मृतिच्छन्दा' तक की निबन्ध यात्रा में इस तरह की सर्जनेच्छा के न जाने कितने रूप मिलते हैं। इन निबन्धों के भीतर की कालिदासीय-लय में 'असाध्य वीणा' के प्रियंवद की तप-साधना का 'शिष्य-साधक' भाव सक्रिय मिलता है।

'परम्परा' और 'आधुनिकता' अज्ञेय के दो प्रिय बीज-शब्द हैं, जिनकी व्याख्या मौका मिलते ही करने में चूकते नहीं हैं। पूरी परम्परा—भारतीय-परम्परा की 'अखण्डता' में निहित समग्र भाव—मनुष्यता में उनका विश्वास है। उनके रचनाकार-मन में जीर्ण परम्पराओं के लिए बिसूरने का कोई अर्थ नहीं। लेकिन जीवन्त परम्पराओं की संस्कृति पर चर्चा करने में वे रमते हैं। संस्कृति की चेतना का सम्बन्ध मानव के सौन्दर्य-बोध से है। जयशंकर प्रसाद के शब्दों में कहें तो संस्कृति सौन्दर्यबोध के विकसित होने की मौलिक चेष्टा है। भारतीय समाज में संस्कृति का आधार 'धर्म' है और 'धर्म' अपने परिष्कृत सन्दर्भों में 'भारतीयता'। ऐसी भारतीयता जो जड़ चिन्तन का विरोध करती है। भारतीयता और आधुनिकता काल के साथ नये सम्बन्ध का निर्धारण है। इस दृष्टि से आधुनिकता मूलतः एक नये ढंग का काल-बोध है। तथा हमारे संवेदन पर उसका दूर तक प्रभाव पड़ता है। "शहरीकरण, यान्त्रिकीकरण, पश्चिमीकरण आधुनिकीकरण इन सभी से प्रायः आधुनिकता को जोड़ा जाता है जबकि आधुनिक संवेदन का संस्कार है। किन्तु किसी भी कला में आधुनिकता की विकास प्रक्रिया देखने चलें तो हम पायेंगे कि उसके मूल में यह नया काल-बोध ही है, काल के साथ नया सम्बन्ध ही है। मत का विखण्डन, खण्डित बिम्ब, अमूर्त्तन, अति यथार्थ की प्रस्तुति, मिथक और फैंटेसी, कारण और कार्य में विपर्यय अथवा 'अहेतुक', घटना, मुक्त छन्द, ताल और लय की टकराहट अथवा संकर—किसी भी कला में कोई भी नयी प्रवृत्ति लीजिए तो वह कहीं न कहीं नये काल-बोध से और उसके सम्प्रेषण के प्रयत्न से जुड़ जायेगी।" इस तरह आधुनिकता नयेपन पर आधारित एक कालदृष्टि है जो परिवर्तन और नयेपन को स्वीकार करती है। अज्ञेय के इस तरह के चिन्तन पर कुमारस्वामी और रायकृष्णदास की कला-दृष्टि का दूर तक प्रभाव है। उनके पूरे चिन्तन में रायकृष्णदास का छन्द है। यह गद्य का छन्द अज्ञेय के निबन्धों में प्राण धारा की तरह प्रवाहित रहा है।

'असाध्य वीणा' में अज्ञेय ने इसी छन्द के 'अपूर्व वस्तु निर्माण क्षमता' वाले अद्भुत तत्त्व पाठक को मुक्त-भाव से परोसे हैं। मनःस्थिति के परिवर्तन के साथ छन्द में लय-गति-संगीत में नये-नये सम्बन्ध बनते हुए दिखाये हैं। 'हाँ मुझे स्मरण

है' में पूरी सृष्टि का संगीत 'झिल्ली-दादुर-कोकिल-चातक की झंकार पुकारों की यति में। संस्सृति की साँय साँय।' पूरी प्रकृति अपनी लय गति में जीवन्त हो जाती है। इस तरह अज्ञेय के व्यक्तित्व का छन्द ही कविता बना है, निबन्ध बना है, कथा साहित्य, संस्मरण और डायरी बना है। भाव-दशा के साथ छन्द-परिवर्तन हो जाता है—उनके गद्य में एक लय है, एक राग है, जिसने उनकी सर्जनेच्छा को प्रबल और प्रभावशाली बनाया है। पद्य हो या गद्य हो—छन्द अज्ञेय के हर धड़कन में रचा-बसा है। वह रूखा भुरभुरा गद्य नहीं लिखते। सरस, विदग्ध, संस्कारी और नयी व्यंजकताओं से भरपूर मुलायम रेशमी गद्य लिखते हैं। दरअसल, लय प्रत्येक निबन्ध की संरचना में मेहँदी की तरह रची-बसी हुई है। 'पानी-बरसा' की 'ओ पिया पानी बरसा। हरी घास हुलसानी। मालिक के झूमर सी झूमी मधुमालती। झर पड़े जीते पीत अमलतास। चातकी की वेदना बिरानी' का संसार इस संगीत का ठाट है। यह लय और अर्थ-ध्वनि-पद्य-पाद्य में ऐसी बस गयी है कि निबन्ध या कविता समाप्त होने के बाद भी सहृदय में गूँजती रहती है। यहाँ विचार-तरंगों की नववधू हँस रही है और कह रही है 'गेह है, गति है, गीत है, लय है, प्रणय है। सभी कुछ है। सागर के किनारे उगा चाँद है, लहकते लाल गुच्छे हैं।' 'कलगी बाजरे का' रूप भरा नया समर्पण है। 'मैं वहाँ हूँ' में अज्ञेय का कवि-व्यक्तित्व पूरे बिम्ब के साथ उभरता है—यह जो मिट्टी गोड़ता है' कोदई खाता है और गेहूँ खिलाता है उसकी मैं साधना हूँ, यह जो मिट्टी फोड़ता है मड़िया में रहता है और महलों को बनाता है उसकी मैं आस्था हूँ श्रमरत-कर्मरत साधारण आदमी में अज्ञेय का अखण्ड विश्वास उनकी सर्जनात्मकता को शक्ति देता है। शक्ति पाने की यह कला अज्ञेय ने मैथिलीशरण गुप्त, माखनलाल चतुर्वेदी, जयशंकर प्रसाद और सरोजनी नायडू के साथ जयप्रकाश नारायण और लोहिया से सीखी थी। जयप्रकाश नारायण लोहिया जैसों के विचारों की कौंध वह हमारे मन में उपस्थित कर देते हैं। कुछ भी कहिए, अज्ञेय 'सर्जना और सन्दर्भ', 'केन्द्र और परिधि', 'आत्मपरक' के तमाम निबन्धों के माध्यम से प्रयोग-परम्परा, आधुनिकता, संस्कृति, भाषा, रागात्मक सम्बन्धों के बदलाव की एक झाँकी प्रस्तुत कर देते हैं। शब्द और शब्द की आत्मा, भाषा और संस्कार इन सभी की एकाग्र भाव से चिन्ता ने इस चिन्तनशीलता को 'आधुनिकता' से सम्पन्न बनाया है।

प्रायः पाठक निबन्ध में व्यक्तित्व, रंजकता और व्यक्ति, व्यंजकता की माँग करते हैं। इस माँग ने हिन्दी में ललित निबन्धों की छवि को एक तरह से निखारा है। आचार्य हजारीप्रसाद द्विवेदी, पं. विद्यानिवास मिश्र, माखनलाल चतुर्वेदी के व्यक्ति-व्यंजक निबन्ध इस तरह के निबन्धों के प्रतिमान रहे हैं। अज्ञेय ने 'सबरंग कुछ राग' में यह राग-स्वर पूरी उठान से प्रस्तुत किया है। यहाँ बहुश्रुत-बहुपठित-अज्ञेय

पर पंडिताई का बोझ नहीं है—एक प्रबुद्ध रचनाशील मन का चौकन्नापन है—अनूठापन है। यायावर अज्ञेय का यह अनुभव-संसार अपनी आत्मव्यंजकता से अनायास भाव-फूलों से गुँथी माला का छन्द बन जाता है। इस गति में निबन्ध की कोई शास्त्रीयता उन्हें मान्य नहीं है। व्याख्यानमूलक, वार्तालापमूलक, कल्पनामूलक और आत्म-चिन्तन मूलक किसी भी तरह का निबन्ध हो, अज्ञेय का निबन्धकार अपनी विचार शृंखला को न खण्डित होने देता है, न स्खलित। इन निबन्धों की गूँथ ऐसी है कि निबन्ध के ढर्रेदार वर्गीकरण यहाँ अपर्याप्त हो जाते हैं और निबन्ध शैली में नये विचारों का पुनराविष्कार अनेक विविधताओं को सहजता से उजागर कर देता है।

अज्ञेय ने हिन्दी की निबन्ध शैली को तमाम रूढ़ियों से मुक्त करते हुए उसे एक नया चेहरा प्रदान किया है। अपने सूक्ष्म-गहन मूलगामी चिन्तन से साहित्य को भाषा और संस्कृति के व्यापक सन्दर्भों में नये 'विमर्श' से आलोकित भी। उन्होंने आज के युग की सभी महत्त्वपूर्ण चिन्ताओं, प्रश्नाकुलताओं, चुनौतियों, विसंगतियों, विद्रूपताओं पर पूरी विवेक-वयस्कता और मौलिकता से विचार किया है। आधुनिक जीवन का छोटे से छोटा पक्ष जैसे 'खिलौनों का समाजशास्त्र' तक पर उनकी अचूक निगाह पड़ी है। इस तरह अज्ञेय ने अपनी निबन्ध साधना की शक्ति से हिन्दी को चिन्तन का एक नया सौन्दर्यशास्त्र, एक नया साहित्यशास्त्र दिया है। शायद ही हिन्दी में किसी निबन्धकार ने अपने समय में इतनी नयी बहसों को साहित्य-संस्कृति के केन्द्र में लाकर उन पर करारी बहसों-विवादों का ऐसा परिवेश निर्मित किया हो, जैसा अज्ञेय ने। अज्ञेय के प्रिय प्रतीक हारिल का तो संकल्प ही जैसे इन निबन्धों में पूर्णता की ओर बढ़ा है—'अनथक पंखों की चोटों से नभ में एक मचा दे हलचल।' यह हलचल आज का पाठक अपने भीतर महसूस कर रहा है। इन निबन्धों के चिन्तन के राग-रंग में एक गूँज है—'मैं सभी ओर से खुला हूँ वन-सा, वन-सा अपने में बन्द हूँ। शब्द में मेरी समाई नहीं होगी/मैं सन्नाटे का छन्द हूँ/सच है कि विचार के नये छन्द से अज्ञेय ने हिन्दी-निबन्ध को एक क्लासिकल गरिमा प्रदान करते हुए उसे नया रूपाकार दिया है।

निबन्ध : साहित्य और साहित्यालोचन

किसी भी चिन्तन परम्परा में ऐसे निबन्धकार-रचनाकार विरले ही होते हैं जिनका कृतित्व पीढ़ियों को प्रेरणा देता है। अज्ञेय ऐसे ही दुर्लभ निबन्धकार हैं जो बीसवीं शताब्दी में लगभग पाँच दशकों तक अपने समय-समाज-संस्कृति के समग्र सृजन-संसार को निरन्तर प्रभावित करते रहे। अपने सर्जन और चिन्तन से अज्ञेय ने ऐसी छाप छोड़ी कि हमारी सर्जन-परम्परा में वे अमिट नाम होते गये। वे भारतीय रचना-कर्म से जुड़ी लगभग सभी समस्याओं-प्रश्नाकुलताओं से हमारा साक्षात्कार कराते रहे हैं। अज्ञेय के निबन्धों की अन्तर्यात्रा का अर्थ है—परिवेश के प्रति जागरूक होना, नवीन महत्त्वपूर्ण बहसों से परिचित होना और आज भी उन बहसों से वैचारिक प्रेरणा पाना। इस दृष्टि से अज्ञेय के निबन्धों की उपयोगिता केवल अज्ञेय के रचना-कर्म को जानने-समझने तक ही सीमित नहीं है बल्कि वह अपनी साहित्यिक-सांस्कृतिक परम्परा की समझ और पहचान के लिए भी आवश्यक है।

अज्ञेय 'तीसरी दुनिया' के साहित्य-चिन्तन का प्रतिनिधित्व करते हैं। भारतीय लेखक की रचना-स्थिति का संकट और चुनौतियाँ कई तरह के खतरों को सामने लाती हैं। ये वे ही संकट हैं, जिनका सामना सभी संक्रमणशील समाजों की सर्जनात्मक प्रतिभाओं को किसी न किसी स्तर पर करना ही होता है। अपने समय में चौकन्ने अज्ञेय औपनिवेशिक मानसिकता के संकेतों से जूझते रहे हैं। इन संकटों से जूझ कर ही उन्होंने पाठकों के लिए सर्जना के सन्दर्भों से निकला जागरण का काव्यशास्त्र या उत्तर-औपनिवेशिक काव्य-शास्त्र—रचने-गढ़ने का हौसला दिखाया है। इसीलिए 'सर्जना और सन्दर्भ' शीर्षक से अज्ञेय ने साहित्य और साहित्यालोचन से जुड़े छह अलग-अलग संकलनों के निबन्धों को एक स्थान पर एकत्र कर दिया है, इन निबन्ध संकलनों के नाम हैं—(1) त्रिशंकु 1945, (2) हिन्दी साहित्य : एक आधुनिक परिदृश्य, (3) आलवाल, (4) अद्यतन, (5) जोगलिखी तथा (6) धार और किनारे 1978। ये निबन्ध लगभग पैंतालीस वर्षों की अवधि में लिखे गये हैं। इसलिए इनमें विचारों की भिन्नता स्वाभाविक है। फिर भी इन निबन्धों में एक

चिन्तन क्रम है जो अज्ञेय के चिन्तन विकास का एक समग्र बिम्ब सामने लाता है। आजादी के पूर्व और आजादी के बाद का पूरा परिदृश्य यहाँ अनेक रूपों-छवियों में मौजूद है।

आज इन निबन्धों की मौलिकता पर कुछ कहने से पहले अज्ञेय जी के कथन को सामने रखना चाहता हूँ जो उन्होंने 'सर्जना और सन्दर्भ', की 'भूमिका' में प्रस्तुत किया है। उन्होंने कहा है कि इन निबन्धों में प्रस्तुत किये गये विचारों के साथ मौलिकता का दावा नहीं है। लेखक उस मत का है जो मानता है कि विचारों का एक अपना स्वायत्त जगत् होता है : विभिन्न युगों और क्षेत्रों के चिन्तक-लेखक उन्हें अंशतः अथवा पूर्णता अपनाते हुए नये सन्दर्भों में रखकर उनसे नये अर्थ पाते रहते हैं उन्हें नयी प्रासंगिकता देते रहते हैं—उनमें से नयी चुनौतियाँ उभारते और दूसरों के समक्ष उजागर करते चलते हैं।' ध्यान देने की बात यह है कि नयी चुनौतियों को स्वीकार करने की चुनौती छोटी बात नहीं है। रचनाकार का पूरा तप-स्वाध्याय उसमें खप जाता है। इस तरह से सोचने वाले अज्ञेय ने विनम्रता से कहा है कि 'सर्वथा मौलिक' विचार कोई विरला ही लाता है : जब लाता है तो उस विचार को भी इस स्वयं जगत् को सौंप देता है जो सबकी समान निधि हो जाता है। इन निबन्धों का लेखक भी अपने पूर्ववर्ती असंख्य देशी-विदेशी लेखकों और चिन्तकों का ऋणी है—पूर्ववर्ती ही क्यों, अपने समकालीनों से भी वह विचार-सामग्री पाता रहा है। जो कुछ उसने लिया उसे धीरे-धीरे पचाया है, अपने अनुभव की कसौटी पर अपने 'आत्म' को भी परखा है : इसके बाद ही उसने दूसरों के समक्ष रखने का उपक्रम किया है। उसका विश्वास है कि मौलिकता के दावे के बिना भी यह प्रस्तुतियाँ हिन्दी पाठक, लेखक और समालोचक को सोचने के लिए उकसाती रही है अथवा कम से कम अपनी मान्यताओं की और पूर्वाग्रहों को एक बार फिर जाँच लेने को प्रेरित करती रही है। यह विश्वास निराधार नहीं है क्योंकि पिछले चालीस वर्षों में इस लेखक के विचार लगातार विमर्श और चर्चा के आधार बनते रहे हैं—बहुधा उनकी बड़ी कटु आलोचना भी हुई है, कभी-कभी लेखक का उल्लेख भी करने से भरसक बचते हुए उसे वाग्वाणों की मार का लक्ष्य बनाया गया है।' ऐसा इसलिए हुआ कि हमारा समाज स्वाधीन नहीं है। एक स्वाधीन समाज ही स्वाधीन व्यक्ति और स्वाधीन चिन्तन को आदर दे सकता है। 'गुटों, दलों, मतों, प्रतिबद्धताओं में विभाजित हमारा समाज अज्ञेय को ठीक से समझ नहीं सका। इसलिए उन पर मनमाने प्रहार होते रहे। उन पर प्रहार इसलिए भी होते रहे हैं कि उनका विद्रोही चिन्तन विचारधाराओं की गुलामी को स्वीकार नहीं करता है। इस चिन्तन में अस्वीकार का साहस है।

अज्ञेय ने निबन्ध साहित्य की समस्याओं को सुलझाने के लिए उतने नहीं लिखे

हैं, जितने कि समस्याओं पर नये सिरे से विचार करने की दृष्टि से। निबन्धों में विषय को छुए-अनछुए पक्षों पर गहरे से गहरे उतरकर तात्विक चिन्तन और विमर्श अज्ञेय के निबन्धकार का स्वभाव है। हृदय के साथ बुद्धि की यात्रा में बौद्धिकता की ठोस भूमि पर स्थित होकर वे सत्य का अन्वेषण करते हैं। इस शक्ति से उनके निबन्ध हृदय की मुक्तावस्था से ज्यादा बुद्धि की मुक्तावस्था हैं। बौद्धिक मुक्तावस्था के कारण जब वे 'कला का स्वभाव और उद्देश्य' जैसा निबन्ध लिखते हैं तो विचार और धारणाओं को अर्द्धचेतन, चेतन धरातल पर कई कोणों से जाँचते हैं। इस भावना के साथ कि यह एक प्रयोगात्मक स्थापना है, सम्पूर्ण सत्य इसमें नहीं होगा, लेकिन इसकी अवधारणा सत्य के अन्वेषण और पर्यवेक्षण पर हुई है, अतः इसकी असम्पूर्णता भी वैज्ञानिक है। पहले सूत्र फिर व्याख्या—यह 'भारत की विश्वसनीय शास्त्रीय प्रणाली है। सूत्र से स्थापना और स्थापना से परिभाषा की ओर बढ़ना व्याख्या का लक्ष्य रहा है। कहना होगा कि अज्ञेय अपने ढंग के आधुनिक बौद्धिक और तार्किक व्याख्याकार हैं, जिन्हें हिन्दी के नये साहित्य और साहित्यालोचन का आधुनिक अभिनवगुप्त कहा जा सकता है। उनकी भारती सब के लिए 'अभिनव भारती' है जिसमें पुराने की नयी व्याख्या का बौद्धिक साहस मौजूद है। 'कला क्या है?' प्रश्न के उत्तर में कहेंगे, 'कला सामाजिक अनुपयोगिता की अनुभूति के विरुद्ध अपने को प्रमाणित करने का प्रयत्न—अपर्याप्तता के विरुद्ध विद्रोह है।' इस विचार को स्पष्ट करने के लिए पहले पहल कलात्मक चेष्टा हुई जिसमें कला का जन्म हुआ। उन्हें वाल्मीकि का शोक-श्लोक—क्रौंच वध याद आया जिससे कविता का निर्झर फूट पड़ा। अर्थात् कविता मानव आत्मा की चीत्कार का सार्थक रूप है। काव्य-कला की एक मानवकेन्द्रित संस्कृति वाल्मीकि ने विकसित की। वाल्मीकि के आखेटक काल के बाद व्यक्ति का समाज के प्रति दायित्व बढ़ा। अपर्याप्तता का बोध भी बढ़ा। प्रश्न उठता है कि 'समाज' और 'अपर्याप्तता' से क्या अभिप्राय? कला किसलिए? कला एक अपर्याप्तता के विरुद्ध व्यक्ति का विद्रोह है। अर्थात् कला सम्पूर्णता की ओर जाने का प्रयास है। सच्ची कला-वस्तु एक नैतिक मूल्य रखती है—वह एक प्रकार का आत्मदान है। एक तरह का आत्मबोध।

अज्ञेय जी के निबन्धों में सबसे ज्यादा चर्चित है—'रूढ़ि और मौलिकता' शीर्षक लेख। हालाँकि यह लेख टी. एस. इलियट के निबन्ध 'ट्रेडीशन एंड इंडिविजुअल' का छायानुवाद है। लेकिन यह छायानुवाद इतना सर्जनात्मक है कि सर्जनात्मक अनुवाद प्रतिमान बन चुका है। इस निबन्ध का आरम्भ टी. एस. इलियट के इस कथन से होता है कि 'कलाकार जितना ही सम्पूर्ण होगा, उतना ही उसके भीतर भोगने वाले प्राणी और रचने वाली मनीषा का पृथकत्व स्पष्ट होगा।' आरम्भ में यह

संकेत भी दिया कि आजकल 'रूढ़ि' को 'प्रगति' की चर्चा में कोसा जाता है। साहित्य में, विशेषकर आलोचना में यह फैशन-सा हो गया कि रूढ़ि का तिरस्कार किया जाय। आज हम किसी आधुनिक रचनाकार की 'समकालीनता' अथवा 'आधुनिकता' का मूल्यांकन इसी कसौटी पर करते हैं कि वह किस हद तक रूढ़ियों को मानता अथवा तोड़ता है। लोग प्रायः कहते हैं हरिऔध रूढ़िवादी तथा पन्त निराला आधुनिक और विद्रोही। हिन्दी की वर्तमान आलोचना का फैशन रचनाकार की 'मौलिकता' खोजने का है। आज का रचनाकार 'व्यक्तिगत' 'भिन्नता' के लिए ही आदर पाता है। 'मौलिकता' 'भिन्नता' का ही पर्याय बन गया है। कवि को हम उसके पूर्ववर्तियों से उच्छिन्न करके देख सकें तभी हमें सन्तोष होता है। अज्ञेय ने भरे हृदय के भारीपन के साथ आलोचकों पर दुःख व्यक्त करते हुए लिखा है कि आलोचकों के आगे यह कहना अपने को हास्यास्पद बना देना होगा कि कभी-कभी साहित्यकार का गौरव उसकी रचना का महत्त्व, इस बात में भी हो सकता है कि उसमें साहित्यकार के पूर्ववर्तियों की लम्बी परम्परा, उसके साहित्य की रूढ़ि पुनः जी रही और मुखर हो रही है।' इसलिए वे हास्यास्पद बनने का खतरा उठाकर भी रूढ़ि-परम्परा के विषय में अपनी धारणाओं को दोबारा जाँच करना अनिवार्य समझते हैं कि क्या हमारी धारणा ठीक है? क्या 'रूढ़ि की परिभाषा' पुराने साहित्य की अग्राह्य और खण्डनीय परिपाटियाँ' ही हैं? क्या परम्परा को निबाहना गयी हुई पीढ़ियों और रीतियों और सफलताओं के अन्धानुकरण का ही नाम है? रूढ़ि क्या है? परम्परा का साहित्य में क्या स्थान है और साहित्यकार के लिए क्या मोल?' इस तरह के अनेक प्रश्नों को उठाकर कहा, 'रूढ़ि की रूढ़िग्रस्त' परिभाषा हमें छोड़नी होगी, हमें उदार दृष्टिकोण से उसका नया और विशालतर अर्थ लेना होगा।

नया और विशालतर परम्परा का अर्थ कैसे ग्रहण किया जा सकता है? अज्ञेय जी का उत्तर है—'हमें सबसे पहले यह समझना होगा कि रूढ़ि अथवा परम्परा कोई बनी-बनायी चीज नहीं है जिसे साहित्यकार ज्यों का त्यों पा या छोड़ सकता है, मिट्टी के लोंदे की तरह अपना या फेंक सकता है। हमें यह किंचित् विस्मितकारी तथा स्वीकार करना होगा कि परम्परा स्वयं लेखक पर हावी नहीं होती, बल्कि लेखक चाहे तो परिश्रम से उसे प्राप्त कर सकता है। लेखक की साधना से ही रूढ़ि बनती और मिलती है। और हम यह भी सिद्ध करेंगे कि रूढ़ि की साधना साहित्यकार के लिए वांछनीय ही नहीं, साहित्यिक प्रौढ़ता प्राप्त करने के लिए अनिवार्य भी है।' प्रश्न उठता है और उठना चाहिए कि रूढ़ि की साधना परम्परा के प्रति जागरूकता, कैसे प्राप्त कर सकती है और किस प्रकार रचनाकार मानस को, उसके कार्य को, मूल्य को प्रभावित करती है? इस जागरूकता का प्रधान उपकरण है, एक ऐतिहासिक

चेतना अर्थात् जो अतीत है उसके व्यतीत की ही नहीं, उसकी वर्तमानता की भी तीखी और चिरजागृत अनुभूति। रचनाकार के लिए 'आसीत' और 'चिर' का ज्ञान आवश्यक है। लेखक में यह चेतना होगी तो उसकी रचना में न केवल अपना युग, अपनी पीढ़ी से उसका सम्बन्ध बोल रहा होगा, बल्कि उससे पहले की अनगिनत पीढ़ियों का सम्बन्ध बोल रहा होगा और उसके साथ अपनी पीढ़ी की संलग्नता, एकसूत्रता की भी तीव्र अनुभूति स्पन्दित होगी। 'अतीत' उसी का नाम है जो पहले से वर्तमान है जबकि 'आज' वह है जो वर्तमान होना आरम्भ हुआ है। अतीत और वर्तमान के इस दोहरे अस्तित्व की उनकी पृथक् वर्तमानता और उनकी एकसूत्रता की निरन्तर अनुभूति ही ऐतिहासिक चेतना है, और इस चेतना का अनवरत स्पन्दनशील विकास ही परम्परा का ज्ञान। काल की प्रवहमानता के ऐसे ज्ञान के बिना रचनाकार उस प्रवाह में अपना स्थान नहीं बना सकता। काल के प्रांगण में कहीं भी अपनी जड़ें नहीं जमा सकता। यहाँ अज्ञेय जी ने आधुनिक हिन्दी कविता के सर्वाधिक विद्रोही कवि सूर्यकान्त त्रिपाठी 'निराला' का उदाहरण देकर अपना मत व्यक्त किया है कि क्या उनकी भिन्नता को देखने के लिए उन्हें पूर्ववर्तियों के बीच नहीं रखेंगे, उनसे तुलना नहीं करेंगे? क्या हम पूर्ववर्तियों से उनके सम्बन्ध की पड़ताल नहीं करेंगे? इस प्रकार का अन्वेषण केवल 'ऐतिहासिक' विवेचन के लिए ही नहीं, कलात्मक विवेचन के लिए भी अनिवार्य होगा। कोई भी कला-वस्तु वह चाहे कितनी ही नयी क्यों न हो, अपने आप घटित नहीं हो जाती, अपनी पूर्ववर्ती तमाम परम्पराओं के साथ घटित होती है। इस दृष्टि से परम्परा के साथ उसके सम्बन्ध का अन्वेषण करना आवश्यक हो जाता है। क्योंकि जो पहले से वर्तमान है, उसकी तो एक बनी-बनायी परम्परा थी, उसमें प्रवहमान स्थिरता का एक सामंजस्य था जो कि एक नयी वस्तु के अवि-कवि से डाँवाँडोल हो गया है। इस तारतम्यता के लिए समूची परम्परा को पुनः जगाना होगा। नयी रचना के आते ही पूर्ववर्ती परम्परा से उसके सम्बन्ध की समस्या उठती है। फिर पुरातन और नूतन, रूढ़ और मौलिक परम्परा और प्रतिभा में एक नया तारतम्य स्थापित हो जाता है। लेकिन इसका अर्थ अतीत को वर्तमान द्वारा आँकना नहीं है, न यह कि हम वर्तमान को अतीत के मानदण्डों से आँक रहे हैं।

परम्परा का ज्ञान आधुनिक रचनाकार के दायित्त्व को बढ़ा देता है। उसे याद रखना पड़ता है कि अतीत का अन्धानुकरण घातक होगा। कला-परम्परा की रक्षा नूतनता के चमत्कार के बिना नहीं हो सकती। नूतन रचना में परम्परा की प्रवहमानता स्पन्दित हो। यदि ऐसा नहीं होता तो नयी रचना के साथ कला की रूढ़ि का कोई सम्बन्ध नहीं बनता। उसका सम्बन्ध या महत्त्व रचना में गतियुक्त वर्धमान

परम्परा की प्रवहमानता में है जो इससे व्यंजित होती है। इस बात को इस तरह से भी कहा जा सकता है कि अतीत को रचनाकार सत्तू के गोले की तरह निगल नहीं सकता है। कलाकार को कला की निरन्तर प्रवहमान परम्परा से गहराई के साथ परिचित होना पड़ेगा। उसे परम्परा के प्रति ऐतिहासिक जागरूकता पानी या कमानी होगी। उसे वाल्मीकि के लिए वेदों को, कालिदास के लिए वाल्मीकि को, तुलसीदास के लिए कालिदास को और मैथिलीशरण गुप्त के लिए तुलसीदास से संवाद स्थापित करना पड़ेगा। क्योंकि अतीत कुछ नहीं होता, यह 'पहले से वर्तमान' की परम्परा बढ़ती चलती है, जिसमें नया आया हुआ वर्तमान स्थान बनायेगा। रचनाकार के लिए अज्ञेय के शब्दों में 'रूढ़ि अथवा परम्परा का यही शापमय वरदान है।'

रचनाकार को समझना होगा कि युग की नब्ज क्या कह रही है। साथ ही यह भी जानना होगा कि सामूहिक मन युग-चेतना के दबाव से निरन्तर बदल रहा है। इससे कला की सामग्री निरन्तर बदलती रहती है, कला शायद नहीं बदलती। दूसरे पाठक को अतीत के ज्ञान की बात अतिरिक्त भी लग सकती है। वह कह सकता है कि इसके लिए बहुत पढ़ाई, बहुत पाण्डित्य की आवश्यकता होगी। 'कलाकार पण्डित नहीं होते। न पण्डित कलाकार।' फिर परम्परा के सजीव स्पन्दन के लिए पाण्डित्य आवश्यक नहीं है। प्रसाद में सांस्कृतिक चेतना गहन अध्ययन से आयी है, लेकिन प्रेमचन्द में वह पाण्डित्य के सहारे नहीं आयी। रचनाकार निजी व्यक्तित्व को एक विशालतर व्यक्तित्व बनाने के लिए मिटाता रहता है। छोटे व्यक्तित्व से बड़े व्यक्तित्व की ओर बढ़ते जाना ही रचनाकार की प्रगति है और ऐतिहासिक चेतना के स्पन्दन की अनुभूति इस उन्नति का मार्ग या साधन है। इसी अर्थ में कविता भावों का उन्मोचन नहीं है, बल्कि भावों से मुक्ति है, वह व्यक्तित्व की अभिव्यक्ति नहीं है—व्यक्तित्व से मोक्ष है। इस तरह आलोचना का विषय साहित्य है—साहित्यकार नहीं, कविता है—कवि नहीं। ध्यान रखना होगा कि 'भोगने वाला मन' और 'रचना करने वाला मन' दोनों अलग-अलग हैं। इसीलिए किसी साहित्यिक कृति का मूल्यांकन करने के लिए हमें अन्य साहित्यिक कृतियों के साथ उसके सम्बन्ध की ओर ध्यान देना होगा। साथ ही यह भी जाँचना होगा कि रचना का रचनाकार के मन से क्या रिश्ता है। अज्ञेय ने कहा है कि अंग्रेजी कवि-आलोचक टी. एस. इलियट ने इस क्रिया की तुलना एक रासायनिक क्रिया से की है। सल्फर डाईआक्साइड और आक्सीजन से भरे हुए पात्र में यदि प्लाटिनम का टुकड़ा या चूर्ण प्रविष्ट किया जाय तो वे दोनों मिलकर सल्फ्यूरस एसिड में परिवर्तित हो जाती हैं। यह क्रिया प्लाटिनम की उपस्थिति के बिना नहीं होती, तथापि बनने वाले अम्ल में प्लाटिनम का कोई अंश नहीं होता न प्लाटिनम में किसी प्रकार का कोई परिवर्तन

ही दीखता है—वह ज्यों का त्यों पड़ा रह जाता है। इलियट कवि-मानस की तुलना इस प्लाटिनम के चूर्ण से करता है। इस तरह कवि-मानस ही चमत्कार उत्पन्न करता है। कला-वस्तु का निर्माण निजी अनुभूतियों से नहीं होता। कला-कृति बनती है उन अनुभूतियों से जिनसे कवि स्वयं तटस्थ है। कलाकार जितना बड़ा होगा, उतना ही उसके व्यक्ति जीवन और रचनाशील मन का अलगाव होगा। यहाँ मूल विचार यह कि अज्ञेय जी को टी. एस. इलियट के निर्वैयक्तिकता-सिद्धान्त में आस्था रही है।

अज्ञेय मानते हैं कि कलाकार का मन एक भण्डार है जिसमें अनेक प्रकार की अनुभूतियाँ, शब्द, विचार, चित्र इकट्ठे होते रहते हैं—उस क्षण की प्रतीक्षा में जबकि कवि-प्रतिभा के ताप से एक—नया रसायन, एक चमत्कारिक योग नहीं हो जायेगा। रचयिता का महत्त्व रचना करने की क्रिया की तीव्रता में है। वास्तव में काव्य में कवि का व्यक्तित्व नहीं, वह माध्यम प्रकाशित होता है जिसमें विभिन्न अनुभूतियाँ और भावनाएँ चमत्कारिक योग में युक्त होती हैं। काव्य एक व्यक्तित्व की नहीं, एक माध्यम की अभिव्यक्ति है। कवि का काम नूतन अनुभव खोजना नहीं है, प्रत्युत पुराने और परिचित भावों के उपकरण से ही नूतन अनुभूतियों की सृष्टि करना, जो उन भावों से पहले प्राप्त नहीं की जा चुकी हैं। छोटे और बड़े कवि में फर्क क्या है? छोटा कवि जहाँ परिश्रम आवश्यक है, वहाँ प्रतिभा पर निर्भर करता है और जहाँ प्रतिभा का क्षेत्र है वहाँ सायास तीव्रता लाता है। कला के भाव निर्वैयक्तिक होते हैं। इस तरह कला महत्तर के प्रति समर्पण है। कवि का जीवन निजी, आज में सीमित नहीं है, वह त्रिकालजीवी है। इन स्थापनाओं को आलोचना का फैशन कहकर ठुकराने की जरूरत नहीं है। क्योंकि आधुनिकता केवल परम्परा का उपहास मात्र नहीं है—उसका महत्त्व परम्परा में ही निहित है। फिर आपत्ति चाहे परम्परा के नाम पर हो, चाहे प्रगति के। क्योंकि यह स्थापनाएँ ऐसी नयी नहीं हैं, हमारे ही शास्त्र का विकास हैं। कुप्पी नयी है, लेकिन आसव पुराना है। भारतीय आचार्यों ने माना है कि 'काव्यानुभूति की नूतनता इस योग की नूतनता है। काव्य का 'रस' कवि में, या कवि के जीवन में या वर्ण्य-विषय अथवा अनुभूति में या किसी शब्द-विशेष में नहीं है, वह काव्य रचना की चमत्कारिक तीव्रता में है।' परम्परा अन्धानुकरण नहीं है बल्कि उसे विकसित करने की आवश्यकता है। अतीत के प्रति नयी दृष्टि ही विवेक वयस्कता है। इस तरह परम्परा वर्तमान के साथ अतीत की सम्बद्धता और तारतम्यता का नाम है।'

अज्ञेय के निबन्धों में व्याप्त चिन्तन का वैशिष्ट्य यह है कि वह रचना और रचनाकार-मानस की आन्तरिक-बाह्य छानबीन बड़े ही सूक्ष्म-सजग भाव से करते हैं। पूरी विचार पद्धति में पक्ष-विपक्ष का तर्क सक्रिय रहता है और रचना के सभी पक्षों

को वे आलोकित करते चलते हैं। चिन्तन के स्तर पर अज्ञेय और टी. एस. इलियट में अनेक समानताएँ हैं, लेकिन दोनों दो भिन्न संस्कृतियों-परम्पराओं की उपज हैं। दोनों ने 'परम्परा' पर काफी दूर तक एक-सा चिन्तन किया है लेकिन दोनों आगे चलकर अलग हो जाते हैं। इलियट यूरोप की ओर से बोलते हैं और अज्ञेय भारतीय परम्परा की ओर से। अज्ञेय के साहित्य चिन्तन के पुष्ट और विकसित होने का कारण हैं वे साहित्य-चिन्तन के साथ साहित्य व्यवस्थापक भी हैं। वे समकालीन साहित्यिक गतिविधि की दिशा-दृष्टि तय करते हैं सम्पादन के द्वारा, पत्र-पत्रिकाओं के द्वारा, गोष्ठियों-सेमिनारों-यात्रा वृत्तान्तों के द्वारा और अपने गतिशील व्यक्तित्व के द्वारा। आधुनिक हिन्दी साहित्य में भारतेन्दु हरिश्चन्द्र और महावीर प्रसाद द्विवेदी दो युगों का नेतृत्व करते हैं–लेकिन दोनों कृतिकार से ज्यादा व्यवस्थापक हैं। इस बात को गहराई से समझते हुए नयी कविता के प्रखर आलोचक डॉ. रामस्वरूप चतुर्वेदी ने 'अज्ञेय और आधुनिक रचना की समस्या' पुस्तक में लिखा है–"हिन्दी साहित्य में पहली बार अज्ञेय का व्यक्तित्व ऐसा मिलता है जो रचनाकार भी वैसा ही उत्कृष्ट है जैसा कि व्यवस्थापक। प्रायः समूचे नये साहित्य की व्यवस्था में केन्द्रीय व्यक्तित्व बने रहने पर भी अज्ञेय की रचनाशीलता में कहीं कोई कमी नहीं आयी है। यह एक विलक्षण स्थिति है, जहाँ व्यक्तित्व के दोनों पक्षों ने एक दूसरे को प्रखरतर और समृद्धतर बनाया है।" (पृ. 139)

अज्ञेय के निबन्ध-चिन्तन की दूसरी विशेषता जो सजग पाठक को आकृष्ट करती है, वह है रचना केन्द्रित दृष्टि। वे रचना को उसकी समग्रता में परखते हैं। परम्परा और आधुनिकता, मौलिकता और भिन्नता पर दृष्टि डालते हैं। जैसे तितली का सौन्दर्य उसके रंग-बिरंगे पंखों की उड़ान में है, वैसे कविता का सौन्दर्य उसके वस्तु और रूप के गठन की गतिशीलता में रहता है। एकांगी विश्लेषण से रचना का रूप खण्डित हो जाता है। इस दृष्टि से रचना का विश्लेषण और मूल्यांकन फार्मूलाबद्ध आलोचना के प्रतिमानों से नहीं हो सकता। नयी रचनात्मकता अपने साथ अपना नया काव्यशास्त्र भी लाती है। जिस पर ध्यान देना चाहिए। नयी कविता के पाठक पाते हैं कि नयी कविता तक आते-आते कविता के पुराने प्रतिमान अपर्याप्त हो जाते हैं। उन पुराने प्रतिमानों से नयी सर्जनात्मकता के साथ न्याय नहीं किया जा सकता। नयी कविता के सिद्धान्तकार कवि आलोचक विजयदेवनारायण साही ने 'शमशेर की काव्यानुभूति की बनावट' शीर्षक लेख में कहा है कि 'नयी कविता की बहसों में यह मान्यता अन्तर्भुक्त रही है कि न सिर्फ कविता का ऊपरी कलेवर बदला है या नये प्रतीकों या बिम्बों या शब्दावली की तलाश हुई है, बल्कि गहरे स्तर पर काव्यानुभूति की बनावट में ही परिवर्तन आ गया है।' नतीजा यह हुआ

कि काव्यानुभूति और काव्येतर अनुभूतियों में जो रिश्ता दिखता था वह रिश्ता ही बदल गया। 'समूची नयी कविता को ठीक-ठीक देखने के लिए नयी कविता के प्रतिमान की जरूरत नहीं है, बल्कि कविता के नये प्रतिमान की जरूरत है।' कहना होगा कि कविता के नये प्रतिमानों की जरूरत पर अज्ञेय का ध्यान बार-बार गया है। इस जरूरत के कारण ही अज्ञेय ने 'परिस्थिति और साहित्यकार', 'संक्रान्ति काल की कुछ साहित्यिक समस्याएँ', 'साहित्य प्रवृत्तियों की सामाजिक पृष्ठभूमि' 'सौन्दर्य-बोध और शिवत्व-बोध' 'साहित्य-बोधःआधुनिकता के तत्त्व' जैसे तमाम निबन्ध लिखे हैं। वे समकालीन सन्दर्भ में 'साहित्य-बोध की अपेक्षा', 'संवेदना बोध' को अधिक सारमय संज्ञा समझते हैं। आज जैसे-जैसे जीवन दृष्टि बदलती है वैसे ही संवेदना भी बदलती है। यह ध्यान में रखना अपेक्षित है कि संवेदना का सम्बन्ध जैविक स्थिति से न होकर सांस्कृतिक परिस्थिति से है। चिन्तन का केन्द्र ईश्वर न रहकर स्वयं मानव हो गया है। ऐसी स्थिति पैदा हुई कि कोई मूल्य आत्यन्तिक मूल्य नहीं रहा। जीवन की प्रक्रिया का बढ़ता हुआ ज्ञान, जीवन यन्त्र की यान्त्रिक गति का बढ़ता परिचय अपने आप में एक समस्या है। जितना ही अधिक जीवन सतह पर आता जाता है—बाहरी सतह बढ़ती जाती है—भीतरी सतह छोटी होती जाती है। गति ही गति और संवेदना द्विभाजित। आधुनिक संवेदना का प्रश्न लेखक, पाठक और आलोचक तीनों को बेचैन करता है। आधुनिकता भी मूल्य नहीं है—प्रक्रिया है—निरन्तर संस्कारवान होने की प्रक्रिया। अतः कलाकृति की अद्वितीयता का प्रश्न जड़ से सैद्धान्तिकता को सुलझने वाला प्रश्न नहीं है।

दरअसल, प्रत्येक कलाकृति की समीक्षा का ढंग अलग होगा और नये प्रतिमान निर्मित करने होंगे। यह प्रश्न ही बेकार हो जायेगा कि कला का सृजन स्वान्तः सुखाय या बहुजन हिताय समाज के लिए। कला का स्वभाव है कि वह हमें सम्पूर्ण की ओर ले जाती है। इस तरह रचना का नैतिक मूल्यांकन बराबर होता रहता है। हम पाते हैं कि स्वतन्त्रता या मुक्ति ही कला का सबसे बड़ा मूल्य है। यह मानने वाले अज्ञेय को छोटा सिद्ध करने के लिए कुछ प्रगतिवादियों ने मुक्तिबोध को खड़ा किया। अज्ञेय को व्यक्तिवादी और मुक्तिबोध को समाज-मंगलकारी सिद्ध किया। यह भूलकर सिद्ध किया कि दोनों एक दूसरे के विरोधी नहीं हैं—पूरक हैं। लघु मानव सिद्धान्त की आड़ लेकर अज्ञेय को समाज विरोधी मानना बुद्धि का छोटापन है। दो बड़े और भिन्न-दृष्टि के रचनाकारों में तुच्छ राजनीति करना है। अज्ञेय ने दृष्टि की समग्रता से 'हिन्दी साहित्य; चौपाई', 'केशव की कविताई' जैसे निबन्ध लिखकर यह सिद्ध किया है कि तुलसी की सुधारक दृष्टि कबीर से भिन्न थी। कबीर पुराने संस्कारों को तहस-नहस करते चलते हैं और तुलसी के राम शबरी में एकता बिठाने

का राग रचते हैं। इसी तरह केशव को लेकर भी अज्ञेय की राय 'प्रेजुडिस्ड' नहीं है और यहाँ अज्ञेय को इलियट का परम्परा चिन्तन याद आता रहा है। 'बिहारी को एक ट्रेडीशन बना-बनाया मिला, केशव ने स्वयं ट्रेडीशन बनाया।'

अज्ञेय ने 'आधुनिक उपन्यास की पृष्ठभूमि' में अंग्रेजी की उपन्यास परम्परा तक अपने को सीमित रखकर विचार किया। उन्होंने माना कि जहाँ तक हिन्दी उपन्यास का प्रश्न है—उसकी गतिविधि बहुत कुछ अंग्रेजी उपन्यास के समान्तर ही रही और रूसी-फ्रान्सीसी उपन्यासों का प्रभाव उसने अंग्रेजी के माध्यम से ही ग्रहण किया। आधुनिक उपन्यासों को विक्टोरियन उपन्यासों से पृथक् करने के लिए उन्होंने 'ऐतिहासिक प्रत्यावलोकन' किया। आधुनिक उपन्यास वास्तव में युद्धोत्तर उपन्यास है। विश्व-युद्ध ने बुर्जुआ संस्कृति के प्रतिमानों को झकझोर कर ध्वस्त कर दिया। वर्जीनिया वुल्फ, डी.एच लारेन्स, जेम्स ज्वाइस आदि ने नये प्रतिमानों की प्रतिष्ठा की तथा संवेदना का नया संस्कार किया। 'आधुनिक उपन्यास और दृष्टिकोण' में कहा कि समकालीन साहित्य-विधाओं में उपन्यास सबसे विशिष्ट और महत्त्वपूर्ण है। उसमें उत्तरोत्तर मानव-दृष्टि का विकास होता गया। आधुनिक उपन्यास के नायक धीर-उदात्त न होकर 'व्यक्ति' को केन्द्र में लाये तथा माना कि व्यक्ति का एक विशेष और अद्वितीय चरित्र होता है। मानव-चरित्र के स्थान पर व्यक्ति-चरित्र को केन्द्र में लाया गया—उसकी तमाम मानसिक जटिलताओं के साथ। आज व्यक्ति मानस तनाव की स्थिति में रहता है और वह तनाव ही संघर्ष है। यहाँ व्यक्ति मानस स्वयं ही एक परिस्थिति हो गया। 'प्रेमचन्द और परवर्ती उपन्यास' निबन्ध में अज्ञेय ने पहला वाक्य जोड़ा है कि आज का विदेशी साहित्य पढ़ने वाला भारतीय पाठक आसानी से कह दे सकता है कि प्रेमचन्द महान उपन्यासकार नहीं हैं और पुष्टि में विदेशी उपन्यासकारों को गिना दे सकता है। जबकि प्रेमचन्द हिन्दी के पहले आधुनिक आख्यान लेखक हैं। आधुनिक इस अर्थ में कि उन्हें आधुनिकता का, समवर्ती समाज की अन्तःशक्तियों का जीवित बोध है। प्रेमचन्द परवर्ती उपन्यासकारों में यशपाल, अज्ञेय, जैनेन्द्र, रेणु, भगवतीचरण वर्मा आदि आते हैं—इनमें तकनीक की विजय है और व्यक्ति का मानसिक संघर्ष जीवन-यथार्थ के कई स्तर सामने लाता है। इस तरह अज्ञेय ने काव्य-दृष्टि के साथ उपन्यास-दृष्टि पर अपने निबन्धों में गहन चिन्तन किया है तथा विशिष्ट कोटि के आलोचनात्मक निबन्धों का सृजन किया है।

अज्ञेय ने अपनी साहित्यिक परम्परा को आधुनिक सन्दर्भ में देखने के लिए 'भारतीय साहित्य-परम्परा : संघर्ष का उपयोग' जैसा निबन्ध लिखा है। इसलिए लिखा है कि रचना के मूल्यांकन के लिए यह जानना आवश्यक है कि कृतिकार का अपने पाठक

या गृहीता समाज के साथ कैसा सम्बन्ध है। क्योंकि जैसा यह सम्बन्ध होगा या इस सम्बन्ध की जैसी अवधारणा कृतिकार करेगा, उसी के अनुकूल सम्प्रेषण की परिपाटी वह (कृतिकार) अपनायेगा—वैसी ही 'रचना' वह करेगा। पहले 'सहृदयता' का अर्थ था प्रतिभा सम्पन्न होना, संस्कारी होना। किन्तु आज रचना अनुभूतियों का रेचन (कैथार्सिस) मात्र नहीं है—वह सामूहिक अवचेतन की परिकल्पना से जुड़ी हुई है। वह आनन्द से ज्यादा भीतरी कसक है। मानववाद की व्यापक प्रतिज्ञा है और जीवन यथार्थ का निचोड़। व्यक्ति के स्वातन्त्र्य वरण की खोज है। यन्त्र-सभ्यता की चुनौतियों से लड़ाई है। यह बात 'रचना और प्रक्रिया' निबन्ध उठाता है कि आजकल रचना पर कम प्रक्रिया की ओर अधिक ध्यान दिया जाता है। 'मैं क्यों लिखता हूँ', 'मैं कैसे लिखता हूँ' के प्रश्न प्रबल हो गये हैं। 'मैं और मेरी रचना' पर लिखने की होड़ लगी हुई है। जबकि रचना प्रक्रिया का विश्लेषण जोखिम से भरा हुआ है और सभी कलाओं का यह विश्लेषण घाव दे चुका है। मानवतावाद के साथ मनोविश्लेषण के नये सिद्धान्त आ गये हैं। यान्त्रिक चिन्तन में मानव यन्त्र बन गया—टेलीविजन-सिनेमा के नये माध्यम आ गये। इस प्रतिभा को अनुभव की अद्वितीयता और अर्थ की साधारणता में बाँध दिया गया। अब जिस प्रक्रिया से यह योग सधता है, वही रचना प्रक्रिया है।

रचना और रचना, प्रक्रिया के मर्म को उद्घाटित करने के लिए अज्ञेय ने गैर-रोमांटिक काव्य-दृष्टि को अपनाया। साथ ही वह रचना को अहं के विलयन का साधन मानते रहे हैं। आज का कवि कविता को अहं की प्रखर अभिव्यक्ति नाम देता है। यह भी कहता है कि प्राचीन कवि की महत्ता का असल रहस्य यही है कि वे अहं को विलीन करके ही लिखते थे। लेकिन नया कवि अहं की अभिव्यक्ति में ही मुक्ति पाता है। समकालीन कवियों का अहं-बोध बढ़ा है और परिवेश के प्रति, रचना स्थिति के प्रति चौकन्नापन भी। छायावादी संस्कारों की पीढ़ी पर व्यंग्य और आक्रोश के साथ अज्ञेय ने एक अद्भुत व्यंग्यपरक निबन्ध 'नयी कविता' शीर्षक से लिखा है। संवादात्मक शैली में लिखे गये इस निबन्ध में अध्येता एक छायावादी प्रोफेसर से कहता है कि नयी कविता अधिकाधिक पढ़ी जाती है—पढ़ने के लिए ही लिखी जाती है। यहाँ केवल कान नहीं, आँखें भी उपकरण हो गयी हैं। प्रगतिवादी-प्रयोगवादी बिल्ले नयी कविता के सामने ओछे पड़ते हैं। प्रगतिवाद एक राजनीतिक बिल्ला है और प्रयोगवाद एक गाली। नयी कविता में कविता पर जाना चाहिए, कवि की वक्तव्य-बाजी पर नहीं। हमें भूलना न चाहिए कि कविता के मानदण्ड कृतियों से ही उद्भूत होते हैं। फिर नयी कविता नयी मनःस्थिति का प्रतिबिम्ब है—एक नये मूड का, एक नये राग-सम्बन्ध का। भाषा को बोलचाली गद्य के निकट लाने का

आग्रह रहा 'जिस तरह हम बोलते हैं उस तरह तू लिख।' यह कविता प्रोफेसरों को चिढ़ाती है। वे अज्ञेय की प्रयोगशीलता से चिढ़ते हैं। 'बहकी हवाओं पर' कविता अज्ञेय ने लिखी है तो प्रयोगशील। यदि रामविलास लिखते तो प्रगतिशील कहलाती। भवानीप्रसाद मिश्र, रघुवीर सहाय, शमशेर सब की कविताओं के उदाहरण देकर प्रोफेसरों के बौड़मपन को कोसा गया है।

अज्ञेय के निबन्ध साहित्य-चिन्तन-परम्परा में एक नये सोच के दस्तावेज हैं। पुराना भारतीय काव्य-चिन्तन उनमें नयी चुनौतियों के साथ नया हुआ है। वे उन चिन्ताओं-प्रश्नाकुलताओं से पाठक का साक्षात्कार करवाते हैं जो समकालीन भारतीय रचना-कर्म के सामने उपस्थित रहे हैं। अज्ञेय के इन निबन्धों ने अपने जन्म काल से ही पाठकों को जगाया है और शास्त्र जड़-रूढ़ियों को तोड़ा है। इसलिए इनकी विचार भूमि काफी सृजनात्मक है। इस सर्जनात्मक वैचारिकता का प्रतिमान है—उनका निबन्ध 'शब्द, मौन, अस्तित्व'। अज्ञेय अपने से प्रश्न पूछते हैं—'मैं क्यों लिखता हूँ'? शायद इसलिए कि लेखक में एक खास तरह का पागलपन होता है। प्लेटो इसे 'दिव्य पागलपन' कहते थे। इस पागलपन में से लेखक 'मौलिकता का आविष्कार' करता है। कला के क्षेत्र में, सच बात यह है कि नया कुछ नहीं होता। वह नये रूप में तब तक प्रतिष्ठित नहीं होता, जब तक हम उससे 'अर्थवान सम्बन्ध' स्थापित न कर लें। अज्ञेय को 'तनाव' लिखने की प्रेरणा देता है। कला मात्र में जो शक्ति सृजन की प्रेरणा बनती है—वह यही 'तनाव' है—जाने हुए उत्तर और दिये जा सकने वाले उत्तर के बीच का तनाव। नया संवेदन, नया अनुभव, नया तनाव पैदा करता है। पश्चिम में 'न्यू क्रिटिसिज्म' वाले 'तनाव-सिद्धान्त' की वकालत करते रहे हैं। हो सकता है अज्ञेय को तनाव के सूत्र वहाँ से मिले हों। क्योंकि अज्ञेय जैसे बहुश्रुत-बहुपठित, यायावर निबन्धकार कम ही होते हैं। उन्होंने दुनिया को अपनी यायावरी-वृत्ति से जाना, पहचाना और माना है कि लेखक या कलाकार—चिरयात्री का प्रतीक होता है। वह सहज ज्ञान से दूसरों तक की दूरी तय कर देता है—समलाप करने में समर्थ हो जाता है कि सम्पर्क की एक भाषा अवश्य है, अगर सही शब्द मिल जाये। सही शब्द की तलाश ही लेखक की सच्ची तलाश है। अज्ञेय ने लगातार अनुभव किया है कि यही समस्या की जड़ है। वे कहते रहे हैं—मेरी खोज भाषा की खोज नहीं है, केवल शब्दों की खोज है। भाषा का उपयोग मैं करता हूँ निस्सन्देह, लेकिन कवि के नाते जो मैं कहता हूँ वह भाषा के द्वारा नहीं, केवल शब्दों के द्वारा। मेरे लिए यह भेद गहरा महत्त्व रखता है।' इस तरह एक लेखक-एक कवि के नाते वे कला-सृजन के माध्यमों में सबसे अधिक वेध्य माध्यम का उपयोग करते हैं। ऐसा माध्यम जिसे निरन्तर दूषित और संस्कारच्युत किया जाता रहता है। 'अथच उसका

उपयोग मैं ऐसे ढंग से करना चाहता हूँ कि वह नये प्राणों से दीप्त हो उठे। ऐसा मैं कैसे करता हूँ, पर कर सकता हूँ? अपना ध्यान शब्द पर–हमेशा शब्द पर–केन्द्रित करके ही।' निस्सन्देह दूसरी कलाएँ भी वेध्य हैं। इन सभी को व्यापारिक, लौकिक, पापुलर बनाया जा सकता है–और निरन्तर बनाया जाता है। लेकिन चित्रकारी किये बिना, गाये बिना, पत्थर या लकड़ी उकेरे बिना भी सामाजिक हुआ जा सकता है; बोले बिना सामाजिक नहीं हुआ जा सकता। भाषा को ही यह चिन्त्य विशिष्टता प्राप्त है कि उसे निरन्तर और अनिवार्य हीनतर संस्कार का शिकार बनना पड़ता है। किसी माध्यम का जितनी उसकी क्षमता है–उससे कम कहने के लिए उपयोग करना उसे घटिया संस्कार देना है–उसका वल्गराइजेशन है। समर्थ कवि शब्दों का ही अर्थ गर्भ उपयोग नहीं करता, अर्थ गर्भ मौन का भी उपयोग करता है। कवि शब्दों में उन अर्थों का भी उपयोग कर लेता है जो 'शब्दों के बीच के शब्दहीन अन्तराल में भरे' जा सकते हैं। अज्ञेय का विचार है कि "कविता भाषा में नहीं होती, वह शब्दों में भी नहीं होती; कविता शब्दों के बीच की नींरवताओं में होती है'। कवि जानता है कि मौन के द्वारा भी सम्प्रेषण हो सकता है। एक समय था अज्ञेय क्रान्तिकारी संगठन के सदस्य थे और ब्रितानी या साम्राज्यवाद के विरुद्ध लड़े थे। उस युद्ध में उन्होंने सभी साधनों का उपयोग किया शब्दों का भी, फिर वे भारतीय सेना में भी रहे, राजनैतिक समाचार साप्ताहिक 'दिनमान' का सम्पादन भी किया। इस सभी से काव्य का विरोध नहीं है। अज्ञेय को वाल्टर ह्विटमैन याद आते हैं जो कहते थे 'मैं विराट् हूँ : मुझमें विविध समूह समा जाते हैं।' इसी भाव से भरे अज्ञेय ने स्वतन्त्रता के लिए, सामाजिक न्याय के लिए और मानव व्यक्तित्व की प्रतिष्ठा के लिए निरन्तर संघर्ष किया। कला-माध्यमों की संस्कारिता के लिए प्रयत्न किया। अनुभूति की प्रामाणिकता, सोचने, मानने, अभिव्यक्त करने, वरण करने और होने अर्थात् अस्तित्व रखने की व्यक्ति की स्वतन्त्रता और सम्पृक्तता का प्रयत्न जारी रखा। लेखक की सम्पृक्ति दोहरी होती है–वह निरन्तर दो मोर्चों पर लड़ता है।

अज्ञेय का चिन्तन कोरा पश्चिमी अस्तित्ववादी चिन्तन नहीं है हाँ उस पर प्रभाव पश्चिमी अस्तित्ववाद का है। लेकिन उस पर भारतीय चिन्तन की गहरी और दूर तक धमक है। उसमें आधुनिक व्यक्ति की आस्था और संशय दोनों हैं। वे ठोस आधारों पर मूल्यों की रचना करते हैं। मानव : अंगार-सा भगवान सा अकेला होने पर भी उनके चिन्तन के केन्द्र में रहा है। सन् 1966 में बेओग्राद रेडियो से यह वक्तव्य के रूप में प्रसारित निबन्ध अज्ञेय के चिन्तन के कई मूलाधारों को सामने लाता है।

निबन्धकार अज्ञेय 'लेखक और परिवेश' पर विचार करते हैं और परिवेश की

समस्या को कई रूपों में देखते हैं। 'एक लेखक के रूप में वे पाते हैं कि परिवेश बदलता है तो मूल्य बदलते हैं। उनका काम परिवेश को 'देश-काल' मानने से नहीं चलता, क्योंकि परिवेश उनके लिए देश-काल का सतत परिवर्तनशील सम्बन्ध है। आज के लेखक को परिवेश की चिन्ता ज्यादा है—वह परिवेश ही लिखता है—आज का रचनाकार परिवेश से दबा है इसलिए मूल्य भी परिवेश हो जाते हैं। लेखक देश-काल का सन्दर्भ है—उस सन्दर्भ का जलता हुआ सूर्य।'

प्रश्न उठता है कि आज के समय-समाज में 'लेखक की स्थिति' क्या है, क्यों है? कवि को 'कविर्मनीषी', 'स्वयम्भू' मानने वाली भारतीय परम्परा अब संकट का सामना क्यों कर रही है? कवि का विश्वास कालिदास में शक्ति बनता है—वह सृष्टा का गौरव पाता है। आज का रचनाकार नहीं जानता उसका पाठक क्या पढ़ रहा है। आज वह भारतीय लेखक का नहीं, विदेशी लेखक का पाठक है। 'लोकप्रिय' साहित्य का पाठक है। गम्भीर लेखक सहृदय से अज्ञ है। देशी भाषा के लेखक की स्थिति विषय है—वह भारत में हीन और अपदस्थ है। हिन्दी लेखक की विकट समस्या है। हिन्दी राष्ट्रभाषा है पर उसका लेखक अपमान में जीता है। आजादी के बाद उसकी स्थिति और बिगड़ी है, जबकि हिन्दी में लिखना जुझारू होकर लिखना है। पश्चिम का लेखक बौद्धिक वर्ग में गिना जाता है, हिन्दी में वह नदारद है। जब परम्परा के मूल्यांकन के साथ उसे बौद्धिक होना ही है और निर्मम होकर परम्परा इतिहास का मूल्यांकन करना है। पश्चिमी लेखक इतिहास-जीवी है—इतिहास बोध में बँधा है। भारतीय लेकिन पुराण-जीवी है और उसकी पुकार अलग है। 'साहित्य की भारतीय कसौटी' निबन्ध में आजादी मिलने के बाद का चिन्तन है। चीनी आक्रमण के बाद राष्ट्रीय चेतना उद्‌बुद्ध हुई और भारत आत्म-शोध में लग गया। भारतीय भाषाओं के साहित्य में इस प्रेरणा से व्यापक दृष्टिकोण का जन्म हुआ। जन सामान्य चिन्तन के केन्द्र में आया है और जन समस्याओं पर विचार को ही साहित्य की कसौटी बनाया गया है।

प्रश्न उठाया जाता है कि 'उपन्यास की भारतीय विधा' का क्या अर्थ? भारतीय साहित्य भारतीय संवेदना का वाहक रहा है—उसके मूल में भारत की सांस्कृतिक उपलब्धियाँ रही हैं। भारतीय उपन्यासों का विश्लेषण कुछ सामान्य प्रवृत्तियाँ सामने लाता है और उसका 'भारतीय-उपन्यास' नाम अपनी सार्थकता सिद्ध करता है—उसकी विशेष भारतीय रूप-संघटना है। उसकी शैलियाँ, पद्धतियाँ, शिल्प-तन्त्र रूपाकार को रूपायित करते हैं। मूलतः उपन्यास कालबद्ध रचना है—काल में घटित का ही रूपयुक्त वृत्तान्त। पश्चिमी काल-बोध का भारतीय उपन्यासों के काल-बोध से कोई रिश्ता नहीं है। भारत का आवर्ती काल-बोध राष्ट्रीय सीमाओं का अतिक्रमण करता है।

अज्ञेय 'समकालीन कविता के संकट' में प्रश्नोत्तरी से संवादरत हैं। आज का कवि संकट के बीच से गुजर रहा है और अभिव्यक्ति की असमर्थता का उसे अनुभव है। कवि जो अनुभव कर रहा है उसे अभिव्यक्ति नहीं दे पा रहा है। वह अपने अनुभव के बदले दूसरों के अनुभव के अनुवाद से काम चलाना चाहता है और अपने भीतर हीनता का अनुभव करता है। वह भूल रहा है कि कविता कविता में से ही जन्म लेती है। कवि-कर्म में बन्धनों से मुक्ति की छटपटाहट है। बिम्बवादी कविता छोटी सघन कविता है। जीवन-यथार्थ उसमें जज्ब हैं। इसलिए वह झूठी अवसरवादिता की कविता नहीं है। वह अपने देश और काल का प्रामाणिक लेखन है, इसी दम पर वह अन्तर्राष्ट्रीय प्रतिष्ठा पा सकता है। 'नयी कविता के गीत : एक प्रश्नोत्तर' में अज्ञेय मानते हैं कि नवगीत आज छायावादी-प्रगतिवादी गीतों से भिन्न है—कथ्य और रूप दोनों स्तरों पर। ताल-लय उसमें है—वह मुक्त नहीं है। उसमें प्राचीन संगीत-परम्परा, काव्य-परम्परा नहीं है, लेकिन आल्हा-गीत की परम्परा का विकास है। आज का नया कवि गीत लिखता है, तब वह गीतितत्त्व को प्रधानता देता है। उसका गीत गेय भी हो सकता है, पर कसौटी गेयता की नहीं है गीतात्मकता की ही है। जीवन की जटिलता को गीतकार भी झेल रहा है। अतः गीत में नया भाव-बोध मौजूद रहता है।

'कविता : श्रव्य से पठ्य तक' ऐसा अज्ञेय का निबन्ध है जो काव्य-विधाओं पर कई कोणों से चिन्तन करता है। भारतीय परम्परा में वाक् का कलाओं से अभिन्न रिश्ता रहा है। पश्चिम की परिभाषा 'सही शब्दों का सही क्रम' से आगे भारतीय परम्परा उस शब्द-क्रम के सम्यक् वाचन पर बल देती है। वेदों की तेजोमयी वाक् की अपेक्षा रामायण की हृदयहारिणी कल्याणी वाक् की यह साधना संस्कृत में ही नहीं, प्राकृतों-अपभ्रंशों में से होती हुई आधुनिक भारतीय भाषाओं के साहित्य में चली आती है। अज्ञेय ने कल्याणी वाक् में माना है कि संस्कृत का कवि-कर्म वाग्वैदग्ध से पाठक को अभिभूत करता है। रससिद्ध कवीश्वर और वाक्सिद्ध महाकवि दोनों में कल्याणी वाक् मुग्ध करती रही है। अभिजन शृंगार-साधना में लगा रहा—वह कला विलासी था। लेकिन सलाह क्षेमेन्द्र जैसे आचार्य यही देते रहे कि कवि को तर्कवादी और वैयाकरण से बचते हुए नये अर्थ की खोज में लोक-साहित्य और जन भाषा पर कान लगाये रहना चाहिए। सौभाग्य कहिए या दुर्भाग्य मध्य काल में भाषाओं के जन-काव्य की प्रेरणा-प्रवृत्ति धार्मिक हो गयी। सहृदयों को रीतिकाल वाक् और मितकथन से चमत्कृत करने लगा। पठित समाज में वाचिक परम्परा के काव्य मुक्तक काव्य का विकास हुआ। कविता कूट व्यंजना और वाग्वैदग्ध से सरस होती गयी। कवि-गोष्ठी, काव्य-पाठ—की धूम मची और पेशेवर वाचक सामने आते रहे।

भारत में जब मुद्रण यन्त्र का आविष्कार हुआ–उस यन्त्र को मसीही प्रचारक धर्म ग्रन्थ के प्रचार के लिए लाये। छपाई के आविष्कार से कविता, आख्यान, कवित्त-सवैये धड़ाधड़ छापे जाने लगे। फिर भी यह साहित्य वाचिक-परम्परा का साहित्य ही था। काव्य-रूप श्रवण ग्राह्य थे–सस्वर पढ़े जाते रहे, लेकिन कुछ समय बाद मुद्रण से अभिव्यक्ति और आस्वादन ही नहीं, बोध की प्रणालियों में भी आमूल-परिवर्तन आया। नायिक परम्परा नष्ट होने लगी। श्रुत भाषा से पठित भाषा में संक्रमण हुआ। काव्य सभी कलाओं में सर्वाधिक वेध्य हैं–उसका प्राण शब्द है–शब्द का सर्जनात्मक प्रयोग कठिन होता है। अब कविता 'वस्तु' हो गयी। कवि को आभ्यन्तर श्रोता का उद्भावन करना पड़ा। कवि-कर्म की भूमि ही बदल गयी। कवि नयी भाषा के साथ नये देश में आ गया। कविता कान से सुनकर आँख से पढ़ी जाने लगी। इन्द्रियगत बदलाव क्या आया सम्प्रेषण और चिन्तन की प्रणालियाँ बदल गयीं। अब कविता रस और रेचन से आगे बढ़ गयी। कविता का 'स्वभाव' बदल गया। कवि 'नये' वाक् या 'वागर्थ प्रतिपत्तये' की प्रार्थना करने लगा। स्वयं अज्ञेय ने 'तारसप्तक' 1943 की भूमिका में, 'दूसरा सप्तक' में ऐसी ही प्रार्थना की है। इस तरह इस निबन्ध में अज्ञेय का अपना काव्य अनुभव पूरी सामर्थ्य से व्यंजित है।

अज्ञेय ने नये कवि-कर्म की जटिलता पर प्रकाश डालते हुए 'आज के भारतीय समाज में लेखक' की स्थिति पर नयी स्थापनाएँ की हैं। उनके विचार से आज जो लेखक पैगम्बरी का सपना देखता है, वह करुणा का पात्र है। आज प्रश्न उठता है कि 'समाज' से क्या तात्पर्य? समाज का अंग होने से 'सोसायटी' से 'बिलांग' करने का क्या अर्थ? संसार भर के समाज में 'बौद्धिक' का सम्मान गिर गया। 'समाज' छूटता गया और कलाकार व्यक्ति के रूप में उत्कर्ष पाता गया। कवि की 'मनीषी' स्थिति गिरती गयी। समाज का अर्थ भी अपकर्ष में गिरता गया। कवि रामायण-महाभारत को मेघनाद वध, 'राम की शक्ति पूजा' में नया सन्दर्भ देता गया। लेकिन कवि की समाज सत्ता का आसन हिल गया। 'संसार भर का लेखक परायेपन की भावना से त्रस्त हो उठा। इस तरह समाज में लेखक की स्थिति विषम होती गयी है। कम्प्यूटर-युग ने कवि कर्म का अर्थ ही खो दिया है।

अज्ञेय का बहुचर्चित निबन्ध 'काल का डमरू नाद' अपनी सघन वैचारिकता के कारण इधर के समकालीन निबन्धों में अद्वितीय कहा जा सकता है। रचनाकार प्रतीकों का उपयोग करता है और यह उपयोग कला को देवों के निकट ले जाती है। अनिवार्यतः प्रतीक अनेकार्थ सूचक होते हैं, किन्तु प्रतीक रूपक नहीं होते। 'मिथक की भाँति प्रतीकों में भी सायुज्य, सारूप्य और सादृश्य की एक स्वायत्त स्वयं-सिद्ध,

स्वयं-प्रकाश व्यवस्था होनी चाहिए : प्रतीक अपने आप में एक स्वतः प्रमाण दुनिया होता है।' हिन्दी में काल चिन्तन पर पहली बार विचार करने वाले इस निबन्धकार ने ठीक कहा है कि आवर्ती काल की भारतीय परिकल्पना पश्चिम के लिए कठिन रही है। प्राचीन संस्कृतियों में आवर्तन के मिथक पाये जाते हैं। उदाहरण देकर अज्ञेय जी ने कहा कि विवाह में जड़ाऊ छल्ला 'इटर्निटी रिंग' में काल की अनन्तता उसके आवर्त्तन में है। नैरन्तर्य अथवा अमरत्व का प्रतीक अपनी पूँछ को निगलता सर्प है। यहाँ हर अन्त नया आरम्भ है। काल-चक्र ही अमरत्व का चक्र है। इस तरह नित्यता, नैरन्तर्य, अमरत्व सभी का आधार वृत्त है। काल की चक्रगति सान्त आयामों से परे वृत्ताकार ही हो सकती है। सनातन इसके बिना नित्य हो ही नहीं सकता। अतः अनन्त व्यास के वृत्त का खण्ड है। बालू-घड़ी भी काल का प्रत्यावर्तन है। मदारी के हाथ में डमरू का गहरा प्रतीकार्थ है। नटराज के हाथ में डमरू काल का प्रतीक है। डमरू नाद का नाद-ब्रह्म का प्रतीक है—सृष्टि का प्रतीक है—अग्नि विलय का प्रतीक है। नटराज की प्रतिमा लययुक्त स्वर का प्रतीक है। डमरू की रेखावृत्ति दूसरे शंख की है। काल प्रतीक के रूप में डमरू की कटि वर्तमान है और दोनों त्रिकोण भूत और भविष्य। काल-जीवी हम सदैव वर्तमान के बिन्दु पर स्थित रहते हैं। जब-जब डमरू की जीभ दाँत पर—अतीत भविष्यत पर आघात करती है—हमें काल का 'स्रोत' के रूप में बोध होता है। यह काल-गति स्मृति भी है और प्रतीक्षा भी है। प्राचीन काल-गणना में चतुर्युग की आवृत्ति होती है। विपाशा के पास भी काल का चक्र है—काल के चिह्न हैं। शून्य के वृत्त से सनातन काल का आवर्तन का सिद्धान्त उद्भूत है। जीरो टाइम काल डमरू का कटि बिन्दु है। आवर्ती कथा ही विश्व के आख्यान-साहित्य को भारत की विशिष्ट देन है। सभी विश्व की आवर्ती कथाओं के प्रारूप या उत्स भारत में मिलते हैं। कथा-सरित्सागर—अथवा पंचतन्त्र कथाओं की काल-गति में आवर्त्तन का सिद्धान्त विद्यमान है। कथाओं में कालगति का द्विविध बोध है—एक आवर्ती-काल का बोध दूसरा ऐतिहासिकता का बोध।

'सर्जनात्मक अनवधान' क्या है? फिर से बल प्राप्ति की ओर बढ़ना। रोग-मुक्ति से स्वास्थ्य लाभ के बीच की अवस्था। जीवन के रस का स्वाद-सौन्दर्य। देह की शिरा-शिरा में प्राण का संचार। जीवन में निर्माण और संचार का रहस्य। स्मृति और कल्पना का योग। यह योग 'उन्मेषशालिनी प्रतिभा' के वरदान से पैदा होता है। लेखक प्रेरणा कहाँ से पाता है? प्रेरणा का अर्थ लेखक के लिए अलग है और वार्ताकार पत्रकार के लिए अलग। पत्रकार के लिए काव्य में दस प्रतिशत सूझ होती है नब्बे प्रतिशत पर्सोना। प्रेरणा से प्रतिभा में अंकुरण होता है—यह अंकुरण रचनाकार को बदलता है, जगाता है, नये को बुलाता है। इसलिए प्रतिभा केवल पश्चिमी

'इंस्पिरेशन' नहीं है। वह एक अर्थ में समाधि है, असाधारण स्थिति की सहज समाधि। प्रतिभा के देवता का आवाहन अज्ञेय बराबर करते हैं—आविष्ट रहते हैं—सृजन का यक्ष उन्हें प्रश्नाकुल करता है। अन्तरालोक के क्षण प्रेरणा के क्षण होते हैं। 'पूर्णस्य पूर्ण मादाय' वाली बात का सच्चापन यही है—एकाग्र लगन और तन्मयता। समग्रता में डूबने का अनुभव। तभी प्रतिभा के खेत में नये बीज का अंकुरण होता है। इस तरह के निबन्ध इस सच को उजागर करते हैं कि अज्ञेय अनुभवों-संवेदनों से रचते अवश्य हैं, किन्तु वह प्रश्नाकुल निबन्धकार हैं, नचिकेता मन के निबन्धकार।

इन निबन्धों की बनावट में जिज्ञासा-वृत्ति का दूर तक हाथ है। ऐसा न होता तो 'सावन किस रुत आयेगा' जैसा मार्मिक-निबन्ध अज्ञेय लिख ही न पाते। अज्ञेय की समृति में कालिदास-व्यास कौंधते रहते हैं। वे पूरी भारतीय परम्परा का नया भाष्य या नया पाठ उठाने को आतुर रहते हैं। अनवरत सोचने की प्रक्रिया के कारण साहित्य के प्राचीनकाल को, स्मृति-काल को, वे वर्तमान बनाते चलते हैं। उनकी पहचान पश्चिम की 'हिस्ट्री' से अलग लोक-साहित्य के इतिहास अर्थात् इति + अ + हास—ऐसा ही होता आया है। यह आवर्ती काल का आयाम है—सतत वर्तमान है एवं यह निरन्तर अपना नवीकरण करता चलता है। ऋतुओं के काव्य का लोक-साहित्य में महत्त्व है—यह आवर्तीकाल जीवन की निरन्तरता का नवीकरण है। हमारा पूरा जीवन यहाँ उत्सव है। भारतीय किसान का पूरा जीवन ऋतुकाव्य है। 'पहला दौंगरा' यही सूचित करता है। कवि गाता है—'वरसो ज्योतिर्मय जीवन।' मेघ स्मृति जगाते हैं—मेघदूत बन जाते हैं। ऋतुचक्र पर रवीन्द्रनाथ, निराला ने, अज्ञेय-भवानी भाई ने न जाने कितने गीत रचे हैं। हमारी वाचिक-परम्परा में सदाबहार ऋतु-गीतों का मेला रहा है। लोक-संस्कृति उन गीतों को जीती रही। लेकिन इधर का नागर साहित्य उस परम्परा से कट गया है। उराका प्रेम उलझ गया है। नर-नारी सिकुड़ गये हैं—आधुनिकता ने उनमें दरार डाल दी है। इस तरह 'सावन किस रुत आयेगा' लोक-जीवन, लोक-संवेदना, लोक-संस्कृति की महिमा का निबन्ध है जिसमें हमारी परम्परा के पुरखों का मन सुरक्षित है।

सर्जना और सन्दर्भ से जुड़ा निबन्ध है—'एक आदमी : एक युवा लेखक'। उस एक आदमी का नाम बताना ज़रूरी नहीं है—उस युवा लेखक से परिचय जरूरी है—जिसके मन में लेखक बनने की साध थी। जो लिखता बहुत था, लेकिन अपने को लेखक न मानता था। ईमानदारी के कारण वह कभी अपने को लेखक नहीं मान पाया। वह अज्ञेय का विद्यार्थी रहा और अपनी राम कहानी उन्हें सुनाता रहा। लेखक बनना चाहता है—यह निष्ठा का प्रश्न है। उसके पास सत्याग्रह-युग के अनुभव हैं।

वह जानना चाहता है—मैं कौन हूँ और कहाँ हूँ। अज्ञेय भी ठहरे सत्याग्रही। उनका युवा-लेखक भी उसमें समाता गया है। उन्हें पता है—सच्चाई लिखे हुए को लिखने वाले अलग करके एक स्वतन्त्र अस्तित्व दे देते हैं, उसी का नाम तो लेखन है। यही अविस्मरणीय लेखन की पहचान है।

अज्ञेय का कहानीकार मन 'हिन्दी कहानी के परिवेश' पर विचार करने पर पाता है कि आन्दोलन और प्रचार के युग में सभी विधाओं में आन्दोलन हुए हैं—काव्य, उपन्यास और नाटक में भी, कहानी में भी। इन आन्दोलनों की प्रेरणा में रचयिता और गृहीता के बीच नया सम्बन्ध स्थापित करने से होता है। परिवेशगत दबाव लेखक की अन्तश्चेतना को बदलता है, क्योंकि रचयिता का परिवेश एक बड़ा सन्दर्भ रखता है। इधर हिन्दी कहानी का जो विकास हुआ है, उसमें ऐसा कुछ भी नहीं जो अन्य देशों में न हुआ हो। परिवेश ऐसा है कि विश्वविद्यालय साहित्य पढ़ाकर न अच्छे पाठक पैदा कर रहा है, न अच्छे आलोचक। उधर सत्तालोलुप राजनीति नाश कर रही है। सभी दिशा भ्रष्ट हैं। सर्जना में तनाव के मॉडल पर अन्धे प्रहार हो रहे हैं। मानसिक परिवेश में क्रान्ति न होने से सामाजिक क्रान्ति अधूरी है। इसीलिए कहानी की आलोचना दृष्टि में धूल-धुआँ भरा हुआ है।

व्यक्ति-व्यंजक निबन्धकार के रूप में अज्ञेय की एक अलग पहचान है। उनका निबन्ध 'ललित, व्यक्ति-व्यंजक, व्यक्ति-रंजित' एक निबन्ध है, जो ललित निबन्ध को परिभाषित करने का प्रयत्न करता है। अज्ञेय को 'व्यक्ति-व्यंजक' की अपेक्षा व्यक्तित्व-व्यंजक से भी ज्यादा 'व्यक्तित्व-रंजित' कहना ज्यादा पसन्द है। इसमें सन्देह नहीं है कि निबन्ध व्यक्तित्व की ही व्यंजना है—इस व्यंजना में व्यक्तित्व-विचित्रता का तत्त्व निहित रहता है। व्यक्तित्व-रंजित निबन्ध में लेखक की रुचि, उसकी दृष्टि, उसके संस्कार, उसके व्यसन आदि सब आ जाते हैं। व्यक्ति-व्यंजक निबन्धों की एक कोटि ललित निबन्ध है, क्योंकि निबन्ध में मनोदशा के आधार पर व्यक्तित्व की व्यंजना अनेक प्रकार से हो सकती है। राग-रंजित दृष्टि की लीला तो ललित निबन्ध का ही लालित्य है। काव्य व्यक्तित्व निरपेक्ष कला है—निबन्ध व्यक्तित्व सापेक्ष्य। आलोचनात्मक निबन्ध हो या तत्त्वपरक, चिन्तनपरक, अन्वेषण परक उसमें व्यक्तित्व-व्यंजकता रहती है। यथार्थ का सम्प्रेषण हर साहित्य विधा की शर्त है और यह शर्त सर्जनात्मक निबन्धों के साथ भी जुड़ी है। निबन्धकार का 'मैं' समय के यथार्थ की व्याख्या करता चलता है। रचनाकार विधा नहीं चुनता, वस्तु ही विधा को चुनती है। 'भाषागत क्रीड़ाभाव और वाग्विलास अथवा वैदग्ध के लिए भी व्यक्तित्व-रंजित निबन्ध श्रेष्ठ माध्यम है। इसलिए यह कहना कठिन है कि कौन-सी विधा अभिव्यक्ति का श्रेष्ठ साधन है। इसलिए असहमत लेखक, निबन्ध में वे

अमेरिका-रूस, 'भारत की बात करने की बात कहते हैं कि लेखक का काम अर्थों की खोज है—विधा चाहे कोई भी हो। घिसे अर्थ का नवीकरण, नष्ट अर्थ की जगह नये अर्थ की उपलब्धि और स्थापना। लेखक के लिए यदि सब कुछ अर्थहीन है तो उसे लेखन कार्य नहीं करना चाहिए।

आजाद भारत में 'बोली, भाषा, राष्ट्रभाषा' पर बार-बार बहस और विवाद हुए हैं। लेकिन यहाँ इस परिसंवाद में अथवा प्रश्नोत्तर में एक भारतीय लेखक और चार फिलीपीनी लेखक पत्रकारों ने भाग लिया है। अज्ञेय ने माना है कि राष्ट्रीयता और राष्ट्रभाषा दोनों अलग होने पर भी दोनों में एक सम्बन्ध है। यह बात भारतीय लेखकों का अनुभव सिद्ध करता है। भारत के अंग्रेजी लेखक भारतीय भाषाओं में लिखने लगे। आज किसी भी भारतीय भाषा में लिखा साहित्य भारतीय साहित्य है। भारतीय साहित्य भारतीयों की भावनाओं का प्रतिबिम्ब है। आज का भारतीय पाठक अपनी भारतीय भाषाओं में ज्यादा रस लेता है। विदेशी भाषाओं में लिखने वाले भारतीय लेखकों का आज वह बड़ा आलोचक है। कई बार भारतीय भाषाओं से अंग्रेजी अनुवाद पढ़ने में असंगत लगता है, लेकिन इसका यह अर्थ नहीं है कि अनुवाद कार्य होना नहीं चाहिए। लेकिन यह सच है कि अपनी भाषा में लिखी गयी रचना ही लेखक के व्यक्तित्व की सच्ची अभिव्यक्ति है। इस साहित्य का पश्चिमी मानदण्डों से मूल्यांकन गलत है। मगर हम भारतीय मानदण्डों से पश्चिम साहित्य का भी मूल्यांकन कर सकते हैं। इधर हम पर पश्चिमी विचारधाराओं का प्रभाव पड़ा है। अंग्रेजी पढ़ने पर भी अज्ञेय ने गाँधी के नेतृत्व में राष्ट्रीयता के आन्दोलन के जोर पकड़ने पर हिन्दी को अपनाया। इसी भाषा हिन्दी में पहला उपन्यास लिखा। उन्होंने अपने अनुभव से यह सत्य पाया कि साहित्यिक अभिव्यक्ति के लिए हर लेखक को अपनी मातृभाषा में ही लिखना चाहिए।

'भाषा और अस्मिता' निबन्ध की स्थापना है कि भाषा ही हमारी अस्मिता है, पहचान है। जापानी भाषा से बात शुरू करते हुए अज्ञेय जी इस कथन पर आये कि सभी ओरिएंटल अबूझ होते हैं भारत की तरह जापान में भी ऋतु का बड़ा आदर है। हम जो भाषा बोलते हैं उसके निमित्त से हम उस जीवन व्यवस्था (ऋत) के द्वारा चुन लिये जाते हैं, जिसके हम अंग हैं। भाषा संस्कृति का सर्वाधिक शक्तिशाली और समृद्ध उपकरण है क्योंकि वह बोध का वाहक है। यह बोध अस्मिता से जुड़ा हुआ है। 'भाषा का उपयोग जितना ही व्यापक और गहरा होता है उतनी ही भाषा समृद्धतर होती है और अपने व्यवहर्ता को समृद्धतर बनाती है।' एक रचनाकार के नाते अज्ञेय ने भाषा के रचनात्मक उपयोग पर जीवन भर विचार किया है। उन्होंने ही घोषणा की थी कि पन्त-निराला से जो भाषा मिली थी, वह नयी संवेदना को व्यक्त करने

के लिए अपर्याप्त थी—'लीक जो हमको मिली थी, अन्धी गली थी' इसलिए अज्ञेय ने नयी रचनात्मक भाषा की खोज की और तद्भवता की ओर मुड़े। नयी पीढ़ी अर्थात् पचासोत्तरी पीढ़ी में दबाव के कारण अजनबीयत; खण्डित अस्मिता को स्थान मिला। एक समूची पीढ़ी अनुवादों में जीने लगी। जिसके मूल तक उसकी पहुँच नहीं है। जबकि इधर भाषा के सर्जनेतर प्रयोजन बहुत बढ़े। आज का लेखक भाषा के माध्यम से रोज नया सीख रहा है। उसके सामने 'रचनात्मक भाषा और सम्प्रेषण की समस्याएँ' प्रमुख हो उठी हैं। इसलिए इस विषय पर अज्ञेय ने एक निबन्ध लिखकर विचार किया है। सर्जक कवि का सरोकार अज्ञेय जी भाषा से नहीं, शब्द से मानते हैं। साथ ही यह कहना भी नहीं भूलते कि रचनात्मक भाषा कभी भी इकहरी नहीं होती। 'हाँ, उसकी रचनात्मक समस्याएँ—उपन्यास-नाटक की दृष्टि से अलग होती है। नाटक में शब्दों के बीच विराम का, शब्द मौन का प्रयोग अधिक होता है। अनेकार्थता का आदर यहाँ भी कम नहीं रहता है। नयी रचना में जटिल भाव-बोध को सम्प्रेषित करने की समस्या है और दिनोदिन यह समस्या यान्त्रिक जीवन की गति के कारण कठिन होती जा रही है। शब्दों की अर्थ-व्यंजकता में छिपी चुनौती बढ़ रही है। आज हम शब्दों को विक्षत करके भाषा के प्रदूषण को बढ़ाते हैं और विचार-शक्ति को पंगु बनाते हैं।

अज्ञेय ने सर्जनात्मक भाषा और सम्प्रेषण की समस्याओं से जूझते हुए एक निबन्ध लिखा—'यथार्थ सम्प्रेषण : कथा-भाषा की समस्याएँ'। कथा भाषा अर्थात् आख्यान भाषा की चर्चा में प्रमुख बात 'मूल में सम्प्रेषण की इच्छा है।' यह समस्या काव्यभाषा के साथ भी जुड़ी हुई है। वर्णन या वृत्तान्त का लक्ष्य घटना को उस 'दूसरे' तक पहुँचाना ही है। घटना काल्पनिक भी हो सकती है और वास्तविक भी। सवाल है—वर्णन उसे कैसे यथार्थता प्रस्तुत कर सकता है। कथा-भाषा की समस्या इसी अर्थ में यथार्थ के सम्प्रेषण की समस्याओं से जुड़ी समस्या है। इसमें आवर्ती कालबोध की चर्चा भी करनी पड़ती है। हम सम्प्रेषण में मिथक, फन्तासी, दिवा-स्वप्न, मुक्त आसंग की उपयोगिता भी कम नहीं मानते हैं। समस्या यह है कि 'एक साथ ही अनुक्रम और क्रमहीन सहवर्तिता को कैसे सम्प्रेषित किया जा सकता है? भाषा की कौन सी युक्तियाँ हमें अनुभव के और उसके सम्प्रेषण के बीच की इस खाई के पार ले जा सकती हैं?' यहाँ यह कहना अपेक्षित है कि भाषा, सम्प्रेषण से जुड़े अज्ञेय के इन चिन्तन प्रधान निबन्धों ने हिन्दी निबन्ध को विचार की ऊँचाई दी है।

साठोत्तरी पीढ़ी में तुलनात्मक साहित्य की चर्चा ने जोर पकड़ा है। इसी विवशता में अज्ञेय ने निबन्ध लिखा 'भारतीय साहित्य : तुलनात्मक दृष्टि'। इधर यह भी कहा गया कि तुलना के बिना आलोचना नहीं हो सकती।

अज्ञेय के मन में कसक रही है कि भारतीयों ने आजाद भारत में भी अपने को 'पश्चिम के अनुकूल' ढाला—अपने अनुकूल पश्चिम को ढालने का प्रयत्न नहीं किया। जबकि पश्चिम न तो कोई भाषायी इकाई है, न कोई भौगोलिक इकाई। वह एक 'शिथिल बन्धन में बँधा सांस्कृतिक समूह है, जिसके भीतर बड़े तीखे विभाजन और तनाव हैं। लेकिन दुर्भाग्यवश भारतीय 'पूर्व' की चर्चा करता है जो उसी 'ओरिएंट' की चर्चा करता है जिसका जिक्र उन्नीसवीं शताब्दी का पश्चिम करता था। यह भूल जाते हैं कि जैसे एक यूनानी, हेलोनिक, यूरोपीय जीवन दृष्टि है, वैसे ही एक भारतीय जीवन दृष्टि है—जैसे यूनान के प्रदेशों में भाषाएँ, सस्कृतियाँ, जीवन-दृष्टियाँ, साहित्यिक प्रवृत्तियाँ रही हैं—वैसी भारत में भी। साहित्य अकादेमी का नारा है कि 'भारतीय साहित्य एक है, यद्यपि कई भाषाओं में लिखा जाता है।' लेकिन कहाँ है वह भारतीय साहित्य जो साहित्यों को एक समग्र मंच प्रदान कर सके। हम हर प्रदेश के साहित्य को पश्चिम के साथ मिलाकर देखना चाहते हैं—ऐसे पश्चिम से जिसकी तुलना व्यापक 'पूर्व' से होनी चाहिए। संस्कृत, हिन्दी, बांग्ला को हम पश्चिमी दृष्टि से क्यों देखना चाहते हैं? औपनिवेशिक गुलामी की मानसिकता के कारण ही। हम 'प्रभाव' 'नकल' की बात क्यों करते हैं? हमारी परम्परा-संस्कृति एक है। पहले जो भारतीय लेखक संस्कृत में लिखता था, वह आज हिन्दी या मराठी में लिखता है। हमारी भारतीय दृष्टि भी और है। इसलिए भारतीय साहित्य की तुलना के लिए एक-एक प्रादेशिक साहित्य की व्यवस्था होनी चाहिए। ऐसा करने पर हम पायेंगे कि भारतीय परम्परा एक भारतीय जीवन-दृष्टि है और विश्व-दर्शन भी रहा है। आधुनिक भारतीय भाषाओं के साहित्य में यह विश्व-दर्शन भरा पड़ा है। इसके बीज हमारे 'आत्म-दर्शन' के अस्मिता बोध में हैं। भारत की दिक् और काल की अपनी अवधारणा है। हमारा 'उपन्यास' हमारे काल में घटित होता है। हमने कहानी कहना पश्चिम से नहीं सीखा। हमारा वृत्ताकार आख्या मरा नहीं है। नाट्य की भी हमारी अवधारणा है—हम पश्चिम के मोहताज नहीं हैं। हमें तुलनात्मक साहित्य में प्रभावों और प्रवाहों का अध्ययन करना चाहिए। हमें भारतीय-साहित्य में 'भारतीय क्या है' की खोज करनी चाहिए। इसी दृष्टि को अज्ञेय ने अपने निबन्धों में भारतीयता-परम्परा-संस्कृति को निरन्तर केन्द्र में रखकर चिन्तन को आगे बढ़ाया है। इस चिन्तन में वे पश्चिम से आक्रान्त नहीं हैं। इसलिए 'आत्म-धिक्कार' की हीन भावना से अज्ञेय का पूरा चिन्तन मुक्त है।

साहित्य के निर्माण में विधाओं की भूमिका के प्रश्न को उठाते हुए अज्ञेय 'साहित्य और अन्य विधाएँ' जैसा निबन्ध लिख सकते हैं। वे साहित्य के निर्माण में अन्य विषयों की भूमिका को महत्त्व देते हैं—शास्त्र पूर्वग्रह में नहीं पड़ते हैं।

साहित्य-निर्माण में अन्य अनुशासनों का योग रहता है। साहित्य वही है जो प्रतिभा और विधा को मुक्त करता है, एकेडेमिक ढर्रे को तोड़कर नयी राह बनाता है। साहित्य सभी विधाओं के स्रोतों से प्रेरणा लेता है। वह किसी एक विधा या एक शास्त्र से बँधा नहीं रहता। चिन्तन की नयी उपलब्धियों के कारण सभी विधाओं में आधारभूत जीवन-दृष्टि में बदलाव आया है—परिदृश्य रूपान्तरित हुए हैं। फिर साहित्य सबसे कम शुद्ध और सबसे अधिक प्रभाव-वेध्य है। संगीत, दर्शन, धर्म, राजनीति का उस पर गहरा प्रभाव पड़ा है। साहित्य और कलाओं पर विचार करने वाले अज्ञेय के चिन्तन का निबन्धों में दायरा बहुत बड़ा है। एक रचनाकार के ज्ञान, उसकी दीक्षा, उसका मनःसंगठन, उसके चरित्र और व्यक्तित्व का निर्माण, शास्त्रों और विधाओं की भूमिका को ध्यान में रखकर हम अज्ञेय की निबन्ध-कला पर विचार करें तो वे 'अपूर्व' हैं। उनमें आचार्य रामचन्द्र शुक्ल, आचार्य हजारीप्रसाद द्विवेदी की निबन्ध-कला का एक भिन्न दृष्टि से विस्तार और उत्कर्ष हुआ है। अज्ञेय, हिन्दी में निबन्ध-चिन्तन की सर्जनात्मकता के प्रतिमान कहे जा सकते हैं। उनमें साहित्य का संवेदन अनेक विधाओं के साथ समरस होकर विशद हुआ है। इन निबन्धों की ऐसी निर्मिति है कि अन्य सभी विधाएँ उनके निर्माण में अपनी भूमिका निभाने में चूक नहीं करती हैं। उनमें पश्चिमी चिन्तन की व्यवस्थाएँ हैं, लेकिन अपने फलागम में उनकी निर्मितियाँ एक व्यापक भारतीयता का सन्दर्भ लिये हुए हैं। उनके निबन्धकार ने 'एकं सद् विप्रा बहुधा वदन्ति' का भीतरी अर्थ बजता-बोलता है। इसलिए इन निबन्धों की अपनी विद्रोही छवि है, मौलिकता है।

समकालीन साहित्य की विधाओं पर सोचते हुए सर्वाधिक चिन्तन उन्होंने काव्य पर किया है। वे अपने को मूलतः कवि मानते हैं और बार-बार 'समकालीन कविता की दशा' पर विचार करते हैं। समकालीन कविता में 'आत्मनिष्ठ' और 'वस्तुनिष्ठ' कविता के विभाजन में पड़ना उचित नहीं समझते हैं। जो उचित समझते हैं उनसे वे सहमत नहीं हो पाते। आज के कवि का संकट है कि उसका 'सामाजिक' कौन है—क्योंकि कवि-कर्म का प्रश्न उसके ग्रहीता से जुड़ा रहा है। हमारे यहाँ सदियों साक्षर कम हैं और साक्षरों में संस्कारवान तो और भी कम। स्थिति आज यह है कि कविता के पाठक लगातार घट रहे हैं—समाज में कवि का सम्मान नहीं है। प्रश्न उठता है, इस स्थिति के लिए जिम्मेदार कौन है—कवि या समाज या सामाजिक। काव्य की समझ खोकर समाज दरिद्र हो रहा है। काव्य के आस्वादन का अधिकार सहृदय को है, लेकिन वह जाने क्यों भटक गया है। 'बाहर' का जगत् फैल रहा है—'भीतर' का जगत् सिकुड़ रहा है। आलोचक आधुनिकता के पूर्वग्रह पर अड़े हैं और वैज्ञानिक 'सत्य' की दुहाई देते हैं—आम आदमी की बात करते हैं—पता नहीं

कौन है यह 'आम आदमी'। आलोचक विदेशी लाठी से देशी को पीटता है—स्वदेशी लाठी से नहीं पीटता। यह भी सच है कि आज कई तरह का यथार्थ है—सबका अलग-अलग यथार्थ है। भारतीय चिन्तक-आलोचक बड़े विदेशी नामों की माला जपता है—उन नामों की जो उसके अनुभव के दायरे से दूर हैं। उसकी विदेशी कसौटी कृति का तिरस्कार करती है। फलतः हम एक झूठी आलोचना के प्रतिमानों के बोझ से मर रहे हैं। टेक्नोलॉजी यन्त्र विद्या बढ़ा रही है, जीवन परिपाटियाँ बदल रही हैं। लेकिन अभी भी हमारा संवेदन पश्चिम का संवेदन नहीं है और अभी भी उसका लक्ष्य है दूसरों तक पहुँचना। स्थिति ऐसी बनी है कि यह समकालीन कविता का संकट-काल है।

'साहित्य सर्जना और राजकीय संरक्षण' शीर्षक निबन्ध में अज्ञेय ने कहा है कि संरक्षण साहित्य का नहीं साहित्यकार का होता है। अच्छा साहित्य गरीबी-अमीरी दोनों में लिखा गया। प्राणों को संकट में डाल कर लिखा गया। कला और साहित्य 'स्वाधीनता का वातावरण' माँगता है—जितना कम नियन्त्रण उतना ज्यादा सर्जन। आज जन-सम्पर्क साधन नयी स्थिति पैदा कर रहे हैं। प्रसार-यन्त्र के लिए जो लिखा जाता है—वह सृजन नहीं है, पैदावार है, बिकाऊ माल है। इसलिए सरकारी संरक्षण पर जीना साहित्य की गति-प्रगति में बाधक है। सरकारी संरक्षण छलना-मृग है, उससे 'सावधान' रहना आवश्यक है।

'भारतीय लेखक और राज्याश्रय' की परम्परा भारत में पुरानी है। पश्चिम का लेखक शुरू से ही यह दावा करता है कि स्वतन्त्र राह खोजना उसका अधिकार है। भारत में राजाओं का संरक्षण तो रहा नहीं, सरकारी संरक्षण घेरा बनाये हुए है। ऐसे रचनाकार हैं जो सरकारी संरक्षण से दूर रहकर स्वतन्त्र रचना कर्म करते हैं। इसलिए सरकारी संरक्षण भ्रष्ट करता है या नहीं; यह प्रश्न अलग है। असली प्रश्न है रचनाकार की स्वाधीनता। पुरस्कार, सम्मान, सलाहकार, पद देकर सरकार रचनाकार को खरीदती है—लेखक को पुरस्करण यन्त्र बनाती है भ्रष्ट करती है। प्रलोभन देती है। इसलिए स्वाधीनता का प्रश्न कठिन प्रश्न है। उसे समझौते करने पड़ते हैं और अपनी लेखकीय मर्यादा बचानी पड़ती है। जहाँ तक सम्भव हो लेखक को राजाश्रय से बचना चाहिए। 'साहित्यकार और सामाजिक प्रतिबद्धता' का सवाल पुराना पड़ जाने पर भी नया है। यह सनातन प्रश्न है—साहित्य के प्रति निष्ठा का अर्थ है सामाजिक प्रतिबद्धता। रचना-कर्म को समाज तक पहुँचना जरूरी है, वह समाज की उपज है तो समाज का देनदार है। उसके लिए चिन्तन की स्वाधीनता खोकर गुलामी घातक है। उसे 'क्रान्तिकारी' पथ चुनने हैं—समाज को 'आलोक' का दान देना है। मूल्यों का सम्प्रेषण करना है—साहित्य सम्प्रेषण की क्रिया है, माध्यम है। साहित्य

केवल आर्थिक जाल नहीं है—समग्र जीवन है। 'प्रतिबद्धता' के नाम पर अन्धा होना प्रतिभा की स्वाधीनता को कलंकित करना है। स्वाधीन चिन्तक का रचनाकार ही समाज में 'स्वाधीनता' की आवाज उठा सकता है।

अज्ञेय के निबन्धों में साहित्य-चिन्तन के प्रश्नों का निरन्तर दृष्टि-विस्तार है। अपने पाठक या सामाजिक तक विचार-सम्प्रेषण की आकांक्षा के स्वीकार के कारण वे लेखकीय दायित्व की चुनौतियों से जूझते रहे हैं। निबन्धों में अज्ञेय का यह जुझारू बांकपन कबीराई साहस का प्रमाण है। नयी सर्जनात्मकता को संकट से उबारने के लिए उनका चिन्तन नयी दिशाओं की तलाश करता रहा है।

दरअसल, अज्ञेय के लिए निरन्तर संस्कारवान होने की क्रिया का नाम है—आधुनिकता। यहाँ आधुनिकता का अर्थ है—परम्परा के सामने इतिहास-पुराण द्वारा प्रस्तुत नयी रचना-स्थितियों, चुनौतियों की विवेक-वयस्कता से ठीक-ठीक पहचान। इस दृष्टि से एक रचनाकार की आधुनिकता इस पहचान में है कि वह सम्प्रेषण-परम्परा के सामने आने वाली चुनौतियों का सामना करता है। यह सजग-सक्रिय प्रक्रिया जहाँ रचनाकार की प्रयोगशीलता को ललकारती है—ललकार कर सुधार करती है—वहाँ वह परम्परा की निरन्तरता और परिवर्तन की चक्र-चेतना का भी नया भाष्य करती है और भाष्य से उसका पुनराविष्कार करती है। इसका कारण है कि परम्परा ही प्रयोग और प्रगति के आधार को तैयार करती है। इसे ही अज्ञेय 'नयी रचना-स्थिति के तर्क का पूरी तरह स्वीकार, मानते हैं। इस रचना स्थिति में सम्प्रेषण के साधनों के साथ नयी स्थिति-परिस्थिति भी निहितार्थ रखती है। क्योंकि उसके कारण रचनाकार और सामाजिक दोनों की मानसिकता में आ रहे परिवर्तन की ध्वनियाँ नयी संवेदना की भाव-भूमि का नया पथ तलाशती हैं। रचनाकार का नयापन रचना-प्रक्रिया के प्रभावों से झलक जाता है और वे प्रभाव ही नयी सर्जनात्मकता की नयी अर्थच्छायाओं की सम्भावनाओं का संकेत देते हैं।

अज्ञेय के लिए आधुनिक लेखक का अर्थ है—आत्मसजग बौद्धिक। ऐसा बौद्धिक या बुद्धि की मुक्तावस्था से सम्पन्न लेखक जो रचनाशीलता के लिए नवीन सम्भावनाओं, मार्गों, पद्धतियों, प्रवृत्तियों की तलाश में हो। ऐसे सजग लेखक के लिए प्रत्येक चुनौती एक नयी परीक्षा, एक नयी सम्भावना का संकेत होती है। अज्ञेय का काव्य-चिन्तन पुराने काव्यशास्त्र को धुनकर उसे समकालीन चुनौतियों के लिए प्रासंगिक बनाता है और नयी सर्जनात्मकता की सम्भावनाओं के नये द्वार खोलता है। अज्ञेय 'सप्तकों' की भूमिकाओं से ही लगातार ध्यान दिलाते रहे हैं कि 'जैसे-जैसे बाह्य वास्तविकता बदलती है—वैसे-वैसे हमारे उससे रागात्मक सम्बन्ध जोड़ने की प्रणालियाँ भी बदलती हैं—और अगर नहीं बदलतीं तो उस बाह्य वास्तविकता से

हमारा सम्बन्ध टूट जाता है।' इस कथन से जाहिर है कि नयी अनुभूतियों की खोज का नाभि-नाल सम्बन्ध बाह्य वास्तविकता से रागात्मक सम्बन्ध जोड़ने की नयी प्रणालियों की खोज से है। नयी अनुभूति नयी सम्प्रेषण प्रणाली की माँग करती है। यह नयी रचना—स्थिति है। अज्ञेय के लिए नवीनता, प्रयोगशीलता और मौलिकता की कसौटी है—नयी रचना-स्थिति की वास्तविक पहचान। नये रागात्मक सम्बन्ध का अर्थ है नये संवेदन की उद्‌बुद्ध चेतना। इसलिए अज्ञेय को कहना पड़ता है कि वस्तु से रूपाकार को बिल्कुल अलग नहीं किया जा सकता और रूप भी मूल्य दृष्टि को छोड़कर नहीं है। दोनों कर्ण के कवच कुण्डल की तरह एक साथ उपजते हैं।

आधुनिक रचना-स्थिति का संकट काल के इकहरे बोध का संकट है—संचार और सम्प्रेषण के नये साधनों का संकट है। काल-बोध के इकहरे होने से यथार्थ-बोध इकहरा हो गया है। इसलिए आज भी भारतीय लेखक काल-बोध में दुहरा है बल्कि दुहरे से कुछ अधिक। अज्ञेय के लिए वाचिक परम्परा का सम्बन्ध गहन काल-बोध से है, क्योंकि संस्कृति का केन्द्रीय आधार है—काल-बोध। साहित्य और संस्कृति में काल-बोध की अवधारणा पर अज्ञेय ने हिन्दी निबन्ध की परम्परा में पहली बार इतनी समग्रता से विचार किया है। काल का डमरू-नाद अज्ञेय सुनते ही नहीं हैं अपने गृहीता समाज को भी सुनाते हैं। साहित्यिक-सांस्कृतिक चिन्ताओं-प्रश्नों के लिए अज्ञेय एक 'आधुनिक भारतीय रचनाकार' की चुनौती भरी छवियों के साथ सामने आते हैं। इसलिए निबन्धों में उनका संकल्प रहा है—सृजन-समस्याओं को सुलझाने में एड़ी-चोटी का जोर लगा देना, साथ ही औपनिवेशिक गुलामी की मानसिकता से अपने रचनाकार और पाठक को मुक्त रखना, अपनी चिन्तन परम्पराओं के आलोक दीप्त सांस्कृतिक-नैतिक चिन्तन को बहस, तर्क, विवाद, संवाद से उजागर करना। उनके लिए सभी विधाओं में सर्वाधिक खुली विधा है—निबन्ध, जिसमें कोई बन्धन नहीं है। इसलिए चिन्तन के 'अनन्त' में विचरण करने का सुख वे स्वयं भी पाते हैं और पाठक को भी देते हैं। पूरी परम्परा का राग दीप्त सच इस 'कविर्मनीषी' के रूप में हृदय-संवाद करता मिलता है। इसलिए इन निबन्धों का चिन्तन इस उत्तर-औपनिवेशिक समय में हमारी मूल्यवान धरोहर है।

अज्ञेय ने लेखन कर्म की लम्बी जिन्दगी में निबन्ध-विधा को पूरी तरह नया रूप देना चाहा है। उनका यायावर संसार भर से विचारों का खज़ाना बटोरकर ले आया है। भारतीय और पाश्चात्य चिन्तन से अज्ञेय का सामना भारतीयता को बहुत गहराई से जानने की प्रेरणा और चुनौती देता है। अपनी सांस्कृतिक अस्मिता के बारे में ऐसा एकाग्र आत्म-मंथन इन निबन्धों में पहली बार अपना रूपाकार पाता है। एक औपनिवेशिक नागरिक होने के नाते अज्ञेय ने पश्चिम के 'मैं' और 'अन्य' को साफ

पहचाना कि पश्चिम की संस्कृति अलगाववाद के बखेड़े में उलझी संस्कृति है। भारत का 'आत्म-बोध' 'विश्व-बोध' बनकर 'अन्य' की 'अन्यता' को नष्ट कर देता है। इसलिए 'अन्य' के लिए हमारी संस्कृति में जगह है।

अज्ञेय लगभग सभी निबन्धों में परम्परा-आधुनिकता, धर्म, दर्शन, इतिहास, साहित्य, पूर्व-पश्चिम पर विस्तार से विचार करते हैं। शुद्ध साहित्यिक प्रश्नों पर भी वह समाज-संस्कृति, भाषा-सम्प्रेषण, पाठ-पाठक को जोड़कर विचार करते हैं और पश्चिमी अवधारणाओं को पाठक पर नहीं थोपते। यही कारण है कि अज्ञेय के निबन्ध कठघरे नहीं बनाते—खुले आकाश का विस्तार देते हैं, जिनसे सहमत-असहमत हुआ जा सकता है। चिन्तन में अज्ञेय ने मार्क्सवाद को कहीं नहीं अपनाया। किन्तु पश्चिम के मनोविश्लेषणशास्त्र की नयी खोजों का उपयोग किया है। वैचारिक स्तर पर आधुनिकतावाद-अस्तित्ववाद का बहुत कम अंश उन्हें मान्य है, क्योंकि वे भक्ति-कालीन आधुनिकता की आन्तरिक लय उसके मिथकों से जुड़े रहे हैं। निबन्धों का मन एकदम खुला और निर्बन्ध है। विषय शुरू होकर चिन्तन के तनाव में गाँठें खोलता चलता है। निबन्ध में चिन्तन का यह खुलापन ही उसे लोकतान्त्रिक विधा बनाता है।

बीसवीं शताब्दी में विशेषकर उत्तरार्द्ध में लिखे गये इन निबन्धों में साहित्य-चिन्तन के उन अनछुए पक्षों को छुआ गया है जो अपनी बनावट में अकादमिक आलोचना से कहीं अधिक व्यापक हैं और सीधे-सीधे हमारे समय-समाज-संस्कृति से सरोकार रखते हैं। यही कारण है कि ये निबन्ध हमारे समय के अनेक सुलगते प्रश्नों को विशिष्ट शैली में उठाते हैं। इस शैली में भाषा की ऐसी चौकसी अन्यत्र दुर्लभ है। हिन्दी का यह अनुपम सर्जनात्मक गद्य है, जिसमें विचार का धागा खण्डित नहीं है। अज्ञेय ने अपनी चिन्तन शैली से ऐसी संश्लिष्ट विचार-चेतना का निखार उत्पन्न किया, जिसने निबन्ध की, न जाने कितनी अप्रत्याशित सम्भावनाओं को उजागर किया। एक छोर पर उनका कवि दूसरी छोर पर उनका पत्रकार विचारधाराओं के आतंक से अपने को मुक्त रखकर रचता और लिखता है। उनके लिए निबन्ध एक ऐसी विधा बन गयी जो प्रहारों को झेलकर मुरझाती नहीं है। उसमें एक सदाबहार चिन्तन की कबीर-तुलसी ध्वनि है। कभी भी, कहीं भी शब्द की गरिमा पर वे आँच नहीं आने देते। इसलिए इस गद्य में एक अभिजात्य गरिमा है।

हिन्दी तथा भारतीय भाषाओं के वे निबन्धकार जो कभी निबन्ध को आत्माभिव्यक्ति मानते रहे—वे भी निबन्ध को नया रूप देते रहे हैं। बालमुकुन्द गुप्त हों या महावीरप्रसाद द्विवेदी, आचार्य रामचन्द्र शुक्ल हों या रवीन्द्रनाथ, आचार्य हजारीप्रसाद द्विवेदी हों या माखनलाल चतुर्वेदी, मुक्तिबोध हों या विजयदेवनारायण साही इन सभी

से अज्ञेय के निबन्धों का स्वर और स्वाद भिन्न है। हक्सले, लारेन्स, वर्जीनिया वुल्फ और रोलाबार्थ के निबन्धों से भी इनका स्वर कहीं नहीं मिलता। हाँ, अज्ञेय अपने चिन्तन में जयशंकर प्रसाद के 'काव्य और कला तथा अन्य निबन्ध' के निबन्धों के नजदीक दिखाई देते हैं। उनका आलोचनात्मक विवेक, व्यंग्य और विदग्धता, कटाक्ष और व्यंजना का ताजापन पाठक को मोह लेता है। अपने प्रखर, तेजस्वी, सर्वथा रेडिकल और नये विचारों-अवधारणाओं के कारण अज्ञेय के निबन्ध कभी भी भुलाये नहीं जा सकेंगे। कविता-उपन्यास, या नाटक, संस्मरण, डायरी की तरह अज्ञेय के निबन्ध अपनी आत्मीयता से पाठक को अपना बना लेते हैं और दूर-दूर तक नये ढंग से सोचने का हौसला पैदा करते हैं। चाहे 'सर्जना और सन्दर्भ' के वैचारिक निबन्ध हों या 'आत्मपरक' के बेहद सर्जनात्मक निबन्ध। इस निबन्ध यात्रा में पाठक थकान महसूस नहीं करते हैं—नये विचारों की ताजगी से तृप्ति कर पाते हैं।

यहाँ एक विशेष निवेदन। अज्ञेय जी ने अपने जीवन-काल में 'त्रिशंकु', 'हिन्दी साहित्य : एक आधुनिक परिदृश्य', 'आलवाल', 'अद्यतन', 'जोग लिखी' तथा 'धार और किनारे' के निबन्धों को एक साथ 'सर्जना और सन्दर्भ' शीर्षक से 1985 में एक वैचारिक अन्तर्योजना के सूत्र जोड़कर प्रकाशित करवाया था। यह भी कहा था कि 'सर्जना और सन्दर्भ' में साहित्य और साहित्यालोचन से सम्बद्ध 'अज्ञेय' के जो निबन्ध एकत्र कर दिये गये हैं, वे इससे पूर्व छह अलग-अलग संकलनों में प्रकाशित हुए थे। 'त्रिशंकु' 1945 से लेकर 'धार और किनारे' 1982 तक में इन निबन्धों की रचनावधि फैली रही है। लगभग पैंतालीस वर्ष की अवधि में लिखे गये इन निबन्धों में वैचारिक असमानता स्वाभाविक है। बल्कि परस्पर विरोध भी मिलता है। सन 1983 में 'आत्मपरक' शीर्षक से एकत्र निबन्धों का संग्रह अज्ञेय ने 'आत्मनेपद' तथा 'लिखिकागद कोरे' को मिलाकर स्वयं प्रस्तुत किया। ये सभी निबन्ध अज्ञेय के अपने विषय में हैं—अपने जीवनानुभवों, रचनानुभवों, रचना-स्वभाव, रचना प्रवृत्तियों, रचना प्रेरणाओं और व्यक्ति को लेकर लिखे गये हैं। अज्ञेय के विरुद्ध हिन्दी आलोचना में जो तूफान 'शेखर : एक जीवनी', 'नदी के द्वीप', 'अपने-अपने अजनबी' जैसे उपन्यासों को लेकर उठा था—वह अन्धा विरोध था। इस विरोध से थककर अज्ञेय ने अपना मौन तोड़ा था। उन्होंने 'आत्मपरक' की 'भूमिका' में अपना मन खोला है। ये निबन्ध अज्ञेय के रचना स्रोतों, प्रेरणाओं, विश्वासों को समझने में सहायक हैं। मैंने यहाँ 'सर्जना और सन्दर्भ' तथा 'आत्मपरक' के निबन्धों को एक साथ दे दिया है ताकि पाठक अज्ञेय की मानसिकता को अपने ढंग से समझ सकें। अब यह सब आपके सोचने-समझने के लिए है।

अज्ञेय : कमाया हुआ सच और सच की अन्तःप्रक्रियाएँ

कवि-कथाकार, यात्रा-लेखक, निबन्धकार, आलोचक, सम्पादक के रूप में तो अज्ञेय का अवदान अद्वितीय है ही, लेकिन उनके व्यक्तित्व के इनसे अलग और जुड़े हुए अन्य गद्य-रूप भी कम प्रभावी नहीं हैं। अज्ञेय ने 'डायरी' ढर्रेवार ढंग से नहीं लिखी, किन्तु नये प्रयोग के रूप में 'डायरी' का लेखन किया है। इस नयी विधा रूप के लेखन को उन्होंने खूब सोच-समझकर 'अन्तःप्रक्रियाएँ' नाम दिया है। इन अन्तःप्रक्रियाओं को वह अपनी रचना-यात्रा की 'लांग बुक' भी कहते हैं। यह 'लांग बुक' न जीवनी है, न आत्मकथा है, न रेखाचित्र है, न रिपोर्ताज। अज्ञेय के मन में 'आत्मकथा' को लेकर एक 'एलर्जी', रही है क्योंकि उन्हें लगता था कि आत्मकथाएँ प्रायः एकांगी मनगढ़न्त, छलनामय झूठ होती हैं। हर व्यक्ति गाँधी नहीं हो सकता। इसी तरह हर व्यक्ति आत्मकथा में सच कहने का साहस नहीं कर सकता। जीवन के बहुत से 'प्राइवेट' सच छिपाने में ही शोभा पाते हैं—उनको प्रकाश में लाना ओस की बूँद को छूकर नष्ट कर देना है। क्रान्तिकारी-विद्रोही-सम्पादक-अलीकी अज्ञेय के पास न जाने कितना बड़ा 'आत्मकथा' का मसाला था। वे लगभग छह दशकों तक हिन्दी के संवाद-विवाद पुरुष रहे। उन्होंने न जाने कितने मित्रों के प्रहार पर प्रहार सहे। उनको लेकर 'कांग्रेस फार कल्चरल फ्रीडम' का अभियान भी चलाया गया और कहा गया कि वे भारत में पूँजीवादी अमेरिका के दलाल थे। साथ ही 'परिमल' संस्था इलाहाबाद से जुड़कर वह शीतयुद्ध और 'लघुमानववाद' की राजनीति करते थे। इस तरह का अपमान झेलकर भी मौन रहना और चित्त-संज्ञा को चंचल न होने देना अज्ञेय का ही कलेजा था। अज्ञेय जैसा धीर-वीर और 'शीलवान' रचनाकार और चिन्तक आज के सतही-छिछले 'लुंपन प्रधान युग में नसीब नहीं है।'

यही वह नयी-नयी राहों का अन्वेषी है, जिसने नये पथों पर चलकर अपने पैरों को लहूलुहान किया है, जिसने आगे बढ़ने का न उत्साह छोड़ा, न अपनी आत्मश्लाघा

का पहाड़ खड़ा किया। 'अमित अरथ अति-आखर-थोरे' को लेकर वह शब्द-साधना में लगे रहे। इस दृष्टि से अज्ञेय में कालिदास की वह परम्परा सक्रिय है जो वज्रद्वार में छेद कर आर-पार देखना चाहती है—वाग्द्वार बनाना चाहती है। उनमें विद्वज्जनोचित शील और वैदुष्य के संस्कार की आधुनिकता है और जीवन-संघर्ष से जूझकर पाये हुए जीवनानुभव का तेज है। स्वाभिमान का यह भाव ही उन्हें ज़ेन-साधना और मानवेन्द्रराय के 'रेडिकल ह्यूमेनिज्म' की ओर ले गया। इस महाभाव के कारण उनकी 'अन्तःप्रक्रियाओं' में अपने को बँटकर बाँटने का, उलीच ने का भाव है—किसी तरह का टुच्चापन नहीं है। क्षुद्रताओं को उन्होंने पास नहीं, भटकने दिया क्योंकि वे कालिदास-तुलसी, कबीर-मैथिलीशरण गुप्त, प्रसाद-निराला की परम्परा को बड़ा अर्थ-सन्दर्भ देने के आकांक्षी थे। और यही आकांक्षा उनके सृजन और चिन्तन की मनोभूमिका का निर्माण करती रही है। इस मनोभूमिका में युग का 'मिलियु' प्रेरणा बनकर बोल-बज रहा है। अपने रचनानुभवों-संघर्षों-द्वन्द्वों-तनावों, विरोधाभासों, अन्तर्विरोधों के सच को अज्ञेय ने 'अन्तःप्रक्रियाओं' में उजागर किया है। इन अन्तःप्रक्रियाओं के 'क्लू' हमें अज्ञेय के कवि, मन की रचना को समझने का एक पुष्ट आधार देते हैं। यह कहना कि ये आधार ही उन्हें समझने का अन्तिम सूत्र देते हैं—मैं उचित नहीं समझता। क्यों—रचना एक 'लीला' है—भाषा में शब्द की लीला है—उसे न जाने कितने स्रोतों से रचनाकार 'रचना लीला' का रूपाकार देता है। उसमें 'पाठ' करते ही न जाने कितने अर्थ-प्रकाश में आते रहते हैं और पाठक उसके पाठ में से एक नया अर्थ पाता है। हर पाठ (टेक्स्ट) एक नया डिस्कोर्स का खेल है और हर अर्थ उसके भीतर के अर्थ का अनन्त सौन्दर्य क्षेत्र। इस दृष्टि से इन 'अन्तःप्रक्रियाओं' की टटोल जोखिम भरा कार्य है। इसके अर्थ-भँवर में पाठक घूम जाता है। अज्ञेय का गद्य अर्थ-भँवरों से भरा घुमरी—गद्य है। इस घुमरी—गद्य का पहला संकलन 'अरथ अमित अति आखर थोरे' का तुलसीदास—प्रतिमान लेकर 'भवन्ती' शीर्षक से 1972 में सामने आया। उसके बाद 1975 ई. में 'अन्तरा' और 'शाश्वती', 1979 तथा शरीरान्त के बाद 'शेषा' (1995—बत्सल निधि के सौजन्य से आया। इस तरह चार अन्तःप्रक्रियाओं के दीप-द्वार हैं—'भवन्ती', 'अन्तरा', 'शाश्वती' और 'शेषा'। छोटे गठित निबन्ध।

अज्ञेय ने 'भवन्ती' के 'निवेदन' में शील-संकोच से यह संकेत दिया है कि 'भवन्ती : यह पुस्तक रची नहीं गयी है बन गयी है, बल्कि जुड़ गयी है।' सर्जना से जुड़े चिन्तनकणों को एकत्र करना और फिर उन्हें एक सूत्र में पिरोकर अखण्ड-विचार माला बनाना। यह कार्य ही जुड़ना है—अनुभव के सातत्य का प्रवाह और स्वातन्त्र्य की खोज। यह सच है कि सृजन एक सांस्कृतिक प्रक्रिया है जो

परम्परा से संस्कार पाती है। रचनाकार जितना ही अपने को संस्कारित करेगा उतना ही चमकदार और ताजा होगा। अपने समय-समाज के रचना-संघर्ष और रचना-विधि पर चिन्तन करते हुए अज्ञेय ने कहा है—"सृजन-प्रक्रिया की जितनी चर्चा इधर हुई है उससे तो यह स्पष्ट हो जाना चाहिए कि सृजन प्रक्रिया एक यन्त्रणा भरी प्रक्रिया है।' हिन्दी में सृजन-प्रक्रिया की सर्वाधिक विस्तार और गहराई से चर्चा ग. मा. मुक्तिबोध ने की है। एक तरह से मुक्तिबोध ने ही नयी कविता की सृजन प्रक्रिया के बहाने नयी कविता का भीतरी और प्रामाणिक भाष्य किया। उन्होंने ही सृजन-प्रक्रिया के अन्तःसंघर्षों और संकटों को केन्द्र में लाकर उन पर सूक्ष्म गहन विचार किया। इन विचारों से हिन्दी का पाठक और हिन्दी का साहित्यशास्त्र, सौन्दर्यशास्त्र सम्पन्न हुआ। इससे हिन्दी के पाठक के बौद्धिक स्तर को उठाया और कवि-मानस को समझने की दृष्टि दी है। 'सृजन एक यन्त्रणा भरी प्रक्रिया है' इस विचार पर मुक्तिबोध और अज्ञेय दोनों में अभेद दृष्टि है।

अज्ञेय ने टी. एस. इलियट से प्रेरित-प्रभावित होकर यह भी कहा है कि 'भोगने वाले व्यक्ति' और 'रचने वाली मनीषा' के अलगाव की पुरानी चर्चा में जब कहा गया था कि दोनों के बीच एक दूरी है और जितना बड़ा कलाकार होगा उतनी ही अधिक दूरी होगी, तब यह स्पष्ट नहीं किया गया था कि दूरी लाने की यह प्रक्रिया—और वही तो सृजन-प्रक्रिया है—भी कष्टप्रद है। न यह बताया गया था कि बड़ी दूरी ही आवश्यक है या कि जो भोगा गया, (जिससे दूरी चाही गयी), उसका भी बड़ा होना आवश्यक है? दूसरे शब्दों में, 'क्या भावों के उन्मोचन ही महत्त्वपूर्ण हैं या कि उनका भी कुछ मूल्य है कि वे भाव कितने प्रबल हैं।' (भवन्ती : निवेदन) अज्ञेय ने इलियट के इस सिद्धान्त की चर्चा अपने चिन्तन में कई स्थानों पर की है। 'शेखर : एक जीवनी' में तो चर्चा की ही है—निबन्धों में भी इस सिद्धान्त की दृढ़ता से प्रतिष्ठा की है। भाव की उच्छलता का मूल्य अज्ञेय के लिए पश्चिमी रोमांटिसिज्म के कवियों की तरह कभी नहीं रहा। अज्ञेय में भाव का संयम है प्रबल से प्रबल भाव को अज्ञेय क्लासिकल संयम से शब्द मूर्त्त करते हैं। यही अज्ञेय की भाव-भाषा का गैर रोमांटिक स्व भाव है।

अज्ञेय को पुरानी चर्चा उठाने में आनन्द आता है, बौद्धिक व्यायाम का आनन्द। लेकिन कहते यही हैं कि 'पुरानी चर्चा यहाँ पर नहीं उठाना चाहता, न उलझन बढ़ाना चाहता हूँ। उसकी ओर ध्यान गया तो इसलिए कि वह एक दूसरे प्रश्न की पूर्वपीठिका है जो पुस्तक रची नहीं गयी, केवल जुड़ गयी है, उसके सन्दर्भ में क्या रचनाप्रक्रिया और इस यन्त्रणा का उल्लेख कुछ सार्थकता रखता है?'

इस प्रश्न ने अज्ञेय को जीवन भर मथा है। इसलिए पूरे बल से वे यह कह

सकने की स्थिति में हैं कि "कहना चाहता हूँ कि हाँ, जिन छोटे-छोटे प्रकरणों को जोड़कर यह पुस्तक बनी है, वे प्रायः सभी छोटे-छोटे युद्धों के इतिहास हैं : प्रत्येक के पीछे एक 'यन्त्रणाभरी प्रक्रिया' रही है। इतना ही है कि समूची पुस्तक में एक ही रचना की प्रक्रिया में पायी हुई यन्त्रणा से मिलने वाली संहति नहीं है, वह फुटकल प्रक्रियाओं का कलन है जिनके पीछे इतनी ही फुटकल, विविध और वैचित्र्यमी यन्त्रणाएँ रही हैं। संहति उसमें है तो रचना के माध्यम से नहीं, रचयिता के जीवनानुभव के माध्यम से।" (वही) रचयिता के जीवनानुभव के न जाने कितने स्रोत होते हैं और हर स्रोत का दबाव प्रभाव एक सा नहीं होता। रचनाकार की मनःस्थिति भी एक सी नहीं रहती उसमें भी तनाव और द्वन्द्व चलता रहता है। इसलिए यह पुकार का सच है—"संवेदनशील यन्त्र के लिए भावानुभव का संग्रह, योग और उससे उन्मोचन एक सतत प्रक्रिया है। इसलिए अगर यह भी न कहें तो कि यह पुस्तक 'बन गयी है' या 'जुड़ गयी है', केवल यह कहें कि उपशीर्षक में बतायी गयी अवधि में 'जितनी बनी' या 'जितनी जुड़ी' उतनी ही है, तो भी सही होगा—बल्कि वही अधिक सही होगा।" कुछ छोड़ने और कुछ जोड़ने के प्रयत्न में लगे अज्ञेय ने ध्यान रखा है कि तारतम्यता खण्डित न हो। मनोमंथन तो था—पहले नाम सोचा 'यो भवन्ती सार्थवती बभूव' फिर नाम रख दिया 'भवन्ती'। इस काल में 'रचना' क्रम रुका नहीं। लेकिन अज्ञेय के ध्यान में हमेशा 'पाठक' रहता है—उस पर 'रचना-प्रभाव' की चिन्ता रहती है और यही आन्तरिक चिन्ता सम्प्रेषण की समस्या से जूझती रही है। यह भीतरी युद्ध इसलिए है कि पाठक को रचना अनुभव से समृद्ध करे। उन्होंने कहा है कि पाठक वर्ग को उसी तक न रखकर लेखक के निकटतर आने देने का उपक्रम उसका 'वर्कशॉप' या 'कन्ट्रोल पैनेल' भी देखने का निमन्त्रण—ऐसा नहीं है कि अभूतपूर्व हो, मेरे लिए भी नहीं।' पाठक स्वयं इसका उत्तर खोजेगा उसका कारण यही हो सकता है कि अपने भीतर अनुभव किया कि यहीं कहीं एक पड़ाव है, 'यहीं कहीं से यात्रा एक नया मोड़ लेगी। ऐसा मैंने स्वयं जाना या अनुभव किया।'

यह बताना भी जरूरी समझा कि 'जिन्होंने इस अवधि की रचनाएँ भी पढ़ी हैं, उन्हें जगह-जगह उनकी अनुगूँज सुनाई देगी। वह स्वाभाविक भी है। क्योंकि उसमें एक समान्तर यात्रा है—देश काल दोनों में समान्तर। बल्कि यह कहें कि 'यात्रा' उन्हीं रचनाओं में है, 'भवन्ती' में उस यात्रा की 'लॉग बुक' है, जिसमें जब तक दिक्काल की माप की टीप लिखी जाती रही है जिसके आधार पर यात्रा के पद-चिह्न, अनुकूल और प्रतिकूल स्थितियाँ तथा धाराएँ, जोखम, भटकन, प्रत्युत्पन्न सूझ आदि का ब्योरा मिलता रहे।'

अज्ञेय का ध्यान पाठक या प्रमाता पर केन्द्रित ध्यान है और यह ध्यान

कालिदास और अभिनवगुप्त के 'पाठक-केन्द्रित' भाष्य का व्यंजक है। इसी ध्यान-ज्ञान की ज़ेन-साधना से यह विचार प्रवाह में आया 'तो इस अवधि की अन्तःप्रक्रियाएँ देखने के इस अन्तरिम निमन्त्रण' का उद्देश्य यही है कि मेरे पाठक उस पूरे परिदृश्य, उस सागर पथ का एक बार अवलोकन कर लें जिसमें से मैं गुजरता आया हूँ। मेरे यान (अथवा नौका) के 'कण्ट्रोल पैनेल' (अथवा एंजिन रूम) को भी देख लें जिसके सहारे मैं अपनी अवस्थिति, गति और दिशा शोधता रहा हूँ और लॉग बुक देखकर प्रत्येक निर्णय तथा निर्णय करने वाली बुद्धि की भी परख कर लें। और हाँ, यह भी देख लें कि जो भी शक्ति चलाने वाली है वह रुकती कैसे है।' साधना में साधना समायी हुई है और साधना में प्रतिभा व्युत्पत्ति और अभ्यास के साथ चित्त—समाधि का योग। इसी अर्थ में रचना भाव-योग है—विचार-योग है—तप का यज्ञ है भाव-यज्ञ की सतत प्रक्रिया है।

इस एकान्त—अकेले—अलीकी खोजी ने हमेशा नये पथ की ओर अकेले ही कदम उठाया है। हिन्दी में ऐसे कितने रचनाकार हैं जिनमें अज्ञेय जैसा अकेलेपन का साहस हो। यह कथन देखिए—'लेखक के नाते मेरी यात्रा काफी अकेली रही है, मैं जानता हूँ। कभी कोई कुछ दूर साथ चल लिये हैं तो मैं उनके लिए यात्रा के संयोगों का भी और उनका भी आभारी हूँ। ऐसी अकेली यात्रा में मैं भटक न जाऊँ या पाठक समुदाय से सम्पर्क गँवा बैठूँ, इसके लिए आवश्यकता जान पड़ता है कि जब-तब उसे आमन्त्रित करके वह पूरा देश दिखा दूँ जिनका मुझे सहारा रहा है, और उन यन्त्रों से लक्ष्य जितना, जैसा, जिधर दीखता है उसकी भी एक झाँकी उन्हें दिखा दूँ। मेरा पाठक वर्ग बहुत बड़ा कभी नहीं होगा, निरी संख्या की मुझे आकांक्षा भी नहीं है, पर जितने भी पाठक हों वे मूल्यों के उस समूह के साझीदार हो सकें जिनकी खोज ही मेरी यात्रा का लक्ष्य और प्रेरणा स्रोत रही है, तो मेरी अकेली यात्राओं में भी उनका साथ मुझे मिल गया होगा, मैं अपने कृति-कर्म से सफल मानूँगा।' इस तरह यह एक विचार-यात्रा वृत्त है, इसमें उनका कोई भी लगातार साथी सहयात्री नहीं रहा। फिर जो इन तटों की पुकार सुन सकता है—वही इनका मूल्य समझ सकता है। इस तरह की अन्तर्यात्रा का आनन्द स्वयं में एक मूल्य है—उसका अपना परितोष है और उस परितोष में 'पाठक' साथ है। रचना-निबन्ध की विशिष्ट अनुभूति जिस प्रक्रिया के द्वारा सहृदय-समाज की अनुभूति हो जाती है—यही साधारणीकरण है। उत्तर संरचनावादी-चिन्तन में 'पाठ' और 'पाठक' की विशिष्ट अवधारणा है. लेकिन यहाँ 'पाठ' स्वायत्त नहीं है पाठक ही अर्थ का कर्त्ता है। भारतीय काव्यशास्त्र में 'सहृदय' की अवधारणा है और वह काव्य का भीतरी और अभिन्न अंग है।

अज्ञेय विचारों की खिड़की खोलते हैं और पाते हैं कि पन्त—निराला की अपेक्षा

वे प्रसाद के निकट हैं। उन्हें ध्यान है कि 'आज के मानव का मन यौन परिकल्पनाओं से लदा हुआ है और वे कल्पनाएँ सब दमित और कुण्ठित हैं।' किन्तु इन दमित कुण्ठित भावनाओं पर विजय पाना अज्ञेय जानते हैं। जब तमाम लोग मार्क्सवाद की ओर झुण्ड बनाकर भागे तब अज्ञेय थमे और मार्क्सवाद की ओर उन्मुख नहीं हुए। इसलिए मार्क्सवादियों ने भीतर तक जल-भुनकर अज्ञेय को और प्रयोगवाद को मार्क्सवाद विरोधी आन्दोलन माना। यह भी कहा गया कि नयी कविता का आन्दोलन अज्ञेय और उनके साथियों ने मार्क्सवादी आन्दोलन की जड़ों में मट्ठा डालने के लिए चलाया। अज्ञेय और नयी कविता का रचनाकार मण्डल यहाँ तक कि मुक्तिबोध तक अस्तित्ववादी विचारधारा के प्रसार प्रभाव में आ गये। अनेक भाववादी विचारधाराएँ मुक्तिबोध में प्रवाहित थीं, अतः वे बहुत सरलता से अस्तित्ववाद की पकड़ में आ गये। डॉ. रामविलास शर्मा और नेमिचन्द्र जैन गांधीवादी विचारधारा और अस्तित्ववादी विचारधारा को प्रतिक्रियावादी कहते रहे हैं किन्तु नयी पीढ़ी ने उन्हें अनसुना किया। अज्ञेय का यह विचार नयी पीढ़ी के प्राणों में उतर गया कि 'कलाकार एक प्रकार के मानसिक संघर्ष में जिया करता है। संघर्ष कला की जननी है। सह संघर्ष संकल्प और परिस्थिति में चला करता है।' अज्ञेय के सामने साफ था कि अहं, अन्तर्गुहावासी, स्वरति और रहस्यवादी होने से रचना कर्म का निर्वाह नहीं हो सकता। उसे अपनी अलग राह खोजनी चाहिए और अपने देश को देश की समस्याओं को समझकर जनता को दिशा देनी चाहिए। यही कला का धर्म है—"इन्हीं तृण फूस-छप्पर से ढके ढुलमुल गँवारू झोंपड़ों में ही हमारा देश बसता है। इन्हीं के ढोल-मादल-बाँसुरी के उभरे सुर में हमारी साधना का रस बरसता है।' (कविश्री, पृ. 27) यह विचार-संकल्प अज्ञेय ने कभी छोड़ा नहीं है। मुक्तिबोध का संघर्ष विभाजित व्यक्तित्व का संघर्ष है, लेकिन अज्ञेय का संघर्ष अखण्ड रचनाकार का संघर्ष है। सन् 1947 में अज्ञेय ने 'प्रतीक' पत्रिका में घोषणा कर दी—"जीवन के गहनतर स्तरों को उज्ज्वलतर आलोक से विशदतर रूप में प्रतिभाषित करने वाले साहित्य के खोजी हैं।' यह भी कहा कि संघर्ष भी साहित्य की एक मौलिक प्रेरणा है। फलतः समाजवाद यथार्थवाद की बातें अज्ञेय को निरर्थक मालूम पड़ती हैं और कला के प्रति समर्पित वे कला कला के लिए सिद्धान्त का प्रतिपादन करने में भय महसूस नहीं करते हैं।

अज्ञेय ने मुक्त मन से पाया है 'ऐसा विचार जो अपने आप आयेगा, ऐसा विचार जो मेरी पकड़ के लिए होगा, ऐसा विचार जिसमें मैं सबका सब अँट जाऊँगा—कह दिया जा सकूँगा—मेरी कामधेनु जो मुझे मेरा सम्पूर्ण मेरापन-वरदान-सा दे देगी—मुझे देगी, मुझे बाँटने-लुटाने देगी, और जिसके बाद भी मैं सम्पूर्ण बच जाऊँगा और बचा रहूँगा।' (भवन्ती, पृ. 10) यह 'कामधेनु का अमृतपय अज्ञेय ने पिया है और इससे

शक्ति पायी है। इसलिए अज्ञेय विदेशी विचार और विचारधाराओं के गुलाम नहीं हैं। इस दृष्टि से अज्ञेय के विचारों की अपनी दुनिया है—इसे दुनिया को अहंवादी, अयथार्थवादी कहना गलत है। आज 'वास्तविकता' का क्या अर्थ है और क्या पहचान?

जापान के ज़ेन-बुद्धिज्म और भारतीय प्रकृति-लय का अज्ञेय में अपार-आकर्षण है। "मैं स्वल्प सन्तोषी हूँ। पतझर के झरते पत्ते से अधिक सुन्दर किसी चीज की कल्पना नहीं कर पा रहा हूँ। यह धीरे-धीरे लय के साथ डोलते हुए झरना, मानो धरती के गुरुत्वाकर्षण से मुक्त होकर, भार मुक्त होकर तिरना, और उस मुक्त होने में लय पहचानना और उसके साथ एकप्राण होना—सृष्टि मात्र में इससे बड़ा सौभाग्य क्या और इससे बड़ा सौन्दर्य क्या—पत्ते यों झरते जायें और मैं उन्हें देखता जाऊँ—लगता है कि इसी में कालमुक्त हो जाऊँगा।" यह ऋषि चिन्तन अज्ञेय ने वाल्मीकि-व्यास-कालिदास से कमाया है—काल-मुक्त होकर जीना।

अज्ञेय के मन में लययुक्त गति का प्रबल आकर्षण है—'यों यह बात पत्ते के बारे में जितनी सच है—उससे खुद मेरे बारे में अधिक है यों भी जानता हूँ कि लययुक्त गति का मेरे लिए प्रबल आकर्षण है— कोई भी लययुक्त गति—फुलचुही का पंख फड़फड़ाते हुए क्षण भर को अधर में अटक जाना; अच्छी तैराकी, घुड़दौड़ की सरपट, अबाबील की लहराती या बाज की सीधी उड़ान, हिरन की छलाँग जो अपने शिखर पर एक साथ ही निश्चेष्ट और निरावास अग्रसर हो जाती है—कथकिये के चक्कर या ततकार, पुङ् वादक की कूद...और यही क्यों, साँप का डोलना, नाली में काही का लहराना, केंचुए की चाल में लहराना, बढ़ना संकुचन, आस्फालन...लट्टू का घूमना, कुम्हार के चाक पर सकोरे का रूपायन, एंजिन के शाफ्ट की खड़कन के साथ भाप की सीटी की तालवाद्य कचहरी, कड़ाही में जलेबी के घोल की चुअन—सूची का कोई अन्त है?

एकाएक सोचता हूँ कि कितनी सुन्दर है दुनिया—क्योंकि कितनी लययुक्त गतियाँ दीखती हैं इसमें।' (वही, पृ. 11) प्रसाद जी हर एक हरी-हरी पत्ती के हिलने में जिस लय को पाते थे, उस लय का अज्ञेय में अनन्त विस्तार हुआ है।

सर्जना का क्षण रचना में लयमग्न होने का क्षण है। नया प्रयोग करने वाला रचनाकार अपना रास्ता स्वयं चुनता और यह चुनना उसे अकेला बनाता है—राजपथ पर चलने वाले रास्ता नहीं चुनते; रास्ता उन्हें चुनना है।' इसलिए कि वे अपनी परिस्थिति सम्प्रेष्य बनाना चाहते हैं। वे अकेलेपन को वरीयता नहीं देते—लेखक होने के नाते दूसरों तक पहुँचना—उसके भीतर पैठकर उसे अपने भीतर पैठने देना-पैठाना—मैंने अनिवार्य माना है।' अतः जो मेरा हो, वह अनन्य मेरा हो, पर वह सह-संवेद्य अवश्य

हो—नहीं तो उसका मेरा होने का भी क्या प्रमाण—होने का ही क्या प्रमाण? अनुभूति स्वतः प्रमाण होती है, पर उसकी पहचान स्वतः प्रमाण नहीं हो सकती, क्योंकि पहचान जिस यन्त्र से होती है वह साझा है।' इस साझेपन में जीवन का सुख है और दायित्वों के निर्वाह का सामूहिक सौन्दर्य। हर रास्ता जंगल के बाहर से जंगल के भीतर जाता है और खोजता है। इसलिए हर एक रास्ता खोजना पड़ता है।

म्यूनिख के होटल के गलियारे में स्टीफेन स्पेंडर से अचानक मुठभेड़। दोनों में आत्मीय संवाद। आज के बौद्धिक की समस्या है बद से बदतर को चुनने की विवशता। उसकी स्वतन्त्रता पर हर क्षण आक्रमण कितना कष्टकारी है। एक बार अज्ञेय लन्दन में लेखक—अध्यापक के घर ठहरे, उस लेखक ने कहा, 'कोई भी चीज अपने स्थान से हटी न पायी जानी चाहिए। अज्ञेय ने भीतर का सच पाया कि हर पढ़ने-लिखने वाले को दूसरे पढ़ने-लिखने वाले की जगह अव्यवस्थित लगती है। जबकि कमरा क्या था कबाड़खाना था, पर उसे वह व्यवस्थित लगता था। क्या यह गतिशील समाज का मूल्य है? क्या समाज की गतिशीलता, समाज के भीतर की इकाई की चलनशीलता (जो प्रगति का लक्षण मानी जाती है) का अनिवार्य परिणाम एक बना-बनाया 'आइडेंटिटी क्राइसिस' है?

अज्ञेय ने यूरोप पर व्यंग्य किया है कि हम भारतीय गो-पूजा का युग समाप्त कर चुके, जबकि हम गोपूजक रहे। गाय एक कृषि प्रधान सभ्यता की जीवन-विधि का केन्द्र थी। लेकिन आज के अंग्रेजों के पास अपनी कुक्कुर-पूजा के समर्थन में क्या युक्ति है? क्योंकि बिल्ली के उपासकों (या उपासिकाओं) का एक अल्पतर सम्प्रदाय छोड़कर समूचा ब्रितानी राष्ट्र कुक्कुर पूजकों का राष्ट्र है और वह भी आज।' जब आधुनिकता के नाम पर वे सीना फुलाते हैं।

एक दूसरी भी आग है जहाँ से शिखा ऊपर को उठती है। यह मेरी देह है। इस देह में यज्ञ की आग है। इस आग में आहुति देने का अर्थ है। कभी व्यंग्य में 'टाका-पयशा होली शेष' बांग्ला में कविता रची तो दिल्ली के वसन्त में साहबों के बँगले की महकती रातरानियों को याद किया और व्यंग्य से कहा कि जिन सड़कों पर मिनिस्टरों के बँगले हैं : लम्बी बीथियों पर फूले हुए उल्लू के पट्ठे छा गये हैं।' इस तरह के फकत अनुभव कितने सच्चे हैं।

अज्ञेय को मन्दिर में नर-नारायण के मिलन की सम्भावना के दर्शन होते हैं। मानस पूजा ही यथेष्ट है—उससे भी शान्ति मिलती है—'मेरी देह भी तो मन्दिर है—अष्टचक्रा नवद्वारा देवानाम् पुरयोध्या तीर्थ नगरी' है। आज मन्दिर में देव-दर्शन के लिए टिकट लगता है—वहाँ न शान्ति है न एकाग्रता। भीतर से अन्तरात्मा ने कहा—'कभी सोचता हूँ जिस धर्म का आधार इतना दृढ़ और सर्वांग सम्पूर्ण है,

जिसकी कल्पना इतनी ऊँची उसी का व्यावहारिक और आनुष्ठानिक रूप क्यों इतना संकर, इतना संकीर्ण, इतना ऐहिक, इतना वल्गर, इतना गन्दा है कि छोटे-छोटे वन और जनजातीय धर्म भी उसका मुकाबला कर सकते हैं।' इसलिए कि हिन्दू-समाज के हिन्दू संस्कार दूषित हो गये हैं। चिन्तन के भीतर से निकला चिन्तन बोला—"मैं शायद 'हीनयानी' हिन्दू हूँ। बिड़ला मन्दिर हिन्दू संस्कृति का महायान है।' क्यों मन में शिव का नन्दी और कैलाश उमड़ता है—अज्ञेय के हिन्दू-संस्कार जोर मारते हैं।

हर क्षण अज्ञेय को शब्द के सही प्रयोग की लगन रहती है। के बीमारी में भी डॉक्टर की भाषा में पूछा गया प्रश्न—'इज इट इंटालरेबल? क्या असह्य है। 'इट इज सीवीयर' तीखा है। फिर जिद 'इज इट इंटालरेबल' नशे की हालात में भी उन्हें डॉक्टर का सवाल व्यर्थ लगता है—कहते हैं, "आप देख रहे हैं, होश में हूँ और सह रहा हूँ।" बाद में मुझे बताया गया डॉक्टर कह रहे थे, "अजीब पेशेंट है। दिल के दौरे में और मार्फिया के नशे में लफ्जों पर बहस करता है।" क्यों न करूँ? इंटालरेबल : यानी जो सहा न जाय। सह तो रहा हूँ—भाषा के साथ आपका अन्याय भी तो सह रहा हूँ। भाषा के साथ अन्याय अज्ञेय कभी बर्दाश्त नहीं कर सके।

अज्ञेय जीवन भर शब्द और परम्परा पर विचार मंथन करते रहे और इस मंथन से पाया कि परम्परा मुक्त कोई नहीं हो सकता, क्योंकि परम्परा भाषा के उपयोग में बसती है। मूल बात यह कि 'भाषा हमारी सबसे पुरानी, सबसे कड़ी, अनुलंघ्य सांस्कृतिक रूढ़ि है।' परम्परा से मुक्त होने का भ्रम वे ही पाल सकते हैं—यों एक तरह की मुक्ति उनकी है जिनके पास संस्कारी भाषा नहीं है। उस हद तक उनके संस्कार भी अनगढ़ और खिचड़ी हैं। वे एक रूढ़ि से छूटकर दूसरी रूढ़ि में फँसते हैं—'बन्धनों की विविधता से ही कोई बन्धन मुक्त नहीं हो जाता। प्रश्न उठता है तब क्या 'मुक्ति' है ही नहीं। इस प्रश्न का उत्तर भूलने के विरुद्ध उत्तर है—"एक तो कवि इसलिए 'मुक्त' है कि वह परम्परा को बदलता चलता है—चल सकता है। यानी वह परम्परा से नहीं, केवल पुरानी परम्परा से मुक्त हो सकता है, परम्परा को निरन्तर नया रूप देकर। और जब तक वह यों परम्परा में कुछ जोड़ता चलता है—तब तक वह नया होता चलता है। यह प्रक्रियागत उन्मोचन ही मुक्ति है : दूसरी कोई मुक्ति कवि की नहीं हो सकती—यानी कवि रहते कोई मुक्ति नहीं हो सकती है। दूसरे, एक और पथ है—कवि भाषा नहीं लिखता, शब्द लिखता है। ... कवि शब्द का संस्कार ग्रहण करता हुआ और शब्द को निरन्तर शब्द का नया संस्कार देता हुआ—भाषा की रूढ़ि से मुक्त होता चले। शब्द के संस्कार बदलता चले। हर अच्छा कवि यह करता है। यही भाषा का आर्ष प्रयोग है, जहाँ भाषा की रूढ़ि टूट गयी है, पर शब्द का संस्कार और समृद्ध हो गया है... प्रक्रियागत उन्मोचन।

—एक मात्र सार्थक सम्भाव्यमुक्ति। ऐसे भी कवि हैं जो भाषा लिखते हैं वे छान्दस् हैं—उन्हें वही इष्ट है। प्रक्रिया आग है। मुक्ति का द्वार आग है। आँगन के पार का नहीं, आग के पार का एकमात्र द्वार।' (वही, पृ. 22) 'भवन्ती' के न जाने कितने प्रकरणों में बार-बार अज्ञेय ने शब्द-भाषा परम्परा पर विचार किया है।

शब्द और कवि से जुड़ी समस्या है—छन्द विधान। इस समस्या पर भारतीय काव्यशास्त्र अनथक भाव से विचार-यात्रा करता रहा है। कविता में छन्द—भाषा की ध्वनियों का संगठन या नियमन मात्र नहीं है। छन्द के द्वारा हम सामान्य बोलचाल के गद्य की लय को नियमित करते हैं। प्रश्न उठता है छन्द क्या है? छन्द स्वरों को स्पष्टतर करता है। भाषा की गति को धीमा करता है, दीर्घतर स्वर अपनी पूरी अनुगूँज के साथ सामने आते हैं। उनकी सच्ची रंगत पहचानी जाती है—स्वरों की रंगत-भावना की रंगत है, अतः छन्द के द्वारा स्वर अर्थ की वृद्धि करते हैं। छन्दमय उक्ति हमें शब्दार्थ भर नहीं देती। रंजना विशिष्ट भावार्थ देती है। छन्द-शब्दों को मूर्त्त करता है, मुखर करता है उसके ध्वन्याकार को आलोकित करता है। छन्द काव्यभाषा की आँख है। भाषा अपने को केवल सुन कर भी काम चलाती रहती है, काव्यभाषा अपने को देख भी लेती है। (पृ. 23) पन्त और निराला में छन्द को लेकर—स्वर संगीत—व्यंजक-संगीत का संग्राम हुआ था। अज्ञेय उस पर पुनः विचार करते हैं और छन्द चिन्तन का नया काव्यशास्त्र गढ़ते हैं। डॉ. रामविलास शर्मा का यह कथन भ्रामक है कि 'सच्ची अनुभूति को तलाशने वाली अज्ञेय की (नयी) कविता जड़ाऊ है।' (नयी कविता और अस्तित्ववाद, पृ. 78) अज्ञेय-अभ्यास सिद्ध प्रतिभा के बहुपठित कवि हैं। वे नयी कविता में लय-स्वर को सिद्ध करते हैं।

अज्ञेय चिन्तक हैं और निरन्तर चिन्तन की रगड़ से नयी आग पैदा करते हैं। वे इस रगड़ में पाते हैं कि मध्यवर्ग के जिन लेखकों की प्रतिभा मर गयी है उनमें वे लोग हैं, जिन पर अंग्रेजी धुन सवार हो गयी है। हिन्दी के जो आलोचक हर साँस में अज्ञेय पर यह आरोप लगाते रहे हैं कि उनकी बुद्धि अंग्रेजी के सहारे ही विकसित हुई है। उन्हें सोचना चाहिए राजा राममोहन राय तो अंग्रेजी शिक्षा से नहीं बने थे। उनकी मेधा को अरबी-फारसी-संस्कृत शिक्षा ने पुष्ट किया था। इससे सिद्ध यही हुआ—'परम्परा पर पली बुद्धि ने ही अंग्रेजी के सहारे पश्चिम का मुकाबला किया था।' अंग्रेजी से राय ने वह लिया जो अंग्रेज का विशिष्ट था—आधुनिक विज्ञान। उनके शिक्षा संस्थान से हमें वही चाहिए। हमें अंग्रेज जैसा आधुनिक नहीं बनना है।

समय-समय पर आलोचकगण अज्ञेय के 'क्षणवाद' की निन्दा करते रहे हैं। इस क्षण-चिन्तन को प्रायः भाववाद से जोड़ा गया है। यह इस ढंग से क्षणवादी चर्चा हुई कि अज्ञेय को कहना पड़ा—व्यंग्य में 'क्षण' के आग्रह का एक पक्ष शुद्ध ऐन्द्रिय छायों

के ग्रहण की ओर जायेगा ही, स्थूल यथार्थ की खोज का आधार इन्द्रियों को–गोचर अनुभवों को मान कर, जो कि अपने-आप में गलत नहीं है। इन्द्रियों से ग्रहण यथार्थ 'अनुभव' में गोचर अनुभव को ही 'प्रत्यक्ष' मानकर चलता है। इस प्रकार गोचर अनुभव को कवि अपने पाठक में सम्प्रेषित कर सके तो इससे कविता का प्रभाव बढ़ता है।

'संस्कृति' पर जीवन भर अज्ञेय विचार करते रहे। जीवित संस्कृति में वह मानते रहे हैं कि सेन्स ऑफ डेस्टिनी-सजग नियति बोध होना चाहिए। यह बोध गाँधी में था, नेहरू में भी वह था। आज के नेताओं में वह बोध नहीं है। नतीजा यह हुआ–"सारा देश एक टुकड़खोर जिन्दगी जी रहा है–क्या राजनीति में, क्या संस्कृति में, क्या शिक्षा में, क्या धर्म में...हाथ अगर टुक्कड़ मुँह तक पहुँचाने में व्यस्त नहीं है, तो टुक्कड़ की भीख माँगने में पसरा हुआ है। खाने की भीख, विचारों की भीख, कल्पना की भीख, आत्मविश्वास की भीख, ऐसे में सृजनशीलता कैसी–जब पुंसत्व ही नहीं है। नियति बोध होगा तभी आत्मविश्वास होगा, तभी सृजन की सम्भावना।" (वही, पृ. 28)

अज्ञेय ने कई बार व्यंग्य से कहा है कि एक दिन मैं एक 'कल्चरल डेलीगेशन' लेकर विदेश जाना चाहता हूँ। क्योंकि आज तक जो कवि कलाकार विदेश भेजे जाते हैं–संस्कृति से उनका सम्बन्ध कम रहता है या केवल एक पक्ष के पक्ष से ही रहता है। तदर्थ गठी गयी संस्थाओं से जो 'कल्चरल डेलीगेशन' भेजे जाते हैं वे स्वार्थवश सीमित लक्ष्य में डूबे होते हैं। उनमें संस्कृति का गतिमय पक्ष गायब रहता है। इसलिए प्रतिनिधिमण्डल धोखे की टट्टी होता है लेकिन भारत सरकार की मूढ़ता यह है कि वह न सुधरने को तैयार है, न सोचने को। इसलिए सर्जनशीलता के क्रियमाण चरण पंगु होते जाते हैं। संस्कृतियों के बीच खुले मार्ग अवरुद्ध हो जाते हैं।

अज्ञेय ने संस्कृति की खोज में यात्राएँ की हैं। वह कैलाश मानसरोवर की यात्रा पर भी सोचते रहे और सुझाव देते रहे कि 'हमारे उत्तरी सीमान्त की रक्षा के लिए सड़कों का जाल बना है जिसकी मुख्य धमनी हिमालय की तराई के साथ-साथ जाती हुई सहास्राधिक मील लम्बी सड़क है : क्यों नहीं दो-तीन लेखक और एक-दो चित्रकार, एक नृतत्वविद् की टोली इस सड़क की यात्रा करके एक पुस्तक तैयार कर सकती? ऐसी पुस्तक साहित्य भी होगी, मनोरंजन भी होगी, ज्ञानवर्धक भी होगी, उपादेय इतनी होगी कि शायद संस्कारों को उसकी उपयोगिता दीख जाये और लोकप्रिय तो होगी ही। अच्छी बिक सकेगी। रेणु, सर्वेश्वर, विद्यानिवास मिश्र, चित्रकार कँवल कृष्ण या हरकिशनलाल या कुमार स्वामी भी–अज्ञेय भी। इनकी टोली ऐसी यात्रा करके एक पुस्तक तैयार करे तो कम से कम मैं तो उसे अवश्य

पढ़ना चाहूँगा। या उद्गम से लेकर सागर-संगम तक नर्मदा की यात्रा का ऐसा ही अनेक मुखीन वृत्तान्त, सोचते-सोचते ही उस कल्पित पुस्तक को पढ़ने को उत्कण्ठ हो उठता हूँ।'

अज्ञेय का यायावर मन संस्कृति के अनेक पहलुओं को खोजना चाहता रहा—"गंगा को बड़ी प्रशंसा मिलती रही है; पर प्राकृतिक, ऐतिहासिक, नृतात्विक, लोक-सांस्कृतिक दृष्टियों से जितना समृद्ध वह प्रदेश है जिसे नर्मदा पार करती है, उसकी समानता दूसरी नदियों के कांठे नहीं कर सकते, 'सुमन', 'शानी', 'ओ. पी. शर्मा (फोटोग्राफर)' भवानीप्रसाद मिश्र जगदीश गुप्त और (मेरा साथ उन्हें गवारा हो तो) नरेश मेहता—मैं अभी तुरन्त पढ़ना चाहता हूँ कि हम लोग घाट और बाट से नर्मदा द्वारा सेवित प्रदेश की यात्रा करते हुए या करके क्या लिखकर और उतार कर लाते।"

यात्रा का एक और नक्शा दौड़ा "और भी यात्राएँ हैं और भी टोलियाँ हैं—एक बम्बई से गोवा-कर्नाटक केरल पार करती हुई कन्याकुमारी तक जाती है और इसमें हिन्दी, मराठी, कन्नड़, मलयालम के कवि-लेखक हो सकते हैं, कितनी विशाल सम्भावनाएँ हैं—ऐसी पुस्तक की (जो एक साथ चार भाषाओं मे भी हो सकती है) यह है राष्ट्रीय इंटेग्रेशन का रास्ता, वह नहीं जिसकी लीक दिल्ली के मिनिस्टर जब तब पीटा करते हैं।" अज्ञेय के ध्यान में था कि फिनलैण्ड की एक ऐसी यात्रा, ऑडेन, इशरवुड ने की थी, जिसका ब्यौरा 'लेटर्स फ्राम फिनलैंड' में छपा है।' इससे अधिक सम्भावनाओं का नक्शा अज्ञेय के दिमाग में था और वे समय-समय पर अपनी दम पर यात्रा के इन शिविरों का आयोजन करते रहे। अपनी दम पर इस तरह के यात्रा शिविरों में अनेक साहित्यकारों-कलाकारों को लेकर कभी वृन्दावन, कभी बिहार—धनुषा, कभी नर्मदा धार की ओर जाने वाला लेखक कोई दूसरा नहीं हुआ। लेकिन अभागे इस देश ने अज्ञेय की कद्र नहीं की। उन्हें भारत व्याकुल कहकर ठुकराया—अज्ञेय जन्मजात प्रवासी थे—किसी का घर हो—संस्कार देते थे। छायों-स्मृतियों-मिथकों इतिहासों को ढोते हुए घूमते रहे। सच बात तो है कि उनके ज्ञान-संवेदन का एक महत्त्वपूर्ण स्रोत है यायावरी।

वे अपनी 'अन्तःक्रियाओं' को कभी हिन्दी में, कभी अंग्रेजी में लिखते हैं कभी-कभार कविता बनाकर बांग्ला में। कभी-कभार अंग्रेजी में कविता लिख दी। कभी मि. पाउण्ड को, कभी ब्राडनिंग को, कभी मि. जानसन को याद किया, कभी S. H. V. he Reads a lot–What's he Learn ? कभी कहा एंग्री मेन राइट, हंग्री मेन राइट' कभी कहा 'लिखना सब व्यर्थ है।' कभी अपने अकेलेपन के दर्शन पर कई कोणों से चिन्तन किया, कभी पत्ते-पतझड़ और प्रकृति लय के सौन्दर्य पर

लिखा। कभी 'मूड' में पर्यावरण की चिन्ता-दर-चिन्ता—"पहले था तरल वाष्प, जिसमें था रेडियम और थी हाइड्रोजन। रेडियम से जीव तत्त्व बना, हाइड्रोजन से पानी, जीव तत्त्व से उस पानी में मछली। इस प्रकार रेडियम से विकास की कई सीढ़ियों के बाद आयी मछली, फिर मछली से उसी प्रकार विकास की और कई सीढ़ियों के बाद आविर्भूत हुआ मनुष्य। इस प्रकार समीकरण बदल गया—पानी और मिट्टी नहीं, मछली और मनुष्य—रेडियम तब तक प्रायः चुक चला था, पर मनुष्य ने फिर रेडियम धर्मी पदार्थ फोड़ निकाले और सारी मछलियों को उनसे दूषित और विषाक्त कर दिया।' फिर बढ़ा चिन्तन प्रवाह और कहा, "हाँ यहीं पर हम आज हैं। नहीं इससे भी थोड़ा आगे, क्यों मनुष्य सिर्फ मछलियों को नहीं, सारे वायुमण्डल और सारी धरती को विषाक्त कर रहा है—हवा को-नभ को, मिट्टी को और पत्थर को, बीज और वनस्पति को, और स्वयं मनुष्य की अस्थि मज्जा को—वह दूसरा पहलू है।' लेकिन एक तीसरा पहलू भी, 'मिट्टी और पानी और पत्थर, और वह निर्माता मानव जो पत्थर तोड़ता है, जो मिट्टी फोड़ता है, लेकिन जो पानी से सींचता है और इसलिए बनाता चलता है—प्राणों से सींचता है इसलिए स्रष्टा है जो शक्तियों का शासक और शक्ति का स्रोत है। अज्ञेय के मानस में इस स्रष्टा मानव के प्रति असीम आस्था है। जबकि उन्हें पता है सभी कुछ तो ईश्वर देता है—शैतान के नाम सिफारिशी चिट्ठी भी।' ईश्वर ने 'गाड मेड मैन इन हिज ओन इमेज' क्यों बनाया? क्यों एक से अनेक हो जाने का मन बनाया? फिर मानव की दुष्टता की लादी 'काम' को ढोनी पड़ी। अतः समस्या असत् की नहीं है। समस्या संदिग्ध सत् की है। पाप की नहीं है संदिग्ध शिव की है।

अज्ञेय ने हमेशा कवि बनना चाहा है—आलोचक नहीं। "मैंने आलोचक होना कभी नहीं चाहा, चाहा तो लेखक होना ही चाहा लेखक में कभी उपन्यासकार होने की आकांक्षा प्रधान रही तो कभी कवि होने की, यह दूसरी बात है; कालान्तर में मैंने मान लिया कि मेरी जैसी दृष्टि है उसकी जो विशिष्टता है और जो सीमा है—उसे देखते हुए मैं कवि ही रहूँगा उपन्यासकार नहीं बनूँगा।" लेकिन लेखक होने के नाते अज्ञेय शुरू से ही आलोचना लिखते रहे—अतीत के लेखकों की बात करते रहे। समकालीनों के बीच चर्चा का जोखिम उठाया। क्यों उठाया? इसलिए कि साहित्य के मूल्यों की चिन्ता की और उन मूल्यों के आधार पर समकालीन साहित्य की परख के सवाल पर परेशान रहे। जबकि बच्चन, दिनकर—समकालीन साहित्य की मूल्य-चिन्ता के चक्कर में कम ही पड़े। जैनेन्द्र समकालीनों की आलोचना से बचकर 'चिन्तक' हो गये और किसी भी समकालीन की खुलकर प्रशंसा से बचते रहे। अश्क पत्रकारी-आलोचना में उठा-पटक करते रहे। ऐसी आलोचना को स्थायी मूल्यों से कभी मतलब नहीं रहा। फिर 'वादी' लेखकों की आलोचनाएँ—एकांगी-आत्मरक्षा—

आत्मास्फालन से भरी पड़ी हैं। अज्ञेय ने माना कि ''आलोचना गौण या उपजीवी कर्म भले ही हो, कवि को उसकी आवश्यकता रहती है। आलोचना की–(आलोचना माने आलोचना, प्रशंसा या छीछालेदर नहीं)–अनुपस्थिति में वह मुरझाता है–उसकी प्रतिभा मलिन होती है। मेरी पीढ़ी को वह आलोचना नहीं मिली।'' स्वयं अज्ञेय को उनका कर्मयश नहीं मिला। इसलिए अज्ञेय ने अपने कवि-रूप की रक्षा के लिए आलोचना का सहारा लिया है।

अज्ञेय जी आलोचक और चिन्तक दोनों हैं, इसलिए परेशान रहते हैं। चिन्तन का खिंचाव चेहरे पर रहता रहा, पर चिन्तन के व्यसन से ऊबे नहीं। "साहित्य और राजनीति' चार दशकों तक इस प्रश्न की चर्चा सुनते-सुनते लग सकता है कि पुराना विषय है, घिसा जा चुका है। पर एक तो हमारे विश्वविद्यालयों में कुछ पुराना नहीं हो पाता। सब कुछ शिक्षा क्रम के छकड़े पर लदा ठिलता चलता है, दूसरे नवजाग्रत प्रगतिवाद फिर माँदा खच्चर को मार-मार कर खड़ा कर देना चाहता है।" (पृ. 48) यह ठीक है कि साहित्य और राजनीति का प्रश्न पहले प्रगतिवाद ने ही उठाया जबकि साहित्य में यह प्रश्न वैदिक वाक्सूक्त से मिलने लगता है। तभी से साहित्य का लक्ष्य रहा–समाज को बदलना। प्रगतिवाद से पहले के राष्ट्रीय कवि माखनलाल चतुर्वेदी, नवीन, दिनकर राष्ट्रीयतावादी कविता करते रहे। फिर राजनीति पर कविता करना कविता का हीनतर उपयोग नहीं है–प्रगतिवाद ने भी हीनतर उपयोग नहीं माना। राष्ट्रीय काव्य राजनैतिक था, पर उसके नैतिक प्रतिमानों का आधार धर्म (कर्त्तव्य) था। इसका एक आधार था भारतमाता। वह दुर्गा, सरस्वती, लक्ष्मी, सीता सब कुछ हो जाती थी। प्रगतिवाद ने धार्मिक आध्यात्मिक आधार के बदले लौकिक आधार देना चाहा। वह भूल गया कि "काव्य बदलता है तो इसलिए कि कवि बदल गया है, कवि की सम्वेदना बदल गयी है, इसलिए नहीं कि राजनीति बदल गयी है।" फिर रचना सीधे-सीधे समाज को नहीं बदलती–संवेदना के प्रभाव से बदलती है। समाज इसलिए बदलता है कि हम बदलते हैं–संवेदना बदलती है जिस यशार्थ का हम सम्बन्ध जोड़ते हैं वह यथार्थ बदलता है–पाठक बदलते हैं। कृति पढ़कर हम वही नहीं रहते जो पहले थे। हमारी संवेदना-चेतना में बदलाव आता है।

'व्यक्ति और समाज' के सम्बन्ध को लेकर अज्ञेय पर वामपंथी इतना बरसे हैं कि छायावादोत्तर चिन्तन में बाढ़ आ गयी है। अज्ञेय को 'डाउन' करने के लिए भी 'लघुमानववाद' को पकड़ा गया–कभी 'व्यक्ति-स्वातन्त्र्यवाद' को, कभी भाववाद को। लेकिन अज्ञेय झुके नहीं और कहा, 'व्यक्ति को और समाज को मुकाबले में खड़ा कर देना एकदम नाकाफी है, व्यक्ति समाज हैं, परिवार समाज हैं और ग्राम समाज हैं। सांस्कृतिक आधार को ध्यान में न रखकर 'व्यक्तिवाद' और 'समाजवाद' की

चर्चा करना केवल भ्रम फैलाना है। हर सभ्यता या संस्कृति में कुछ आधारभूत सिद्धान्त होते हैं, कुछ प्रतिष्ठित मूल्य होते हैं। चीन में परिवार का आदर्श रहा, यूरोप में व्यक्ति का, भारत में ग्राम-समाज का। यूरोप में स्वातन्त्र्य का अर्थ—व्यक्ति-स्वातन्त्र्य अधिक है, अन्यत्र व्यक्ति-स्वातन्त्र्य का उतना महत्त्व नहीं है।' भारत का चिन्तन है कि व्यक्ति स्वतन्त्र नहीं हो सकता—ग्राम समाज (आत्म-निर्भर) ही स्वतन्त्र हो सकता है। प्रश्न उठता है कि क्या व्यक्ति ग्राम समाज से निकलकर स्वतन्त्र व्यक्ति नहीं बन सकता?

यह सच है कि अज्ञेय के 'अपने मत हैं, विचार हैं, निस्सन्देह पूर्वग्रह भी हैं। मूल्यों के बारे में आग्रह हैं, निर्णय हैं।' कवि हैं इसलिए सभी को सुनते-पढ़ते हैं, निर्णय देते हैं। लेकिन, 'समझने' के लिए 'शिशुवत् हो जाना अधिक उपयोगी है स्वच्छ-पूर्वग्रह मुक्त होकर। रचना में प्यार वह ताप है जिसमें मैल जल जाता है। यह कैसे पता चले कि कवि वाक्सिद्ध है। 'पर वाक्-सिद्धि में केवल चीज और नाम का सम्बन्ध ही चिन्त्य नहीं होता, नामों के आपसी सम्बन्ध भी महत्त्व रखते हैं। शब्द से शब्द का सम्बन्ध शिथिल हो या कसा हुआ, ध्वनि पर आग्रह करता है या रूप पर, मृदु है या धारदार, रंगीन या फीका—इन प्रश्नों का उत्तर पाकर ही हम कुछ निश्चय कर सकते हैं कि कवि कहाँ तक शब्द का धनी है।' इस शब्द धनी कवि ने 'असाध्य वीणा' बजाकर दम ली जबकि उसने 'पढ़कर हिन्दी सीखी' है। उनकी निगाह में हिन्दी राष्ट्रभाषा ही नहीं है वह निरन्तर बदलती विकासमान भाषा है।

यथार्थ की पहचान नंगी होती है—नंगी यथार्थता। लेकिन प्रकृत नंगापन साध्य नहीं है। हम शब्दों में यथार्थ मूल्य खोजते हैं—हमारी समस्या आत्मबोध में है। फिर ध्यान में आया फिराक का 'हुस्न' पर शेर 'वो जिस्म, चाँदनी में जैसे छूटता हो अनार।' पारम्परिक उपमाओं-उत्प्रेक्षाओं के समूह में यह उपमा अच्छी है, पर अज्ञेय इससे चकित नहीं होते, क्योंकि यह कोरा काव्य-शरीर के सौन्दर्य का चमत्कारवाद है—रीतिवाद भी।

फिर एक नया अनुभव लोक पाया 'वाचिक से पठित (छपी हुई) कविता तक आने में काव्य का स्वरूप बदला—इसका अर्थ केवल इतना ही है कि कविता को नया छन्द-शास्त्र मिल गया। फिर नया काल-बोध काल से नये सम्बन्ध का बोध-लय—काल-प्रत्यय का एक प्रकार। काल से कवि-पाठक का नया सम्बन्ध ही नया विश्व दर्शन है। दो हजार साल का सोच कह रहा है कि काव्यगत भावानुभूति और वास्तविक जीवन की भाषानुभूति में अन्तर होता है—किन्तु कला में यथार्थवाद की दुहाई देने वाले इसे नहीं मानते। कविता का वास्तविकता से सघन सम्बन्ध है—वह कल्पना-प्रतिभा-संवेदना से बहुजन सम्प्रेषण बनती है—अतः कविता की

वास्तविकता स्थूल जीवन की वास्तविकता नहीं है—यह बात आलोचक को समझ नहीं आती?

पहली बार अज्ञेय ने क्रमबद्ध काल-चिन्तन किया है। 'एक सी-एक था, कौन था, कहाँ था, कब था, किसी भी प्रश्न का उत्तर वहाँ नहीं। पर पंजाबी की लोक कथा का आरम्भ निरवधि काल से होता है और यह देश-काल का साधारण अनुभव है। भाषा में काल और यथार्थ का खुलापन है। भाषा नहीं तो पकड़ नहीं। रवीन्द्रनाथ के 'गोरा' में शहरी अभिजात जीवन्त है गाँव का संकेत भर है। 'गोदान में स्थिति उलट है—गाँव है—शहर दूर का संकेत है। 'शेखर : एक जीवनी' का शेखर आन्दोलन का एक अंग था—उसमें रोमानियत भरी थी। उसकी 'आडिएंस' दूसरी थी। इसलिए अभिव्यक्ति का संकट था। भवभूति को 'किसी समानधर्मा' की खोज थी—नया सहृदय चाहिए था। कालिदास 'अरसिको को कवित्व का निवेदन करना नहीं चाहते थे—पर केशवदास 'चन्द्रवदनि मृगलोचनी' के बाबा कहने से चिन्तित थे—"अज्ञेय का संकट था कि 'मैं क्या जानता था कि यह गति होगी कि विश्वविद्यालयों में हिन्दी प्रध्यापकों द्वारा पढ़ाया जाऊँगा।' (वही, पृ. 74)

अज्ञेय ने युग विभाजन किया—युद्धोत्तर, स्वातन्त्र्योत्तर, कहाँ तक संगत है—

भाषा की खोज—(महावीरप्रसाद द्विवेदी, मैथिलीशरण गुप्त, प्रेमचन्द)

शब्द की खोज—(पन्त, निराला, हजारीप्रसाद द्विवेदी)

अर्थ की खोज—(अज्ञेय, नये कवि)

प्रतीयमान न्याय से भी इस क्रम की संगति दीखती है। प्रश्न उठता है अज्ञेय किस अर्थ में असामाजिक हैं? क्या वह समाज विमुख हैं? सामाजिक यथार्थ व्यक्तित्व से छनकर सम्प्रेषित होता है तभी वह 'कृति' का अंग है, सर्जनात्मक सम्प्रेषी है। नहीं तो और कैसे वह 'कृति' में आता है। फिर अपने को निचोड़कर कहा "चिन्तन प्रसाद ने अधिक किया, काव्य निराला का श्रेष्ठ है, शब्द का ज्ञान पन्त का सबसे सूक्ष्म है। प्रसाद पढ़ाये जायेंगे। पन्त से सीखा जायेगा। निराला पढ़े जायेंगे।" (भवन्ती, पृ. 78) फिर प्रश्न उठाया नयी पूर्ववर्ती कविता में क्या भेद है? नयी कविता बौद्धिक कविता है। इस कथन के दो अर्थ हैं—नयी कविता में संवेदन की कमी है। इसका अर्थ हुआ कि पहले की कविता बौद्धिक नहीं थी। यह भी क्या सच है? क्या कबीर या तुलसी या केशव कम 'बौद्धिक' थे? क्या 'प्रसाद' भी कम बौद्धिक थे? भेद क्या बौद्धिकता और बौद्धिकता का नहीं है। पहले कवि की बौद्धिकता बद्धमूल है—इसके विपरीत नये कवि की बौद्धिकता बद्धमूल नहीं है। आज आत्माभिव्यक्ति उसका लक्ष्य नहीं है—उसका लक्ष्य है जटिल अनुभव का सम्प्रेषण। यह आज के कवि-कर्म का सर्वाधिक प्रबल संकट है। पूँजीवादी समाज

में 'ममेतर' की समस्या है। अपनी बनायी सीमाओं के अतिक्रमण की समस्या है।

यहाँ अज्ञेय ने 'तुक्तक' लिखे हैं—'लीजिए जी हो ही आये हम भी तो मास्को' जैसे तुक्तक। लेकिन है—इनमें भी मूल्यों का संकट—मूल्यों के संकट ग्रस्त होने का, बोधी, मूल्यों की क्राइसिस है। "जितना हमारे जानने के साधन बढ़ गये हैं—उतने ही हम अजनबी हो गये हैं, अकेले हो गये हैं, समूह से कट गये हैं। मलबे के नीचे मानव दब गया है। यह सभ्यता का मलबा है, गू के नीचे दबा मानव। करें क्या वह काल वृत्ताकार चक्रनेमिक्रोण, घूम रहा है—उसमें हमारा सारा स्वाधीनता-आन्दोलन आज एक पौराणिक प्रकरण हो गया है। वास्तव में घटित क्या हुआ—यह न कोई जानता है, न जानने का साधन बचा है—बचा है तो यह एक स्वातन्त्र्य अब जैसा भी है और एक उसका पुराण...। स्वतन्त्रता संग्राम के शहीद 'समाधि' बन गये हैं।" 'यक्ष तो वहाँ है क्योंकि शक्ति का भण्डार है, पर ओरांग उतांग नहीं क्योंकि मानव का परिपुष्ट संस्कार है। अज्ञेय ने अपना संकल्प दुहराया 'श्रद्धा या आस्था के बिना जीवन-दृष्टि तो नहीं होती, जीने का ढर्रा या नक्शा भर बन सकता है। आधुनिक जीवन का आधार कोई जीवन दृष्टि या दर्शन है भी कहाँ, सिर्फ मतवाद है और तन्त्र है।'

यह सब पश्चिमवाद की देन है "पश्चिम में कुछ लोग टटोल कर पहचान रहे हैं कि वे गड्ढे में हैं, प्रकाश के लिए छटपटा रहे हैं। छटपटाहट हमेशा सही रास्ता नहीं दिखाती। सो हाल पश्चिम का है, पर अकुलाहट तो है—और हम? हम अभी पश्चिम की पीटी हुई लीकों पर चले जा रहे हैं, खुश होते हुए कि हम उन्नति कर रहे हैं, विकसित हो रहे हैं।'

पश्चिम का कलाकार-रूप (फार्म) की खिड़की से देखकर वस्तु को संवेद्य बनाता है उसका सम्प्रेषण करता है। भारत का कलाकार प्रतीक की खिड़की से वस्तु को नहीं, वस्तु के पार—वस्तु के सत् को संवेद्य बनाता है। दोनों की कला-दृष्टियों का भेद गहरा है। फिर त्रासदी यह है कि भारतीय संस्कृति आज एक ऐसी स्थिति में पहुँच गयी है—उसने अपनी सर्जनात्मकता मानो खो दी है। अपने जीने के लिए वह एशिया का मुख देख रही है—जोह रही है। चीनी-संस्कृति की ज्योति जापान में चमकी। लेकिन भारतीय संस्कृति की ज्योति क्या अमेरिका में चमकेगी?

यहाँ पर मिथक-चेतना और मिथकों की उपयोगिता-अर्थवत्ता पर अज्ञेय ने बार-बार कई तरह से विचार किया है। समस्या इतिहास की अर्थवत्ता की नहीं, अपनी अर्थवत्ता की है। मिथक, इतिहास को नहीं, हमारी अनुभूति को, काल सन्दर्भ को, अनुशासित करता है। हमें यूटोपिया मत दीजिए कि रामराज्य में राजनीतिज्ञ भ्रष्टाचार नहीं करते थे। हमें पता है कि हर मिथक के मूल में ये प्रतीक है और आज

हम नया मिथक गढ़ नहीं सकते। आज नैतिकता के आयाम सिकुड़ गये हैं और बौद्धिक दिवालिया हो गये हैं। फिर भी युग है कि तानाशाही से नाराज है। युग का वाक्य है–जहाँ प्रेम समाप्त हो जाता है, वहाँ सत्ता शुरू होती है और हिंसा और आतंक। हिंसा अमेरिकी मानस में अधिक है।

द्रोण ने एकलव्य का अँगूठा माँगकर धनुर्विद्या का निषेध नहीं किया, समूची तन्त्र विद्या का निषेध कर दिया। प्रमथ्युबद्ध हुआ तो प्रमथ्यु मुक्त भी हुआ। कवि-कल्पना ने दोनों को छुआ। पर एकलव्य? क्या वह भी सव्यसाची हुआ। कहाँ है बायें हाथ का विद्रोह–रिवोल्ट ऑफ द लेफ्ट। मरे हुए ईश्वर की लादी मनुष्य कविता पर क्यों लादना चाहता है? इसलिए कि वह आत्म-निर्वासित बौद्धिक है। विराट् मर गया तो धर्मनिरपेक्षतावाद में बदल गया। है न चमत्कार।

अज्ञेय जापान गये तो जापानी सागर पर फिदा हो गये। वैसे भी अज्ञेय को सागर अच्छा लगता है। मन में आया हमारे पास इतना वैविध्य भरा सागर तट क्यों नहीं है। हमारे पास कन्याकुमारी जैसे कुछ सुन्दर सागर तट हैं। लेकिन वे सागर तट नहीं हैं, जिनसे समुद्र के पास आकर पहाड़ बतियाता मिलता है। जापान में बस जाता–पर सागर-पहाड़ के साथ हिन्दी नहीं है। क्या करूँ पहाड़ सागर की तरह हिन्दी 'भी मेरे दिवास्वप्न का अंग रहती है।' तीनों में रहने का अज्ञेय को अरमान है। यह अरमान भी है कि आम आदमी को दुलरा सकें–'नर जिसकी अनझिप आँखों में नारायण की व्यथा भरी है।' क्या है काल-चिन्तन, काल का डमरू मध्य : इधर-स्मृति, उधर आकांक्षा, बीच में यह चेतन क्षण; इधर कृत, उधर ऋतु, बीच में जगत्–यह जागता हुआ-बीतता हुआ जीवन-क्षण : क्या इसी को नहीं ईशावास्य की तरह जिया जा सकेगा।' कभी अज्ञेय को याद आती है द्वा सुपर्णा और कभी 'भोक्ता' क्षण। अकेला होकर भी समाज से अधिक जुड़ने का सुख जीवन-गूल्य नहीं है क्या? हर मूल्य मानव ही तो गढ़ता है। अस्तित्ववाद का सिद्धान्त सच्चाई का केवल एक अंश है। मृत्यु पर सोचना नहीं जानते हैं कि निरवधि उत्सर्ग की मुक्ति है।

चिन्तन के भीतर चिन्तन की बारीकी अज्ञेय की प्रवृत्ति रही है। पर्वत-सागर, नदी-तट, मरुभूमि सबकी एक मनोवृत्ति है और सबका एक विराट् है, 'पर नदी माँ है : नदी तट की संस्कृतियाँ सभी मातृकाएँ पूजती हैं और सभी मातृपूजक संस्कृतियाँ नदी तटों पर पनपी हैं' मूल बात यह कि पितृपरक संस्कृतियाँ सत्ता खोजती हैं, मातृपरक संस्कृतियाँ समृद्धि। अज्ञेय का अरमान रहा है 'मैं सागर सेवित पर्वतीय उपत्यका में रहना चाहता हूँ।' वह करुणा और प्रेम को आमने-सामने पाते हैं। राग की दो प्रवृत्तियाँ हैं–करुणा और प्रेम।

सार-संक्षेप यह कि 'भवन्ती' में रचनाकार चिन्तक का कसा हुआ ठोस गद्य है।

यह गद्य अज्ञेय के कवि-मन को समझने के भीतरी 'क्लू' देता है। जीवन-सर्जन के सभी पक्षों पर यहाँ दार्शनिक की तरह सोचा गया है—जीवन-मूल्यों पर करारी बहस है। इन अन्तःप्रक्रियाओं के केन्द्र में मानव-मूल्य है और सर्जनात्मकता से कमाये गये अनुभव। मानव के लिए सबसे बड़ा मूल्य है—स्वाधीनता। क्योंकि जो स्वाधीन नहीं है, वह न स्वाधीन-चिन्तन कर सकता है—न स्वाधीनता को गहरे अर्थों में पा सकता है। अज्ञेय के रचना-कर्म को समझने के लिए 'भवन्ती' एक द्वार है जिसके भीतर प्रवेश करने पर पाठक, कवि के जीवन-दर्शन से साक्षात्कार कर सकता है। अपनी रचना यात्रा में साहित्य के प्रश्नों पर अज्ञेय ने इतनी गहराई से चिन्तन-मनन किया है कि उनसे हिन्दी का एक मौलिक समीक्षाशास्त्र प्रकाश में आया है।

अज्ञेय (स. ही. वात्स्यायन) की अन्तःप्रक्रियाओं का दूसरा संग्रह 'अन्तरा' (1975) नाम से आया। 'भवन्ती' की तरह इसमें भी अन्तःप्रक्रियाओं के छोटे-छोटे टुकड़े संकलित हैं। चिन्तन-ताप के हीरे। यहाँ वैदिक कवि या ब्रह्म बोल रहा है। उपनिषद् की कथा का आश्चर्य भरा प्रश्न 'किमिदं यक्ष? कौन सी चमत्कारी सत्ता है—यह।

कितना बड़ा सच है कि अज्ञेय जैसा 'माडर्न रिवेलियन राइटर' आधुनिक विद्रोही रचनाकार अपनी परम्परा में अन्तर्यात्रा करते हुए वैदिक काल तक जाता है और निर्भय-भाव से कहता है—"एक बार फिर स्रोत वैदिक वाङ्मय ही था; सन्दर्भ था वाक् की शक्तियों का चिन्तन। भवन्ती नाम सर्जक वाक् प्रतिभा के उस पहलू पर बल देता था जिसमें रूपयिषा प्रमुख होती है—चीजें बनती हैं, रूपाकार ग्रहण करती हैं। लेकिन सर्जक प्रतिभा निरन्तर चयन भी करती रहती है : अनुभूतियों-अनुभवों का, विचारों-कल्पनाओं का, शब्दों-ध्वनियों-अर्थों अभिप्रायों का जिन सब को कूट-पीस, छान-सान, जला-पकाकर वह कभी कला रूप की सृष्टि करेगी। एक दूसरे स्तर पर (कितना सार्थक उभयार्थवाची शब्द है—'चिति') यह विचिन्वन ही अग्निचयन भी है, वहीं यज्ञ-हुताशन जिसमें स्रष्टा स्वयं निरन्तर आहुति सा स्वाहा होता रहता है और जिसमें से ही हविष्यवाही अग्निपुरुष-सा प्रकट होता रहता है? ऐसा अग्निस्नात कवि पुरुष ही वह हविष्य बाँट सकता है जो इष्टपूर्तियों का प्रतीक हो।' (अन्तरा-निवेदन, पृ. 6)

'भवन्ती' के बाद नाम सोचा—'विन्दन्ती'। फिर 'विन्दन्ती' को बदलकर नाम दिया 'अन्तरा' और 'अन्तरा' जो कदाचित् ऐसे 'माझे माझे' लिखी गयी चीजों के लिए अधिक सार्थक है। दरअसल 'अन्तरा' की रचनाओं की एक अलग जाति है—अलग दिशा-संकेत के ध्वन्यर्थ। इस नयी विधा को लेकर अज्ञेय स्वयं विस्मित रहे हैं 'प्रयोगाश्रित कोई भी नयी विधा या पद्धति रचयिता को आकृष्ट कर सकती

है। पर हर प्रयोग की सीमा भी है।' सर्जनात्मकता की सूझ तो नये मार्ग निकाला ही करती है। 'इन दो संचयनों में और मैं 'अन्तरा' पढ़ने वाले हर पाठक से आशा करूँगा कि वह 'भवन्ती' की ओर भी अवश्य आकृष्ट होगा—इस बात का काफी संकेत मिल जायेगा कि पिछले दस-बारह वर्षों में कौन-से, कैसे साहित्यिक या साहित्य सम्पृक्त प्रश्न मुझे उन्मथित करते रहे हैं, अथवा चुनौती देते रहे हैं : केवल घटना-पटल को देखने वाले व्यक्ति के रूप में नहीं, बल्कि ऐसे व्यक्ति के रूप में जिसका अपना जीवन और कर्म उन प्रश्नों के साथ बँधा है।" (वही, पृ. 8) इन प्रश्नों से अज्ञेय जूझे हैं—'और उन प्रश्नों से जूझता हुआ मैं किधर जा रहा हूँ उनमें से कौन सा प्रमाण मेरा सम्बल है, कौन सी युक्तियाँ मेरे साधन, कौन से लक्ष्य मेरी प्रेरणा।' इस संघर्ष प्रेरणा से पाठक सहमत हो—यह जरूरी नहीं है। लेकिन वह यह पाता है कि इस संघर्ष में एक जीवन निष्ठा है—अतः सात्त्विक है।

अज्ञेय का यह कथन 'अन्तरा' की पूरी अर्थध्वनि को सामने लाता है कि 'भवन्ती' की भाँति 'अन्तरा' में भी हल्के स्थल भी हैं चुहलबाजी भी है, छेड़छाड़ भी है, पर संघर्ष क्षेत्र के ये विश्राम ताजा होने के लिए ही हैं। किसी को चाहे वह विपक्षी भी क्यों न रहा हो—दुःख पहुँचाने या अपमानित करने के लिए नहीं है। अन्तरा में ऐसे स्थल भी हैं, जहाँ व्यंग्य में तीव्र आक्रोश भी हैं; पर वहाँ भी मेरा वार अधर्म नहीं है बल्कि अधर्म युद्ध के विरोध में ही है। मैं चाहता हूँ—पाठक इसे पहचाने। जिस देश-काल में रह रहा हूँ उसमें झूठ की ताकत दिन पर दिन बढ़ती और फैलती जा रही है, इस सुरसा के समक्ष 'तासु दून' रूप दिखा सकने वाला महावीर मैं नहीं हूँ, पर अभी शायद जरूरत भी नहीं है; फूले हुए गुब्बारे को तीखे सुए से भोंक देना भी यथेष्ट होना चाहिए। और वाक् की साधना करने वाला अपव्ययी नहीं हो सकता—बल्कि वह तो मौन को भी सार्थक कर्म बनाना चाहता है।' (वही, पृ. 7) अज्ञेय की वाक्-साधना और मौन पर लाल फरेरा और भगवा दरेरा—दोनों ने सन्देह किया है और उन्हें अपने झूठ के पहाड़ से ढँक देना चाहा है। जबकि अज्ञेय का 'मौन' जापानी-ज़ेन साधक का मौन है—बुद्ध का मौन है—उसमें कोई मौनी रहस्यवाद नहीं है—भाववाद नहीं है।

अज्ञेय साहित्य का देवता प्रसन्न तो क्या करेगा—वह प्रायः तनाव में रहता है—चिन्तन का सर्जनात्मक तनाव झेलता है। अज्ञेय स्वयं मानते हैं कि 'मेरी शक्ति उस तनाव में है। वास्तव में मेरी दुनिया ही उस तनाव में है। क्योंकि उसी में से मैं सृष्टि करता हूँ। हो सकता है कि तुम्हारी सृष्टि से पहले तुम्हारी स्थिति भी तुलनीय रही हो—अब असत् और सत् में, केऑस और कॉस्मॉस में तनाव रहा हो, पर उसके बाद से शायद नहीं!" (अन्तरा, पृ. 11) उनमें निरन्तर स्वाधीन-चिन्तन

का तनाव सक्रिय रहता है उनका यह पक्ष उनके मानव की मूल्य-दृष्टि एवं आस्था का है—"मानव का एक आयाम अमर आस्था का है तो एक विद्रोह का भी है। दोनों की स्वाधीनता के आयाम हैं; जैसे विद्रोह मेरी असमर्थता में बद्धमूल नहीं है वैसे ही मेरी आस्था भी मेरी अक्षमता में बद्धमूल नहीं है—दोनों मेरे स्वाधीन कर्म हैं।' (पृ. 11) आस्था और विद्रोह दोनों अज्ञेय के स्वाधीन कर्म हैं। इसकी अर्थ व्यंजना हुई मानव स्वाधीनता की खोज। इस खोज में 'दोनों स्वाधीन कर्म' नहीं मेरे स्वाधीन कर्म की दो दिशाएँ।' वे अलग-अलग हो सकती हैं, पर प्रतिकूल नहीं हैं। मानव के प्रति आस्था और प्रेम की शक्ति ने सर्जना में अनेकार्थता का विस्तार किया है। 'क्योंकि उसके सहारे मैं अकेला भी फिर अपने को ऋतु चक्र में' प्रतिष्ठित कर सकूँगा : उस निर्जन द्वीप में सब कुछ के साथ सामंजस्य स्थापित कर सकूँगा—और उस सामंजस्य में से, उस तादात्म्य में से उद्‌भूत होगा वेद, और उसमें से समूचा वाङ्मय साहित्य की सतत परम्परा—वह सब तो मुझमें है।' (पृ. 13) वेदों का क्रान्तिकारी चिन्तन अज्ञेय में परम्परा बनकर प्रवाहित है—यह उनकी 'भारतीयता' का एक उजला पक्ष है।

अज्ञेय उन विरले चिन्तकों में रहे हैं—जो 'समकालीनता' पर नये सिरे से विचार करते हैं। वे कहते हैं—वह मेरा समकालीन है। किस अर्थ में वह 'समकालीन' है? क्या मेरी कालानुभूति में वह मेरा साझीदार है? मेरे काल का सहभोक्ता है क्योंकि तभी तो उसका और मेरा एक ही वर्तमान हो सकता है—तभी तो हम समकालीन हो सकते हैं। क्या उसका भी अतीत और भविष्यत् का परिदृश्य अनुभूति के उसी बिन्दु से आरम्भ होता है, जिससे मेरा, और उतने ही व्यास में फैलता है जितने में मेरा? नहीं तो समकालीनता क्या है?' कहना न होगा कि 'समकालीनता' एक वचनात्मक न होकर हर रचनाकार के लिए नये सन्दर्भों से सन्दर्भित बहुरचनात्मक स्थिति है। इसलिए 'क्रियेटिव इक्सपीरियन्स' या रचनानुभव को 'जनरलाइज' नहीं किया जा सकता है जबकि उसमें कुछ ऐसे तत्त्व मौजूद रहते हैं जो हमेशा रहे हैं। इस तरह परम्परा का पुनर्नवा होना ही 'समकालीनता' है।

भाषा और रचना-भाषा के प्रति संघर्ष के पर्याय का नाम है अज्ञेय। इस संघर्ष में वे नयी कविता-काल के अभिनव महावीरप्रसाद द्विवेदी कहे जा सकते हैं। उन्होंने बेधड़क होकर संस्कारी-भाषा का रास्ता सुझाया और उस पर स्वयं चले भी। उनका यह आचरण ही कह सका 'हर भाषा की अपनी एक गन्ध होती है। अगरु-धूप के धुएँ से गन्धयुक्त भाषा मेरी साध्य नहीं है; लेकिन इसका यह अर्थ नहीं है कि मुझे बाजार की चटपटी या नाली की सड़ी गन्धों से गन्धाती भाषा की खोज है या कि उसके प्रति मेरी स्वीकृति भी है।' सच तो यह है—देहाती हवा की सोंधी, वनखण्डी की महक और शहरों की भी गन्ध होती है। कभी-कभार शहर भी देवदारू की ताजी

चिरी हुई लकड़ी की गन्ध से भरे होते हैं—ऐसी भाषा पर अज्ञेय का भरोसा है। उन्होंने एक बहुपठित पाठक के रूप में यह सत्य पाया कि "दो गतियों के पार के कवियों का मिलना अपने आप में कठिन है : फिर दो भाषाओं की ओट में से तो वह दूरी दो हजार वर्ष के बराबर हो जाती है—कवि-भाषा के एक-एक शब्द का हजार-हजार वर्ष का संस्कार होता है। पर इतनी दूरी पार भी मैं तुम्हें पहचानता हूँ, कवि और मेरा विश्वास है तुम भी मुझे पहचान सकते हो।' कविता दोनों को मिलाती है—एक करती है—कविता सागर के पार तक बढ़ा हाथ है।

मानव ने अपने विवेक से संस्कृति को निर्मित किया है—उसे पता है कि विचारों का मैल छुड़ाने के लिए मन को धोना पड़ता है—अपनी चदरिया उजली रखनी पड़ती है। 'आप सोचते हैं कि समाज एक मुर्गी है जो यथार्थ का अण्डा देती है। वह अण्डा आप खाते हैं और इसलिए आप मानते हैं कि वह मुर्गी आप की है। यथार्थ पहाड़-सा भी गिरता है, ज्वार-सा भी उमड़ता है, सूर्योदय-सा भी फूटता है और रात के घने कोहरे-सा दुर्भेद्य भी रह जाता है। यथार्थ में डूबे बिना यथार्थ नहीं है।' प्रश्न यही है कि आप यथार्थ के भीतर हैं या बाहर। क्योंकि यथार्थ को कोई आब्जेक्टिविटी आँक नहीं सकता है। हमारी आज की यान्त्रिक संस्कृति का यथार्थ किसी एक छोर से नहीं बँधा है। यह शैतानों का युग है और शैतानों से ईश्वर भी डरता है।

हजारों सालों की विचार-यात्रा से सांस्कृतिक मानव का जन्म हुआ है और संस्कृति मानव की सृष्टि है, जिसमें कृति-कलाएँ फलती-फूलती हैं। रचनाकार-कलाकार सृजन-धर्मा है—इस नाते वह मानव-समाज का सृष्टा है। इसी ने सारनाथ की सिंह-स्त्रयी को अर्थ दिया है और रामपुरवा के बैल को प्रतीक सत्ता दी है। लेकिन गधे इन प्रतीकों का निहितार्थ नहीं समझ सकते। उन्हें नैतिक मूल्यों की पवित्र नैतिकता का बोध भी नहीं होता। अज्ञेय ने नीतिशास्त्री आचार्य की तरह नैतिकता को हमेशा ठेंगा दिखाया है—उन्हें 'बाबा वाक्य' प्रमाण कभी नहीं लगा। न कभी धर्म-ईश्वर सम्मत नैतिकता के अज्ञेय समर्थक रहे। लेकिन समाज के नैतिक-बोध को कभी ठुकराया नहीं। कारण, नैतिकता से रहित समाज या संस्कृति इतिहास में टिक नहीं सकी है। धर्मनिरपेक्षता के नाम पर जो लोग मानववाद को निगलकर नष्ट कर रहे हैं, अज्ञेय उनके साथ नहीं हैं। 'सेकुलरिज्म' भारतीय-समाज के लिए 'फ्राड' है जिसमें भारतीय राजनीति गर्क है।

इलाहाबाद की 'परिमल' संस्था का हिन्दी-साहित्य में योगदान कम नहीं है। इस संस्था के अज्ञेय भी सक्रिय सदस्य रहे और रचनाकार की स्वतन्त्रता के लिए संघर्ष किया। अज्ञेय ने यहाँ भारती, साही, लक्ष्मीकान्त वर्मा, सर्वेश्वर और जगदीश गुप्त से चुहलबाजी की है—देखिए :

पाँच पूत परिमल बन्नो के करते आत्म-प्रचार
मुम्बा देवी एक ले गयी बाकी रह गये चार
चार पूत परिमल बन्नो के कविता करें प्रवीन
एक संसोपा में जा बैठा बाकी रह गये तीन,
तीन पूत परिमल के सोंचे कहीं न जावें खो
एक लगा प्रतिमान जाँचने बाकी रह गये दो
दो सपूत परिमल बन्नो के एक-एक से नेक
दिल्ली सेवा फली एक को बाकी रह गया एक
एक पूत परिमल का गंगा-तटे कमाता पुन्न
किन्तु कौन वह? कौन बतावे? बाकी रह गया सुन्न।

अज्ञेय के कलाकार का अकेलापन बेहद सर्जनात्मक है—यह अकेलापन जोड़ता है—मथता है। सृष्टामानव और भोक्तामानव के पार्थक्य को स्पष्ट करता है। सर्जक मूल्यों का सृष्टा है। वह काल की प्रतीति कभी इतिहास के रूप में करता है, कभी अनुभव के रूप में। लेकिन काल-मृगया का क्या अर्थ?

अन्तःप्रक्रियाओं के बीच-बीच में अज्ञेय व्यंग्य करते चलते हैं कि आप की आजादी सिर्फ जूठी थाली है—आप की भाषा गरीब की जोरू है। भीतर से अज्ञेय बोलते हैं—'किसी को ठीक-ठीक पहचानना हो तो उसे दूसरों की बुराई करते सुनो। ध्यान से सुनो।' फिर ध्यान गया—'ऐसे स्वतन्त्र राष्ट्र हो सकते हैं जिनमें व्यक्ति-स्वातन्त्र्य की नकार हो, पर ऐसे स्वतन्त्र समाज नहीं हो सकते जिनमें व्यक्ति स्वातन्त्र्य एक परिहार्य मूल्य नहीं है।' इसलिए सच्चा समाजवाद व्यक्ति, स्वातन्त्र्य के बिना नहीं आ सकता। रचनाकार को नदी की स्वतन्त्रता चाहिए जो पुराने घाटों को तोड़कर नये तटों का निर्माण कर सके।

अज्ञेय के सामने हमेशा प्रश्न रहता है कि कीचड़ में से कमल उगता है तो क्या इसलिए कि कीचड़ में डूब मरें? क्यों मरने को नकारना जीवन को नकारना है। फिर कविता तो शब्द की लीला है शब्द में लीला है—शब्द में कमिटमेंट हैं—आजादी के लिए कमिटमेंट। आज इस कमिटमेंट को सरकार चबा गयी है। सम्बन्ध टूट-फूट गये हैं। जापानी की एकाग्र मुद्रा का अज्ञेय के कवि-मानस पर गहरी छाप है और उस जापानी-प्रकृति को भी जिसमें मानव प्रकृति के योग का प्रतीक न करता है। कंकरीट के जंगल में रहने वाला कवि उस चेतना का आनन्द क्या जाने, कैसे जाने। प्रकृति का सन्देश है कि या तो पूजा करो या लड़ मरो। भोगा हुआ यथार्थ है 'गरदनें जब बाँचने गये हजरत इब्न बतूता/खड़ाऊँ छोड़ पण्डित ने उठा लिया जूता/चाँद पर जमाते हुए बोले हकलाते हुए/एहसासा कि महसूसा?/अनुभवा कि अनुभूवा? क्या

इस सारे ताल वैचित्र्य में समस्वरता है या संवादस्वरता। वे जो अपने को 'जन कवि' कहते घूमते हैं, जन-संस्कृति की ताल-लय से दूर क्यों रहते हैं? इसलिए मुखौटा तो चाहिए। जन-कवि का जन-ताव छोटा सपना है आत्मलिप्त आत्म प्रमादी। सत्य में किसे रुचि है, सत्य सहन किसे होता है 'सत्यमेव जयते' एक छल है या विश्वास। फिर कथा-सृष्टि के लिए कोरा यथार्थ काफी नहीं हो सकता। साधारण अर्थ में उसे यथार्थवादी नहीं कहा जा सकता। क्योंकि अनुभूति एक घटना है, घटमान है। जैसे अमरबेल पेड़ को खा जाती है ऐसे ही कोरी अभिव्यक्ति अनुभूति को मार देती है।

अज्ञेय ने हिन्दी साहित्य की घटिया राजनीति का जिक्र करते हुए कहा है कि हमें दिल्ली से कलकत्ते बुलाया गया। 'मुझे परिसंवाद की अध्यक्षता करनी थी और नेमिचन्द्र जैन, नामवरसिंह, मोहन राकेश को बोलना था। सभा से पहली रात बारह बज चुके थे और मैं सोने चला गया था कि किसी ने आतिथेय को जगाया, फिर आतिथेय के साथ वह मेरे पास आये। पता लगा कि तीनों वक्ताओं ने संयोजकों को सूचना दी है कि वे मेरी अध्यक्षता में नहीं बोलेंगे। प्रवक्ता बने थे नेमिचन्द्र प्रेरणा शायद नामवरसिंह की थी। संयोजक घबराये हुए आये थे।' (वही, पृ. 52) अज्ञेय ने कहा 'आपको इतनी रात कष्ट करने की क्या जरूरत थी? सवेरे तै हो जाता। वे लोग मेरी अध्यक्षता में नहीं बोलना चाहते तो आप मुझे अध्यक्ष न बनायें, अध्यक्षता औपचारिक बात ही तो है—आप किसी और को चुन लीजिए। आप चाहें तो मुझे भाषण से भी छुट्टी दे दीजिए—मैं बोलने को ऐसा आतुर तो हूँ नहीं।' उन्होंने कहा—'पर हमने तो पहले से ऐसा घोषित किया था।' वे लोग जानते हुए आये थे। और फिर सभाध्यक्ष चुनना तो संयोजकों का अधिकार है वक्ताओं का तो नहीं। बात कहीं पहुँची नहीं, वे लौट गये। कोई अढ़ाई बजे संयोजक लोग फिर लौटे। वे एक समझौता का फार्मूला लेकर लौटे थे, जिससे अध्यक्ष भी बना रहे और वक्ताओं की बात भी रह जाये—"पता लगा कि नेमिचन्द्र जैन की असल चिन्ता यह थी कि अध्यक्ष अन्त में बोलेगा तो वक्ताओं की बातों की काट करने की स्थिति में होगा। और यह सुविधा वह अध्यक्ष को नहीं देना चाहते थे। तो प्रस्ताव यह था कि मैं अध्यक्ष तो रहूँ, पर अपना भाषण पहले दे लूँ, वक्ता लोग मेरी बात सुनने के बाद बोलें और उनके भाषणों के बाद समापन के रूप में कुछ कहने का अधिकार अध्यक्ष को न हो।"

अकारण जगाने जाने की खीझ के बावजूद अज्ञेय का मन हँसने को हुआ बोले, 'देखिए; अध्यक्ष का काम केवल भाषण देना नहीं है, सभा का संचालन और समापन भी होता है।' बल्कि भाषण आवश्यक कर्त्तव्य नहीं है, संकलन है...। इसके बाद भी संयोजकों का धर्म-संकट नहीं टला। फिर अज्ञेय ने कहा 'चलिए, ऐसा कर लीजिए कि मैं अध्यक्ष न बनूँ। उद्‌घाटन या विषय प्रवर्तन मैं कर दूँ...।' इस बात पर

संयोजकों की दिलजमई होती दीखी। वे चले गये, पर इस चिन्ता के साथ कहीं उनका सारा आयोजन चौपट न हो जाये। खैर, सभा हो गयी। किसी व्यक्ति ने पूछा 'ये आपने जो प्रश्न उठाये थे उन्हें तो किसी ने आगे बढ़ाया ही नहीं। सब अनुत्तरित रह गये।' लेकिन अज्ञेय को सोचने का न जाने कितना अभ्यास रहा है, सोचा कहाँ तक लोग जाते हैं और वे लोग जो जनवादी हैं : जन को सोचने का अवसर नहीं देना चाहते, यही चाहते हैं कि उन्हें बता दिया जाये जन वही मान ले—अपने विवेक को जगाने का प्रयत्न न करे।

अज्ञेय का यह कथन क्या ध्वनित करता है कि "इसी तरह के डर से प्रेरित इसी प्रकार की हरकतें इन्हीं 'बन्धुओं' ने एकाधिक बार और भी की हैं। आज एक ताजा उदाहरण से उन सबकी याद उभर आयी। मेरे प्रति जो मनोभाव हो सो हो, पर क्या जन को सचमुच इतना मूर्ख मानते हैं या मूर्ख बनाये रखने की आशा रखते हैं।" (पृ. 54)

अज्ञेय का यह कथन तत्कालीन राजनीति का एक 'पाठ' है। इस पाठ में न जाने कितने भाष्य-उपभाष्य छिपे हैं। आज इनका भाष्य होना चाहिए ताकि सच निकलकर बाहर आ सके। और उस राजनीति का खुलासा हो सके जो अज्ञेय को लेकर वामपंथ ने की है। आखिर वे अज्ञेय का सामना करने से क्यों घबराते थे, जबकि उनकी पीठ पीछे उन्हें कहने के लिए क्या नहीं कहते थे।

इस तीव्र आक्रोश भरे प्रकरण के बाद जापान-यात्रा की स्मृति। हेमन्ती दिन, कोहरा, ढलती तेज धूप, रेल से फूजीयामा के दर्शन। फूजीयामा पहाड़ को ठण्ड न लगे—जापान के देवताओं का निवास। अज्ञेय ने जापानी लोकगीत की एक पंक्ति को लेकर लिखा—'पहाड़ के लिए फतुही नदी के लिए भाप स्नान। मेरे लिए मैं बस ओढ़े रहूँ तुम्हारा गान तुम्हारा गान?

क्या सोच है 'यह चलेगा कि देखो हमें चमचियाओ मत।' यह हाल हो गया कि कहना बीते समय वेटर से चमचा माँगा तो उसने पलटकर पूछा 'सा'ब आप पालिटिक्स में हैं? वाह रे अज्ञेय, वे तो कविता को घटना मानते रहे—उसके कथानक की पालिटिक्स में कभी नहीं रहे। वे तो गायत्री गाते रहे—'प्रातः काले ब्रह्माणि मध्याह्ने नारायणी सायं काले रुद्राणीं।' इसलिए वे 'प्रगति' के बन्दी नहीं बने। 'हिस्टरी' 'मिस्टरी' और 'मिथ' का भाष्य करते रहे, उन्हें पता चला लीला, कलम, तीर्थ, सम्पराय, संवत्सर के लिए पश्चिमी सभ्यता में इनके लिए कोई शब्द नहीं है, नहीं वे इन्हें विकृत करके ही दम लेते। वे कर्म स्वातन्त्र्य का अर्थ नहीं समझ पाते—केवल राजनीति—'लेखक है? आजाद है? मारो स्साले को। पिटाई से न सधे तो बदनाम करो, संखिया धतूरा कुछ खिला दो, पागलखाने में डाल दो। ये सब भी बेकार हो जायें

तो शाल-दुशाला, पद पुरस्कारों से लाद कर कुचल दो—वह तो ब्रह्मास्त्र है। (पृ. 61) इस तरह के कथनों में अज्ञेय द्वारा सहा गया अपमान हजार-हजार गूँजों से बोलता है। यह देखकर वे सुकून पाते हैं So, Britannia Waikes the Rules' जिसने आजादी का स्वाद जाना है उसी को गुलामी की तड़प सता सकती है। अज्ञेय ने आजादी का स्वाद जाना था इसलिए वे किसी भी तरह की गुलामी स्वीकार नहीं कर सकते—नहीं कर सके। उनका पूरा जीवन वामपंथ के गुलामों से लड़ते हुए व्यतीत हुआ—वे कवि योद्धा थे और काव्य-नायक भी। अपने से वे पूछते रहे 'क्या मेरा अच्छा लिखा हुआ हर शब्द एक चिता नहीं है—जिसमें मैं अनुपल जलता जाता हूँ। जब अच्छी तरह जलता हूँ तभी धातु शुद्ध होती है और बीनने लायक होती है। विचिन्वती। यज्ञ-चयन-चिता—संचेता-वाणी—चिद्वाक्। और भीतर से सागर की पुकार हुड़क—'सागर अविश्राम काम करता है। और परिणाम की परवाह नहीं करता। यही सागर, अज्ञेय का सच्चा प्रतीक है और जीवन-दर्शन भी। अभिजात्य है तभी करुण भी है, जो जीवमात्र के प्रति वेध्य है।

अज्ञेय आजाद भारत में मोह-भंग होने पर फूट-फट पड़े, बोले—'मिला बहुत कुछ : सब बेपेंदी का। शिक्षा मिली, उसकी नींव, भाषा नहीं मिली। आजादी मिली—उसकी नींव आत्म गौरव नहीं मिला। राष्ट्रीयता मिली—उसकी नींव अपनी पहचान नहीं मिली। यानी आजादी में जन्मे-पले मुझको आजादी के आदि पुरुष को चेहरा मिला व्यक्तित्व नहीं मिला। और बिना व्यक्तित्व के चेहरा क्या होता?...पहन लो, उतार लो। उन्हें कभी इकहरी आक्रामक भाषा और भैंस-भक्त-भारतीय नहीं भाये। संक्रामक बहुस्तरीय भाषा को ही रोलाबार्थ की तरह पसन्द किया। इकहरी भाषा का अंगीकार शब्द का व्यभिचार नहीं तो क्या है? उससे बचना चाहिए। भीतर-मन के शतदल कमल को शब्द-लीला में खिलाना चाहिए। जब अज्ञेय ने शमशेर को पढ़ा तो कहे बिना नहीं रह सके 'शिक्षा उर्दू की यानी संस्कार सब रोमानियत के; फिर बुद्धि की दीक्षा प्रगतिशील नाम से पार्टीगत कम्युनिज्म की यानी हठपूर्वक जानकारी। द्विभाजित चेतना, खण्डित चित्र-बिम्बों का काव्य। स्पष्ट है शमशेर जनकवि कभी नहीं हो सकता; जनवादी भर हो सकता है।' (पृ. 76)

अज्ञेय को सागर-मछली, नदी, स्त्री, वन के सपने आते हैं क्योंकि वे उनके अवचेतन में बसे हैं। उन्हें पुस्तक का सहारा है—वही संवेदन को मुक्ति देगी। स्मृतियाँ बूढ़ी नहीं होतीं। देह की स्मृतियाँ। देह भी ब्रह्म कृपा की मंजूषा है। सर्वेश्वर की 'कुआनो नदी'—स्मृति है—उसमें गाँव है—विवशता है। अज्ञेय उसकी पूरी समीक्षा करते हैं। नदी संस्कृति है—सागर मुकुट है—मरुदेश फूलों की प्रतीक्षा—'एक मरु मैं भी हूँ, पर जब-तब फूलता हूँ। उन्हें शिवमंगल सिंह सुमन और श्रीकान्त वर्मा पर

व्यंग्य करने में आनन्द आता है। उनका कवि-चिन्तन पाता है कि काव्य का आस्वादन : तीन घटनाओं का क्रम एक लेखक में घटित। एक सम्प्रेषण की प्रक्रिया में, एक सामाजिक (पाठक-श्रोता) में।

क्या विडम्बना है कि जो अज्ञेय को चौंकाती है। नव स्वतन्त्र अफ्रीकी देशों का साहित्यकार अपनी अस्मिता की आक्रोश भरी खोज को श्यामत्व (नेग्निट्रेयूड) का नाम देता है और हमारे आलोचक प्रशंसा के मारे आपे से बाहर हो जाते हैं। पर भारतीय साहित्यकार भारतीयता की बात करता है तो वे आलोचक लट्ठ लेकर उसके पीछे पड़ जाते हैं। कष्टकर तथ्य यह भी है कि दोनों के मूल्यांकन करने का कोई स्वस्थ मानदण्ड हमारे आलोचकों के पास नहीं है। वे भूल जाते हैं कि भारतीय की भारतीयता भी उतनी ही मूल्यवान है—जितनी अफ्रीकी की अफ्रीकियत—बल्कि अधिक ही मूल्यवान। क्योंकि भारतीयता पर अधिक बड़ा संकट है। अज्ञेय का भोगा हुआ सच है कि जिन आदर्शवादी मूल्यों से आजादी की लड़ाई लड़ने वाली पीढ़ी बँधी रही है, वे आज खोखले हो गये हैं। हम यह तक भूल रहे हैं कि कविता शब्द में होती है, विचार भाषा में होता है। "और कवि शब्द में शब्द नहीं जोड़ता, अर्थ में भी अर्थ संस्कारों, रूपाकारों की अनेक गूँजें, अनुगूँजें उत्पन्न करता है, ध्वन्यर्थों का एक पूरा संसार रच देता है।" (पृ. 116) अज्ञेय के लिए शब्द का धर्म है रचनात्मक कर्म।

अज्ञेय पूछते हैं—आम आदमी, आम आदमी, आम आदमी। आम आदमी क्या होता है? वामपंथी आम आदमी रटते हैं—क्यों वे नहीं जानते आम जनता तो होती है—आम आदमी नहीं होता। जनता एक अमूर्त्तन है, केवल पारिभाषिक अस्तित्व रखती है। कला और साहित्य की आँख तो खास होती है, अद्वितीय है बल्कि जिससे देखने से 'आम' 'खास' हो जाये। वही कला सृष्टि है। साहित्य में आम भाषा भी नहीं होती, वह भी 'विशेष' होती है कवि के इस्तेमाल में आते ही वह विशिष्ट हो जाती है। उनके लिए 'इंटेलेक्चुअल' का अर्थ है—विचार को, आइडिया को वरीयता देना—शिक्षा दीक्षा का पेशेवर उपयोग करना 'इंटेलेक्चुअल' होना नहीं है। समाज सोच नहीं सकता, उसके लिए सोचने का काम व्यक्ति करता है। प्रश्नों का उत्तर निरन्तर शोध माँगता है।

अक्सर पूछा जाता है कि 'शेखर : एक जीवनी' के रचनाकार ने अपनी आत्मकथा क्यों नहीं लिखी। लिखते तो बहुत से रहस्य खुल जाते। अज्ञेय ने इस पर विचार किया है और कहा है "इसका क्यों महत्त्व है कि लोग इस व्यक्ति को जानें? मैंने आत्मकथा लिखना कभी नहीं चाहा। संस्मरण भी नहीं। तब अब क्यों अतीत का जो याद आता है? कभी लिख भी देना चाहता हूँ? बुढ़ापे की अचूक पहचान? नहीं। यह नहीं मानता कि मेरे घटित का कुछ मूल्य हो गया है। आत्म

प्रदर्शन भी अब भी उतना ही अप्रीतिकर लगता है जितना हमेशा। मेरे विचारों का भी कोई महत्त्व उनके मेरे होने के नाते नहीं है, इसलिए उनका निजी, विषयीगत, प्रस्तुतीकरण अनावश्यक है। विचार विचार है और उसी नाते उसकी कसौटी होनी चाहिए।" (पृ. 80) इस सच से साक्षात्कार करने वाले अज्ञेय ने झूठ का महल—आत्मकथा में खड़ा नहीं किया।

'अन्तरा' की 'अन्तःप्रक्रियाएँ' साहित्य के सामाजिकों के लिए बड़ी कीमती चीज़ है। उनमें रचनाकार अज्ञेय का रचनानुभव, रचना संघर्ष—तनाव, युग की राजनीति, रचना-प्रक्रिया, रचना-सम्प्रेषण, रचना भाषा-शब्द प्रतीक-मिथक-छन्द सभी का समग्र बोलता मिलता है। मित-कथन गद्य-पद्य के कथनों में अज्ञेय का क्लासिकल संयम और सन्तुलन सीखने की चीज है। अज्ञेय का व्यंग्य सपाट न होकर व्यंजना पर केन्द्रित रहता है। इस गद्य-विधा की वामन-डगों में वह बहुत कुछ नाप लेते हैं।

अज्ञेय की डायरी या अन्तःप्रक्रियाओं के संग्रह की तीसरी पुस्तक है—'शाश्वती' (1975-79)। इस चिन्तन पर सरकारी अन्धेपन के काल 'आपातकाल' की छाया है—गूँज है—संकेत है। इन प्रतिक्रियाओं का प्रकाशन 1979 में राजपाल एण्ड सन्स, कश्मीरी गेट, दिल्ली से हुआ। इसी क्रम में अन्तःप्रक्रियाओं के दो और संकलन 'भवन्ती' और 'अन्तरा' आ चुके थे। इस 'शाश्वती' के निवेदन में कहा— 'जिस कारखाने में रचना होती है उसका भी एक सहज अवलोकन कर लें। अपनी अन्तःप्रक्रियाओं को अज्ञेय ने स्वयं 'रचना का कारखाना' कहा और सहमते हुए विचार व्यक्त किया कि 'यहाँ रखे गये विचार अथवा अनुभव अधकचरे नहीं हैं। कारखाने के रूपक से ऐसी सम्भावना हो सकती है कि यह सब केवल कच्चा माल है अथवा अधूरी बनी या बनते-बनते बिगड़ गयी चीजें हैं। जबकि पाठक के सामने केवल तैयार माल जाना चाहिए और वह भी पूरी पड़ताल के साथ।' जाहिर है कि अज्ञेय के मन का कुम्हार और सुनार 'तप' करने का संकल्प लेकर यह सब कह रहा है। इसलिए इनमें न अधूरापन है, न कच्चापन। बल्कि इस काल के अन्य रचना कर्म के समान्तर 'एक यात्रा की झाँकियाँ' हैं। झाँकियाँ हैं इसलिए पूरा परिदृश्य प्रस्तुत नहीं करतीं; लेकिन झाँकियाँ हैं इसलिए प्रत्येक में एक स्वायत्तता है—यह स्वायत्तता उसे स्वतः पूर्ण बनाती है। इनमें आन्तरिक-चिन्तन की बेचैनी ने एक व्यवस्था की निष्पति की है।

इन अन्तःप्रक्रियाओं की यथार्थ झाँकी पाना है तो पाठक को पहले 'भवन्ती' और 'अन्तरा' के लोक में पैठना होगा ताकि पाठक पर 'अशमित कौतूहल' से इस संकलन के प्रति आकृष्ट हो। अज्ञेय अपनी मानस यात्राओं में पाठक को सहभागी

रूप में पाना और बनाये रखना चाहते हैं—इस दृष्टि से 'शाश्वती' एक शाश्वत आमन्त्रण है। हम भारतीय पाठकों को याद है कि संस्कृत काव्यशास्त्र में ध्वनि—सिद्धान्त की स्थापना करते समय सहृदय पाठकों पर ध्यान दिया गया है। रचना के दो पक्ष हैं—एक संघटना, दूसरी प्रतीति। संघटना तो वाच्य है, पर प्रतीति है प्रतीयमान। 'ध्वन्यालोक' में प्रतीयमान की चर्चा का विस्तार है। ध्वनि या संकेत में एक अर्थ दूसरे अर्थ का, दूसरा अर्थ तीसरे अर्थ का विस्तार करता है। इस तरह गूँज और अनुगूँज और संकेत का रिश्ता पाठक से जुड़ा हुआ है। आनन्दवर्धन और अज्ञेय में एक समानता है—दोनों कवि रूप में पहले जाने गये। चिन्तन का, आचार्यत्व का दायित्व दोनों ने बाद में सँभाला है। दोनों ही एक वर्ग के रसिकों या सहृदयों के लिए रच रहे हैं और परम्परा को पुनर्नवा रूप प्रदान करना चाहते हैं। इसलिए परम्परा विद्रोही स्वभाव के रचनाकार हैं। आनन्दवर्धन सहृदयों की मनःप्रीति के लिए 'ध्वन्यालोक' ग्रन्थ लिखते हैं और अज्ञेय सहृदयों के लिए 'भवन्ती', 'अन्तरा' 'शेषा' की अन्तःप्रक्रियाएँ। इन अन्तःप्रक्रियाओं का प्रस्थान ही ऐसा है जिनके ध्वंस के लिए मार्क्सवादियों ने अभियान चलाये और अज्ञेय की चिन्तन परम्परा का गुट बनाकर विरोध किया है। लेकिन यहाँ अज्ञेय का व्यक्ति-विवेक, व्यक्ति-स्वातन्त्र्य, स्वाधीन-चिन्तन का पक्ष तर्क और मनन पद्धति का बेजोड़ नमूना है। अज्ञेय मानते हैं कि यह सत्काव्य तत्त्व का सिद्धान्त पकी हुई बुद्धि वाले सहृदयों के मन में सोया था—सहृदयों के उदय और लाभ के लिए उसी की महत्ता का प्रतिपादन किया। इन्हें ही बुध, काव्यतत्त्वविद्, प्रतिभा सचेतस, भावक, भवात्मा, मनीषी कहा गया है क्योंकि इनमें रचना को परखने की भावयित्री प्रतिभा होती है जो कवि की कारयित्री प्रतिभा का सम्मान करना जानती है। इसी संस्कारी पाठक की अज्ञेय को तलाश रही है। अज्ञेय के मन में सहृदय का वह मानक मौजूद है जिसका लक्षण अभिनवगुप्त ने यह स्वीकार किया है कि 'येषां काव्यानुशीलनवशाद्विशदी भूते मनोमुकरे वर्णनीपतन्मयीभवन योग्यता' जो लोग काव्यों के अनुशीलन के कारण मन के दर्पण के निर्मल होते चले जाने से काव्य के वर्ण्य-विषय में तन्मय हो जाने की योग्यता रखते हैं या पा चुके हैं। परम्परा में सहृदय एकवचन नहीं है बहुवचन है—सहृदयों का एक समूह। इस सहृदय मण्डली ने ही काव्य-कला चिन्तन की परम्परा को बदलते हुए क्रान्तिकारी रूप दिया है और अनेक प्रचलित मान्यताओं को ध्वस्त कर अनेक नयी समझों को आदर। इसी कवि-सहृदय केन्द्रित प्रस्थान ने काव्य की स्वायत्तता और कवि के स्वातन्त्र्य की बात कही है और इसी विचार को अज्ञेय जीवन भर समर्थन देते रहे हैं। प्रश्न उठता रहा है कि सहृदय किसकी कविता पढ़कर-सुनकर मनोमुकुर विशद बनाता है। पुरानी स्थापित कविताओं को सुनकर या नयी लिखी

जा रही रचनाओं को सुनकर। ज्यादातर सहृदय पुरानी कविता के साथ नयी कविताओं की ओर प्रेरित होते हैं। यह नया सहृदय ही नया-सहृदय-समाज है। यह सहृदय समाज ही रचना को परखने के ऐसे पैमाने निर्मित करना चाहता है, जिससे पुरानी-नयी सारी सृजन-परम्परा को समझा जा सके तथा समकालीन रचना कर्म को परखा जा सके। यह सहृदय बड़ी प्रबन्ध रचनाओं के साथ छोटे आकार की रचनाओं के साथ भी न्याय कर सके। क्योंकि रचना का आकार रचना की महानता-उत्कृष्टता-उदात्तता का मानदण्ड नहीं हो सकता।

अज्ञेय ने आनन्दवर्धन और अभिनवगुप्त, आचार्य रामचन्द्र शुक्ल और आचार्य हजारीप्रसाद द्विवेदी की इसी सहृदय केन्द्रित परम्परा (साहित्य सहचर, साहित्य का साथी) को आगे बढ़ाया है। सजग संस्कारी पाठक अज्ञेय का प्रस्थान है। यही पाठक शब्द से उठी गूँजों-अनुगूँजों को गहता है। वे वाच्य और व्यंग्य दोनों को समझने पर बहुत जोर देते हैं। वे कृति में तन्मयीभवन और भवावगाहन के साथ समग्र संरचना के अवधान पर जोर देते हैं, इस विचार से अज्ञेय कृति के नाम 'शाश्वती' पर विचार करते हैं, पहले इन अन्तःप्रक्रियाओं का नाम 'शेषा' सोचते हैं, फिर अन्तर्मन्थन से अनुभव करते हैं 'यह संकलन प्रकाशनार्थ देते समय मेरा मनोभाव वैसा नहीं है। जो बचा-खुचा है वह नहीं, लगातार पचास वर्ष तक लिखते रहने के बावजूद भी जो बचा रह जाता है—प्रश्न, चिन्ताएँ, सन्देह, आस्थाएँ, व्याकुलताएँ, आनन्द और प्रतीति की सम्भावनाएँ—उन सबके संकेत लेकर ही मैं पाठक के सामने आया हूँ।' इस अन्तःप्रक्रियाओं के 'पाठ' में 'पाठक' की प्रबुद्धता चाहिए। 'क्योंकि ये केवल संकेत हैं। इसीलिए मैंने स्वीकार किया कि इनमें एक आरजीपन है, लेकिन इनके साथ जुड़े हुए वे स्थायी सरोकार हैं जो जीवन को जितनी भी उसकी सार्थकता रही देते रहे हैं। इसीलिए इन अनुभवों की स्वतःप्रमाणता का दावा और यह नया नाम 'शाश्वती' है।

पाठक इस अन्तर्यात्रा में सावधानी से यह संकेत पाता है कि व्यक्ति सर्जक होता है, सृष्टि करता है। क्या समाज भी सर्जनशील होते हैं, सृष्टि करते हैं? अगर करते हैं तो समाज में नियामक कौन है? समाज व्यवस्थापक, समाज अभियन्ता, मैनेजर्स ऑफ सोसायटी, इंजीनियर्स ऑफ सोसायटी—ये पद आज सुनने को मिलते हैं। (प्रायः शासक वर्ग के लोग अपने को इन अधिकरणों में देखते हैं) पर क्या ये लोग या ये प्रयास मानव की सर्जनात्मक प्रतिभा के सम्पर्क में हो सकते हैं? जाहिर है अज्ञेय के सामने उत्तर-आधुनिक समाज, उत्तर-पूँजीवाद समाज दस्तक दे रहा है और परिवर्तन-चक्र की गति बहुत तेज है पुराने समाज, पुराने मूल्य, पुरानी विचारधाराएँ धूल में ध्वस्त हो रही हैं और एक खाता-पीता उपभोक्ता समाज, इन्द्रिय लोलुप समाज—सत्ता उभर रही है। इसमें नर अब नारी को नहीं, नारी अब नर को

नचा रही है। अब कृष्ण किनारे पर चले गये हैं—केन्द्र में राधा आ गयी हैं—वह सुख से जीने की तलाश में है, स्वाधीन होकर जीने की तलाश—जिसमें पुरुष वर्चस्ववाद न हो।

यथार्थ को देखने की एक नहीं, अनेक दृष्टियाँ हैं दृष्टिकोण हैं—परस्पर पूरक दृष्टियाँ हैं। आज यह भावना ही मूर्खता है कि बाह्य या सतही यथार्थ आभ्यन्तर यथार्थ की अपेक्षा अधिक यथार्थ है। अज्ञेय का लोओनार्डो दा विंची की उक्ति पर ध्यान जाता है जिसकी उक्ति है 'घण्टी सुनो : घण्टी एक है पर सुनने के हजार तरीके हैं। अर्थात् यथार्थ एक है—पर इन्द्रियों से उसके गृहीत तत्त्व के हजार तरीके हैं। एक को देखने का यथार्थ सबको देखने का यथार्थ—सब संदिग्ध हैं। यथार्थ—जब कभी दर्शक-निरपेक्ष सृजन-निरपेक्ष हो जाता है तो उसका सर्जना से, रचना-दृष्टि से, साहित्यिक यथार्थ से सम्बन्ध टूट जाता है। रचना-दृष्टि को कला दृष्टि में स्थापित कर देता है। कविता और जीवन में पुराने प्रश्न झर जाते हैं—नये प्रश्न फूट-फट पड़ते हैं। यह रचना की प्रश्नाकुलता ही नये प्रश्नों को सामने लाती रहती है और नये जीवन-युद्धों का संकेत देती है। इसीलिए अज्ञेय 'रचना की तीसरी आँख' को खुला रखना चाहते हैं। वे व्यंग्य-वक्रोक्ति की मार से कहते हैं—'सव्यसाची तो हूँ पर दाहिनी आँख कानी है न, उधर दीखता नहीं, इसलिए वामदिशा में ही जाता हूँ वाम अस्त्र ही चला सकता हूँ।'

अज्ञेय के पास जयशंकर प्रसाद की तरह एक शिशुमन है, जिसमें हर प्रश्न में निहित 'क्यों' होता है—उसमें इस 'क्यों' को शमन करने की प्रवृत्ति रहती है। वह बड़ों के उत्तरों को छलनी से छानकर ग्रहण करता है—स्वयं अपनी अनुभव प्रतीति पर बल देता है, यह कमाया हुआ अनुभव ही यथार्थ-बोध है। किन्तु हर यथार्थ में 'सेन्स' हो यह जरूरी नहीं है। 'लेकिन इस अर्थ में अनुभूति को प्रत्यक्ष करने वाला, उसका भोक्ता, 'कवि' नहीं है। 'कवि' होने के लिए फिर एक दूरी भी अपेक्षित है। यथार्थ-सत्ता अनुभव प्रत्यक्ष तो हो, उसे गहते हुए रचकर अन्य संवेद्य भी बनाना होता है। अनुभव प्रत्यक्षता का कवि—कर्म की इति नहीं, वहाँ से तो उसका काम आरम्भ होता है। वहाँ से साधक का भी कार्य आरम्भ होता है। दोनों की शक्ति अतिक्रमण में है, केवल सर्जन में नहीं। आँख को देखती आँख ही विश्व को 'प्रतिबिम्ब' में लाती है, यही कविता है। पर यहाँ भी कविता का यथार्थ एक तरह का यथार्थ है—कला का दूसरी तरह का साहित्यालोचक का तीसरी तरह का है, सब के अलग-अलग यथार्थ हैं। काव्य और कला में संवेदना के स्तर पर फर्क होता है। इसी विचार को स्वीकार करने वाली भारतीय चिन्तन निरन्तर कलाओं के तत्त्व दर्शन की तत्त्व-दृष्टि की ओर बढ़ती रही। तभी तो यहाँ प्लेटो वाला विराट्-विभ्रम पैदा नहीं हुआ कि सृजन

के क्षणों में परमात्मा कवियों से उनका मस्तिष्क छीन लेता है। कविता एक दिव्य पागलपन (इन्सेनिटी) की वाणी है। यूरोप के मध्यकाल में ज्यादा चिन्तन 'पारम्परिक' रहा। अठारहवीं शताब्दी में स्थिति बदली। उन्नीसवीं शताब्दी में प्रायः सारा चिन्तन–कला चिन्तन–चित्रकला के क्षेत्र में हुआ एवं उसी की दृष्टि ने साहित्य को प्रभावित किया। पर आज? दो समान्तर यथार्थ हैं, दोनों के अलग भूगोल अलग इतिहास हैं। फलतः विज्ञान कला समाजशास्त्र से उत्पन्न दो आधुनिकताएँ हैं, दो समकालीनताएँ हैं।

महत्त्वपूर्ण प्रश्न आज यह है कि 'महान साहित्य' और 'महान लेखक' की जो बहुत चर्चा हो चुकी। पर क्या 'महान पाठक' भी होता है? या क्यों नहीं होता या होना चाहिए? क्या जो समाज लेखक से 'महान साहित्य' की माँग करता है–वह समाज 'महान पाठक' समाज की बात क्यों नहीं करता। रचना में कोई घटना 'देश' में नहीं होती, 'देश' और 'काल' में होती है। प्रश्न उठता है–पाठक कैसे पढ़ता है। लेखक स्वयं हटकर पाठक को उस देश काल में कैसे ले जाता है–चाहे वह रवीन्द्रनाथ का 'गोरा' हो या अज्ञेय का 'शेखर : एक जीवनी'। वहाँ 'महान पाठक' की भूमिका क्या है-क्यों है? अज्ञेय व्यंग्य करते हैं–जब आप को पहले से ही मालूम है, आप क्या खोजने चले हैं तो फिर अपने को 'रियलिस्ट' क्यों कहते हैं–रचना विराट् का द्वार होती है, उसमें मुक्त मन से प्रवेश करो ताकि विराट् को क्षति न पहुँचे।

हमारे समय ने सभी परिभाषाएँ उलट-पलट दी हैं। स्वतन्त्रताएँ बन्धन बन रही हैं। जहाँ तक लिखने का सवाल है लिखने को सभी स्वतन्त्र हैं। रचना स्वातन्त्र्य का प्रश्न इतना ही नहीं है कि मैं जो चाहूँ लिखूँ। लेखक समाज के प्रति उत्तरदायी है। वह समाज में स्वतन्त्र है समाज से बँधा है। रचना-कर्म इस हद तक स्वतन्त्र हो कि उसका फल 'साधारण आदमी' भोग सके।

रूप और अरूप के संघर्ष की भाँति देश और अदेश का 'टोपिया' और 'यूटोपिया' का भी संघर्ष रहा है। अरूप चिन्तन की एक परम्परा रही है–बंगला में रवीन्द्रनाथ ने रूप-अरूप की जोड़ी बार-बार प्रस्तुत की है। हिन्दी में छायावादियों ने ही नहीं, राष्ट्रीयतावादी-भारतीय आत्माओं-नवीन; 'दिनकर' ने भी उसे महत्त्व दिया पहले महायुद्ध के समय से ही साहित्य में एक 'यूटोपिया' ने स्थान पा लिया। कृतिकार कृति लिखता है–सामाजिक इतिहास नहीं लिखता। रचनाकार की 'रियलिटी' उसकी चेतना की 'वस्तु' की रियलिटी है–उसके मनोजगत् की है, बाहर की नहीं। इसलिए उसके यथार्थ को ऐतिहासिक-दृष्टि से देखना काफी नहीं है उसके मनोजगत् के यथार्थ तक पहुँचना आवश्यक है। और प्रेमचन्द-प्रसाद तक वहाँ यूटोपिया मौजूद है–सुमित्रानन्दन पन्त में भी। सच है कि रचनाकार–मानस कल्पना के सहारे बनता

है, क्या इसीलिए वह 'झूठ' है? प्रगतिवादी का यूटोपिया 'आश्रम' नहीं है 'कम्यून' है। गाँधीवादियों ने आश्रम जीना चाहा, इप्टा जैसी संस्थाओं ने 'कम्यून' जीना चाहा। नगेन्द्र-नन्ददुलारे-नेमिचन्द्र जैन सभी समाज परिवर्तन की बात करते रहे—केवल बाहर तथ्यों से उनका सरोकार रहा। वे लोग मनोजगत् के बदलने की ओर ध्यान नहीं दे सके। वे कोटियाँ बनाते रहे—यह अयथार्थ है। अज्ञेय प्रश्न उठाते हैं, 'क्या विभिन्न अन्देशों के बीच अश्रमिक, वर्गिक, वैज्ञानिक यूटोपिकाओं के बीच जो अन्तर है वह उस अन्तर से अधिक प्रत्यक्ष महत्त्व नहीं रखता जो हम 'पूर्व' और 'पश्चिम' की राजनीतिक दुनियाओं के बीच देखते हैं।

यहाँ अंग्रेजी में अज्ञेय गद्य और कविताएँ खूब रचते हैं और पढ़ने के तमाम मेटाफर साथ ही छोटी हाइकू सी छोटी कविताओं में व्यंग्य वाण चलाते हैं खोजने चलो आदमी मिलती है जनता छपती हैं खबरें इतिहास नहीं बनतीं' इसलिए कि 'प्रकृति' के प्रति नजरिया बदल गया है। पेड़ ने लम्बी साँस खींच कर कहा 'तुम कवि हो न? मैंने कहा, हूँ भी तो क्या? वन-प्रकृति का भक्त हूँ, पेड़ों से प्रेम है मुझे—' पेड़ टोक कर बोला, 'होगा, होगा। तुम पेड़ पर कविता लिखो, या पेड़ को बचाने के आन्दोलन के लिए ही कविता लिखो, छपेगी तो पेड़ की लुगदी पर ही। जब-जब कोई लिखता है मैं लम्बी साँस लेता हूँ, यह पेड़ काटने का एक और निमित्त बना...' पेड़ के साथ कविता का यह भी एक रिश्ता है। इतना साफ नहीं दिखा था न? फिर संकल्प के स्वर में कहा, 'कम लिखो, जब तक अनिवार्य न हो, मत लिखो। जितना बनाना-सँवारना है, मानस में ही करके तब रूप को कागज पर उतारो—जितना, घना-गठीला, छोटा बनाकर सम्भव हो। और हमेशा पेड़ को प्रणाम करके, क्योंकि यही तुम्हारी बलि है।'

आज प्रेम सम्बन्ध ही नहीं बदले हैं उनकी दूधिया गाँठें भी सूख गयी हैं—'अँधेरे में पहाड़ खोदता फरहाद हो गया अन्धा/शीरी ने कर लिया है सुरमा बेचने का धन्धा'/पूरा सूफी प्रेम-दर्शन 'पाठ' का नया सन्दर्भ पाकर कहाँ पहुँचा है।

अज्ञेय के मनोजगत् में रहट चलता है जिससे ध्वनि निकलती है कि कितना दुष्ट है वह समाज जो विद्रोही-सर्जक को पूजता नहीं है। परम्परागत स्थितियों से सच्ची सर्जना विद्रोह करती है, यही उसकी नियति है। मन की सम्बन्धकारक प्रतिभा क्या यथार्थ का रूपान्तर नहीं है, क्या यथार्थ की पहचान सम्बन्धों की पहचान नहीं है? हम सामाजिक-सांस्कृतिक अस्मिता की खोज करते हैं। क्या भारतीय समाज को भी भारतीयता की खोज है? या यह खोज उन्नीसवीं शताब्दी की यन्त्रणा में बह गयी है। चुक गयी है? क्या करें? अज्ञेय उलटवासी पढ़ रहे हैं—कबीर की तरह अकड़कर कह रहे हैं 'संजय हो गये धृतराष्ट्र कौरव सब दब्बू/शान्ति के शैदाई व्यास अन्धे

शकुनि देते हैं हाथ उठा धर्म की दुहाई/भीष्म, विदुर, भौचक पाश-बँधे सुलझाते गोरखधन्धे'/अज्ञेय प्रश्नाकुल कवि हैं और नचिकेता स्वभाव के विद्रोही जिज्ञासु। वे अपने भीतर से प्रश्न उठाते हैं—अवधारणा करना सूक्ष्मीकरण है या स्थूलीकरण, यह इस बात पर निर्भर है कि आरम्भ कहाँ से किया है। ईश्वर अगर कवि है तो अवश्य ही वस्तु की अवधारणा करता है, क्योंकि न कुछ से आरम्भ करता है और समस्त कलाकारों की सृष्टि करता है। मानव अवधारणा करता है तो स्थूल से सूक्ष्म को खींचता है, क्योंकि वस्तुओं के जगत् से मनोजगत् में जाता है। मनोभूमि पर आकर कवि और ईश्वर बराबर हो जाते हैं।

अज्ञेय की मिथक चेतना का एक शानदार आकाश है। यमुना सूर्य की बेटी। कालिय उसका जल दूषित करता है। कालिय, काल-सर्प, कालगति का अनुज्ज्वल और भयानक प्रतीक, सूर्य तनया प्रवहमान काल का उज्ज्वल प्रतीक। शेष, कालिय-दोनों सर्प। उज्ज्वल, शुभ्र, मंगल और अँधेरा, मलिन, अशुभ व्हाइट टाइम और ब्लैक टाइम? काल और प्रतिकाल—टाइम और एंटी टाइम, जैसे मैटर और एंटीमैटर?

अज्ञेय रचते हुए सोचते हैं और सोचते हुए रचते हैं, दोनों में अद्वैत है। वे सोचते हैं 'क्या 'प्रोटिस्ट' का आधार एक नकारात्मक नहीं होता? अर्थात् क्या मौन का भी 'रेहटारिकल' मूल्य नहीं हो सकता? नकार के मौन में तूफान की-सी गड़बड़ाहट हो सकती है। क्या नकार के मौन की गड़गड़ाहट 'रेहटारिक' है। अज्ञेय को आजाद भारत में इस बात का कष्ट रहा है कि आजाद होने के बाद हम आत्मधिक्कार, आत्म-प्रवंचना के शिकार हो गये। गुलामी के दाग हमारी स्मृति पर गहरे होते गये और हमारी जातीय स्मृति को मिटने का खतरा उत्पन्न हो गया। हमारे इतिहास-परम्परा का ज्ञान सतही हो गया और आजादी के संघर्ष का संस्कार नयी पीढ़ी नहीं ले पायी। बहुत कुछ छूट गया। हम भूल गये महापुरुषों की मूर्तियाँ बनती हैं मूत्तियों से महापुरुष नहीं बनते। हमने राजपथ पर एक मूर्तिविहीन मण्डप खड़ा कर दिया, जिससे कुछ सिद्ध नहीं होता। हम उस सड़क को 'ब्रितानी साम्राज्य बीथी' नाम दे सकते थे, नहीं दिया।

आजादी के बाद सत्ता का नाटक हुआ। नेहरू वंशवाद सत्ता की छाती पर चढ़ बैठा। इन्दिरा गाँधी को साक्षात् दुर्गा और 'इण्डिया' मनवाने का अभियान चमचों ने चलाया। दलित नेता कांशीराम ने इस युग को 'चमचा युग' कहा है। अज्ञेय ने व्यंग्य से लिखा 'मंच पर पधारे युवा नेता संजय गाँधी। यारों ने पहले से ही कैसी हवा बाँधी। बोले क्या? बोलने को कह गये। सुनने को चमचे फकत रह गये। क्या है अंग्रेजी मुहावरा? चाय की प्याली में आँधी।' आपातकाल का अन्धकार उमड़ा। सत्ता के

गिद्धों की बन आयी जिसे चाहा जेल में डाल दिया। अभिव्यक्ति की स्वतन्त्रता की इस लोकतन्त्र में अधिनायकवादी तन्त्र ने जीभ काट डाली। सत्ता शक्ति का देश में नंगा नाच हुआ। हम सभी ने महसूस किया—यही वह देश है जहाँ 'इन्साफ की हत्या से उसे बहुत बेचैनी' नहीं होती, जबकि नाइन्साफी देखकर उसे व्याकुल हो जाना चाहिए। सत्ता के साँप दूध पीकर फुफकारते हैं—यह उनका न्याय है, धर्म है। इस पराधीनता ने 'स्वाधीनता' का अन्त कर दिया। हमने पाया—पराधीनता का बन्धन न रहने से ही हम स्वाधीन नहीं हो जाते, स्वाधीनता भी संकल्प माँगती है और वह संकल्प स्वाधीनता के भोग का नहीं, उसके पूरे प्रसाद का संकल्प है। भारत और पश्चिम की परम्पराओं में बुनियादी अन्तर है, यह अन्तर काव्य-कला के क्षेत्रों में दिखाई देता है।

अज्ञेय का मानना था कि हमें ठीक 'दृष्टिकोण' चाहिए। क्योंकि इससे चेतना वृत्त बनता है और देखने का अर्थ-प्रसंग भी। सत्ता ने आजाद भारत में 'जन' से दगा किया। जनता अर्थात् 'कबिरा, हम तो अपना घर फूँककर बाजार में आ गये, पर वहाँ तो जितने लिये लुकाठी हाथ आये थे, सबने अपनी दुकानें छवा ली हैं। रिश्वत और भ्रष्टाचार देश का चरित्र बन गया और अनुशासनहीनता कर्त्तव्य।

चिन्तन के शिखर पर पहुँचकर इस रचना योगी अज्ञेय ने कहा—मानव जब अवधारणा पाकर भाषा-शक्ति 'आत्मचेतन' होकर 'अपूर्वानुमेय' हो जाता है, तभी वह साथ-साथ सामाजिक भी हो जाता है। इस दृष्टि से सामाजिकता को, स्वाधीनता को विपर्यय न मानकर उसका विस्तारं ही मानना चाहिए। अतः 'व्यक्ति-स्वातन्त्र्य' का सिद्धान्त उसकी स्वाधीनता का एक आयाम है। मानव का व्यक्ति भी अपूर्वानुमेय है। व्यक्ति को उसका 'परिवेश' और 'आकांक्षा' का आयाम रूप देता है। अज्ञेय ने अपने मित्र पर व्यंग्य किया और कहा 'मेधावी थे माचवे पर हो गये पोंगा/कान से लगाये-लगाये आकादमी का चोंगा/सबको मनाते हाँ में हाँ मिलाते/घिघियाते-घिघियाते रह गये घोंघा'/अपने मित्रों के इस घोंघावाद को अज्ञेय ने कभी न बर्दाश्त किया, न शरण दी। उन्हें सत्ता की टुकुड़खोरी कभी नहीं भायी। उन्होंने पाया कि 'फिर आजादी का जश्न मनाने की तैयारी हो रही है। सब जगह बाड़े बन गये हैं।' इन बाड़ों में पशुओं की धकापेल और क्या याद आयी 'उस दिन भेड़िये ने कहा, 'मेमने, तेरा तुष्टीकरण होगा। मेमना भोली आँखों से टुकुर-टुकुर देखता रहा। और भेड़िया उसे दबोच ले गया।' पूरे देश में यह भेड़ियावाद चला और पंचतन्त्र की कथाओं का नया भाष्य किया गया। अज्ञेय को ध्यान है कि उर्दू को नफीस भाषा कहकर चतुर लोग और 'संकेत' देते हैं। वे भूल जाते हैं कि नफासत होने पर भी हिन्दी का नाद सौन्दर्य उर्दू में नहीं है, कभी नहीं रहा, न उस दिशा में उर्दू ने उन्नति की। उदाहरण के लिए

शमशेर का काव्य लें। शमशेर चालीस बरस से हिन्दी में कविता कर रहे हैं और हिन्दी ने उन्हें ग्रहण भी कर लिया है। पता नहीं उर्दू में वे हिन्दी जितने समादृत हैं या नहीं। पर वह मूलतः उर्दू के कवि हैं और रहे हैं—उनकी संवेदना और उनका संस्कार उर्दू का है। चालीस वर्ष तक लिखकर उन्होंने हिन्दी से सीखा बहुत कम, उर्दू से सीखते रहे—संस्कारी भाषा का अभ्यास और साधना। हिन्दी तो जैसे होगा सध ही जायेगी। पन्त महादेवी से आकृष्ट होकर हिन्दी में आये पर निरे निबन्ध गजलें लिखते रहे। वे भाषा की सरलता में फिराक से भी पीछे रहे और हिन्दी का नाद सौन्दर्य भी सध नहीं सका।

एक भारतीय नारी मन्दिर में जाकर देवता से कुछ माँगती है। यह माँगना समर्पण भाव का रूप है। अज्ञेय का नर मन्दिर जाता है समर्पित होता है। विराट् के सामने बिछ जाना रहस्यवाद नहीं है, अपने मन में विराट् का स्पर्श है।

अज्ञेय के सामने काव्य-योग, काव्य-विचार के तमाम आन्दोलन चले। किन्तु उन्होंने न 'अकविता' आन्दोलन का समर्थन किया, न 'विचार कविता' का। रचना प्रक्रिया 'अचेतन चिन्तन' है आर्ष-कवि की वाणी का तप, जिसमें अखण्ड अप्रमेय गाता है। उसमें हमारी परम्परा के पुरखे बोलते हैं। इसमें नील कमल-सी कल्पना खिलती है और नील-नयन, नील-झील से लगते हैं। यहाँ लाउत्से के पास सटकर लारेन्स बातें करता है कि चलो धूप भरी घाटी में। वहाँ चट्टान से लौटे आचार्य रजनीश से मिलें—सम्भोग से समाधि तक का करें मन्त्र जाप। कला-विद् कला में जागता है और भोगी जागते हुए स्वप्न में चलता है। मन्त्रविद् मन्त्र को जगाता है और आत्मविद् आत्मा को। रस-विद् असाध्य को साधता है। रीति काल का कवि चन्द्रवदनियों को जगाता है और बूढ़े केशव सिर धुनते रह जाते हैं। कविता जवानी का नशा है और बुढ़ापे की दवा। यौन प्रतीकों का अर्थ खुल जाता है। भोग मुक्त करता है। विदेशों से 'लघु भारत' खोजने आयी टोलियों को स्वादिष्ट मुर्गा खिलाकर मत भगाओ—उन्हें एक हाथ में गीता और दूसरे हाथ में श्रीमद् भागवत् लेकर भारतीय संस्कृति का सच्चा अर्थ समझाओ। यह बड़ा कार्य है। यहाँ अज्ञेय हर समय यथार्थ, सतह, संरचना, कलागत यथार्थ, भाषा अस्मिता रचनात्मकता, सम्प्रेषण, छन्द-लय, मौन, प्रकृति, परिवेश, समाज, व्यक्ति, काल, मानव, जेन संस्कृति, परम्परा, नियति, सत्य, न्याय, धर्म, स्वधर्म, स्वातन्त्र्य, मानवाधिकार, बिम्ब और मृत्यु पर सोचते-मथते मिलते हैं। यह उनके दिमाग का पूरा इतिहास-भूगोल है जिसमें संस्कृति और मिथक पर कुछ न कुछ हर क्षण चलता रहता है। उनके मन में प्रकृति और मानवी की अनन्त छवियाँ हैं। वे हर समय एक भूमि पर हिरनी कूदते पाते हैं और वन को छरहरी नयी पौधे से फुसफुसाती लहरीली हरियालियाँ उनमें स्थायी रूप से हँसती रहती हैं—'यों

मैंने उन्हें देखा।'

उनका कवि-मन कभी हिन्दी में, कभी अंग्रेजी में, कभी हिन्दी-अंग्रेजी मिश्रण में, कभी किसी की मिमिक्री में, व्यंग्य-वक्रोक्ति में 'भीतर' की बात कहता मिलता है—'आयी हैव पेन, ही सेड बट आयी हैव नो वर्ड्स'—दर्द है पर उसे व्यक्त करने वाले शब्द नहीं हैं। स्मरण है कि हाजिरी से पहले मेमेंटो है—मैं और होना दोनों स्मृति से बँधे हैं, अगर स्मृति नहीं है तो अहं बोध नहीं है, होना नहीं है। क्या बिम्बमय खेल है—ऊँचे आकाश के नीचे आम्रचुम्बी विराट् फरे देवदारु, तने के पास सगर्व सीस उठाये खड़ा, गलती बर्फ के नीचे से निकलती मिट्टी को खूँदने में सन्नद्ध बारहसिंगा। एक अद्भुत चित्र और कविता का खेल। धीरे से बोले अज्ञेयजी : अगरचे। शुरू मैंने ही किये थे 'चरचे और चरखे/आया जो आपातकाल/ शुरमा हुए निढाल/सामाजिक साप्ताहिक सब हो गये परचे'/आपातकाल में हिन्दी के सम्पादक बन्द कमरों में छिप गये। सर्वेश्वरदयाल सक्सेना 'चरचे और चरखे' लिखते थे, रघुवीर सहाय सम्पादकीय। इस समय अज्ञेय जी ने लोकनायक जयप्रकाश नारायण का साथ खुलकर दिया। कहना चाहिए कि उस समय क्रान्ति का साथ दिया। आपातकाल के पक्ष में व्यंग्यकार हरिशंकर परसाई और आलोचक नामवर सिंह ने हस्ताक्षर किये किन्तु निर्मल वर्मा ने सत्ता की दलाली नहीं की। नागार्जुन माफी माँगकर जेल से बाहर आये लेकिन भवानी प्रसाद मिश्र ने 'त्रिकाल सन्ध्या में तूस की आग को बुझने नहीं दिया।' हिन्दी के तमाम वामपंथी शूरमा निढाल हुए लेकिन रेणु और अज्ञेय डटे रहे। उस समय की यह महाकाव्यात्मक घटना आज नया भाष्य चाहती है कि भेड़ियावाद क्या रहा था?

अज्ञेय के बन्धु प्रोफेसर लोठार लुटसे शहर में घुटते रहे फिर वनगन्ध लेने निकले और काव्यानुवाद में पिले रहे। इस तरह आत्मीयजनों से कोई विदा का क्षण नहीं है। तभी याद आया भारत का हृदय देश, कौस्तुभ-मणि, श्रीवत्स चिह्न सरीखे मध्य प्रदेश के घने जंगल—वन् माला की लड़ियों सी नर्मदा-बेतवा, नमो नारायण ...नमो भारताय च नारायणाय च। 'यह' भारत अज्ञेय में गाता है—एक भारतीय आत्मा, भवानी भाई, मुक्तिबोध, गिरिजाकुमार में गाता है—'ऊँचे उठने के व्रतधारी इस वन पर' माखनलाल चतुर्वेदी न्योछावर रहे हैं। अज्ञेय की एक प्रेरणा थे माखनलाल चतुर्वेदी। धर्म ओर रेलिजन का झगड़ा अंग्रेजों ने खड़ा किया। ब्रह्मसमाजी अंग्रेजों के जाल में फँस गये। राजा राम मोहन राय तो विक्टोरिया से यह कहने गये विदेश जाकर कि हमें अंग्रेजी पढ़ाने की कृपा कीजिए। महारानी ने कृपा की, भारत में अंग्रेजी रानी आयी और अब जाने का सोचती तक नहीं। अंग्रेजी ने हमारे चिन्तन के कई यथार्थ पैदा किये सेकुलरिज्म बनाम धर्मनिरपेक्षतावाद। नेता सब राजनीति

में सेकुलर हो गये 'जनता रिलीजीयस'। पूरा देश तर गया। धन्य है यह 'ब्रह्म बाल लीला' मेरा अनुभूत आपके लिए अनुभाव्य आपका अनुभाव्य मेरा अनुभूत। एक सम्पूर्ण रचना का यथार्थ जिसे आप नहीं समझते। एक व्यक्ति का यथार्थ-अवचेतन, स्वप्न, अप्रत्यक्ष सत्ता आदि क्या नहीं होता।

अज्ञेय के व्यंग्यों में झाँकता समय का इतिहास कबीर को पकड़े है—'गाँव के मुलाहिजे को आये थे मन्तरी/आगे-पीछे इर्द-गिर्द डोलते थे सन्तरी/मेज-कुर्सी दस्तरखान देख कह उठा किसान/'ठाठ तो साहिबी हैं माल मगर कन्तरी'/मन्त्री और किसान की दूरी का बढ़ता हुआ इतिहास—किसान आत्म आत्माओं में कराहता है। मन्त्री जी ठलुआ, खाकर पूरी हलवा आये—'शाम सात बजे मन्त्री ने पुस्तक विमोची/सबेरे छः बजे अखबार में अलोची/प्रकाशक प्रसन्न हुआ/लेखक भी धन्य हुआ/दुख यही कि पढ़ने की किसी ने न सोची'/देसी तद्भव भाषा में समय का सच। सर्जक अज्ञेय का अन्दाज—'अपूर्व' है, उनके कवि ने कबीर से सीखा है और तुलसी से पाया है—कहने का कौशल। इसलिए इस रचनात्मक चिन्तन में हिन्दी जाति का अवचेतन मौजूद है—अवचतेन के चिन्तन के साथ। इसलिए व्याख्या और वर्णन के लिए अज्ञेय दुहरी प्रक्रिया नहीं अपनाते। साफ कहते हैं, 'पहले नर था और उसकी नारी थी। अब नारी है और उसका नारा है।' नारी विमर्श का उत्तर-आधुनिक पाठ पाठक तैयार कर रहा है—तैयार करना पड़ेगा। नारी का नारा है—नर की गुलामी से मुक्ति। उसके लिए हिंसा-हत्या भी करनी पड़े तो चलेगा। उत्तर-आधुनिकता में सब चलता है। अब तो नर गिड़गिड़ाता है 'बाड़े पर पोस्ते। खेत फूली कुसुम्मी। पीली चोली वाली रे। दे जा एक चुम्मी।' यहाँ चुम्मी कम चप्पल का अभिनन्दन पूरी तरह है।

अज्ञेय के यहाँ प्रेम महान-उदात्त-पावन अनुभूति है। उनके लिए प्रेम का कोई भी स्तर मूल्यवान है, एक उन्मेष है। वस्तु-संरचना-अभिव्यक्ति में जीवन से भरा उपन्यास। लेकिन यह आधुनिक यथार्थवादी उगन्यास का विपर्यय है। यथार्थ का ऐतिहासिकतावादी दावा पलटकर वृत्ताकार काल में ले जाता है, जहाँ जीवन अनमोल है, पवित्र है—बालक सा भोला है। इसमें 'परिवेश' का क्या अर्थ पश्चिम की सारी यन्त्र विद्या का, टेक्नोलॉजी का? और पश्चिम कैसे समझ सकता है हमारे देश को और हमारी समस्या को? 'खोली को तो, चलो, सोने में मढ़ लो; पर सुअर तो सुअर ही रहेगा—उसका क्या करोगे? क्या होगा मन्दिर का, अवतार का, विष्णु का, राधा का, राम के मुकुट का। पश्चिमवाद को इससे लेना-देना नहीं है—उसका तो नारा उत्तर-औद्योगिक समाज और भूमण्डलीकरण है, वहाँ परम्परा इतिहास का अन्तवाद है। इतिहास मकड़ी का जाला, जिसके ऊर्जातन्तु टूट गये हैं। हम अपनी संस्कृति

को नाद में अमर नहीं कर सकते।' स्मृति के सहारे दिक्काल को सतत सत्ता का सातत्य देते हैं–'यों स्मृति के बिना काल नहीं है, सातत्य नहीं है, कालक्रम नहीं है, सनातनता नहीं है, प्रवाह नहीं है, केवल क्षण का समुत्पाद है–(शाश्वती से) स्मरामि अतएव अस्मि। मैं स्मरण करता हूँ, इसलिए मैं हूँ।'

ठीक है आवश्यकता आविष्कार की माँ है। लेकिन आधुनिक सभ्यता का पूरा बल इसी पर है कि जहाँ पहले आवश्यकता नहीं थी, वहाँ आवश्यकता की जरूरत महसूस की जाये। सभ्यता मानो माँग पैदा करने का दूसरा नाम है अर्थात् भोग की इच्छा ही सभ्यता की एकमात्र प्रेरणा रह गयी है। हालत यह है कि सभी पुराने अर्थ नष्ट हो गये हैं। शैतान के कोष से 'अनपढ़' का अर्थ लीजिए–पहला अर्थ राजनीतिक, दूसरा विश्वविद्यालय का प्राध्यापक या स्नातक, तीसरा देहाती निरक्षर। आदमी का अर्थ लीजिए–(1) एक पौराणिक अथवा मिथकीय जन्तु, (2) सभ्यता के यन्त्र का ईंधन, (3) पाजामा का विकल्प। है न नया अर्थ सन्दर्भ।

स्वाधीनता आन्दोलन की चर्चा में हम एक बात की उपेक्षा कर जाते हैं–स्वाधीनता वह, जिसके लिए आन्दोलन होता है–दूसरा स्वाधीनतावाद, जिसके कारण आन्दोलन होता है जो आन्दोलन की प्रेरणा है। एक राजनीतिक स्वाधीनता है एक सांस्कृतिक, मानसिक, मनोवैज्ञानिक स्वाधीनता। वास्तव में स्वाधीनता का साहित्य मानसिक स्वाधीनता के बाद आता है। स्वाधीन मानस की सृष्टि स्वाधीन साहित्य की सृष्टि करती है। दमन का इतिहास साक्षी है कि 'आइडिया' नहीं मरता। आइडिया अपनी जड़ें गहराई में छोड़ता है–दमन सतह पर बुझ जाता है। इसलिए भेड़िया है–दमन और स्वाधीनता की गहरे में जड़। इसलिए धर्म का अर्थ है दमन का विनाश–धर्मचक्र चलता है। यही सम्बोधि-प्राप्त बुद्ध का संसार है।

दरअसल, अज्ञेय के लिए सबसे बड़ा जोखिम यह रहा है कि वे अपने युग से एक-डेढ़ पीढ़ी आगे रहे। पैगम्बर और पागल सौ-दो सौ वर्ष आगे रहते हैं, किन्तु अज्ञेय जैसे रचनाकार अपने युग से बीस-पचीस तक आगे रहते हैं तो इससे ज्यादा कष्टकर और कष्टकर कोई स्थिति नहीं है। पीछे वाले कहते हैं–यह आगे क्यों है आगे है तो व्यक्तिवादी है–समाज विरोधी है। लेकिन अज्ञेय जी संस्कारों से वैष्णव थे और राधा कृष्ण परम्परा में अखण्डानन्दी। जानते थे राधा ने कहा–'जिन रस्सियों से तुमने मुझे बाँधा है, कान्हा, उन्हीं से मैं तुम्हें नचाती हूँ।' जीवनभर वे नाचते रहे–नचकैया बने रहे कण्ठ विषय की माल पहनकर। राधा वह है जो प्रसन्न करती है–'राधा' सुख देती है–नीत्से का प्लेजर प्रिंसिपल–फ्रायड का इड–आनन्द की वह मूल खोज जिनका साधन हम अपनी ज्ञानेन्द्रियों को बनाते हैं। तो गोविन्द क्या है? जो इन्द्रियों (गो) को घेरता है (विन्द) वह सतर्क खोजी जो ज्ञानेन्द्रियों की खोज में

लगाता है—पर सविवेक की खोज निरी मुग्ध भटकन न बन जाय...राधा और गोविन्द—खोज और खोजी। यह खोज अज्ञेय को वृन्दावन ले गयी, भागवत यात्रा की ओर और कहा इस यात्रा का अन्त नहीं है, केवल आरम्भ है। मीरा-भाव का रंग अज्ञेय पर जीवन के अन्तिम वर्षों में चढ़ता गया। उनके सखा विद्यानिवास मिश्र 'लागौ रंग हरी' की धुन उठाते रहे और उधर करपात्री जी तथा अखण्डानन्द का चिन्तन भी गाढ़ा होता गया। अज्ञेय का वैष्णव रस-चिन्तन हिन्दी के वामपंथियों के पेट की पीड़ा है। वे इसे 'रचना-स्वातन्त्र्य', 'लेखक स्वातन्त्र्य' के व्यक्तिवाद में रौंदते हैं और बाबावादी कहकर कोसते हैं। इन वामपंथियों को पता नहीं है 'लोक लय' में अज्ञेय रमे हैं—भारतीय जीवन की कालिदासीय लय में मौन होकर जिए हैं।

अज्ञेय के प्रश्नों में लोक का अर्थ है—किसान के पैरों की फटन का अनुभव। यह पाखण्ड नहीं है पैरों की बिवाइयों से साक्षात्कार है। वे कहते हैं—'उसके पैरों की फटन में मैंने मोम जलाकर भरी। उसकी जमीन में मैं अपना हृदय गलाकर भरता हूँ। भरता आया हूँ। पर जानता हूँ कि उसे पानी चाहिए।' यहाँ अज्ञेय का हृदय कवि का लोक-हृदय है।

इसी कवि की लोक-संवेदना ने जाना-माना कि भाषा को सिर्फ आज छप रहे या चलते साहित्य से जोड़कर देखने से कुछ लाभ नहीं होगा। भाषा को सार्थक विचार करने के लिए समूची संस्कृति-सभ्यता के साथ उनके समग्र सम्बन्ध पर विचार करना होगा। यदि सभ्यता भौतिकवादी, उपयोगितावादी, उपभोगवादी, शोषणमूलक है तो भाषा भी वैसी ही होगी। इसे सिर्फ भाषा का अवमूल्यन मानने से काम न चलेगा। उसकी तह में सभ्यता का ही अवमूल्यन है।' अतः भाषा में जान डालना हो तो संस्कृति में जान डालनी होगी। सर्जनात्मक समाज ही सर्जनात्मक संस्कृति की भाषा का सृजन कर सकता है—नकलची समाज नहीं। भारत का अभिजात समाज नकलची है—वही लोकजन को भ्रष्ट किये है। इसलिए कला का पानी उतर गया है। कला की स्वायत्त ऋतुएँ हैं और स्वागत्त कोकिलें। जिनका स्वर नकलची पसन्द नहीं करते। यह भेद धर्म की कृपण कल्पना और धर्म की क्राइस्ट कल्पना से समझा जा सकता है। वाल्मीकि का शरद और वसन्त कालातीत आयाम होकर सतत वर्तमान है, लेकिन महादेवी वर्मा की शेफाली? यथार्थ क्यों नहीं हो सकती। इलियट ने जो भेद कलात्मक भाव (आर्टिस्टिक इमोशन) और वास्तव जीवन के भाव (रीएल लाइफ इमोशन) में किया था वह तो भारतीय रस सिद्धान्त का आधार था। लेकिन हमने इन दोनों भावों के विविध प्रकारों पर श्रम नहीं किया। जीवन के कलात्मक काल और वास्तविक काल को अलग करके नहीं देखा। हम कला-काल या आर्ट इन टाइम या टाइम इन आर्ट काल में कला की ओर नहीं गये। इसलिए हमारे चिन्तन

में लपट नहीं उठी। अन्धे कूचे में राह नहीं मिली। हमारी आलोचना-दृष्टि पर परदा पड़ता गया। हम यथार्थवाद के चक्कर में मेले के ऊँट बनते गये, लेकिन वक्रोक्ति-ध्वनि-अलंकार पर नया विमर्श किया ही नहीं। इन्हें बिना समझे निरर्थक कहकर ठुकरा दिया। लेखक फन्तासियाँ लिखने लगे और आलोचक टेरी इगल्टन और आलथूसे की गुलामी में पिट गये। स्वाधीन चिन्तन नहीं रहा।

अज्ञेय ने मनोविज्ञान-मनोविश्लेषण पर मनन करते हुए पाया कि स्पर्शेन्द्रिय सबसे प्राचीन इन्द्रिय है और स्पर्श अनुभवों में सघनतम। छोटा क्षण लेकिन अनुभव में बहुत बड़ा। दूर से सुन सकते हैं, दूर से सूँघ सकते हैं, लेकिन स्पर्श का अनुभव सम्पर्क होने पर ही होता है। यह स्पर्शेन्द्रिय प्राचीन, आद्य ही नहीं, आदिम है, पर उसका अनुभव सबसे कम सम्प्रेष्य है। सम्प्रेषण के लिए दूरी आवश्यक है। काव्य और संगीत श्रेष्ठतर सम्प्रेषण हैं कि वे मुक्त हैं मुक्तिदायक हैं। मन की तृप्ति, अतीन्द्रिय सुख, आनन्द सबसे अधिक काव्य से मिलता है। भाषा मोक्षदा है : वह मनुष्य को ही नहीं, सुख को भी मुक्त करता है।

अज्ञेय के मत से भारत में आस्था का संकट आता कैसे? साहित्य में दिखता कैसे? जब यहाँ मत-विश्वास पर निपट आग्रह रहा ही नहीं। यहाँ बल आचरण पर रहा—इसलिए पाखण्ड और पाखण्डियों पर प्रहार किये गये, ताकि सुधार हो सके। भारतीयों को निराशाएँ मिलीं, पर वे कुण्ठा से बचे रहे। अब पश्चिमवाद का ऐसा तगड़ा झटका लगा कि कुण्ठा से भर गये। लेकिन अज्ञेय का सर्जन कुण्ठाओं से दूर वन-बीथियों में पंछियों की हर चिहुँक के साथ अपनी पद चाप छोड़ता रहा। गिरि-वनों में मौन भ्रमण ने नया जीवन-रस दिया है वह वन् के छन्द बने हैं।

यायावर अज्ञेय ने पाया—पश्चिम का बैले-नृत्य मानव शरीर को प्रसन्न अर्थ देता है, किन्तु भारत का शास्त्रीय नृत्य दृष्टि और प्रेरणा। इस प्रेरणा में भीतर का ईश्वर है—गुरु है—सतत वर्तमान है—लयबद्ध। जोर यथार्थ पर नहीं, अनुभव की भीतरी लय पर है। अज्ञेय ने अपनी परम्परा के अर्थ को पाया—कन्याकुमारी के सागर तटों पर विराट् को पाकर। हमने यहाँ विराट् को प्रतिमा नहीं बनने दिया अनन्त पूजा भाव में नमन किया। फिर भैंस की पीठ पर बैठे बच्चों में भगवान का सच्चा रूप पाया और गाया—'कौन बतलाय कीचड़ हमार है हम हैं बिहार के नाचो ता थैया।' हम आँकड़ों में नहीं जीते—हर-क्षण जीते हैं, कुण्ठा से दूर जीते हैं। अंग्रेजी वाले कहते रहे हैं भारतीय भाषाएँ पिछड़ी हैं। हम कहते हैं—अंग्रेजी वाले जड़ हैं—दूसरों का रस चूसकर मुटियाने वाले। असल में 'अगरेज्जी के आग्गे' लाचार नहीं हैं। क्योंकि ब्रेष्ट में हमारा भविष्य नहीं। हमारा भविष्य तो कालिदास, जयशंकर प्रसाद में है। इसीलिए अज्ञेय ने इलियट, पाउंड, लारेन्स को समझते हुए अपने को जयशंकर प्रसाद की

परम्परा में समर्पित किया और उस परम्परा को आगे बढ़ाकर नया सन्दर्भ दिया। पुराने सत्यों को नये सन्दर्भों से जोड़ दिया। अपने को नागार्जुन के साथ कालिदास से तादात्म्यीकृत किया। शैले-कीट्स का प्रभाव सतह पर रहा—भीतर घिरे कालिदास, भवभूति, कबीर, मीरा, सूर, तुलसी। पूरी भारतीय परम्परा ने छनी-भारतीयता का उज्ज्वल रूप उनके सर्जन-चिन्तन में पाया। उनकी इस डायरी में या अन्तःप्रक्रियाओं में सर्वत्र एक ही ध्वनि है कि 'स्वाधीनता चाहिए? तो पंख तोलो और उड़ चलो। और डैने चलाओ—चलाओ लगातार।' (शाश्वती से)

भारतीय राजनीति को अज्ञेय 'खोटा सिक्का', 'बेपेंदी का लोटा' कहते रहे हैं, क्योंकि राजनीति दिशा विहीन, दृष्टि-विहीन, मूल्य-विहीन है। पूरा देश आर्थिक सम्पन्नता की चाह में कटोरा लेकर विदेशी के सामने खड़ा है। उनसे पैसा और टेक्नोलॉजी दोनों माँग रहा है। यह भूलकर कि भिखारी का कोई भी सम्मान नहीं करता। रही भिखारी की स्वतन्त्रता—वह न स्वतन्त्रता है न स्वाधीनता। स्वाधीनता का अर्थ अज्ञेय ने माना है कि गाँधी समझते थे—'इस अर्थ में गाँधी पूरे भारतीय थे, और पूरे क्रान्तिकारी थे—वह सदैव सबको साथ लेकर चलना चाहते थे।' ऐसी क्रान्ति ही समग्र क्रान्ति हो सकती है। अज्ञेय ने इसी सम्पूर्ण क्रान्ति का जीवन-भर साथ दिया। 'शाश्वती' का यह चिन्तन हमारी पूरी पीढ़ी को प्रेरणा देने में समर्थ है—मुक्त करने में समर्थ है।

'भवन्ती', 'अन्तरा' और 'शाश्वती' के क्रम में अन्तःप्रक्रियाओं का चौथा संकलन 'शेषा' है। अज्ञेय के देहावसान के बाद 1995 में शेष बची 'अन्तःप्रक्रियाओं' को इला डालमिया कोइराला ने 'वत्सल निधि' की ओर से (प्रभात प्रकाशन, दिल्ली से) प्रकाशित कराया। और 'निवेदन' में कहा कि 'अज्ञेय के आखिरी दिनों में ये डायरी के पन्ने पाण्डुलिपि की शक्ल ले चुके थे। 'शेषा' नाम भी उन्होंने दिया था।' साथ ही इन 'अन्तःप्रक्रियाओं में रचनाकार अज्ञेय के पके रचनानुभव हैं और थोड़े शब्दों में अमित अर्थों की व्यंजना का अभ्यास भी। प्रकृति और सागर, भोर और मोर, पहाड़ और चीड़ वन, सात समुद्र पार करता गरुड़ और हारिल निरन्तर सर्जना के संकल्प में सक्रिय रहता है। जहाँ मौन यात्रा का नाद है, लय है, और अनथक जीवन की आकांक्षा। वहाँ अज्ञेय का रचनाकार शब्द में समाता कहाँ है, वन-सा बन्द होकर मुक्त है और सन्नाटे का छन्द। अज्ञेय अपनी भाव में निरन्तर अपने को जनते रहे। उन्होंने उस विदेशों की उक्ति को नहीं माना, जिसमें कहा गया था कि 'मेरे आरम्भ में मेरा अन्त है।' इस भारतीय कविर्मनीषी ने कहा—मेरे आरम्भ में मेरा आरम्भ है।' और यह 'सम्पूर्ण की अनुभूति का क्षण' क्या है? काव्यशास्त्रीय शब्दावली में 'वेद्यान्तर संस्पर्श की मुक्ति।'

अज्ञेय के चिन्तन में गौर करने की बात यह है कि वे निरन्तर विदेशी गुलामी की औपनिवेशिक... 'बेड़ियों' से मुक्त होना चाहते हैं। वे तुलना के बाद कहते हैं कि हमारी परम्परा के पुरखों के अनुभव कम मूल्यवान नहीं हैं—'मोमबत्ती के सहारे दिया जलाकर हम' भारतीय पद्धति के उपचार पूरे करते हैं। रूपाकारों का यह मोह और आत्मा की यह उपेक्षा—यह गाँठ उस फन्दे की है जो आज संस्कृति का गला घोंट रहा है। रूपाकार संस्कृति नहीं है, संस्कृति के परिणाम और बाह्य चिह्न हैं। संस्कृति के मरने पर भी वे बने रह सकते हैं—तब वे उसके कथन का काम करते हैं।' (शेषा, पृ. 97) संस्कृति, परम्परा, इतिहास, काल, मिथक, प्रतीक, भाषा की चिन्ता अज्ञेय में बढ़ती जाती है ताकि वे सर्जना के यथार्थ को इन सबके भीतर से देखकर पा सकें। उन्हें ज्ञात है कि भारतीय काव्य और कला चिन्तन का इतिहास पाँच सहस्र वर्षों की अवधि में विस्तृत है और ऐतरेय ब्राह्मण का ऐतरेय महीदास चिन्तन सवेतरेभद्र सिंहासन लेकर उपस्थित हुआ है और विश्वबोध इस जगत् को परमात्मा की रची हुई कविता के रूप में देखता है। प्रजापति की सोलह कलाएँ काल चक्र के रूप को जगत् को धारण करती हैं—इसमें इससे कवि अपनी कृति में नये सिरे से रचता है। इसमें कवि-कर्म शिल्प है और शिल्प आत्मा की संस्कृति है। वह शिल्पकर्त्ता और शिल्प के भाष्य को संस्कारित करता है। इसी तरह कवि कर्म दोनों को पवित्र करता है—कवि और भावक को। यह संस्कार ही परम्परा का भाष्य करता है। संसार में जो उदात्त, भव्य, ललित एवं सुन्दर है—उसे कवि कला-शिल्प में अन्वित करता है। इसी अर्थ से सर्जनात्मक व्यापार नकल नहीं है—सृष्टि की पुनः सृष्टि है। कला-सर्जना की प्रक्रिया में चेतना के तीन स्तर हैं—सरस्वती, इला तथा भारती। वाक् ईश्वरीय या राष्ट्रीय है। वाक् ही त्वष्टा है और सम्पूर्ण जंगत् को प्रकाशित करने के कारण उसे 'त्वष्टा' कहा जाता है। इस वाक् की साधना में पूरी परम्परा लगन से लगी रही है। यही परम्परा अज्ञेय में नया रचती है, नया सोचती है, रूढ़ियों को तोड़ती है। इसलिए भारतीय चिन्तन में 'मैं' है, वह 'अन्य' नहीं है जो कर्त्ता है। यह 'मैं' ही निमन्त्रण देता रहा है कि 'आपको मुझसे मिलना है तो मेरे घर आइये। आस-पास का हर आदमी मेरे घर का पता बता देगा।' (वही, पृ. 13) मेरा घर सबके घर से जुड़ा है और सबके घर मेरे घर से। इसलिए समूह है 'मैं' नहीं है। भारत का चिन्तन भारतीय जीवन की आन्तरिक लय-गति से जैसे उपजा है—वैसे ही भारतीय सृजन। उस भारतीय सृजन को पश्चिम के प्रतिमानों से कसना और उन प्रतिमानों पर खरा न उतरने पर उस सर्जन को खोटा सिद्ध करना हमारी मूढ़ता है। लेकिन विडम्बना यह है कि अपनी इस मूढ़ता पर न कभी हम लज्जित होते हैं, न विचार करते हैं। स्थिति की इसी त्रासदी पर व्यंग्य करते हुए अज्ञेय ने कहा है—"भारतीय लेखक से सवाल

यह पूछेंगे कि वह कहाँ तक मौलिक है। पर परख के लिए कसौटी कोई रखेंगे (या जानेंगे तो) तो एकमात्र पश्चिम के साहित्यकार की। जहाँ भारतीय लेखक उन पश्चिमी लेखकों से मेल खाता है या उन पश्चिमी कसौटियों पर खरा दीखता है, वहाँ वह उन्हें ग्राह्य है। क्योंकि उतना तो वह अन्तर्राष्ट्रीय कसौटियों पर खरा पाया जा चुका है, जहाँ वह उनसे अलग है, वहाँ वे उसे त्याज्य गिनेंगे—क्योंकि उसमें कुछ अच्छा होता तो वह कहीं न कहीं पश्चिम के महान लेखकों में न दीखता? और इस गुलाम मानसिकता के साथ वे खोजने चले हैं—भारतीय कृतिकार की मौलिकता, आँकने चले हैं उसका मोल।" (वही, पृ. 14) यहाँ इस 'गुलाम मानसिकता' का भारत-समाज-विमर्श कीजिए तो पता चलेगा कि इसी 'गुलाम मानसिकता' के कारण हम अपने सृजन की मौलिकता को ग्रहण करने में अक्षम रहे हैं। इसी गुलाम मानसिकता की औपनिवेशिक गुलामी ने हमारे मूल्यवान सर्जन और चिन्तन को ठुकराया है। कितनी दुर्भाग्यपूर्ण स्थिति रही है—हमारी आलोचना दृष्टि में पश्चिमी प्रभाव को 'प्रभाव' न मानकर 'नकल' मान लिया गया है। इसी मूढ़ मति के कारण अज्ञेय को विदेशी नकलची कहा जाता रहा। अज्ञेय ने इन मूढ़ मति आलोचकों पर व्यंग्य करते हुए कहा है कि 'मैंने देश-विदेश का बहुत-सा साहित्य पढ़ा है। अब भी पढ़ता हूँ : विदेश का ही नहीं, देश का भी। जो कुछ मैंने अच्छा पढ़ा है उससे प्रभावित हुआ हूँ। कुछ जो कम अच्छा था उससे मैंने सीखा है। मैं कवि हूँ। कवि के नाते एक सूक्ष्म संग्राहक यन्त्र हूँ। गहरे प्रभाव मुझे विचलित भी कर देते हैं और विचलन साफ दीखता है। पर मैं कवि हूँ। मुझे उन प्रभावों ने ही बनाया हो—ऐसा नहीं है। मैं जो हूँ, जो मेरा अपना है, उसकी मुझे पहचान है, इसीलिए मुझे इन सब प्रभावों के स्वीकार करने में कोई झिझक नहीं है और मैं उनके प्रति खुला रहना चाहता हूँ।' (वही, पृ. 14) अज्ञेय की इतनी सीधी-सच्ची बात हमारे आलोचक नहीं समझ सके और उन्हें व्याख्या में 'बाहर का' सिद्ध करते रहे। वे भूलते रहे कि बाहरी प्रभाव-ग्रहण करना अपनी भूमि से कटना नहीं है—नकल नहीं है यह खुलापन तो कवि की सर्जनात्मकता में शक्ति बनना है। इसीलिए बड़े दर्द का अनुभव करते हुए कहते हैं, जिस मिट्टी से मैं बना हूँ वह मेरे देश की है, जिन्होंने मुझे गढ़ा—उनकी सधी उँगलियों में दसियों शतियों के संस्कार क्रियाशील थे और वे संस्कार इसी देश के थे। उन पर भी कई प्रभाव पड़े थे देशी और विदेशी, अपने और पराये, वे सब कहीं उन अभ्यासों में रच गये थे, जिनसे होती हुई वे उँगलियाँ सधी थीं, उनको निरन्तर मगर अनजाने निदेशित करने वाली आँखें सजी थीं। वह मन सधा था, जिसमें बसे हुए रूपाकार निरन्तर चाक पर मूर्त्त होते थे। पर मैं कवि हूँ, इन सबने मुझे रचा है।' इसी विचार को स्पष्ट करने के लिए फिर से कहा कि रचना-प्रक्रिया

एक यन्त्रणा भरी प्रक्रिया है। आगे कहा—'आग का ताप लगातार बढ़ाना मैंने सीखा है। उसी में से यह भी जाना है कि कौन सी मिट्टी कितना ताप सहती है, यह कितने ताप में कौन सी काम करने के लिए कौन सी मिट्टी कितना काम देगी। असफल भी मैं हुआ हूँ।' इसी विचार को लेकर कहा—'मिट्टी : ताव : साधना : उगलियाँ। रूपाकार : प्रभाव : मन। सब मैं हूँ। सब को स्वीकार करता हूँ। फिर भी मैं मैं हूँ। मैं रचता हूँ। मुझमें रचा जाता है। नया होता है।' (वही, पृ. 15) इस तरह अज्ञेय हर मौके पर भारतीय काव्य—हेतुओं, सृजन-प्रक्रिया, सृजन-प्रभावों की चर्चा करते रहे हैं। उन्हें इस बात का आत्मकष्ट रहा है कि उन्हें ठीक से समझा नहीं गया। वे गहरे अर्थों में भारतीय कवि हैं। विदेशी प्रभावों के कारण विदेशी कहकर कोसना उनके कवि के साथ अन्याय है।

रचना-कर्म सर्वजन के लिए है। वह अपने भाव से मुक्ति है। उसमें 'परायापन' खोजना समीक्षा का छोटापन है। कला तो निर्मोह होती है और होनी चाहिए। उसमें सबके मूल्य हैं। मूल्य तभी हैं जब मनुष्य है। यदि मनुष्य यन्त्र भर है तो मूल्य कुछ नहीं है, केवल यान्त्रिक दक्षता के नियम हैं। आज कठिनाई यह है कि हम अच्छी-यन्त्र प्रणालियों के सहारे पक्की मूल्य व्यवस्था भी चाहते हैं। प्रश्न उठता है—इस मूल्य व्यवस्था में मिथकों का स्थान कहाँ है—क्यों है? इसका उत्तर यह है कि मिथकों में मानव का सामूहिक अवचेतन मन निवास करता है। आज की आधुनिकता के चक्कर में पड़कर मिथकों में उलटफेर नहीं करना चाहिए। अज्ञेय ने 'कर्ण सूर्य के कवच कुण्डल के साथ जन्मे थे।' इस मिथक पर कहा—'मिथक में कतरब्यौंत नहीं हो सकती। मिथक फैशन की पोशाक की तरह नहीं होते कि बदलती रुचि के साथ इधर-उधर से काटकर या खोलकर उसे नयी रुचि के अनुकूल बना लिया जाएँ।' आधुनिक होने के चक्कर में मिथक के शक्ति-स्रोत को घोंटने का प्रयत्न न कीजिए, क्योंकि मिथक कहानी भर नहीं, एक चुनौती होता है। 'हर मिथक के भीतर एक गुठली होती है। गुठली के भीतर शक्ति बीज। जैसे कर्ण के कवच-कुण्डल सहजन्मा हो सकते हैं, वैसे ही गुठली भी सहजन्मा होती है, उससे अलग नहीं की जा सकती।' (वही, पृ. 18) अज्ञेय ने अपने परवर्ती काव्य में मिथकों का खुलकर प्रयोग किया है। क्यों प्रयोग किया—इस पर गम्भीरता से सोचना चाहिए। उन्होंने कृष्ण कथा के मिथक नयी अर्थ व्यंजना को साथ लिए हैं। इन मिथकों में हमारी जातीय स्मृति, जातीय-अस्मिता निवास करती है।

उनका ध्यान भाषा पर जाता है तो कहते हैं—'अर्थ से रहित खोटे शब्दों पर बिकते हुए वे भाषा को वेश्या कहते हैं, जबकि वेश्या भी खोटे सिक्के पर नहीं बिकती।' पुराना शब्द भी खोटा सिक्का नहीं होता 'पुराना सिक्का घिसकर साफ मत

करो। पुराने मैल का कितना अधिक और मुँह माँगा मोल होता है, यह भी तो सोचो।' शब्द ही परम्परा है, शब्द में परम्परा का निवास है, उस निवास को नष्ट न करो।

कभी-कभार अज्ञेय राजघाट को गंगाजल से धोने वाले मित्रों से कहते हैं कि अब राजनीति का चित्र बदल गया है। उसमें सड़ान्ध भर गयी है गाँधी-चिन्तन का इत्र उसकी दुर्गन्ध को कम नहीं कर सकता। गाँधी एक व्यक्ति का नाम नहीं है, एक चिन्तन परम्परा का नाम है—वह अर्थहीन लगने पर भी अर्थहीन नहीं है। उसमें हमें ज्यादा तार्किक महीन मुंशीपना नहीं दिखाना चाहिए। इसलिए परम्परा में 'अस्वीकार' के बाद भी निरन्तरता बच रहती है। इसलिए परम्परा को रूढ़ि से अलग करके सोचना चाहिए। यहाँ कहना होगा—जीवन भर अज्ञेय ने इलियट की तरह रूढ़ि और मौलिकता पर सोचने में कभी हार नहीं मानी। यह बड़ी बात है।

प्रायः कलाकार में आत्म-मुग्धता की प्रवृत्ति होती है। आखिरकार नृत्य आदि में सौन्दर्यानुभूति के सम्प्रेषण का माध्यम देह है। पश्चिमी नृत्य में वह मुग्धता बाधक नहीं बनती। भारतीय नृत्य में बनती है—लययुक्त प्राणमय रूपाकार। इसी बात को भरतमुनि का 'नाट्यशास्त्र' विचार का केन्द्र बनाता है। भारतीय कला का आनन्द पश्चिमी सुख से विशिष्ट है। भारतीय शास्त्रीय नृत्य में विरले ही सफल होते हैं—क्योंकि उनकी कला रूप का अतिक्रमण करके अध्यात्म में प्रवेश कर जाती है। इसलिए ज्यादातर 'आर्टिस्ट' होकर रह जाते हैं विरले ही नृत्य वेद को सिद्ध कर पाते हैं। एक तरह की सौन्दर्योपासना केवल विलासिता होती है, लेकिन इस तरह के सौन्दर्यबोध को विलास ठहरा देना मूर्खता है। क्योंकि सम्पूर्णतर रूप में दूसरों को दे देने की प्रेरणा विलासिता नहीं है—मानवता का अमूल्य मूल्य है। नृत्य की सनातन लय—कास्मिक-रिद्म में मन का उन्मेष है। इसलिए कला को सनातन कहते हैं।

अज्ञेय को विराट् की महिमा का गहन बोध है। 'महाभारत में कृष्ण अर्जुन को विराट् रूप का दर्शन कराते हैं। वहाँ विराट् रूप मानो एक आत्मकथन है—एक निर्वचन है—एक अकाट्य तर्क। 'भागवत' में यशोदा को बालकृष्ण भी विराट् रूप दिखाते हैं। पर यह रूप शायद कहीं अधिक विराट् है। वह निर्वचन नहीं है—एक दिव्य-दर्शन है—साक्षात्कार है, जिसके आगे सभी तर्क झर जाते हैं। विराट् को समर्पित हो जाना ही जीवन की बन्धन मुक्ति है।

वह जीवन में हास्य-व्यंग्य का महत्त्व अधिक समझते हैं और जीवन यथार्थ का भी। वह कहते हैं—'जब राजनीति का नीति से कोई वास्ता नहीं रहा, राजनारायण ही क्यों नारायण से कोई वास्ता रखेंगे।'

हमारा लोकतन्त्र चला तो—पर अन्धा होकर, तर्क खोकर चला। 'जी तो रहे लोकतन्त्री सरकार बहादुर जिसने हमें एक नयी बात सिखायी, जो हमारी पारम्परिक

शिक्षा-दीक्षा हमसे छिपाये रखती थी। वह यह कि मुगलों के इस देश में आने से पहले इस देश के लोगों को भोजन बनाना नहीं आता था, हाँ, वे कन्द मूल कच्चे खाते रहे हों, यह दूसरी बात है। पाक विद्या पहले नहीं थी। किसी सरकारी होटल में चले जाइये वहाँ आप को यूरोपीय और चीनी भोजन तो मिल जायेगा, यूरोप में इटालीय या फ्रान्सीसी भी विशिष्ट कर दिया जायेगा, कहीं-कहीं मोंगल और इन्दोनेसी भोजन की भी सूची मिलेगी। इनके साथ जहाँ 'इंडियन डिशेज' होंगी वहाँ केवल मुगलई खाने की चर्चा होगी। यानी इण्डियन पाक विद्या—मुगल विद्या ही है।' (वही, पृ. 30) इस तरह की शिक्षा-दीक्षा के आधुनिक अज्ञान पर अज्ञेय चकित रहे हैं।

ध्यान गया कि नेहरू जी की इतनी दिलचस्पी सम्राट अशोक में क्यों थी कि अशोक चक्र के साथ अशोक की सिंहत्रयी तो आयी ही, राष्ट्रपति-भवन में अशोक हाल भी आया। फिर बेटी भी उन्हीं की बादशाहत की राह पर चली और बीच में सेक्युलरिजज्म और सोशलिज्म का शोर। फिर आया अकबर होटल। शुद्ध सेक्युलर आग्रह बना। फिर कहा गया मुगल पूर्व भारतीय तो खाता क्या होगा—एक-दो मिठाइयाँ। मुगल आये तो खाना आया, खाने की तहजीब आयी। फिर यूरोपीय आये तो और बढ़िया खाना-पीना आया और खाने की तहजीब तो असल में तभी आयी—जो आज आजाद भारत की तहजीब है।' इस तहजीब ने उत्तर आधुनिक भारत को 'ग्लोबल कल्चर' से जोड़ दिया है। भारत का उत्तर भूमण्डलीकरण उसकी पुरानी पहचान मिटा रहा है और भारत खुश है। यह भारत यूरोप के पिंजरे में खुश है—पर यह पिंजरा अज्ञेय को तकलीफ देता है। वह किसी भी पिंजरे में नहीं रहना चाहते। स्वाधीन रहना चाहते हैं, स्वाधीन चिन्तन के साथ पश्चिम की सभ्यता अपनी अद्वितीयता का कितना ही दावा करे, पर अज्ञेय को उसका दावा खोखला लगता है, क्योंकि उस सभ्यता के मूल में हिंसा है, व्यक्तिवाद है, 'अन्य' के प्रति हिकारत का भाव है। भारत की सभ्यता में 'अन्य' नहीं है, सब अपने हैं।

अज्ञेय के सामने प्रश्न है हमारी पत्रकारिता क्या है? 'अश्लीलता' उद्दण्डता, स्त्री जाति का अपमान, शराब और मादक द्रव्यों की संस्कृति, लोकतन्त्र में अनास्था, वंशानुगत सत्ता—राजनीति की हर प्रक्रिया में पाखण्ड, आज की हर कुरीति हर शोचनीय प्रवृत्ति को हमारे पत्र प्रोत्साहन दे रहे हैं—हर ऐसी प्रवृत्ति में उसका हाथ है क्योंकि इससे उन्हें लाभ हो रहा है।' (पृ. 37) यह पत्रकारिता पाठक की रुचि को भ्रष्ट करती है—इसका काम है 'इमेज' बनाना और बेचना। यहाँ अमेरिका अपनी पॉप संस्कृति बेचने आता है। वे कह रहे हैं—विज्ञापन नयी 'पूजा प्रतिमाएँ हैं—नयी भौतिक संस्कृति की उत्तराधिकारिणी। पुरानी देव-प्रतिमाओं का राम, कृष्ण, मरियम का अर्थ नहीं रहा, अर्थ है प्रेयसी का मोटर कार ट्रेक प्रतिमा है। यहाँ 'पुरानी सब

लिखत मिट गयी है, हर पाँच वर्ष में मिटायी जाती है और सलेट पर नयी लिखत होनी चाहिए—यही सजीव, प्राणवान संस्कृति का आदर्श है—ऐसा वह मनवाना चाहते हैं।' वे पुरानी संस्कृति की लिखत मिटाकर पॉप संस्कृति लाने पर आमादा हैं। उसे केवल मुनाफे का इन्तजार है, पूजा भाव और पुरानी श्रद्धा को उसके नये धर्म ने छोड़ दिया है।

वरण के आधार संस्कृति निश्चित करती है और संस्कृति ही विकल्प के समाधान प्रस्तुत करती है। जैविक स्तर पर स्मरण और विस्मरण दोनों अनिवार्य हैं, किसी एक के बिना जीवन की रक्षा नहीं हो सकती। पर क्या भुलाया जाय, क्या याद रखा जाय यह समाधान संस्कृति करती है। मूल्यवान की स्मृति को सुरक्षित रखना संस्कृति का दायित्व है।

अज्ञेय को संस्कृति-परम्परा के साथ प्रगतिवादिता का ध्यान आता रहा है। उन्हें यह पूछना पड़ता है कि क्या प्रगतिशीलता का कोई ऐतिहासिक सन्दर्भ है और अगर नहीं है तो प्रगतिवादी जिस प्रगति का शोर मचाते हैं, वह है क्या? तो प्रसाद क्यों प्रेमचन्द से कम प्रगतिशील माने जायें? अज्ञेय इस प्रश्न का उत्तर देते हुए कहते हैं : 'प्रसाद के साहित्य ने भारतीय समाज में एक ऐतिहासिक अस्मिता बोध, एक नियति-बोध (सेंस ऑफ डेस्टिनी) जगाने का प्रयत्न किया और ऐसे काल में किया, जब देश अपनी स्वाधीनता के लिए लड़ रहा था। राष्ट्रत्व के लिए ऐसा अस्मिता बोध और नियति-तत्त्व केवल प्रेरक-तत्त्व ही नहीं होते, इस बोध पर राष्ट्र खड़ा होता है। आत्म-बोध और ऐतिहासिक नियति-बोध से वह आस्था मिलती है जो स्वाधीनता संग्राम का असली बल होती है। और प्रसाद ने उस संग्राम के आरम्भिक युग में इस आस्था का एक पुष्ट आधार दिया। क्या वह युग-धर्म का निर्वाह नहीं था? सामाजिक न्याय का संघर्ष अपनी जगह है, वह अभी पूरा क्या, ठीक से आरम्भ भी नहीं हुआ है। सभी दलों ने उस संघर्ष की प्रवृत्ति के सामाजिक न्याय के लिए नहीं अपनी सत्ता के लिए दुह लेना चाहा है—वह अलग बात है।' अज्ञेय के मत से प्रसाद में संस्कृति की चिन्ता है और ये प्रेमचन्द से कम प्रगतिशील नहीं है। ऐसी ही स्थिति में ग. मा. मुक्तिबोध से अज्ञेय कम प्रगतिशील नहीं हैं, क्योंकि अज्ञेय देश की स्वाधीनता के लिए लड़ते रहे हैं। प्रगतिवादी आलोचना के कठमुल्लापन ने अज्ञेय को प्रतिगामी और मुक्तिबोध को प्रगतिशील घोषित करते हुए जिस कलह को जन्म दिया है, वह दुर्भाग्यपूर्ण है।

हर जगह बाजार व्यवस्था सिर पर सवार है। अज्ञेय अनुभव सुनाते हैं कि एक पुस्तक की दुकान को दूसरे प्रकाशन ने खरीद लिया। फिर इसी दुकान को अन्य बड़े प्रकाशन ने खरीद लिया वैविध्य आया और साहित्य-पुस्तकें कम हो गयीं। फिर

उस प्रकाशन को अन्य बड़े प्रकाशन ने खरीद लिया—उसने लोकप्रिय पुस्तकों के साथ रंगीन पत्रिकाएँ, रेकार्ड, टेप और रिकार्डर, रेडियो आदि में रखे जाने लगे, ग्राहकों का रूप-रंग कुछ और हो गया। वह कम्पनी किसी कॉरपोरेशन में मिल गयी—वहाँ खाद्य पदार्थ रखे जाने लगे। वह सुपर बाजार जैसी दीखने लगी...आप वहाँ कविता की पुस्तकें देख आये हैं। आप ही बताइए कविता क्या खाने की चीज है। पश्चिम का उपभोक्तावाद फैल रहा है, जिसमें पुस्तक को जगह नहीं है। पुस्तक देखना-खरीदना फैशन है—लगाव खत्म हो गया है। इस तरह से भारत के बाजार पर चुपके-चुपके पश्चिमी कॉरपोरेशन कब्जा कर रहे हैं।

ल्यूनाटिक, लोफर, लबर, लिरिसिस्ट कवि के इस चतुर्वर्ण में पाँचवाँ भी क्यों न जोड़ दीजिए—ईडियट। यह प्लेटो का मंथन है क्या? या नैतिकता का हीनयान? प्लेटो 'साहित्य' की उपयोगिता पर विचार करते हैं। उनकी चिन्तन परम्परा आज भी जीवित है। साहित्य को 'बाहर से देखा जा सकता है।' तो साहित्य की जरूरत क्या है। 'साहित्य भीतर से देखना है, साहित्यकार देखने के लिए भीतर घुसता है, वह यथार्थ का भी आभ्यन्तरीकरण कर देता है जिसमें कि वह उसकी पकड़ में आ सके और सच्चाई से आ सके।' (वही, पृ. 63) यहाँ भीतर से बाहर आना जरूरी नहीं है। साहित्य भीतर से देखने पर ही सर्वजन सम्प्रेष्य होता है एवं ध्वनि पर आलोक डालता है। यहाँ ध्वनि का अर्थ है—अर्थ को स्फुटित या व्यंजित करना। काव्य के शब्द उसके अर्थ को सहृदय के चित्त में उसके गूढ़ार्थ को व्यंजित करा देते हैं।

अज्ञेय के चिन्तन में बार-बार यह विवशता दिखाई देती है कि न हम पश्चिम की यन्त्र-विद्या से बच सकते हैं : न उनके चिन्तन से। प्रश्न उठता है कि उस चिन्तन के पीछे अन्धे होकर भागना क्या जरूरी है। क्या हमारे भारतीय सन्दर्भ भरोसे के नहीं हैं? भरोसे के हैं तो उन पर भरोसा करना चाहिए। इसीलिए परम्परा आम्नाय—ट्रैडिशन—यदि अनेक स्तरों पर संचित आदाय हैं—मूल्य व्यवस्था, समाज, संगठन, व्यक्तित्व-संरचना, विश्व-दर्शन के स्तर पर, तो स्पष्ट है कि आधुनिकता के साथ इन सभी स्तरों पर परिवर्तन होंगे। आधुनिक संवेदन भी इनमें परिवर्तन लायेगा। इस तरह परम्परा में परा से आगे, निरन्तरता, परिवर्तन और संवेदन की मौलिकता चार अर्थ तो मौजूद रहते ही हैं—अन्य सन्दर्भों के साथ। पश्चिम में मनुष्य पाप से उत्पन्न है—लेकिन भारतीय चिन्तन में अनेक पुण्यों का संचित फल। कृष्ण-युग में हम देवताओं के साथ रहते थे, कलियुग में भाषा के बीच रहते हैं। अस्ति तो भाषा के बिना भी है, पर इतिहास भाषा के बिना नहीं हो सकता। क्योंकि काल एक सत्य है जिसे हमने भाषा के सहारे रचा है और सम्प्रेष्य बनाया है। इस सन्दर्भ में भाषा अमरलोक का प्रकाश है—छाया है। भाषा ही व्यक्त एवं अव्यक्त के

बीच महत् है, वही प्रश्न में कहती है 'होना' क्या है? मैं कौन हूँ? होना क्या है—'यह मानवीय अस्तित्व की पहली परिभाषा है।' इसी में मर्त्यों का काल है—जहाँ मनुष्य पूछता है—'मैं कौन हूँ।' कितनी अद्भुत बात है कि अज्ञेय जी उपनिषदों के ऋषियों की तरह गहन चिन्तन करते हैं और विचार को मिथकीय आवरणों में लपेटकर अस्ति-नास्ति के बीच रख देते हैं। वे ऋषियों की भाषा में कहते हैं—'देह को ढँको—जिससे आत्मा उघड़ सके' (वही, पृ. 50) मुश्किल यह है कि आज सब बदन उघाड़ने में लगे हैं, तभी आत्मा ढँकती जा रही है। शायद लोग आत्मा को मारकर दफनाने में लगे हैं, तभी तो देह का नंगापन आ रहा है।

परम्परा का एक सुलगता सन्दर्भ है—स्मृति। स्मृति ही इतिहास है, परम्परा है, और स्मृति ही परिवेश है। अज्ञेय जी ने 'स्मृति के परिदृश्य' पर साहित्य अकादमी संवत्सर व्याख्यान माला दी थी। उसी में 'स्मृति' को मथा था—कवि भाव से, चिन्तन भाव से। यहाँ उसका निचोड़ देते हुए कहा है—'स्मृति के बिना सत्ता नहीं हो सकती—सत्ता का अनुभव नहीं हो सकता। अतीत की स्मृति वर्तमान को सत्ता देती है। अर्थात् अतीत की स्मृति के बिना वर्तमान भी नहीं हो सकता। अतएव जितनी हमारी 'अतीत की स्मृति समृद्धतर होगी उतना ही हमारा वर्तमान भी समृद्धतर होगा।' (वही, पृ. 50) क्या संयोग है कि अज्ञेय की इस बीज अवधारणा का निर्मल वर्मा ने अपने अनेक निबन्धों में विस्तार किया और 'इतिहास, स्वप्न और आकांक्षा' पुस्तक के तीन व्याख्याओं में उसका सूक्ष्म विवेचन किया है।

अज्ञेय के जीवन में तीन नारियाँ—सन्तोष, कपिला, इलाका प्रवेश हुआ, पर वे साथ रहकर भी कच की तरह शापग्रस्त होकर जिये। नारी का शाप और पुरुष का कवच चढ़ा झूठ भाव-नाट्य है। देवयानी की बात काटते हुए कच ने कहा, 'कहाँ, मैं तो तुम्हारे साथ कभी नहीं रहा।' देवयानी अचरज से आवेश को दबाते हुए किसी तरह कह पायी : 'तो इतने बरस तुम कहाँ रहे? किस के पास रहे?' 'मैं। मैं अकेला रहा—मैं मन की दुनिया में रहा, जिसमें अकेले ही रहना होता है।' देवयानी ने उसे शाप दिया, 'जा, तू कहीं का नहीं रहेगा।' आज का आधुनिक मनुष्य देवयानी का यही शाप ढो रहा है और देवयानी? देह जी रही है आत्मा को दफनाकर। आज के मानव की सर्जनात्मक प्रतिभा इसी शाप को लिख रही है, रच रही है। यह उक्ति विशेष ही काव्य है—'भणिति विशेष'। अवन्तिसुन्दरी क्यों राजशेखर को समझा रही है—काव्यार्थ के स्रोतों का मर्म खोल रही है। 'काव्य-पाक' की अवधारणा में राजशेखर 'काव्य मीमांसा' में प्रस्तुत करते हुए कह रहे हैं—कि कवि का अकेलापन ही ऐसी चित्त समाधि है जिसमें काव्य के पदों का विन्यास बदला नहीं जा सकता, न उसकी जगह उसका पर्याय रखने से वह बात बनती है—तो यह काव्य का पाक है। अज्ञेय

इसी तरह के 'काव्य-पाक' के दक्ष कवि हैं और दक्षता ही उनके विरोध का कारण बनी है। कुछ ने उन्हें रूपवादी कहा है और समझदारों ने पोर-पोर कवि। वह जिस शब्द, जिस भाषा में बात कहते हैं, उसे उन्होंने जाना है, जिया है, भाषा के साथ स्रोत में बहे हैं, टूटे हैं, मँजे हैं, पत्थर से प्रतिमा हुए हैं। उनका यह ऋषि कथन है यह भाषा सम्पराय है जिसमें विराट् अपने को प्रकटाता है और कवि मन का हर अंश उसमें अपने को पाता है। अज्ञेय कहते हैं—"वी आर ह्वाट गॉड क्रिएशन, बट द पोयट क्रियेट्स ह्वाट ही सीन। फारहिम सीइंग प्रोशीड्स क्रिएशन।" कवि-कल्पना बिम्बों-दृश्यों को स्मृति से जोड़कर निष्पत्ति देती है।

अपने समय के शीर्ष कवि अज्ञेय स्थिति पर व्यंग्य करते हैं—'जब कवि की भाषा घिस-पिटकर अर्थहीन हो गयी हो, तब वह कवि के किसी काम की न रह जाय, तब उसका क्या किया जाय? तब उसे राजनीतिक को दे दिया जाय जिसका सारा अर्थ-व्यापार उन्हीं अर्थहीन (या कहना चाहिए अर्थवांछित) शब्दों के सहारे चलता है। कवि की भाषा सोना है तो राजनीति की भाषा कागजी मुद्रा—बड़ी विस्फारित कागजी मुद्रा। कवि भाषा धन है, राजनीति की भाषा ऋण।' कारण, 'हमारे राजनीतिज्ञ भाषा के कबाड़िये हैं।' इसी तरह अज्ञेय ने इन आलोचकों पर व्यंग्य किया है—जो आत्मा के झरोखे खोलकर कवि से तादात्म्य स्थापित नहीं करते। 'कविता' कल्पना से पाठक कल्पना का सही संवाद तब नहीं होता जब हम अर्थात् आलोचक भाव से कविता तक आता है—उसे कविता कभी मिल ही नहीं सकती। हम पाठकों को भूलना न चाहिए। प्रयोजनवती भाषा और काव्यभाषा में बुनियादी फर्क होता है। प्रयोजनवती भाषा में हमारे प्रयोजन संकेतित होते हैं, काव्यभाषा जिसमें बिम्ब मूर्त्त होते हैं, जिसमें हमारा आनुभविक जीवन विकसित होता है।

हमारे देश की सुन्दरता को, सुन्दर स्थलों को, हमने अपने 'आत्म' का अंग नहीं बनाया। फलतः उन सुन्दर स्थलों पर हिन्दुओं ने तीर्थ बनाये, उन्हें घना बसाया, गन्दगी से भर दिया। मुसलमानों ने वहाँ मकबरे और मज़ार बनाकर उन्हें उजाड़ दिया। अंग्रेजों ने वहाँ छावनियाँ डालीं और उनके रास्ते हम सब के लिए बन्द कर दिये। अब धर्मनिरपेक्ष भारतीय लोकतन्त्र हुआ तो हम सब सुन्दर स्थलों को अजायबघर बनाये दे रहे हैं। कभी विदेशी के लिए भारत 'संस्कृति की क्रीड़ाभूमि' या, देशी के लिए वह संस्कृति का अजायबघर हो गया। क्या विडम्बना है कि इस अजायबघर में तीनों बेदखल और सेकुलर भाव से थूक रहे हैं। और अब तो 'भारतीय संस्कृति' को उत्तर-भूमण्डलीकरण ने अपने में लपेट लिया है। इस से रक्षा कौन करेगा? गाय के देश में सुअर की पूजा हो रही है और भूरी-काली बकरियाँ करील और झरबेरियों के अंकुर चर रही हैं। लड़कियाँ झरबेरियों से बेर खा रही हैं। दोनों

बलि के लिए तैयार हैं।

अज्ञेय के चिन्तन का आधार–स्मृति है। वे मानते हैं कि स्मृति मुक्त क्षण होते हैं। अतीत मुक्त होकर वे कालमुक्त होते हैं, वे ही शुद्ध आस्तिक क्षण हैं। लीला-पुरुष विष्णु नित्य ऐसे क्षणों के अशेष क्रम में जीते हैं। ये शुद्ध अस्ति के क्षण ही सर्जना के क्षण होते हैं। रचना भी शिशु की तरह स्वतन्त्र अस्तित्व तब ग्रहण करती है जब उसकी नाल कटती है–उससे पहले वह स्वतन्त्र नहीं है–एक बृहतर जीवन पर निर्भर है। परिचय के चिन्तक इसे जन्माघात (ट्राडमा ऑफ बर्थ) कहते हैं और मर्मत्व के विश्लेषण इसे महत्त्व देते हैं। सच्चा कवि 'कविर्मनीषी' इस अर्थ में है कि उसकी रचना भाषा से पहले थी। वही आर्षवाणी है। कवि ज्ञान के शिखर पर ले जाने वाली पगडण्डी खोजता है। 'कवि के लिए कागज, कलम, काली शब्द, छन्द, ध्वनियाँ फिर एक दूसरे पर लिखने का स्वाभाविक श्रम, संचित ज्ञान, अध्ययन, अनुभव, काव्यशास्त्र की परम्पराएँ और काव्य का इतिहास, पहले का समस्त ज्ञान-भण्डार और समकालीन काव्य-रचनाएँ–ये सभी साधन हैं–इसके बाद अनेक बाधाएँ हैं, बीहड़ है, पड़ाव हैं, पठार हैं, संघर्ष हैं। इस तरह कवि की आरोहण यात्रा में असल बाधा है–कवि या कलाकार स्वयं। सर्जना कर्म विजय है, आत्म-विसर्जन है, आत्मदान है–अपने को दे देने का संकल्प। इसी में सर्जक की आत्म-मुक्ति है।

संसार बदल रहा है और बदलाव में हिंसा का चक्र तेजी से घूम रहा है। भीड़ में से अकेला एक छुरा निकलता है–भीड़ घेरे का रूप ले लेती है। छुराधारी नरम गर्दन पर गाली देकर छुरा भोंक देता है। घेरा डाले भीड़ तमाशा देख रही है। वह घेरे से निकलकर चला गया–भीड़ में कोई खास हरकत नहीं हुई। वह गली में से ओझल होकर किसी घर में समा गया। भीड़ में से अब कोई चिल्लाता है–'पुलिस', सब चिल्लाते हैं–पुलिस। खून हो गया। लेकिन दौड़ा कोई नहीं, पकड़ने की कोशिश किसी ने नहीं की। सब जानते हैं–पुलिस आने तक हत्यारा गायब हो चुका होगा। लाश के पास सन्नाटा, कौन गवाही देगा–कोई नहीं। पुलिस के पास गवाहों की स्थायी सूची है। हत्यारा निर्दोष सिद्ध होगा। यही विचार रघुवीर सहाय की कविता 'रामदास' में है। यह हमारे समय का यथार्थ है। व्यक्तिवाद का कुण्ठित रूप है। बाहर की आधुनिकता का शर्महीन चेहरा है। ऐसा उत्तर-आधुनिक समय आ गया है कि संस्कृति परिषदों-अकादमियों का कोई चेहरा नहीं रहा। अध्यक्ष, उपाध्यक्ष सब दिखाने के चेहरे हैं। इस समाज में कवि-कलाकार को जीने की जगह नहीं है, क्रिकेटर को है–फुटबाल खिलाड़ी को है। आप दस-बारह कविता संग्रह छपवाइए। भूखों मरिए। लेखक के लिए एक ही रास्ता है–लफंगे की तरह जियो। बुढ़ाने लगे तो 'आत्मकथा' लिखो, दूसरों की ढँकी को उघाड़ो, लाखों कमाओ–खाओ। इसलिए

कविता मत लिखो। कविता की चिन्ता छोड़ो। कुछ सिरफिरे तो दुनिया में रहेंगे ही, वह दुनिया के मानसिक स्वास्थ्य के लिए आवश्यक है। कला में जोखिम है—अब कल्प जीवन का अंग नहीं मानी जाती। इसलिए कला के लिए देश छोड़कर मत जाओ।

'संस्कृति के लिए मूल्यबोध का महत्त्व है, स्वाधीनता-बोध का है। दरअसल हम न आज संस्कृति में जी रहे हैं, न मूल्यबोध में, न क्रीड़ा बोध या नियति-बोध या स्वाधीनता-बोध में। स्वातन्त्र्योत्तर मानसिकता सबने ओढ़ ली है। हमारी सरकार ही 'स्वाधीन' सरकार नहीं है—सरकारी तन्त्र केवल उत्तराधिकारी तन्त्र है—'इण्डिया दैट इज भारत' का शासन होने में 'भारत' को तो उसने व्याख्या का अंग मान लिया है (दैट इज भारत) और 'इण्डिया' की सारी परम्पराओं का निर्वाह करने का अपना दायित्व मान लिया है अर्थात् औपनिवेशिक बल्कि साम्राज्यीय परम्पराओं का निर्वाह करने का। ऐसे में स्वाधीनता की परम्परा कैसे पनप सकती है? और स्वायत्त, आत्मगौरवशाली, गतिमान-संस्कृति का बोध कहाँ से आ सकता है? उसके मूल्य कहाँ से विकसित हो सकते हैं।' (वही, पृ. 73) आज तो मानव अपना ही दानव है और अपनी मूल्य-दृष्टि खोकर वह विदेशी गुलामी की मानसिकता में खुश है।

अज्ञेय प्रश्न उठाते रहे हैं कि साधु-भाषा की मर्यादा क्या है—जो अशिव है, अश्लील है, उसे कहने में वह अधूरी है। आज का यथार्थ उसे अभिजात्य के साथ जोड़कर उसका तिरस्कार करता है। मानदण्डों की गलत समझ से भारतीय समाज अपनी संस्कारिता खो रहा है। बल्कि संस्कार मिट रहे हैं—आज प्यार के लिए कोई भाषा नहीं है, पर सेक्स के लिए भाषा है जो प्रतिदिन विशदतर होती जा रही है। प्यार का यथार्थ खण्डित और गूँगा है सेक्स का यथार्थ स्वस्थ है—प्रकृत है—श्लाघ्य है। इससे हमारा समाज-बोध, इतिहास-बोध, विज्ञान-बोध और साहित्य-बोध बदल गया है। विकासवाद ने क्या किया—मूल्य स्रष्टा प्राणी को 'प्रगति' में धकेल दिया जहाँ वह पागल हो रहा है। अज्ञेय का कवि इस परिवेश में बेहद बेचैन है। आज की समकालीनता—संस्कृति के सेतु तोड़ रही है—प्रकृति को उजाड़कर 'विकास' कर रही है। आज राष्ट्रीय अस्मिता—(1) पश्चिम के समक्ष, (2) औपनिवेशिक स्थिति के बीच, (3) भाषिक स्थिति में जिसमें एक ओर अंग्रेजी से टकराहट है—जो औपनिवेशिक और भाषिक स्थिति से जुड़ी है, दूसरी ओर बहुभाषिक वातावरण और विघटन की आसन्न सम्भावना। हर तरफ से हमारे प्रतीकों की पवित्रता खतरे में है।

जीवन-भर अज्ञेय वृन्दावन का अश्वत्थ ले जाकर प्रभास-क्षेत्र में रोपते रहे। कहाँ कहाँ के पेड़-पौधे ले जाकर कहाँ-कहाँ लगाते रहे। सींचते-पोसते रहे। वे पौधे बढ़े और छाया दी—फलदार बने। मुक्त होकर संस्कृति के वृक्ष को जल-दान किया। यह

क्या उनकी कम बड़ी साख है कि वे स्वयं छतनार वृक्ष थे जिसके नीचे न जाने कितने कवि-कलाकार छाया पाते रहे, प्रेरणा पाते रहे। प्रश्न उठता है 'शेषा' का सच क्या है? संस्कृति, परम्परा, स्मृति, इतिहास, कला-सौन्दर्य पर पुनर्विचार? भाष्य, पुनर्भाष्य या नये काव्यशास्त्र को गढ़ने की तैयारी? क्योंकि यहाँ सूक्तियों से व्यंग्यों से भारतीय संस्कृति की विकृतियों पर एक ओर विचार मंथन है तो दूसरी ओर नये काव्यशास्त्र को निर्मित करने की प्रेरणा है। लेकिन यह चुनौतीपूर्ण कार्य पश्चिमी नकल से बचकर ही किया जा सकता है। यह कार्य आज बहुत बड़ी चुनौती है।

अज्ञेय : व्यक्तित्वरंजक निबन्ध-चेतना

अज्ञेय एक साधक निबन्धकार हैं। उन्होंने जैसा बहुस्तरीय और सर्जनात्मक गद्य लिखा है—वह उनकी साधना की सिद्धि का प्रमाण देता है। निबन्ध, कहानी, उपन्यास, यात्रा-वृत्त, संस्मरण, आलोचना, डायरी, जर्नल पत्रकारिता में इस विचार-विदग्ध गद्य का वैविध्य रंग-बिरंगे फूलों के गुलदस्ते की भाँति प्रबुद्ध पाठक को अपनी छबि से मोहित करता है। 'आत्मनेपद' में अज्ञेय ने कहा है—"अच्छा गद्य पढ़ने में मुझे अनिर्वचनीय आनन्द मिलता है, जो कि, उस गद्य में कही गयी बात या कहानी या सूचना के सम्भाव्य आनन्द से—कम से कम मेरे लिए किसी तरह कम महत्त्व का नहीं है।" (जो लिख न सका) अच्छे गद्य लिखने की तीव्र लालसा ने अज्ञेय के गद्य को निरन्तर माँजकर चमकाया है। कविता की तरह अज्ञेय ने गद्य में नये-नये प्रयोग किये है और जीवन-सौन्दर्य को जीवन-शिल्पी की तरह तराशकर नया रूपाकार दिया है। उनमें चाहे प्रेमचन्द-जैनेन्द्र जैसा देशज हिन्दी का प्रवाह न हो, किन्तु अर्जित हिन्दी की सहज शालीनता का सुघड़ व्यक्तित्व अनुपम है।

अज्ञेय अपने विचारपरक निबन्धों में 'सच्चिदानन्द' वात्स्यायन' नाम का प्रयोग करते हैं और व्यक्ति-व्यंजक निबन्ध में (अज्ञेय—कविता-लेखन में) 'कुट्टिचातन्' नाम से लिखते हैं। अज्ञेय अपने 'कुट्टिचातन्' रूप में जो गद्य रचते हैं—उस रचाव की प्रक्रिया का उनके गद्य में निरन्तर सुथरा रूप मिलता है। 'उसका साधु रूप भी एक गतिमान रूप है, और जिसे वे गद्य का साधु रूप कहते हैं—वह रूप आधुनिक जीवन के दबाव-प्रभाव से निरन्तर बदलता रहा है। उसमें वह नये शब्द जोड़ते रहे हैं और नये विचार, संकल्प की भाषा में स्थान पाते रहे हैं। उनके खोजी व्यक्तित्व की खोज का यह एक नया संसार है जिसमें परिवेशमूलक संजगता की आधुनिक संवेदना सक्रिय है। इस सक्रियता में चरित्रगत, कालगत, देशगत वैचारिक विविधता का रचाव है। नए प्रयोग संस्कृत के तत्सम-तद्भव और अंग्रेजी शब्दावली के साथ नये सन्दर्भों के नये भाव-लोक से जुड़े रहते हैं। प्रयोग, जीवन-लय के अनुसार नया वाक्य-विन्यास गढ़ते हैं। लेकिन यह जड़ाऊ आलंकारिक कृत्रिम चमत्कारी गद्य नहीं

है। यहाँ निहायत देशी आधुनिकता के अन्दाज में ध्वनि-वक्रोक्ति-रस का खेल चलता है। गद्य का यह विदग्ध-कथन-व्यापार अपने संस्कार से अज्ञेय के समूचे रचनाकार-व्यक्तित्व और कृतित्व को एक नये अर्थ-पाठ से सम्पन्न करता रहता है। रचयिता 'कुट्टिचातन्' का लेखक सच्चिदानन्द वात्स्यायन में अन्तर्प्रवेश तो सहज ही होता रहता है। अज्ञेय ने यायावरी के दौरान जापान-चीन के तीन बन्दरों को देखकर एक नया विचार प्रकाश पाया। 'सब रंग और कुछ राग' में उसी राग-दीप्त सच ने समर्पण भाव से कहलाया है कि तीन चीनी बन्दरों में से उस एक को जो मुँह पर उँगली रखे बैठा रहता है क्योंकि अगर बोलने का निषेध न होता तो यह खुराफ़ात लिखने की नौबत क्यों आती?' अज्ञेय जी के इस कथन से मुझे जापान में दिखे तीन बन्दरों का ध्यान आ गया। मैं समझता था—ये गाँधीजी के तीन बन्दर हैं। लेकिन मेरे अज्ञान को हटाते हुए प्रोफेसर तोषियो तनाका जी ने बताया कि ये तीन चीनी बन्दर हैं और इनकी विशिष्ट प्रतीक-व्यंजना है—जिसका अर्थ बोलने की, चुप रहने की, साधना से जुड़ा है। उसी अर्थ की नयी निष्पत्ति अज्ञेय जी ने तीन चीनी बन्दरों में पायी है। निबन्धों का कोमल करुण, प्रतीकमय संगीतपरक गद्य ज़ेन-साधना से भरा-पूरा है। अपने विषयगत रवैये के कारण इन निबन्धों को पढ़ना और पढ़कर नये अर्थ का उत्पादन करना एक स्मरणीय घटना है।

अज्ञेयजी ने 'श्री गणेश' में पाठक का ध्यान दिलाने के लिए लिखा है "सब रंग का—उसके वर्तमान रूप का—प्रकाशन थोड़ी सफाई माँगता है।" अगर-बुहारी नहीं, और अगर यह भी नहीं कह सकता कि मुझ से, हमसे, या किससे?—यानी अगर अपराधी भाव भी मुझमें नहीं है और अगर इसलिए दूसरे अर्थ में भी सफाई अपेक्षित नहीं है और अगर इसलिए दूसरे अर्थ में भी सफाई 'अपेक्षित' नहीं है तो सफाई किसे कहा जायेगा? समझ लीजिए 'कुट्टिचातन्' दक्षिणी लोक जीवन का वह मसखरा बौना जो जिसके-तिसके कन्धे पर सवार होकर उसे मनमाने नाच नचाता है—खुली हवा का प्राणी है; और इन पंक्तियों का लेखक भी खुली हवा में और साफ-सुथरे पर्वती वन प्रदेशों में पला है और घूमने-फिरने का आदी है, उसका किशोर दक्षिण पहाड़ी वनों में बीता और दक्षिण में ही उसने पढ़ना-लिखना सीखा, इसलिए वह अपने को दक्षिणी (भी) माने तो अचम्भा नहीं होना चाहिए।' (श्री गणेश)। इस दृष्टि से अज्ञेय की एक खास तरह की मनोभूमि का (टेम्पर) इन व्यक्तित्वरंजक निबन्धों में अन्तर्व्याप्त है। इनके लेखन की प्रेरणा में दक्षिण-भारत की प्रकृति है और इस प्रकृति ने ही अज्ञेय के अन्तर्जगत् का सृजन किया है। उन्होंने कहा भी है कि 'कुट्टिचातन्' ने कभी-कभी कलाई पकड़कर कुछ लिखा लिया है जो जब-तब छपता भी रहा है। कुछ निबन्ध 'प्रतीक' (पत्रिका) में छपे थे, कुछ अन्यत्र छपे; फिर 'सब

रंग' नाम का संकलन सरस्वती प्रेस से छपा जो बहुत दिन से अप्राप्य है। इस बीच कई लोगों ने जान भी लिया कि 'कुट्टिचातन्' जब उत्तर में आकर उतरता है तो किस पर। इसलिए इस बात को दूसरों से छिपा रखने का कोई महत्त्व भी नहीं रह गया।' साथ ही यह भी यहाँ स्पष्ट कर दिया कि यह 'सब रंग' का पुनर्मुद्रण मात्र नहीं है।

'यह प्रकाशन उस सब रंग का पुनर्मुद्रण मात्र नहीं है, तथापि उसके सब निबन्ध इसमें हैं। 'पुस्तक के नाम में ही इस नयी स्थिति की कैफियत दे दी गयी है। सब रंग—और थोड़ा राग : के नाम पर कुछ एक नये निबन्ध हैं जिनमें कुछ यहाँ पहली बार प्रकाश में आ रहे हैं? पहले भी सब रंग ही रंग नहीं था, थोड़ा राग-द्वेष का भी उसमें व्यंग्य था, नये निबन्धों में इसका कसैलापन थोड़ा अधिक है शायद, राग-रंग के बीच इस नये राग-स्वर क़ी पहचान पर आप 'नारा राग करिबेन ना' यही अनुरोध है।' कुट्टिचातन्' नाम से अज्ञेय ने मन की मौज में आकर लिखा है और कहा है—'यदा-कदा कुट्टिजातो व्यासायते, यदा-यदा वात्स्यायनो गणेशायते इति'। उनकी इच्छा कुट्टिचातन् नाम से एक नया संग्रह लाने की भी थी, लेकिन यह इच्छा पूरी न हो सकी। केवल इतना कहकर रह गये—'इति के बाद नमस्कारान्ते नहीं जोड़ता तन्नरेशाय तन्नमय—पर कुट्टिजातन् व्यास की असीम अनुकम्पा से यह जो श्रीगणेश हुआ, भवताम् सदा मुदतु'। अज्ञेय स्वतन्त्रता-संग्राम की लय में बने-तपे रचनाकार हैं। स्वतन्त्रता-प्राप्ति के बाद उन्होंने कभी क्रान्ति की कहानियाँ लिखीं कभी शरणार्थी जीवन की समस्या पर कहानियाँ लिखीं। देश पर औपनिवेशिक आधुनिकता के शाप की जो छाया मँडरा रही थी—अज्ञेय ने उसे महसूस किया और उसके विरोध में लिखा। 'स्वाधीन' चिन्तन किया और स्वाधीन व्यक्ति बनने का पूरा प्रयत्न। लेकिन देश में मोह-भंग की मूल्यान्धता से उत्पन्न अन्धकार फैलता ही गया और पूरा देश पश्चिम का पिछलग्गू बनकर एक 'टुकड़खोर' देश बनकर रह गया। यह पूरी स्थिति उन्हें आत्म-पीड़ा देती रही है। 'अज्ञेय' इसी आत्म-पीड़ा, यातना से पीड़ित रचनाकार हैं। यह पीड़ा उनके व्यक्ति-व्यंजक या व्यक्तित्व-रंजक निबन्धों में ज्यादा तेजी से उठती दिखायी देती है।

अज्ञेय के ललित-निबन्ध या व्यक्तित्व-रंजक निबन्ध आचार्य हजारीप्रसाद द्विवेदी के निबन्धों से एकदम अलग हैं। आचार्य हजारीप्रसाद के निबन्धों में लोक की बहुत ज्यादा भूमिका है—शास्त्र का प्रवेश कम से कम। आचार्य जी ने अपनी पण्डिताई को अपने निबन्धों में बोझ नहीं बनने दिया। इसलिए उनका पाठक उसके बोझ से दबा हुआ नहीं मिलता। लोक और वेद को साथ लेकर चलने के कारण अंग्रेजी की छाया से वे बच गये हैं। 'अशोक के फूल' में लोक-मन, लोक-संवेदना से रचा-पचा गद्य है। यहाँ निबन्धों की प्रकृति में विनोद भाव है और कबीराई

फक्कड़पन। परम्परागत पाण्डित्य की कठोरता को पहचानते हुए 'अशोक के फूल' में कहा भी है—'पण्डिताई भी एक बोझ है—जितनी ही भारी होती है, उतनी ही तेजी से डुबोती है। जब वह जीवन का अंग बन जाती है तो यह सहज हो जाती है।' कहना होगा कि निबन्धों में आचार्य हजारीप्रसाद द्विवेदी और सच्चिदानन्द वात्स्यायन अज्ञेय की पण्डिताई इसी सहज कोटि की है। दोनों के निबन्ध विनोद-व्यंग्य भाव से अनुप्राणित रहे हैं। हाँ, अपने आस-पास की प्रकृति, फूलों, पक्षियों, वृक्षों को जैसे जीवन्त रूप में आचार्य द्विवेदी ने देखा और उसके महत्त्व पर 'विमर्श' या भाष्य किया है वह हिन्दी निबन्ध में अद्वितीय है। आत्मकेन्द्रित गम्भीरता पर आचार्य द्विवेदी के निबन्ध विनम्र अभियान छेड़ते हैं। जीवन की कालिदासीय लय को लेकर वे गाथा-कल्प गढ़ते हैं। लेकिन अज्ञेय सहज होने के लिए मुखौटा (पर्सोना) लगाते हैं और आधुनिक जीवन के तनावों को कम करते हैं। आचार्य द्विवेदी के निबन्धों में भारतीय लोक-चिन्ता का स्वाभाविक विकास मिलता है तो अज्ञेय के निबन्धों में देसी-आधुनिकता का संस्कार। वह देसी आधुनिकता का संस्कार आत्म-व्यंजक निबन्धों में हास्य-व्यंग्य का उपयोग सहज मर्यादा के साथ करते हैं। इस तरह उनके निबन्धों की शैलीगत भंगिमा में भी गहरा संस्कार है। निःसन्देह, अज्ञेय ने बौद्धिक संवेदना, स्वाधीन चिन्तन एवं प्रयोगधर्मिता से निबन्ध कला को नया सर्जनात्मक संस्कार दिया है। यात्रा वृत्त, संस्मरण, स्मृति-प्रसंग में वे स्मृति और वर्तमान के राग और द्वन्द्व को ऐसे रचते हैं कि पूरा विचार नया सन्दर्भ पा जाता है। 'सब रंग और कुछ-राग', 'आलवाल', 'कहाँ है द्वारका', 'छाया का जंगल' अज्ञेय के ऐसे महत्त्वपूर्ण निबन्ध संग्रह हैं—जिनके विचारों की नवीन दृष्टि से भारतीय निबन्धों को व्यक्तित्व-रंजक स्वरूप प्राप्त हुआ है। अज्ञेय के प्रिय भाई विद्यानिवास मिश्र ने कहा है कि 'अज्ञेय ने हिन्दी निबन्ध को सांस्कृतिक संवेदना के सम्प्रेषण का माध्यम बनाया है और प्रमाणित किया है कि व्यक्तित्व सम्पन्नता और अहं का विसर्जन कविता की ही तरह निबन्ध का मौलिक गुण भी है। बौद्धिक और रागात्मक संवेदना में गहरे रचे हुए अज्ञेय के निबन्ध सच्चे अर्थों में निबन्ध कहे जा सकते हैं, जिनमें बन्धन और मुक्ति का सार्थक अद्वैत दिखाई देता है।' (स्तबक, पृ. 206) अद्वैत की इसी शक्ति के कारण अज्ञेय अपनी स्वाधीनता के साथ सबकी स्वाधीनता के लिए संघर्ष करते हैं। इतिहास, परम्परा, संस्कृति की व्याख्या करने के लिए एक नवीन ढंग के प्रखर गद्य का उपयोग करते हैं।

अज्ञेय ने निबन्ध-विधा का उपयोग इस कलां के साथ किया है कि भारतेन्दु-प्रेमघन की तरह उनमें सम्पूर्ण भारतीय चिन्तन अपनी निरन्तरता और परिवर्तन के साथ मुखरित हुआ है। इस विधा की लोकप्रियता को उन्होंने रचनात्मक दृष्टि से आचार्य

रामचन्द्र शुक्ल, आचार्य हजारीप्रसाद द्विवेदी, बाबू गुलाबराय आदि की तरह लोकप्रिय बनाया है। साथ ही यह भी सिद्ध किया है कि आज भी कवि-कर्म की कसौटी निबन्ध ही है। कवि को सघन-अनुभूति की आन्तरिक लयबद्धता का सहारा रहता है। लेकिन निबन्धकार समय-समय पर आन्तरिक लयता से अपने को अलग कर विचार-तप में निमग्न कर देता है। विचार-तप में अपने 'आत्म' को होम कर देना कठिन जीवन साधना है। इसलिए विचार तप के संयम सन्तुलन के साथ निबन्ध लिखना चुनौती रहा है।

निबन्धों में अज्ञेय की बुनियादी चिन्ता रही है कि यूरोप के सम्पर्क में आने के बाद हमने क्या खोया, क्या पाया। हम किस तरह परम्परा से कटे, हटे और भटक गये। किन प्रयत्नों से हमने संस्कृति को बचाने का प्रयत्न किया। इस तरह के तमाम प्रश्न यूरोप की सभ्यता के सम्पर्क में आने के बाद हमारे चिन्तन में आये उन्हें अज्ञेय ने 'त्रिशंकु' से लेकर 'कहाँ है द्वारका' तक लगातार अपने आत्मपरक निबन्धों में परिभाषित करने का प्रयत्न किया। निबन्ध जैसी गम्भीर विधा को नये चिन्तन से लचीला बनाया और उसमें बौद्धिक आग पैदा की। इसलिए इन निबन्धों में बुद्धि की मुक्तावस्था का प्रकाश है। अज्ञेय की डायरियों के छोटे आकार के निबन्ध टाल्स्टाय या वर्जीनिया वुल्फ की डायरियों से कम आकर्षक नहीं हैं। 'भवन्ती', 'अन्तरा', 'शाश्वती' और 'शेषा' को अन्तःप्रक्रियाएँ कहने वाले अज्ञेय ऋषि-मन से भारतीय मानस को परख रहे हैं। उनमें आधुनिक-बोध की पीड़ा को विस्तार से विचार के केन्द्र में लाया गया है। चिन्तन का यह तनाव ही इन व्यक्तित्व-रंजक निबन्धों की शक्ति है। इस पूरे दौर में रचना-कर्म और चिन्तन संदिग्ध हुआ है। इसलिए औपनिवेशिक आधुनिकता से सावधान करने वाले अज्ञेय निबन्धों में जो रचते हैं—वह उनके निजी अनुभवों की व्याख्या है, उनके अपने कमाये सत्य। इसलिए इन निबन्धों का 'टेक्स्ट' उस जीवन यथार्थ को सामने लाता है जो हमारी पीढ़ी ने आजादी के लिए संघर्ष के दिनों में और स्वाधीनता प्राप्ति के बाद भोगा है। पूरे देश को राजनीतिक स्वाधीनता मिली, लेकिन सांस्कृतिक स्वाधीनता से देश वंचित रहा। भाषा-संस्कृति के क्षेत्रों में भारत गुलाम ही रहा। इस गुलामी की औपनिवेशिक मानसिकता के कारण आज हम इस स्थिति में पहुँच गये कि अज्ञेय के स्वाधीन चिन्तन को इसलिए नकार देते हैं कि हम उनकी विचारधारा से सहमत नहीं हैं।' लघु मानव-सिद्धान्त, व्यक्ति-स्वातन्त्र्य चिन्तन तथा प्रयोग-परम्परा की अवधारणाओं को लेकर तो हम अज्ञेय पर आगबबूला होते रहे हैं। जबकि अज्ञेय चिन्तन की स्वाधीनता की रक्षा के लिए फासिस्ट विरोधी सम्मेलन करते रहे हैं और अधिनायकवादी शक्तियों से निर्भर होकर टकराते हैं। अरविन्द, विवेकानन्द, लोहिया, जयप्रकाश

नारायण के विचारों का अज्ञेय एक नव पाठ रहे हैं। दुःख इस बात का है कि अज्ञेय के इस पाठ को अभी ठीक से पढ़ा-समझा तक नहीं गया है। और अगर 'धर्मनिरपेक्षवाद' या सेकुलरलिज्म और प्रतिबद्धता का ऐसा ही पागलपन इस देश में रहा तो अज्ञेय के चिन्तन को समझा भी नहीं जायेगा। अज्ञेय 'कला, सत्ता और औपनिवेशिक मानसिकता' जैसे लेखों में विचार उठाते हैं कि हमें मानसिक गुलामी के क्षेत्रों से मुक्त होना होगा ताकि स्वाधीन चिन्तन का विकास हो सके। स्वाधीन चिन्तन के विकास से ही स्वाधीन मनुष्य और आलोचक राष्ट्र का निर्माण हो सकता है। अज्ञेय की पूरी पत्रकारिता का इतिहास 'सैनिक', 'विशाल भारत', 'दिनमान', 'नवभारत-टाइम्स', 'वाक्', 'थॉट', 'इब्रीमैन्स', 'प्रतीक', 'नया प्रतीक', कोई भी पत्र हो—उसमें इस स्वाधीन-चिन्तन की छाप मिलेगी। इन पत्र-पत्रिकाओं के सम्पादकीय निबन्धों को यहाँ खोज-खोज कर एक स्थान पर लाने की कोशिश की गयी है। इस कोशिश में न जाने कितने लेख पत्र-पत्रिकाओं में ही दबे रह गये होंगे, जहाँ तक मैं पहुँच नहीं सका। अज्ञेय के विशाल निबन्ध लेखन को मैं सँभालने में असमर्थ रहा हूँ—वह बहुत बड़ी संख्या में है—उसमें से थोड़े से महत्त्वपूर्ण लेखों को ही उनकी 'रचनावली' में दे पाया हूँ। क्या करूँ, 'सैनिक' अखबार का तो एक भी लेख खोजने पर भी नहीं दे पाया।

छायावादोत्तर काल में अज्ञेय का कृतित्व आधुनिक भाव-बोध के प्रवर्त्तक के रूप में पाठक को लुभाता रहा है। निबन्धों में मौजूद एवं प्रभावशाली आलोचक अपनी पूरी सम्भावनाओं के साथ नये साहित्य की अनुपम छवियाँ बिखेरता मिलता है। रचना के नये प्रतिमान कोटरों से पक्षियों की तरह झाँक रहे हैं। सर्जना के समकालीन परिदृश्य का बौद्धिक संचरण और प्रसार अपनी ऐतिहासिक उपलब्धियों में एक नया रचना-ठाठ उपस्थित करता मिलता है। 'तारसप्तक' के बाद सप्तकों की योजनाबद्धता, रूपाम्बरा', 'पुष्करिणी' का सम्पादन, 'प्रतीक' का प्रकाशन, नये साहित्य से जुड़ी तमाम सभा-गोष्ठियों में सक्रियता उनके रचना-कर्म को गति देते हैं। इस गति के कारण हर बार उनका रचना-कर्म, सम्पादन-कर्म हिन्दी-पत्रकारिता में एक नयी परती जमीन तोड़ता है। अज्ञेय का ऐतिहासिक महत्त्व यह है कि वह पत्रकारिता, सम्पादन, प्रकाशन, प्रसारण, गोष्ठी-आयोजन, भागवत-यात्राओं की योजना, आदि सभी क्षेत्रों में नये नया भाव-बोध से दीप्त-प्रदीप्त रूप में सामने आता है। आलोचक प्रवर डॉ. रामस्वरूप चतुर्वेदी ने 'अज्ञेय और आधुनिक रचना की समस्या' में लिखा है कि 'नये साहित्य के आन्दोलन और संचरण के पीछे अज्ञेय का कल्पनाशील और कर्मठ व्यक्तित्व बराबर सक्रिय रहा है।

उनके अव्यवसायी प्रयत्नों से ही यह सम्भव हुआ है कि व्यावसायिकता से

आक्रान्त-युग में भी नयी प्रतिभा अपने को व्यक्त कर सके।' (वही, पृ. 162) अज्ञेय ने अनेक युवा प्रतिभाओं को मंच दिया और—किसी घटिया गुटबन्दी के फेर में नहीं डाला। प्रयोग को लेकर रचनात्मक निर्भयता ने नये रचनाकर्म के बन्द द्वार खोले और नयी राहों के अन्वेषण-संकल्प पर डटे रहे। 'प्रतीक' साहित्यिक पत्रिका पहले द्वैमासिक फिर मासिक (1947-1951) के अभियान में अज्ञेय ने तन-मन-धन झोंक दिया और गुटबाजी नहीं की। इन वर्षों में 'शेखर : एक जीवनी' के दोनों भाग प्रकाशित हुए और अज्ञेय को 'अश्लील लेखक' कहकर धिक्कारा भी खूब गया। यहाँ तक कि 'शेखर' उपन्यास की प्रतियाँ जलायी गयीं और सभा-गोष्ठियों में अज्ञेय को बैठाने लायक नहीं समझा गया। आगरा की एक सभा में अज्ञेय को न बैठाने का प्रस्ताव रखा गया तो स्वयं दद्दा मैथिलीशरण गुप्त को अज्ञेय का पक्ष लेना पड़ा। आज सोचने की बात है कि युग के नैतिक-मूल्यों से पुष्ट दद्दा का वैष्णव मन अज्ञेय की रक्षा में क्यों डटा होगा। इसलिए कि यह अज्ञेय विरोध सुनियोजित था। अज्ञेय का व्यक्ति-स्वातन्त्र्य चिन्तन ही प्रतिबद्धों की आँख का काँटा था। प्रतिबद्ध लोग तो अज्ञेय को 'साहित्यकार का दायित्व' समझा रहे थे। इन लोगों से सावधान होकर ही अज्ञेय ने 'साहित्यकार के सामाजिक दायित्व', 'धर्मनिरपेक्षता', 'भाषा विचार की स्वतन्त्रता' पर धुआँधार-निबन्ध लिखे और व्यंग्य-वक्रोक्ति से हृदय को हल्का किया।

इस तथ्य पर ध्यान केन्द्रित करने की जरूरत है कि साहित्य की वैचारिक प्रक्रिया को गति देने के लिए इलाहाबाद से अज्ञेय ने द्विमासिक पत्रिका 'प्रतीक' का आयोजन किया। इस आयोजन में वामपंथियों का सहयोग रहा। प्रवेशांक के सम्पादक मण्डल में स. ही. वात्स्यायन अज्ञेय, डॉ. नगेन्द्र, श्रीपत राय और नेमिचन्द्र जैन रहे। दूसरे अंक में एक नाम कविवर सियारामशरण गुप्त का जुड़ गया। अचानक तीसरे अंक में नेमिचन्द्र जैन का नाम हट गया। 'प्रतीक' का प्रकाशन मासिक रूप से इलाहाबाद की जगह दिल्ली से होने लगा। सम्पादन स. ही. वात्स्यायन करते हैं और अन्य साहित्यकार मित्र इससे सलाहकार के रूप में जुड़ते हैं। उस समय सहायक सम्पादक बने—रघुवीर सहाय। इस पत्र के 1951 तक या बन्द होने के समय तक यही सम्पादक-विधान रहा। 'प्रतीक' ने इन वर्षों में दद्दा मैथिलीशरण गुप्त, सियाराम शरण गुप्त, नवीन जी, सुमन जी, वृन्दावनलाल वर्मा जैसे रचनाकारों के साथ शमशेर, प्रभाकर माचवे, गिरिजाकुमार माथुर, ग.मा. मुक्तिबोध, भारतभूषण अग्रवाल, धर्मवीर भारती तथा कुँवर नारायण को खूब छापा। इस तरह 'प्रतीक' में राष्ट्रीयता, परम्परा, आधुनिकता का संगम रहा। अज्ञेयजी ने 'प्रवेशांक' में कहा था—'प्रतीक' वह देश की स्वाधीन साहित्यिक चेतना का प्रतीक है।' अज्ञेय

स्वयं द्वितीय महायुद्ध से जुड़े थे, इसलिए 'प्रतीक' में राष्ट्रीय चेतना के प्रबल स्वर का उभार है। अज्ञेय की मूल चिन्ता राजनीतिक–स्वाधीनता से ज्यादा सांस्कृतिक–स्वाधीनता रही और यह हुड़क उनकी पूरी सृजन-संवेदना में व्याप्त है। देश में सांस्कृतिक मरुस्थल की चिन्ता से अज्ञेय का माथा गरम है। 'स्मृतिच्छन्दा' के एक निबन्ध में कहा है–"भारत के औसत आदमी के साथ आजादी के नाम पर दगा हुआ है।"

साधनों की कमी के कारण हमारे देश का औसत आदमी अब भी साहित्य की वाचिक-परम्परा को छोड़कर दूसरी कलाओं की उपलब्धियों से बहुत कुछ वंचित है। औपनिवेशित इतिहास ने उसे दरिद्रतर ही बनाया। आजाद होकर भी देश अपनी प्रतिभा की सृष्टियों को न केवल उस तक पहुँचा सका, बल्कि उस विशाल समाज और एक छोटे से सुविधा सम्पन्न तथा कथित अभिजात वर्ग के बीच की खाई को बढ़ने ही देता गया। आजाद देश में भी औपनिवेशिक मानसिकता अभी बनी हुई है। उसने जान लिया है कि भाषा को भी अपना साधन बनाया जा सकता है और भारत की भाषायी स्थिति में तो उसके लिए यह काम बहुत ही आसान हो जाता है। जब तक हम भारतीय मानस को उपनिवेशवाद के इस शिकंजे से मुक्त नहीं करते, तब तक स्वाधीनता विशेष फलवती होने वाली नहीं है और सांस्कृतिक क्षेत्र में तो वह लगातार परती को ऊसर, ऊसर को बंजर और बंजर को विस्तीर्ण मरुस्थल में ही परिवर्तित करती जायेगी।

"क्या यही हम हो जाने देना चाहते हैं? यदि नहीं तो अपना कर्त्तव्य हमें पहचानना और करना चाहिए।" (भाषा, कला और औपनिवेशिक मानस, पृ. 56) हर साँस में अज्ञेय भारत के आदमी को औपनिवेशिक आधुनिकता के कुचक्र से सावधान करते हैं। वह 'तीसरी दुनिया', के देश को लेकर बोले हैं–"मुझे इस नाम 'तीसरी दुनिया' पर ही आपत्ति है। मैं अपने को 'तीसरी दुनिया' का नहीं मानता, बल्कि मैं सोचता हूँ कि 'तीसरी दुनिया' की बात खतरनाक बात भी हो सकती है।" (वही, पृ. 46) दुनिया एक है। यह कोरा आदर्शवाद नहीं है–यह साहित्यकार को पहचान सकना चाहिए। दुनिया केवल एक है और उसमें संकट पैदा करने वाले ऐसे विशालयन्त्र खड़े हो गये हैं, जिनकी टक्कर से सारी दुनिया को संकट है। यह दो दुनियाएँ नहीं हैं–दो यन्त्र हैं और इनसे संकट तीसरी दुनिया को ही नहीं, पूरी दुनिया को है। प्रश्न है कि जिसे पश्चिम की दो मशीनी आवाजें तीसरी दुनिया कह रही हैं, वही असली दुनिया है? दो समूह–दो विकसित देशों के हैं–तीसरा समूह कम उन्नत है। अज्ञेय प्रश्न उठाते हैं कि विकास या उन्नति की कसौटी क्या है? 'वहाँ आप सांस्कृतिक विकास की बात करते हैं। क्या यह कहने का कोई आधार है कि

यूरोप या अमेरिका या रूस सांस्कृतिक दृष्टि से भारत या चीन या दक्षिणी-पूर्वी एशिया से ज्यादा उन्नत हैं? आप असली सवाल टाले जा रहे हैं। आपने एशिया और अफ्रीका के देशों का नाम लिया—यह 'अफ्रेशियाई विशेषण भी एक दूसरा टालमटोल का रास्ता है। ...यह नाम भी उसी मनोवृत्ति का एक पहलू है जिसका दूसरा पहलू तीसरी दुनिया का नाम है। हमारी इकलौती दुनिया को तीन हिस्सों में बाँटने का आधार। 'केवल शाब्दिक आधार पर तीन हिस्सों में बाँटने के दो तरीके हैं जिनमें से एक तथाकथित तीसरे हिस्से को वह नाम देकर अपना भोज्य बना लेना चाहता है। दोनों हिस्से तीसरी अथवा अफ्रेशियाई दुनिया को पिछड़ा हुआ, अविकसित, दुर्बल और परमुखापेक्षी मानते हुए उसे सहारा और प्रोत्साहन का दम भरते हैं, जिससे कि वह अभी भी अपने को निर्बल और असहाय मानने लगे और परमुखापेक्षी बनने की उसकी आदत बन जाय। अगर यह उपनिवेशवाद नहीं है तो क्या है? इतना कह सकते हैं कि यह उसका मँजा हुआ तरीका है। जहाँ आपको अपना बल न दिखाना पड़े बल्कि दूसरा ही अपने को असहाय मानकर आपका शरणागत हो जाय।' (वही, पृ. 47) उपनिवेशवाद के सिक्के का दूसरा पहलू यही है कि जिन देशों पर अधिकार करना या बनाये रखना है—वहाँ ऐसी उपनिविष्ट मान सकता पैदा कर दी जाय। दुनिया के कुछ देशों ने नैतिक-सांस्कृतिक उन्नति को आधार बनाया, कुछ ने सम्पत्ति को उसके आधारभूत आर्थिक नियमों को अधिक महत्त्व दिया। अज्ञेय ने प्रश्न उठाया कि क्या हम दोनों को अस्वीकार करके कोई तीसरा रास्ता नहीं निकाल सकते। यूरोप के देश सांस्कृतिक रूपों से पिछड़े न होते तो सदियों तक दूसरों की लूट-पाट और हिंसा से प्रभुसत्ता कायम न किये रहते। आज भी पश्चिम के दोनों यन्त्र अपने कुकर्मों पर पर्दा डालना चाहते हैं। कुछ पुराने कुकर्मों पर, कुछ ऐसे जो पुराने नहीं हैं। हमें इस समय व्यापकता से बात सोचनी चाहिए। क्योंकि एक देश की दूसरे देश पर निर्भरता बढ़ी है। 'दुनिया एक है' और उसका कोई हिस्सा दूसरे हिस्सों के सहारे के बिना नहीं जी सकता।'

यह भारत का दुर्भाग्य है कि उसने अपनी कला और स्थापत्य के गौरव स्थलों को उपेक्षा और विस्मृति के मलबे में दब जाने दिया है और जिनका पिछले डेढ़ सौ वर्षों में पुनरुद्धार हुआ। इस पुनरुद्धार का श्रेय विदेशियों को है, उन विदेशियों को जिनमें से अधिकांश औपनिवेशिक सत्ता के प्रतिनिधि थे। उनसे कला-चेतना की जो भाषा मिली, उस पर उपनिवेशवादी चिन्तन की छाप गहरी है। डिजनरेट हिन्दू का औपनिवेशिक मानस दिग्भ्रमित रहा—वह कला मूल्यों पर 'सेकुलर' दृष्टि से विचार करने लगा तो पूरा गणित ही गलत हो गया। यहाँ राष्ट्रीय नवजागरण के पुनरुद्धार काल में भारतीयता का लोप हुआ और औपनिवेशिक आधुनिकता ने देसी आधुनिकता

को धर दबाया। भारतीय कला को हम उपनिवेशवादी दृष्टि से देखने लगे। नतीजा यह हुआ कि आधुनिक कला का पूरा इतिहास ही उलट-पलट गया। औपनिवेशिक मानस को ऐसी छूट मिल गयी कि कलाओं में देसी आधुनिकता, परम्परा और लोक-संस्कृति को—भारतीयता को नकार कर अपना नगाड़ा बजा सके। अज्ञेय ने 'भारतीयता' नाम से लिखे निबन्ध में भी इसी तरह के कटु अनुभव व्यक्त किये हैं। पचास के दशक में नये सवालों से घिरे अज्ञेय को कहना पड़ा—'कुछ लोग भारतीयता के समर्थन के नाम पर निरी जड़ता का समर्थन करते हैं तो कुछ दूसरे जड़ता के विरोध के नाम पर संस्कृति से ही इनकार करना चाहते हैं।' (आत्मनेपद) औपनिवेशिक आधुनिकता के सामने सांस्कृतिक अस्मिता के प्रश्नों ने अज्ञेय को जीवन भर चिन्तन के तनाव से घेरे रखा है। उन्हें यह प्रश्न बहुत विचलित करता रहा है कि भारतीय समाज में बुद्धिजीवी की भूमिका क्या है? क्यों हमारा बुद्धिजीवी समय-समाज की पीड़ाओं-यातनाओं से बेखबर रहता है? प्रगतिशीलता के नाम पर संस्कृति की उपेक्षा उसे बेचैन क्यों नहीं कर रही है? रमेशचन्द्र शाह, अज्ञेय के चिन्तन को लेकर बहुत ही विचारोत्तेजक बहस 'अज्ञेय वागर्थ का वैभव' के निबन्धों में उठाते हैं' उसे हमारे बुद्धिजीवी, प्रबुद्ध पाठक आगे बढ़ाते क्यों नहीं हैं। यहाँ तक कि बौद्धिक जगत् में खामोशी रहती है। यह ठीक है कि अज्ञेय हों या मुक्तिबोध कवि के चिन्तन में 'रूपकाश्रयी चिन्तन ज्यादा जगह घेरे रहता है—फिर भी उसके चिन्तन में सर्जनात्मक प्रतिभा की कौंध रहती है—अन्तर्दृष्टि के साथ। अज्ञेय के चिन्तन में व्यक्ति से ज्यादा 'समाज-संस्कृति' है और ये संस्कृति के प्रश्न ऐसे हैं—जिनको लेकर हमारी पूरी चिन्तन परम्परा दाँव पर लगी हुई है। यक्ष प्रश्न तो यही है कि सोचने का काम कौन करेगा? राजनीतिज्ञ? दार्शनिक? सोशल साइंटिस्ट? संवेदना के सबसे संवेदनशील छोर पर बैठा—रचनाकार कलाकार? औपनिवेशिक आधुनिकता के कारण हमारी संस्कृति पर आये संकट का सामना कौन करेगा? कोई करेगा भी या सभी सोते रहेंगे।

सच्चिदानन्द हीरानन्द वात्स्यायन अज्ञेय ने अपने पिता श्री हीरानन्दशास्त्री की स्मृति में प्रवर्तित व्याख्यान माला में प्रख्यात समाजशास्त्री श्री जड़ावलाल मेहता से 'कविकर्म और चिन्तन' पर व्याख्यान देने का अनुरोध किया था। इस अनुरोध को स्वीकार करते हुए श्री मेहता जी ने अपने व्याख्यान में कहा कि 'भारतीय चिन्तन परम्परा में कविता का खुलापन और पाश्चात्य दर्शन की अति भौतिक (मैटाफिजिकल) दृष्टि का विचित्र समन्वय-सा दिखाई देता है। पहले रूपण, फिर उसे मिटा देना, प्रतिमा की प्रतिष्ठा करना, फिर उसे विसर्जित कर देना, कथन करना, फिर उस कथित को अकथनीय में समर्पित कर देना, यही हमारी चिन्तन परम्परा का चरित्र रहा है। जबकि यूनानी संस्कृति में इसके 'विपरीत' रहा है। (कवि कर्म और चिन्तन

: सर्जना के आयाम)। मेहताजी इसके साथ यह भी कहते हैं कि "सर्जन दोनों रूपों में अभिव्यक्त होता है—काव्य या साहित्य के रूप में और चिन्तन के रूप में। दोनों एक दूसरे को आत्मसात् करते हैं, तभी पूर्ण होते हैं। दोनों क्रमशः सोम और अग्नि हैं : सोम, अग्नि द्वारा आत्मसात् होता है और अग्नि सोम द्वारा, सृष्टि दोनों के परस्पर आत्मसात् होने से सार्थक होती है।" अज्ञेय के चिन्तन ने अपनी जातीय-प्रतिभा से नये वाग्द्वार इस अर्थ में खोले हैं कि वे बहुत गहरे में उतरकर साहित्य-संस्कृति पर विचार करते हैं। 'अन्धकार में दीप' जलाने की उनके पास यह बौद्ध-चिन्तन-परम्परा की कला-क्षमता है। उनका निबन्ध-कर्म या चिन्तन-कर्म 'सभ्यता संस्कृति' की पर्वतीय खोहों से नयी व्यंजनाओं के स्रोत फोड़ता है। इस नयी व्यंजना के स्रोतों की खोज के कारण ही उनकी निबन्ध कला में दायित्व-बोध, स्वाधीनता की चेतना, संस्कारित आधुनिकता और सांस्कृतिक अस्मिता का आग्रह निरन्तर बढ़ता गया है। 'कहाँ है द्वारका' तथा 'स्मृतिच्छन्दा' के निबन्धों में यही चिन्तन-धार गतिवान रही है।'

अज्ञेय के लिए इसी अर्थ में रचना की भाषा संस्कृति की आँख है, क्योंकि भाषा में ही सब कुछ पाया या खोया जाता है। अज्ञेय का 'हम' अनुवादजीवी संस्कृति और औपनिवेशिक दासता की संस्कृति से मुक्त होना चाहता है। उनके लिए स्वाधीनता का एक अर्थ यह भी है कि औपनिवेशिक आधुनिकता की तर्क-विकृति से कैसे बचा जाय। कवि में 'मौन' को कैसे भाषित किया जाय। क्योंकि अज्ञेय पश्चिम की आधुनिक वैज्ञानिक विचारधाराओं से टकराहट की स्थिति में रहते हैं। इस चिन्तन के दर्द से अज्ञेय का 'दाता' कराहता रहता है—वह लोक-मानस की भूमि पर अपनी व्यथा को रोपना चाहता है। इसी लोक-मानस की व्यापक भूमि को पाने के लिए उनका कवि-मन सांस्कृतिक परम्परा से, प्रतीकों-मिथकों से जूझना चाहता है। यह कविमन कभी कृष्ण-राधा को टेरता है कभी सीता-राम को हेरता है। विद्रोह और आस्था दोनों ही इस कवि-मन की स्वाधीनता के आयाम हैं। आधुनिक भाव-बोध और स्वचेतनता की मनोभूमिका में ही वे कहते हैं—'मैं ही हूँ वह पदाक्रान्त रिरियाता कुत्ता'। इसी अर्थ में अज्ञेय की कविता हो या निबन्ध दोनों ही जीवन की आलोचना हैं—काव्य-सत्य और काव्य-सौन्दर्य के द्वारा प्रकृति-लय, प्रकृति-संवेदन इतना सच्चा कि अज्ञेय को पढ़ते हुए कालिदास और पन्त की याद आ जाती है। श्रीधर पाठक पन्त जी और रामचन्द्र शुक्ल की तरह अज्ञेय का प्रकृति-प्रेम बहुत विस्तृत है।

कविता हो, कथा साहित्य हो, निबन्ध हो, कोई भी विधा हो—काल-चिन्तन को अज्ञेय में अनेक व्यंजनाओं के साथ स्थान मिला है। एक तरह का अनुभव यह है कि 'संस्पर्श बृहत् का उतरा सुरसरि-सा हम बह न सके यों बीत गया सब'/काल

की नदी में अंगारे-सा—भगवान-सा अकेला मानव अपनी आस्था को गाता है और पाता है। वह मानव 'नर, जिसकी अनक्षिप आँखों में नारायण की व्यथा भरी है।' विद्रोह का दौर हो, शक्ति का दौर हो, आत्मदान का दौर हो, अज्ञेय निराश होकर जीना नहीं जानते। स्वतन्त्रता-संग्राम में अपनी युवा-शक्ति को देश-भक्ति के यज्ञ में होम करने देने वाला मन स्वातन्त्र्योत्तर नरक से व्यथित रहा है।' काल का डमरू नाद सुनने वाला रचनाकार लोक के शिव को धारण करता है। इसलिए उनके चिन्तन को व्यक्तिवादी कहना नादानी है, वे 'आउट साइडर' न होकर 'इन साइडर' हैं जो यायावरी वृत्ति से देश, विदेश के सच को पहचानता है। उसने पहचाना है कि हिन्दी का देश ही भाषाओं और संस्कृतियों के संगमों का देश है। हिन्दी उन संगमों से ही विकसित हुई है। अतः वह संगमों की भाषा है, विद्रोहों की भाषा है। ऐसी स्थिति में जैसी सांस्कृतिक संवेदना और परम्परा की सर्जनात्मक आँख अज्ञेय के पास है वैसी आँख टी. एस. इलियट और डी. एच. लारेन्स को नसीब ही नहीं है। परम्परा बहुत गहरे में उतरकर जिस तरह अज्ञेय में बोलती है, टी. एस. इलियट में वैसी कल्पना तक हम नहीं कर सकते।

आज के पाठक का ध्यान इस ओर भी जाता है कि 'तारसप्तक' 1943 तथा 'प्रतीक' 1947 इन दो सम्पादनों से अज्ञेय की ओर वामपंथियों की निगाह गयी और बड़ा भारी वैचारिक-संग्राम हुआ। सैद्धान्तिक चिन्तन को लेकर मौलिक मतभेद उभरे। इसी बीच अज्ञेय पर मानवेन्द्र राय के 'रेडिकल ह्यूमेनिज्म' का प्रभाव गहराया और उनमें फासिस्टवाद विरोध प्रबल हुआ 'फासिस्ट विरोधी सम्मेलन' 1942 का आयोजन करने वाले अज्ञेय ने समय के मिजाज को समझते हुए कम्युनिस्टों का साथ दिया किन्तु गाँधी से बिदकते रहे। लेकिन अज्ञेय और कम्युनिस्टों का साथ दूर तक चला नहीं। द्वितीय विश्वयुद्ध की समाप्ति के बाद अज्ञेय सेना की नौकरी से क्या छुट्टी पाते हैं, वे कम्युनिस्टों से भी छुट्टी पा लेते हैं। इस सम्बन्ध-सेतु के टूटने से अज्ञेय के पुराने कम्युनिस्ट साथी रामविलास शर्मा, नेमिचन्द्र जैन, भारतभूषण अग्रवाल आदि अज्ञेय से हमेशा के लिए नाराज हो गये और यह नाराजगी निरन्तर अमरबेल की तरह बढ़ती गयी। 'प्रतीक' तशा 'नया प्रतीक' निकला तो हमले और तेज हो गये। 'परम्परा', 'प्रगति', 'आधुनिकता' की अवधारणाओं पर संवाद-विवाद की राजनीति से साहित्य पट गया। 'दूसरा सप्तक' (1951) में भवानीप्रसाद मिश्र, रघुवीर सहाय, नरेश मेहता, शकुन्त माथुर, हरिनारायण व्यास, शमशेर बहादुर सिंह और धर्मवीर भारती को स्थान मिला। अज्ञेय ने 'तारसप्तक' पर उठे विवाद को लेकर अपने विचार स्पष्टीकरण के रूप में रखे। 'दूसरा सप्तक' में अज्ञेय ने नये चिन्तन को भरोसे के साथ साहित्य में उतारा। फिर 'तीसरा सप्तक' (1959)—संकलित

कवियों में प्रयाग नारायण त्रिपाठी, मदन वात्स्यायन, कीर्त्ति चौधरी, विजयदेव नारायण साही, कुँवरनारायण, केदार नाथ सिंह और सर्वेश्वर दयाल सक्सेना को स्थान मिला। लेकिन इस बार नवीन अग्नि प्रज्वलित नहीं हुई। सब कुछ ठण्डा रहा। हालाँकि अज्ञेय ने 'चौथा सप्तक' (1979) निकाला। उसमें संकलित कवि हैं—श्रीराम वर्मा, नन्दकिशोर आचार्य, अवधेशकुमार, राजकुमार कुम्भज, सुमनराजे, स्वदेश भारती तथा राजेन्द्र द्विवेदी। लेकिन इन कवियों की कविता और समीक्षा पर गहरी प्रतिक्रियाएँ नहीं हुईं। अज्ञेय ने नये साहित्य के प्रसार के लिए आकाशवाणी का समयोचित उपयोग किया। इस दृष्टि से 'रेडियो पत्रिका'। (1953) के अंकों का अपना महत्त्व है। इसके अतिरिक्त परिसंवादों, वार्त्ताओं, दीक्षान्त समारोहों में आधुनिक भाव-बोध, भाषा-संस्कृति के अनेक पक्षों पर विचार किया। 'व्यक्तिगत स्वातन्त्र्य और सामाजिक दायित्व' विषय पर 'परिमल' द्वारा आयोजित संगोष्ठी (इलाहाबाद 1955) 'लेखक और राज्य' शीर्षक परिगोष्ठी, 1957 'एशियन लेखक कॉन्फ्रेन्स' (दिल्ली 1956) में अज्ञेय सक्रिय रहे और बाद में तो सब जगह साहित्य के मंचों से जुड़े रहे। नये लेखन में बौद्धिकता और आधुनिकता, संस्कृति और भाषा आदि को लेकर वे अपने समय के सर्वाधिक विवाद-पुरुष रहे हैं। 'परिमल' द्वारा सम्पादित पत्रिकाओं को 'नये पत्ते', 'नयी कविता', 'निष्कर्ष' और थोड़े समय के लिए 'आलोचना' को उनका सहयोग मिलता रहा। सन् 1950 में भारतेन्दु शती पर 'सम्मेलन पत्रिका' (इलाहाबाद) के भारतेन्दु अंक का सम्पादन अतिथि सम्पादक के रूप में अज्ञेय करते हैं। इस कार्य से आधुनिकता के दोनों युग-पुरुष एक दूसरे के निकट आ गये।

थोड़े समय तक अज्ञेय ने बनारसीदास चतुर्वेदी के साथ 'विशाल भारत' में कार्य किया और लम्बी यायावरी के बाद 1964-71 तक 'दिनमान' साप्ताहिक का सम्पादन। यह सम्पादन हिन्दी-पत्रकारिता का प्रतिमान बना। 'दिनमान' छोड़ने के बाद 1973-74 में लोकनायक जयप्रकाश नारायण के अनुरोध पर 'एवरीमेन्स वीकली' का सम्पादन किया। फिर 1973 में साहित्य की पत्रिका 'नया प्रतीक' का भी सम्पादन प्रारम्भ किया। आपातकाल को लेकर अज्ञेय बहुत उद्विग्न रहे। इस तरह से स्वाधीनता का पूरी तरह हनन उन्हें स्वीकार नहीं हुआ। 1977-78 में 'नव भारत टाइम्स' का सम्पादन किया और 'कितनी नावों में कितनी बार' पर 1979 में भारतीय ज्ञानपीठ सम्मान से सम्मानित होने पर सम्मान-राशि से 'वत्सलनिधि' की 1980 में स्थापना कर डाली। 'वत्सल निधि' के तत्त्वावधान में प्रतिवर्ष लेखक शिविरों, हीरानन्द शास्त्री एवं रायकृष्ण दास व्याख्यान मालाओं का आयोजन हुआ। 'जन जनक जानकी यात्रा' तथा 'भागवत भूमि यात्रा' के अद्‌भुत आयोजन प्रमुख रचनाकारों को साथ लेकर किये। इस पूरे दौर में अज्ञेय ने हिन्दी-अंग्रेजी पत्र-पत्रिकाओं

में अनगिनत निबन्ध लिखे। इन निबन्धों ने हिन्दी की निबन्ध परम्परा को वैचारिक ऊँचाई प्रदान की और नये-नये ज्ञान के अनुशासनों पर निबन्ध लिखने के लिए नये निबन्धकारों को प्रेरित किया। हिन्दी निबन्ध साहित्य में अज्ञेय के निबन्धों की प्रखर बौद्धिकता, नये विषयों के प्रति सतत जागरूकता का एक गौरवपूर्ण इतिहास है। इन निबन्धों से शुक्लोत्तर हिन्दी आलोचना का वह इतिहास भी जुड़ा है जिसने सर्जनात्मक चिन्तन और आलोचना को नया सन्दर्भ दिया है। अज्ञेय में परिवेश के प्रति इतनी गहरी सजगता रही है कि रचना हो या आलोचना वह एक नये वैचारिक आलोक से भरी मिलती है।

दरअसल, अज्ञेय की ज्ञान परिधि का निरन्तर विस्तार और परिष्कार होता रहा। अनुभवों के योग ने आधुनिक भाव-बोध को कई स्तरों पर नये आयामों से जोड़ दिया है। इसलिए उनके कवि-कर्म की कसौटी निबन्धों में सूक्ष्म-गहन विचार के साथ अवतरित हुई और इसमें संवेदना के साथ कलात्मक-शिल्प का विकास होता गया। 'त्रिशंकु' के निबन्ध अलीकी चिन्तन के ध्वजाधारी बने। 'सबरंग और कुछ राग' (1970 ई.) में. नये निबन्ध लालित्य को लेकर आये। 'सबरंग' का प्रकाशन बहुत पहले सरस्वती प्रेस से हुआ था, और इन लेखों को 'कुट्टिचातन्' के छद्म नाम से अज्ञेय ने लिखा था। 'सबरंग' में थोड़ा राग जोड़कर 'सबरंग और कुछ राग' 1970 में तैयार किया गया। सबरंग में इन्द्रधनुषी आभा के साथ कुछ गहरा और सार्थक जोड़ा गया। व्यक्ति-व्यंजक और व्यक्तित्व-रंजक इन निबन्ध प्रयोगों ने रचना-प्रयोगों की सार्थकता को पुनः सिद्ध किया। इन नये निबन्ध-प्रयोगों से हिन्दी निबन्ध को नया कथ्य और नया शिल्प मिला और जड़ता भी टूटी जो विचार प्रधान निबन्धों में चाहे-अनचाहे रहती ही है। वैसे भी निबन्ध बहुत व्यापक नाम है। उसमें सभी गद्य-विधाएँ समाहित रहती हैं। इस बात पर विचार करते हुए पण्डित विद्यानिवास मिश्र ने लिखा है—"पर जिस निबन्ध को निकष या कसौटी माना जाता है, उस निबन्ध की संज्ञा केवल एक ही उचित लगती है—व्यक्ति-व्यंजक निबन्ध। एक और नाम बहुत प्रचलित है—ललित-निबन्ध। वह नाम पश्चिमी-बेललेटर्स Belle Letter's का अनुवाद है। इसी अर्थ में दूसरी भाषाओं में 'रम्यरचना' नाम भी प्रचलित है परन्तु ललित में एक विशेष प्रकार की योजना की सीमा है, वह भाषा के मँजाव में सहायक भी हो सकती है और भाषा की सजीवता में बाधक भी।' (स्तबक, पृ. 9, साहित्य अकादेमी, दिल्ली)

हिन्दी में आचार्य हजारीप्रसाद द्विवेदी के निबन्धों के साथ 'ललित' जुड़ने के कारण ललित निबन्ध नाम बहुप्रचलित हो गया है। आचार्य द्विवेदी ने अपनी फक्कड़ता में गप्प का निबन्ध कला में खूब प्रयोग किया। आज जिन्हें ललित

निबन्ध, व्यक्ति-व्यंजक निबन्ध, रम्य रचना, व्यक्तित्व-रंजक निबन्ध कहा जाता है, वे निबन्ध तो गप्प ही हैं। निबन्ध और उपन्यास के लिए गप्प-कला का आचार्य द्विवेदी ने सर्जनात्मक प्रयोग इस ढंग से किया कि उसकी साहित्य में धाक जम गयी। हिन्दी में निबन्ध का एक अर्थ रहा है—आचार्य रामचन्द्र शुक्ल के विचार प्रधान 'चिन्तामणि' के निबन्ध। लेकिन आचार्य द्विवेदी के लालित्य-प्रधान निबन्ध आये तो पाठकों को दूसरी तरह का आस्वाद-सौन्दर्य मिला। इन ललित निबन्धों पर पाठक मुग्ध हो गये और उन्हें सर्जनात्मक दृष्टि की ऊँचाई से पूजने लगे। इन निबन्धों से एक अपूर्व रस इसलिए भी मिला कि इनमें गप्प का कलात्मक-विकास बहुत निखरे रूप में प्रकट हुआ। आगे की निबन्ध-यात्रा में इस वजन का कलात्मक-विलास न तो अज्ञेय में नसीब हुआ न पं. विद्यानिवास मिश्र के व्यक्ति-व्यंजक निबन्धों में। पं. विद्यानिवास मिश्र ने यह ध्यान दिलाया कि जहाँ कहीं ललित शब्द का प्रयोग संस्कृत वाङ्मय में आता है वहाँ एक सजने का भाव बराबर मन में रहता है और इस सजने के भाव में आत्मरति से ग्रस्त होने का खतरा भी सन्निहित रहता है। इसलिए लालित्य-योजना केवल कहीं-कहीं विशेष प्रयोजन से निबन्ध में या काव्य में सार्थक होती है। अपने आप में लालित्य लक्ष्य नहीं है लक्ष्य-चित्त का संस्कार ही हैं, जो सहज सम्बन्धों की गहराई की पहचान कराता है।' (स्तबक, पृ. 10) लालित्य में इसे प्राप्त करने का संकेत है लेकिन यह स्थिति मात्र उपकरण है। इस अर्थ-सन्दर्भ के कारण ही पं. विद्यानिवास मिश्र ललित निबन्धों को व्यक्ति-व्यंजक निबन्ध कहना अधिक उचित समझते हैं। कुछ विद्वान व्यक्ति-व्यंजक निबन्धों के लिए 'आत्म-व्यंजक निबन्ध' नाम सुझाते रहे हैं। किन्तु सभी से अलग अज्ञेय ने ललित निबन्धों के लिए व्यक्तित्व-रंजक निबन्ध नाम सुझाया है क्योंकि इनमें व्यक्ति का निर्वैयक्तिक व्यक्तित्व ही सामने खुलकर आता है। यहाँ व्यक्ति तो सतह के नीचे रहता है।

कवि चिन्तक रमेशचन्द्र शाह ने व्यक्ति-व्यंजक और व्यक्तित्वरंजक निबन्ध-विधा को लेकर कहा है कि साहित्य की जितनी भी विधाएँ हैं, उनमें निबन्ध सबसे अधिक अनौपचारिक और आत्मीय विधा है। (जड़ की बात—भूमिका) यह सच है कि आत्मीय स्तर पर अनौपचारिक होने पर व्यक्ति अपने अन्तर्मन के बन्द कपाट खोल देता है। वह आत्मीय-संवाद में गम्भीर से गम्भीर और छोटी सरल सभी तरह की चिन्ताएँ—प्रश्नाकुलताएँ व्यक्त कर देता है। अज्ञेय अपने आत्मीय क्षणों में कुट्टिचातन् नाम का मुखौटा ओढ़कर 'राष्ट्र के प्रतीक' शीर्षक से निबन्ध में कहते हैं—'उस दिन हम लोगों में गेंदे के फूल को लेकर बड़ी चर्चा हो गयी। बात यों हुई कि उत्तर भारत के एक समाचार-पत्र में कुछ दिनों से 'सम्पादक के नाम चिट्ठी-पत्री' वाले स्तम्भ में

इस बात को लेकर काफी चख-चख होती रही है कि लौकिक गणतन्त्र भारत का प्रतीक अशोक की सिंहत्रयी हो या कि ओडिसा-अमरावती के मदमाते गयन्द। इस 'गज-शार्दूलीय' में रामपुरवा के वृष का भी आ भिड़ना भारतीय पुरातत्व से यत्किंचित् परिचय रखने वाले साधारण तर्कजीवी को भी समझ में आ जायेगा। उससे गेंदे के फूल तक की परम्परा निरे तार्किक के लिए उतनी प्रत्यक्ष नहीं भी हो सकती है, लेकिन जो लोग सामाजिक वार्तालाप की आभ्यन्तर तर्क-संगति को समझते हैं, उन्हें इस पूर्वापरता की सहज अनिवार्यता देखने में कठिनाई न होनी चाहिए—भले ही फ्रायड के स्वच्छन्द विचार-संगति के सिद्धान्त को वे न मानते हों।' (सब रंग और कुछ राग, पृ. 11) अज्ञेय हों और 'परम्परा' की चर्चा न करें—यह कैसे सम्भव है। क्योंकि उनके लिए परम्परा का एक अर्थ 'पूर्वापरता' रहा है। लोग सभी पुरानी बातों को झट 'परम्परा' कह देते हैं जबकि सच यह है कि हर पुरानी चीज परम्परा नहीं है—परम्परा एक सतत परिवर्तनशील प्रक्रिया है। भ्रमवश परम्परा को अतीत की पुंजीभूत विचार राशि मानना भी ठीक नहीं है क्योंकि उसमें संग्रह-त्याग चलता रहता है। 'परम्परा का अर्थ है एक का दूसरे को, दूसरे का तीसरे को दिया जाने वाला क्रम। वह अतीत का समानार्थक नहीं है। 'परम्परा जीवन्त प्रक्रिया है।' (आचार्य हजारीप्रसाद द्विवेदी ग्रन्थावली-9, परम्परा और आधुनिकता, पृ. 358)। यह कथन भी निराधार नहीं है कि अज्ञेय के मानस में आचार्य हजारीप्रसाद द्विवेदी के विचारों की छाप रही है। आचार्य से अज्ञेय ने बहुत कुछ सीखा है।

अज्ञेय के ध्यान-ज्ञान में 'परम्परा' थी, इसीलिए कहा—"कहीं आप को सारी बात हँसी न मालूम हो, इसलिए प्रश्न को गम्भीरता के साथ आपके सम्मुख रख देना उचित होगा। इस नवीन, जीवित, विकासशील लौकिक गणतन्त्र का प्रतीक एक जड़, परिवर्तनहीन पुराखण्ड क्यों हो—वह भी एक ऐसे स्तम्भ का खण्ड जो अपने समय में एकछत्र राजत्व का प्रतीक रहा और फिर ये सारी चीजें हैं भी तो निरावस्तु और कला की परिभाषा में ही यह बात निहित है कि वह लोकोत्तर आनन्द देती हैं, एक लौकिक चीज का प्रतिनिधित्व करे, ऐसी चीज जिसकी पहली शर्त है उसकी लोकोत्तरता। इस इतने बड़े विरोधाभास को विराधाभासों का प्रेमी भारत भी कैसे सह सकता है।" (वही, पृ. 11) यह विरोधाभास क्या है? उस पर व्यंग्य करते हुए अनौपचारिक ढंग से कहा—"इस विरोधाभास वाली बात को आप भारत का अपमान न समझें : यह वास्तव में, संसार के सात अचरजों में आठवाँ है। नहीं तो यह कैसे होता कि जिस देश ने 'वसुधैवकुटुम्बकम्' का आदर्श संसार के सामने रखा, उसी ने जात-पाँत की व्यवस्था भी दी। और ऐसे विकट रूप में कि वह इस्लाम और ईसाइयत पर भी हावी हो जाये?' जो लोग नये ईसाई हो गये वे भी हिन्दू-धर्म का

छुआछूत नहीं छोड़ सके। उनका टके-सा उत्तर होता है—ईसाई हो गये तो क्या हुआ, धर्म थोड़े ही छोड़ दिया।' जिसने कहा 'तत्त्वमसि', 'शिवोऽहम', 'अहं ब्रह्मास्मि' उसी ने तैंतीस करोड़ देवता भी गिना दिये, कितना बड़ा विरोधाभास है कि उस देश में हम धर्मनिरपेक्षता की बात कर रहे हैं। उसमें धर्म-सिद्धान्तों की चर्चा उचित नहीं है।

इसी विचार-चर्चा में विचार का एक धागा निकला—'हमारा देश दुनिया में अध्यात्मवादी प्रसिद्ध है : आपने नहीं देखा कि टूरिस्ट अमरीकी नारियाँ जो होती हैं तो बस होती हैं—उनकी मांसलता ऐसी मुखर होती है—कैसे भारतीय चित्रकला में नारी रूप को देखकर आँखें गोल-गोल करके कहती हैं : 'ओरिएंटल ब्यूटी सो स्पिरिचुअल'—मानो 'स्पिरिचुअल' और 'ओरिएंटल' प्राच्य और आध्यात्मिक सम्पूर्ण पर्याय हों? अध्यात्मिक सौन्दर्य के उपासक इस देश में कम नहीं है—"हम दक्षिणात्यों का सौन्दर्य-बोध तो तर्क-सौन्दर्य तक ही रह जाता है—तभी तो तर्क करने पर कुछ लोग कमल की तुलना कुमुद से करने पर कुमुद को अधिक सुन्दर मानते हैं—इसलिए कि निशापद्म का सौन्दर्य अधिक आध्यात्मिक होता है। बंगाली मित्र कहते हैं—उसकी चमड़ी बहुत अच्छी होती है—'की शुन्दोर'। इस आध्यात्मिक देश में चरम कोटि का उपयोगितावाद कहाँ से आया? संसार फूल के सौन्दर्य की पूजा करता है। लेकिन हम भारतीय पूछते हैं—निरे रूप से क्या? उसकी उपयोगिता क्या? गन्ध देता है क्या? 'पलाश मधुऋतु में वनाग्नि की तरह दहक उठता है और उसी से लोग वसन्तागम पहचानते हैं। लेकिन उससे क्या—वह फूल काम कौन से आता है? 'निर्गन्धा इव किंशुकः' अरे क्या, तुम भी हो निरे टेसू लेकिन चम्पक बेचारा तो टेसू से भी अभागा है। उसके पास इतना रूप है कि प्रिया की कोमल अँगुलियों की उपमा उसकी कली से दी जाय—वरना गन्ध इतनी कि हाथी मतवाला होता फिरे। लेकिन उससे क्या? उससे किसी भौंरे का पेट तो नहीं भरता। गन्ध मादकता किस काम की? कालिदास ने 'सरसिजमनुविद्धं शैवलेनापि रम्यं' सिवार से घिरा हुआ भी कमल रम्य है जो मधुर है उसे मण्डल की क्या आवश्यकता? कालिदास की निरंकुशता प्रसिद्ध है—उसने 'जो सुन्दर है' नहीं, 'जो मधुर है' कहा—तो कमल-मधु की भोक्तव्यता की ओर ध्यान था। कालिदास का दुष्यन्त अपने से ज्यादा उस भौंरे को धन्य मानता है। जो उस मांसल सौन्दर्य का भोक्ता है। फिर अज्ञेय को विचार प्रवाह के बीच ध्यान आया—किस्सा की तरह : बात गेंदे के फूल की हो रही थी। राष्ट्र के प्रतीक पुराणों-काव्यों में से भी नहीं मिलते और पुराखण्डों से तो भला मिल ही क्या सकते हैं? सारनाथ के सिंह या रामपुरवा के वृष की बात न होकर अगर मैसूर के हाथी या बनारस के बिलार की बात होती, तब तो उनकी बात सोची भी जा सकती थी : हमें

तो जमनापारी बकरी या पछाँही भैंस पर भी कोई आपत्ति नहीं। अगर साम्राज्ञी 'राजमहिषी' हो सकती है, तो जिस अनुपम भैंस ने इस तुलना को जन्म दिया वह क्यों स्वयं लोकतन्त्र की प्रतीक नहीं हो सकती? संस्कृत में कहा है—'त्वमक्षरं परमं वेदितव्य' और हिन्दी में कहावत है—'काला अक्षर भैंस बराबर'—तो क्या भैंस ही हमारी परम वेदितव्य नहीं सिद्ध हो सकती? लेकिन बात फूलों की हो रही थी फूलों में भी गेंदे के फूल भी। न मालूम क्या सोचकर कुछ लोगों ने कमल को राष्ट्र प्रतीक बनाने का प्रस्ताव किया था—उसका तो नाम ही उसे अयोग्य ठहरा देता है—क-मल, पानी का मैल। पंक-ज—कीचड़ से उत्पन्न। अज्ञेय ने हास्य-विनोद में लिखा 'दिन में आठ बार नहाने वालों के देश के प्रतीक का ऐसा भ्रष्ट नाम। और गेंदा तो लोक प्रमाण है। लोक साहित्य में एक शायद गुड़हल को छोड़कर और कौन फूल गेंदे के आस-पास भी आता है। कालिदास को ताक पर रख दीजिए। यह बताइए कि ग्रामवासी भारत के किस नायक ने प्रिया की कबरी का कमल, किस ग्रामीण ने सैयां के सिर का सिरस होना चाहा? आत्मनिवेदन की पराकाष्ठा में वह कबरीबन्ध का गुड़हल का फूल होना चाहता है तो वह सैयां की गोदी का गेंदा बनना चाहती है—चम्पक और पाटल, पद्म और पारिजात झख मारते रह जाते हैं।' (वही, पृ. 13) याद कीजिए वह लोक-प्रमाण जहाँ यास्क कहते थे—'लोकं पृच्छं'/प्रमाण के लिए लोक-साधारण के पास जाओ।

अज्ञेय ने परम आत्मीय-भाव से माना है कि 'हमारे राष्ट्र का प्रतीक गेंदे का फूल ही हो सकता है। यों कभी पंजाबिनों को फूली हुई गोभी की तरह गदराये हुए घूमते देखकर यह प्रश्न भी मन में उठा है कि गोभी का—या फिर उतना ही ठोस और उससे भी अधिक मोतकिर केले का फूल क्यों नहीं राष्ट्र प्रतीक हो सकता? पर गेंदे की सार्वदेशिकता असन्दिग्ध है। गोभी-केले खाये जाते हैं—तरकारी अधिक हैं—आलू भी तरकारी है—भले ही उसे आये चार सौ वर्ष हुए हैं। आलू विदेशी है—तो बैंगन और अमरूद भारतीयता के प्रतीक हैं और फूलों में गेंदा। आवृत्ति दोष नहीं, अलंकार है—राष्ट्र प्रतीकों का बार-बार स्मरण ही नहीं जय-जयकार होनी चाहिए गेंदे की जय। झण्डू की जय। जबन्दी पू की जय।' हास्य-व्यंग्य से भरा यह निबन्ध ज्ञान-स्मृति की विदग्धता से युक्त सर्जनात्मक गद्य का अद्भुत सौन्दर्य लिये है। यह निबन्ध एक ललित कविता है जिसे बार-बार पढ़ने की मन में हुड़क उठती है। ऐसे मधुर अज्ञेय को कुछ 'मनहूस' और 'चिम्पांजी' कहते रहे हैं। आज का पाठक यास्क की तर्ज पर 'लोकंपृच्छं' को मानता है तो अज्ञेय की कथन विदग्धता लोक-संवेदना की रम्यता और कहने के ढंग की सरसता मोहक लगती है। आचार्य हजारीप्रसाद द्विवेदी की तरह पण्डिताई कभी भी अज्ञेय के लिए बोझ नहीं रही है। वे निरन्तर लोक-वेद

की ओर झुकते गये।

'सब रंग कुछ राग' को सभी व्यक्तित्व-व्यंजक निबन्धों में लोक-मन, लोक-संवेदना और लोक-स्मृति का सर्जनात्मक उपयोग किया गया है। 'मार्ग-दर्शन', 'बताने वाले के बताने से' सम्बन्धित एक लोक-चित्र है—क्योंकि मार्ग बताने वालों का तरीका अलग-अलग होता है—बंगाली से मार्ग पूछो तो खीझे स्वर में कह देगा 'जाने ना' और किसी बनारसी (या कि बनारसिये)—पूछो तो वह ठोड़ी किसी तरफ से उठाकर सुरती की पीक सँभालते हुए कह देगा—'इ का है सामने।' (सबरंग और कुछ राग) साहित्यिक मार्ग-संकेतों में काल सापेक्ष्य सिद्धान्त रहते हैं तो महापुरुषों के नाम से हर शहर में 'गाँधी मार्ग'। महापुरुषों की स्मृति से साधारणीकरण का यह एक परिचित ढंग—'पटेल गली', 'जवाहर रोड'। हर गली-शहर में एकता में अनेकता 'गली कायस्थाँ' और 'मुहल्ला विरहमनाँ' और नयी पद्धति में 'रविदास स्क्वेयर'। इस नयी पद्धति के प्रसार या हास्य-व्यंग्य में अज्ञेय जी ने कहा कि काशी के धुरन्धर पण्डित 'अभिनव नाट्यशास्त्र' के साथ 'अभिनव मानसार' और 'अभिनव भरत' के साथ 'अभिनव विश्वकर्मा का विरुद भी जोड़ लें। फिर देखिए दीवारों पर लिखा 'नामर्दी नामर्दी नामर्दी' अस्पताल की दीवार। कहीं बिजली की बत्तियों से लिखा है—'न्यूरोसिस'। बस न्यूरोसिस के बोर्ड के नीचे चले जाइए, वह आधुनिकता का दूसरा नाम है और समकालीन जीवों के लिए उपयुक्त बिल्ला—संसार के न्यूरोटिकों एक हो जाओ—तुम्हारे न्यूरोसिस के सिवा और तुम्हारा क्या कोई छीन लेगा।' अद्‌भुत बात यह है कि लोकानुभवों को निचोड़कर अज्ञेय ने एकदम आत्मीय शैली में निबन्ध लिखे हैं। कहा जा सकता है कि वह लोकज्ञ निबन्धकार हैं—तभी तो आत्मीय निजी और शब्द की उष्मा की सजीव तात्कालिकता के मेल से अनायास रच सकते हैं। उनका चुप्पापन गायब हो जाता है—बहुश्रुत बोलने लगता है। अज्ञेय की यह नयी छवि है—नयी मुद्रा है—जिसमें वह एक साथ साक्षी और भोक्ता दोनों हैं।

अज्ञेय अपने स्वत्व की कम से कम परवाह करने वाले निबन्धकार हैं। उनका लगाव जिन्दगी की गहराई और सतह दोनों पर पड़ी मामूली से मामूली चीजों-जीवों—स्थितियों, घटना प्रकरणों, लोककथाओं, रूपकों से है। हाँ, उनकी लेखनी में इतनी ताकत है कि उसका स्पर्श मामूली चीजों को सतही नहीं रहने देता, बल्कि हर गहराई को व्यंजित करता है। लेखन में कहीं इकहरापन न होकर बहुलार्थकता है। 'दिल्ली देखा कि आगरा', 'पहला रिपोर्टर', 'अकेलापन', 'गिलहरी', 'पीपल', 'शारदीय धूप', 'नखरे में गरम मसाला', 'कुछ वर्णवाद', 'गाँव का पोखर', 'भूमिका तो रह ही गयी' और 'सेवा-पुराण' ऐसे ही ललित-सरस व्यक्तित्त्वरंजक

निबन्ध हैं। उदाहरण के लिए 'पहला रिपोर्टर' निबन्ध की खोज है कि पहला रिपोर्टर कौन था? क्यों था? कहाँ था? पहला संवाददाता है कि पहली संवाददाता? 'क्योंकि इसमें कौन सन्देह कर सकता है कि जब ईडन के उद्यान ने हौवा में साँप के पास वह सब देखा और दौड़कर इसकी सूचना आदम को देने चली, तभी पहले संवाददाता का जन्म हुआ, और पत्रकारिता के इस पहले उद्योग का ही परिणाम देखिए कि बेचारा भोला आदम ईडन से बहिष्कृत हो गया।'

"आज प्रातःकाल उद्यान के एक सुन्दर हरे-भरे कोने में एक महाकाय साँप देखा गया। कहा जाता है कि वह साँप अन्य साँपों से भिन्न है—क्योंकि यह भूमि पर रेंगने के बजाय एक पेड़ से लिपटा रहता है। हमारा विशेष प्रतिनिधि मौके पर जाकर पड़ताल कर रहा है।"

"हमारे विशेष संवाददाता द्वारा विश्वस्त रूप से पता चला है कि जिस पेड़ पर साँप गुंजलक डाले पड़ा रहता है, उसकी डाल में एक सुन्दर फल लगा हुआ है। साँप के कारण उस तक पहुँचना खतरे से खाली नहीं है। समाचार से उद्यान में बड़ी सनसनी है।"

"शैतान के परराष्ट्र सचिवालय में जाँच करने से मालूम हुआ कि साँप द्वारा रक्षित फल ज्ञान का फल है। गुप्त रूप से यह भी सूचना मिली है कि इस फल पर समूचे उद्यान के निवासियों का भविष्य निर्भर है। विशेष संवाददाता द्वारा प्रश्न पूछे जाने पर विभाग के एक उच्च अधिकारी ने बड़े रहस्यपूर्ण ढंग से प्रश्न को टाल दिया।"

"साँप ने एक विज्ञप्ति निकाली है—जिसके अनुसार...इस कथन की सत्यता की पड़ताल अभी नहीं हो सकी—।"

पहले संवाददाता ने ज्यादा किस कदर सनसनीखेज खबर को, पूरी खबर को कैसे हुनर से सनसनीखेज बनाया। पत्रकार-सम्पादक अज्ञेय इस कला में उस्ताद हैं। उन्होंने फिर विशेष संवाददाता से सूचना दी "शरणार्थी-कैम्प से। ईडन उद्यान से कुछ दूर पर आदम ने डेरा डाला है। उसकी मनोदशा अत्यन्त चिन्ताजनक बतायी जाती है। पेड़ की छाल और पत्तियाँ बाँधकर उसने अपने शरीर के कुछ भाग को ढँक लिया है और उसकी खोई हुई दशा से..." —संवाददाता की छाप लग जाने पर हौवा भी ईडन में रुक न सकती। उसके बाहर की मरुभूमि में तो क्या, सीधे शैतान की नगरी भी जाना पड़ता तो भी जाती—बिना बुलाये जाती—बिना खदेड़े जाती।

भारत का पहला ऋषिकुल का रिपोर्टर—हाँ नचिकेता, कैसे कौशल से साक्षात् यमराज से मिल आया था—सो उसका बखान अभी तक होता है; वैसा भाग्यवान दूसरा रिपोर्टर नहीं हुआ। असल में संवाददाता का 'लक' बड़ी चीज है—देखिए

प्रियंवदा की सूझ ही थी कि उसने कौशल से शकुन्तला को खबर दे दी कि दुष्यन्त को विदा करे—'चक्रवाक वधुके, आमन्त्रयस्व सहचरं उपस्थिता रजनी।' कालिदास की मेधा ने प्रियंवदा के संवाद को जस का तस अपनी पुस्तक में दे दिया। 'महाभारत' में कौरवों का सैनिक संवाददाता संजय भी अपने ढंग का एक ही है। ऋषि व्यास ने संजय के बयानों को जस का तस दर्ज कर लिया। होमर से आगे बढ़िए—गली के किसी कुएँ पर देखिए—संवाद का प्रचार और सर्जन दोनों स्त्री जाति के प्रमुख उद्योग हैं। इसी उद्योग पर मानव जाति के सभी उद्योग सभी तरह की आधुनिकता निर्भर करती है। अज्ञेय ने आत्म-व्यंग्य शैली में लिखा—"मुझ जैसा नारी द्वेषी भी कह सकता है कि यह परिस्थिति तो केवल इस बात की सूचक है कि नारी आज मुक्त है, बल्कि समाज का संचालन भी कर रही है और स्त्री बुद्धि की सामाजिक वृद्धि हुई जा रही है। मेरा कहना आज न मानें।' क्योंकि मैं बुद्धू हूँ। किन्तु सत्य है कि जो ऐसा कहता है—वह द्रष्टा है, क्रान्तदर्शी है, स्रष्टा है। यानी मैं भी द्रष्टा-स्रष्टा हूँ, क्योंकि मैं बुद्धू हूँ।' मनु के पहले संवाद का प्रचार इड़ा ने किया। इड़ा, इरा, सरस्वती के नाम हैं। यानी वाणी के वाक् के। संवाद क्या है—वाक् केन्द्रित परम्परा का विस्तार। इस तरह संवाद तो वाग्देवी को प्रणाम है, उसकी कृपा से बात की बात को सौ बातें बनाना।' अज्ञेय का पूरा निबन्ध एक शोध-पत्र है लेकिन शोध-पत्र की जड़ता—शास्त्रीयता से पूरी तरह मुक्त है। खोज की ऊँचाई की ऊँचाई को सहज रूप में प्रस्तुत करने की कला का कमाल। यायावर पत्रकार अज्ञेय 'घाट घाट का पानी' पीकर लोक ज्ञानी हो गये थे—और फिर लोक के भाष्यकार-विमर्शकार। तभी तो उनका हर निबन्ध एक 'पाठ' है जिसके अनेक भाष्य हो सकते हैं। अज्ञेय के निबन्धों की परम चारित्रिक पहचान यही है कि वह निर्वैयक्तिक और वैयक्तिक एक साथ हैं। देश-विदेश में निबन्ध की जो परिभाषाएँ की गयी हैं—उनमें एक बात समान है कि निबन्ध में निबन्धकार का व्यक्तित्व व्यंजित होना चाहिए।

मैं जानता हूँ कि अज्ञेय के इन निहायत आत्मीय और व्यक्तित्व-रंजित निबन्धों को परम्परागत ढंग से निबन्ध को पढ़ने-पढ़ाने वालों को (इस तरह के लेखन को) निबन्ध मानने में कठिनाई होती है, क्योंकि यह लेखन निबन्ध के परम्परागत साँचों को तोड़ता है—और एक नया निबन्ध-मुहावरा ईजाद करता है। दरअसल, आप इन्हें 'ललित-निबन्ध' भी नहीं कहना चाहेंगे। बल्कि ललित-निबन्ध संज्ञा ही इन निबन्धों के लिए अयथार्थ सिद्ध होगी। आचार्य रामचन्द्र शुक्ल, बालमुकुन्द गुप्त, आचार्य हजारीप्रसाद द्विवेदी के निबन्धों को आदर्श (मॉडल) मानकर चलेंगे तो भी पायेंगे कि अज्ञेय की स्मृति और निर्बन्धता उसमें अट नहीं पा रही है। लेकिन ऐसा कोई नहीं कह सकता कि इस तरह का लेखन निबन्ध का नया प्रयोग नहीं है। फिर ये निबन्ध

अज्ञेय के किसी सचेष्ट प्रयत्न का परिणाम भी नहीं हैं—और न ही इनमें अंग्रेजी-फ्रेन्च या हिन्दी के किसी ढाँचे का 'अनुकरण' किया गया है। इनका विदेशी परम्परा से तो कोई सीधा सम्बन्ध ही नहीं दिखाई देता। 'सबरंग कुछ राग' के सम्बन्ध हों या 'कहाँ है द्वारका' या 'छाया का जंगल', 'स्मृतिच्छन्दा' के निबन्ध। अपने लोकानुभव में रंजित निहायत अनगढ़ लगने पर भी इन निबन्धों की अपनी अहमियत है और अलग तरह का अस्तित्व-व्यक्तित्व। अवसर-प्रेरित तात्कालिकता का झाग भरा आग्रह भी इनमें नहीं है। हाँ, बहुपठित-बहुश्रुत यायावर-पत्रकार और रचनाकार की संश्लिष्ट प्रतिभा का यह अपूर्व जोड़ हैं—जिनमें निबन्ध विधा की बुनियादी शर्तों का या अभ्यास जड़-रूढ़ियों का पालन नहीं किया गया है। 'शारदीय-धूप' या 'दृष्टिकोण' जैसे निबन्ध क्या निबन्धकार के मन की संवाद-कला की विदग्धता नहीं है? क्या इसी कारण इनकी पकड़ इनके सहचर-साथी पर ज्यादा बढ़ी हुई नहीं है? इन निबन्धों में जिस व्यक्तित्व के जीवनानुभव मौजूद हैं, वह क्या व्यक्तिबद्ध है या व्यक्ति सीमित है? उसमें आत्मरति झाँकती है या गहरी निर्वैयक्तिक सामाजिकता का विस्तार है? यह मात्र संस्कृति के सन्दर्भों से गृहीत 'ललित-निबन्ध' नहीं है। यह निबन्धकार चुपचाप बहुत बोलता है—आत्मसंवाद करता है, आत्मालाप में बहुत चतुर-सुजान है।

अज्ञेय ने 'कहाँ है द्वारका' की भूमिका में कहा था कि 'इन छोटी-मोटी निष्प्रयोजन रचनाओं की भावरंजिनी कहता हूँ तो आशय यही है कि भाव तो वहाँ है—पर वह रंजित रूप में प्रस्तुत किया गया है और रंजन उन्हें झूठा या हल्का करने के लिए नहीं है। आप को आकृष्ट करने के लिए है—रंगत के प्रति भी और उस मूल्यवान धातु के प्रति भी जिसे रंजित किया गया है और रंजन के काम में सुख पाते हुए यह कार्य सम्पन्न किया गया है।' यहाँ निबन्ध 'तात कामिल बुल्के को सादर निवेदित हैं।' और फिर निबन्धों को लेकर कहा—"इसमें जो निबन्ध हैं—सब मैंने बिना जरूरत के लिखे हैं—काम चलाने की किसी प्रेरणा के बिना लिखे हैं और इनके लिखने में मुझे रस मिला है—लिखते समय भी आनन्द मिला है और लिख लेने पर भी मिला है।' (कहाँ है द्वारका—भूमिका से) पाठक की भूमि पर बनी इस रम्यरचना में व्यक्तित्व व्यंजकता का आनन्द है। भावों को रंजित करने की कला, संस्कृति का अंग है और आज के विचारवादी बौद्धिक युग में अंग पर बल देना जरूरी है। यहाँ कोरा व्यक्ति विनोद नहीं है। बदलते हुए मनुष्य की हालत का संकेत है। इस कृति में बारह लेख या निबन्ध हैं 'वर्षागम', 'ऊँघ', 'अस्पर्श, 'खग-भाषा', 'सबै भूमि गोपाल की', 'आकाश से नारद गुजरे', 'चेहरे का मन्दिर', 'ताली तो छूट गयी', 'कहाँ है द्वारका', 'शैतान के आईने', 'मरुस्थल की सीपियाँ' तथा 'छोड़ने का सुख'।

'वर्षागम' के बादल घिरे हैं—भीतर घिराव बाहर घिराव। धुन्ध भरे मन में हलचल तथा धड़कन। फिर धड़कन के बाद की नीरवता। पूरा निबन्ध प्रकृति-रस का एक अपरिभाषेय अनुभव। घिरे मन की मुक्तता का अन्तर्मन में अहसास। "जब मैं जिज्ञासा से प्रेरित होता हूँ तो उस सारी प्रक्रिया को ही बदल देता हूँ। यानी मेरा हस्तक्षेप इस पिद्दी चिड़िया के जीवन तक न रहकर प्रक्रिया मात्र में हस्तक्षेप का रूप ले लेता है।" (कहाँ है द्वारका—वर्षागम)। दोपहर की 'ऊँघ' वयस्क प्राणी को घेरती है बच्चों को नहीं। दोपहर में बच्चा ऊँघता नहीं है। वह समय-असमय का विचार नहीं करता, हम करते हैं। 'समय-विभाजन' की दीक्षा ही वयस्कता है। बच्चे मानो एक अविभाजित प्रवहमान काल में जीते हैं और वयस्क प्राणी नपे-तुले टुकड़ों में बँटे एक काल खण्ड में। वयस्कता की ज्ञान-सामर्थ्य ही 'संस्कृति' है—काल के साथ अपने अनुभव का निरूपण। एक ओर अजस्र काल-प्रवाह, दूसरी ओर उसके अटूट सातत्य से बँधा कर्म-प्रवाह। जीवन भर स्वाधीनता और स्वायत्तता के प्रश्न मानव को मथते हैं—वह ऊँघकर भी जागता रहता है। योगी एक झपकी में दिन भर की शक्ति-संचय कर लेता है, लेकिन मामूली आदमी की कुत्ता-झपकी का क्या अर्थ। यह निबन्ध क्या है—शब्दहीन सम्भाषण है—अनवरत चिन्तन का सुख। 'अस्पर्श' का स्पर्श कितनों को होता है—मन्दिर की पवित्र आस्था का स्पर्श। 'खग-भाषा' में चिड़िया की बोली—खग जानै खग ही कर भाषा। बच्चे अभ्यास से भाषा लिखते हैं। इस अनुभव को लम्बी दीक्षा चाहिए—"जिस प्रकार चित्रकार अरूप तक पहुँचने के लिए वर्षों तक रूपाकार की साधना करता है—उसी तरह शायद कवि को भी परमकाव्य तक पहुँचने के लिए वर्षों तक भाषा की और छन्द की मर्यादाओं की साधना करनी पड़ती है।' सन्त और सिद्ध पुरुष पक्षियों से बात कर लेते हैं। प्रेम को वाणी की आवश्यकता नहीं होती। भाषा की चरम स्थिति पार करके प्रेम की परमावस्था में साधक पहुँचते हैं—प्रेम के जीवन्त मौन में समाहित होकर हम सीमाहीन हो जाते हैं।

'सबै भूमि गोपाल की' में भूमि की बहुलार्थकता का रस है—आजकल अपनी जमीन पर खड़े होने की चर्चा है। राजनीतिक की अपनी जमीन, समाज-सुधारक की अपनी जमीन, साहित्यकर अपनी जमीन से जुड़ने का दावा करता है। जमीन की इतनी चर्चा कि जमीन अब धरती पर नहीं आकाश में उड़ रही है। भाषा वैज्ञानिक कहते हैं—रूपक के बिना भाषा आगे नहीं बढ़ सकती। यह दूसरी बात है कि रूपक जब तक जीवित रहता है, काव्यभाषा का अंग रहता है और जब मर जाता है, तब साधारण भाषा का अंग हो जाता है। इस तरह भाषा मरे हुए रूपकों का ढेर है। आज यथार्थवादी होने की हर कोई दुहाई देता है—आम आदमी की आम भाषा की बात

अर्थात् प्राणवान रूपक पर मरे हुए रूपक को तरजीह। वैदिक ऋषि कहता था—भूमि मेरी नहीं, मैं ही भूमि का हूँ—अर्थात् भूमि केवल गोपाल की है—गोप भी, गाएँ भी सब उसी की हैं। पहले के कवि में आस्था थी, आज के कवि में सन्त्रास है और भूमि उसके पैरों के नीचे से खिसक रही है। लेकिन अज्ञेय ने जगह-जगह से ईंट-पत्थर ढोकर अपनी भूमि तैयार की है और यह परवाह नहीं की कि मन्दिर में किस देवता की मूर्ति स्थापित होगी। उनमें सबके गोपाल का सबकी भूमि का भाव रहा। पर आज गोपाल आधुनिक हो गये हैं। मन्दिरों की भूमि बेची-खरीदी जा रही है। सब 'सेकुरल कल्चर' के अंग बन गये हैं। पवित्र देवभूमि का अर्थ ही खतरे में पड़ गया है। धर्म-निरपेक्ष भूमि बढ़ रही है अलौकिक-आध्यात्मिक भूमि लुट-पिट रही है। फिर पूरी स्थिति पर व्यंग्य भाव से टिप्पणी की है—'बात से बात निकलती है और फिर बात क्या-क्या गुल खिलाती है; पर रंगे गुल से बुलबुल के पर बाँधने का उपक्रम हम क्यों करें, जबकि हम दिल्ली के नहीं हैं—दिल्ली तो अब उस राजनीतिज्ञ की है जो संसद में बैठा-बैठा ही अपने को अपनी जमीन पर खड़ा मान पाता है।" ('कहाँ है द्वारका'—'सबै भूमि गोपाल की')

'आकाश से नारद गुजरे' विवाद-बहस की उछाल का निबन्ध है। अज्ञेय को बहस में दिलचस्पी है उसके लिए भीतर ही भीतर तैयारी चलती है। इसी तैयारी से वे सभ्यताओं-संस्कृतियों पर बहस करते हैं। कोई पश्चिमी सभ्यता का मिथकीय चरित्र मिलता है—तो सोचते हैं—'क्या भारतीय सभ्यता या मिथक-पुराण में कोई ऐसा एक चरित्र है।' मित्र ने कहा—पश्चिम में ऐसा चरित्र है—फाउस्ट। पश्चिमी मानव को समाजशास्त्रियों ने 'फाउस्टियन मैन' कहा भी है। एक और चरित्र है—हेमलेट का। "हर पश्चिमी मनुष्य या तो फाउस्ट है या हेमलेट या दोनों।" लेकिन हिन्दुस्तान के लोग एकाएक प्रस्तावित एक नाम पर सहमत नहीं होंगे—राम और कृष्ण का नाम लेंगे, फिर कहेंगे—एक मर्यादा पुरुषोत्तम है तो, दूसरा लीला पुरुषोत्तम। मर्यादा और लीला दोनों भारतीय चेतना के मूल सरोकार रहे हैं। मित्र ने फिर कहा—मैं तो एक नाम और लेने वाला था प्रेमिथिपुस का। अज्ञेय ने कहा—विश्वामित्र का नाम नहीं लूँगा—नाम लूँगा—हनुमान का और नारद का। हर भारतवासी हनुमान भी होता है और नारद भी। प्राक्चरित्र। ठीक किया अज्ञेय ने राम को और यीशु को छोड़ दिया—दोनों के मिथकीय आयामों की चर्चा बेतुकी है। यह मानोगे क्या कि पाप-मोचन का ईसाई सिद्धान्त और वाइकेरियस सफरिंग का सिद्धान्त। ईसाई संवेदन का अंग है और पश्चिम की देन है। पश्चिम के फाउस्टियन मैन की विशेषता है—शक्ति अथवा पावर और उसकी अदम्य लालसा? फाउस्ट सत्ता चाहता है केवल साधन के रूप में। उसका साध्य है—सत्ता, पावर, पावर थ्रू नॉलेज। फाउस्टियन मैन

सत्ता कामी मानव है जल्दी से जल्दी सत्ता हथिया पाने के लिए जानकारी की खोज में लगा है।' अज्ञेय ने मित्र से कहा—अगर फाउस्ट की खोज का यह सूत्र ठीक है—विद्या द्वारा सत्ता तो कहूँ—हनुमान उसी स्वर पर हमारी महद्कांक्षा का प्रतीमन करता है। हम भी सत्ता चाहते हैं लेकिन हमारा साधन विद्या नहीं है—विनय है—विद्या ददाति विनयम। पावर थ्रू ओबेडिएंस। मित्र ने कहा मैं समझता था भारत का लक्ष्य है—आत्मज्ञान को पाना 'आत्मानं विद्धि' आदि। अज्ञेय ने कहा—वह भी। लेकिन वह खोज का दूसरा आयाम है। इसीलिए ज्ञान और विद्या में भेद किया है। फाउस्ट की सत्ता की खोज लौकिक है पारलौकिकता नहीं। दास्य-भक्ति में सेवा द्वारा सत्ता की खोज का नाम है—नारद। नारद मुनि भी हैं—उत्पाती भी हैं—बौद्धिक प्रश्नों में फँसा मिथकीय चरित्र। "नारद के जिस प्रश्न से उत्पात खड़ा होता है, उसका हमेशा एक सात्त्विक, बौद्धिक आधार होता है।" उनका हर प्रश्न बौद्धिक कुतूहल का परिणाम है। हमारे मिथक की असली गाँठ यही है—बौद्धिक जिज्ञासा और उसका जोखिम। यह सहज बोध भारतीय प्रतिभा का सहज अवदान है। भारतीय मिथक साहित्य का मूल मिथक—नारद है। यहाँ हर व्यक्ति नारद है। उसमें अदम्य बौद्धिक कुतूहल है। फाउस्ट की विशेष बात यह है कि वह शैतान के साथ समझौता करता है। पश्चिम हमेशा ही शैतान के साथ समझौता करता है। भारत के लोग वैसा नहीं करते। पश्चिम शैतान की अनादिसत्ता मानता है जैसी ईश्वर की, जबकि हम पाप को ऐसा आत्यन्तिक पद नहीं देते। आप कहेंगे शैतान की तुलना पाप से नहीं माया से कीजिए—सभी भारतीय दर्शनों में माया की आत्यन्तिक सत्ता है। लोक चेतना में तो माया बिंधी है और उपाय से माया से मुक्ति हो सकती है। गेटे ने फाउस्ट को शैतान के चंगुल से नाटक के अन्त में बचा दिया और भगवत्कृपा से। लेकिन यहाँ लोक का शैतान मुक्त नहीं होता। गेटे की परिकल्पना कथा रिफाइनमेंट है—ईसाई धर्म से प्रेरित संस्कार। लेकिन आज ईश्वर पर से विश्वास उठ रहा है, यहाँ भगवत्कृपा की हो गयी है—ऐसी की तैसी। तब? करुणा भटक गयी है। पश्चिम आज भी शैतान के साथ है—उससे समझौता कराना चाहता है।

भारतीय चिन्तन में हनुमान चिन्तन के मूल हैं। इसका अर्थ है—विनय से शक्ति की प्राप्ति। कहा गया—'सेवा में ही मेवा' है। हर सत्ता बजरंगबली है। हेमलेट का दुचित्तापन नारद का शंकालु भाव नहीं है और न उत्पात। भारतवासी के मन में सत्ता के प्रति शंकालु भाव रहता है। पश्चिम में फ़ाउस्टियन और हेमलेटीय चरित्र की बहुत चर्चा है, भारत में हनुमान और नारद की चर्चा कम है। लेकिन लोक चेतना ने दोनों को मिथकीय आयाम दे दिया है। हमारा काल-चिन्तन पश्चिम के काल-चिन्तन से अलग है। हमारे यहाँ 'चेहरे का मन्दिर' है—ऋषियों की परम्परा में

सजीव-स्मृति का स्पन्दन है। एक निबन्ध है–'ताली तो छूट गयी' छूट जाने दीजिए–मनोविश्लेषणशास्त्री के लिए ताले और चाबी के विशेष आयाम हैं। फ्रायड की अलग व्याख्या है। उमरखैयाम भाग्यशाली रहे, फ्रायड से बहुत पहले हो गये। उनके ताले की चाबी पहले फिटजैराल्ड ने खोली, फिर फ्रायड ने। कवि ताले-चाबी में विश्वास नहीं करता वह बिना दीवारों का घर बनाना चाहता–'अनन्त का विस्तार'। कबीर ऐसा ही घर बनाना चाहते थे फक्कड़ सन्त थे–प्रेम-रसिक मदमस्त थे। गालिब भी 'बे दरो-दीवार का इक घर बनाना चाहिए' गाते रहे और अज्ञेय में घर की बहुत तलाश रही–ऐसा घर जिसमें सब आयें–मैं न आऊँ। प्रेम का घर ही अज्ञेय का घर–यही कबीरा-घर है

'कहाँ है द्वारका' यात्रा ही यात्रा में तेज गति का निबन्ध है। अब यात्राएँ इतनी तेज गति से होने लगीं कि वह सुख छिन गया है। विमान-यात्रा का सुख नहीं रहा–हर क्षण चिन्ता। कालिदास के दुष्यन्त के रथ की यात्रा। हम कई बार दिवास्वप्नों में लम्बी यात्राएँ करते हैं–गाड़ी तेजी से दौड़ रही है, कभी पेड़ों के बीच कभी वनों के बीच कभी नदियों के ऊपर। यात्रावृत्त के संस्कृतिगत बिम्ब। तमाम रोमानी बिम्ब क्यों उभरते हैं। युगों का संचित रागानुभव बोलता है क्या अज्ञेय ने कवि माघ के 'शिशुपाल-वध'? मैं द्वारका का वर्णन पढ़ा तो पाया यही है–मेरे दिवास्वप्न की द्वीप-पुरी। वास्तविक द्वारका के लिए सौराष्ट्र काठियावाड़ जाने की तैयारी की और गये देखा कृष्ण की द्वारका का अवशेष। यायावर अज्ञेय की द्वारका यात्रा में उनके मन ने कहा–क्यों नहीं इस द्वीप-द्वारका को देखने गया। अब है न दिवास्वप्नों में द्वारका। तब तक मैं काल का अतिक्रमण करके निरवधिकाल के महाप्रांगण में विचरण करता हूँ। यहाँ महाप्रांगण भी है और महासागर भी और उसी बीच में ध्रुव और अडिग और ज्योतिष्मयी खड़ी है–वह दिव्य द्वारका। जिसे देखकर मैं मानो पुनरुज्जीवित होकर अपने साधारण काल वेष्टित जीवन में लौट आता हूँ।' अज्ञेय की कहाँ है द्वारका? यह खोज ही ब्रज से द्वारका यात्रा की स्मृति का यात्रा-निबन्ध बनी है। दरअसल, जहाँ भी रूपकल्पी सर्जना क्रियाशील है–वह लोकव्यापी सर्जन अज्ञेय के रचनाकार मन को मुग्ध करता है–नाच नचाता है। कारण, उनका चित्त रूप का भण्डार घर है। अज्ञेय की इस निबन्ध पुस्तक की 'दिनमान' (5-11 जून, 1983, पृ. 144) में मैंने समीक्षा करते हुए कहा था–'रंगों से भरी सीपियों में सागरों का स्वर'। आज भी यह स्वर पाठक सुन सकते हैं। आनन्द को साध्य मानने वाली हमारी संस्कृति में इस स्वर की अमिट छाप है और मरुस्थल उसी स्वर का स्मृति गीत है।

हम पाते हैं कि इन निबन्धों में अन्ततः अज्ञेय का कविमन पण्डितों के साथ

न चलकर बच्चों के साथ चलता है। कवि-विवेक की यह कैसी विवेक-वयस्कता? आलोचक अज्ञेय का यह कौन सा रंगीन भाव? एक तरह का बतरस और मिथक-रस साथ-साथ चलता है। उनका निबन्धकार व्यक्तित्व की सीधी अभिव्यंजना नहीं करता—वह पर्सोना या मुखौटा लगाकर कहानी में विचार करता चलता है। उसमें मुखौटे की लीला का जादू है जो बालमुकुन्द गुप्त के 'शिव शम्भु' का मुखौटा उस तरह नहीं लगाता है, लेकिन वह अलग तरह की युक्तियों का मुखौटा लगाता है। अज्ञेय का बातूनीपन बड़ा ही चटपटापन लिये हैं। निबन्ध का कथन 'मैं' से 'हम' बनने में – साधारणीकरण की सद्गति प्राप्त करता है। फिर इन निबन्धों में कथाकार, पत्रकार, सम्पादक, कवि। अज्ञेय का सम्पूर्ण अन्तःकरण और जीवन-दर्शन खुलता है। प्रतिभा तो स्मृति, मति, प्रज्ञा तीनों को लेकर जीवन की पुनर्रचना करती है। यह अकारण नहीं है कि अज्ञेय 'प्रतिभा' के साथ व्युत्पत्ति या बहुज्ञता को महत्त्व देते हैं।

अज्ञेय के ललित-निबन्धों या व्यक्तित्व-रंजक निबन्धों का संग्रह 'छाया का जंगल' (प्र.सं. 1984 में) आया और इसे उन्होंने समर्पित किया महादेवी वर्मा को। महादेवी वर्मा हिन्दी साहित्य के उन शिखरों में से रही हैं जिन्होंने एक समय में गद्य की सर्जनात्मकता को विचार दीप्त चेहरा दिया है। यही कार्य महादेवी वर्मा के बाद अज्ञेय जी ने किया। कथात्मकता और बिम्ब के पारस-स्पर्श से निबन्ध को इतना प्रभावी बना दिया कि विचार और लालित्य मिलकर नये सौन्दर्य की सृष्टि कर उठे। 'छाया का जंगल' में बारह निबन्ध हैं—'छाया का जंगल', 'बरामदे में', 'मन बेईमान हो गया', 'बरसात', 'एक अन्तराल, 'कैसे कहूँ किसकी याद आयी', 'चिट्ठी आयी पड़ी है', 'सबेरे की सैर', 'घाटी की झाँकी', 'वसन्त का एक स्पर्श', 'वासुदेव प्याला', तथा 'कहाँ पहुँचे', इन सभी निबन्धों में एक सहज भाव-धारा का अखण्डित प्रवाह है।

अज्ञेय के चिन्तनशील व्यक्तित्व का सबसे प्रबलगुण है मानवीय संवेदना के बहुआयामी पक्षों को उनके मूल से गहते हुए उभारना। भाव को इतने मर्मस्पर्शी रूप में प्रस्तुत करना कि वह सजीवता से पाठक को मोहित करता रहे। मनःस्थितियों के शब्द-चित्र निर्मित करने में अज्ञेय को रस आता है। कैमरे तो केवल एक स्थिति का आकलन करते हैं जबकि वे मन और आँख से प्रकाश और छाया का खेल खेलते हैं और कोहरे के भीतर से भी जापानी ढंग का चित्र निर्मित कर देते हैं। ऐसा इसलिए हुआ है कि उनका कवि इन रम्यता-प्रधान निबन्धों में निरन्तर सक्रिय रहा है। 'छाया का जंगल' में स्मृति का उपयोग मिथक और परी कथाओं को दृष्टि से ओझल नहीं होने देता। इसलिए इन निबन्धों में न तो एकालापी बौखलाहट है, न शास्त्र की चौधराहट। लोक का सौन्दर्य ही व्यंग्य-विनोद से सामने आता है। निबन्धकार

लोक-भूमि की जिस ताकत पर रच रहा है उसमें बुद्धि 'भीतर' तक झाँक रही है। यहाँ किसी 'आइडियोलॉजी' का अन्धकूप नहीं है—सब कुछ खुला और स्वच्छन्द। तभी तो उनके पास फ्रायडीय निदान से ज्यादा गहरा निदान है। इसी ताकत से 'अज्ञेय ने काफी स्वाधीन विधा—निबन्ध को बनाया है। उसमें आत्म-अन्वेषण से लेकर आत्म-विनोद तक को पूरा स्थान है। किसी भी मतवादी कट्टरता से अज्ञेय ने निबन्ध विधा को नहीं साधा है—यहाँ तक कि अस्तित्ववाद से भी नहीं। इस खुलेपन के कारण ही उनके निबन्धों में पत्रकार प्रतिभा ने उन्मुक्त संवेदना और व्यापक सामाजिकता की दृष्टि को अपनाया है। आचार्य हजारीप्रसाद द्विवेदी की तरह अज्ञेय प्रकृति की फूल-पत्ती की लय को राग में—जीवन राग में रचते हैं। प्रकृति और मानव—परिवेश को लेकर पैनी विचार-दृष्टि के साथ आत्मीय संवाद करते ये निबन्ध, निबन्ध की परम्परा को बड़ा बनाते हैं।

अज्ञेय का रचनाकार जैनेन्द्र की भाँति किसी भी तात्त्विक अनुमानवाद के चक्कर में नहीं पड़ता। वे जानते हैं कि दार्शनिकता भटकाने-अटकाने वाला मुहावरा है—जिसमें बुद्धि का जाल भी कम नहीं होता। फिर अज्ञेय को बौद्धिक आलाप से नफरत है और औपनिवेशिक अधुनिकता के तर्कवाद से 'एलर्जी'। अज्ञेय के निबन्धों की देसी आधुनिकता भारतीयता की बुनियादी अन्तर्निष्ठा से आलोकित है और इस अन्तर्निष्ठा में विविधता-बहुलता को पूरा स्थान प्राप्त है। मतान्ध सिद्धान्तवादिता और विभक्त मानसिकता से दूर अज्ञेय 'भागवत यात्राएँ' करते हैं। यहाँ ब्रज-यात्रा से जुड़े उनके यात्रा-परक निरन्तर 'कौन गली गये श्याम' का यात्रा-पंथ खोजते हैं और राम कथा की लीला के स्थलों में मन को एकाग्र करते हैं। इन निबन्धों का भाव-स्नान पाठक को उजला करता है और चित्त को पावनता से भरकर जीवन जीने की नयी सार्थकता देता है। अज्ञेय शब्द-शिल्पी होने के साथ जीवन-शिल्पी हैं। वे खुले विचारक हैं और कई घाटों के जल आचमन से अपनी प्यास बुझाते रहे हैं। जीवन का लम्बा हिस्सा विदेशों में यायावरी और प्रोफेसरी में गुजारने पर भी वे विदेशी आतंक से मुक्त भारतीय हैं। न उनकी भारतीयता जड़ है, न उनकी संवेदनशील बौद्धिकता।

बहुआयामी व्यक्तित्व के धनी अज्ञेय ने निबन्ध, कविता, कहानी-उपन्यास, डायरी-यात्रा-वृत्त-पत्रकारिता आदि क्षेत्रों में नवीन प्रयोगशील दृष्टि और राग-सिद्ध बौद्धिकता से कीर्तिमान स्थापित किया है। उनका अनुभव-क्षेत्र व्यापक है और विचार-क्षेत्र सजग-चौकन्ना। इस सजगता के कारण ही उन्हें भारत के साथ अन्तर्राष्ट्रीय क्षेत्रों में प्रतिष्ठा मिली। उनके निबन्ध चिन्तन को भारतीय चिन्तन के प्रतिनिधि रूप में पहचाना गया। प्रौढ़ रचनाकार अज्ञेय ने 'स्मृतिच्छन्दा' शीर्षक

निबन्ध-संग्रह में 'परिवेश की चेतना और रचना की भाषा' 'भाषा, कला और औपनिवेशिक सत्ता', 'सर्जनशीलता और परिवेश : समकालीन जीवन की चुनौतियाँ', 'वैज्ञानिक सत्ता', 'मिथकीय सत्ता' और 'कवि', 'स्मृति और काल', 'साहित्य और भविष्य' जैसे महत्त्वपूर्ण विषयों पर मौलिक ढंग से विचार किया। 'रामकुमार और निर्मल वर्मा को सप्रीत' समर्पित यह 'पुस्तक समकालीन रचनात्मकता की अनेक चुनौतियों से जूझती है। ये सभी निबन्ध किसी भी सिद्धान्तवादियों के किसी भी स्तर पर कतई कायल नहीं हैं। वे जीवन को पहचानने के संकल्प से उपजे हैं और इनका चिन्तन—पाठक-आलोचक तथा कवि—सभी के लिए प्रेरणा लिये है। इसलिए कि इन निबन्धों में राजनीति और साहित्य की निरीह जकड़बन्दी नहीं है। उनके लिए एक सिद्धान्त-दृष्टि रही है—तात्त्विक दृष्टि से जीवन-जगत् की प्रत्येक समस्या पर कई कोणों से 'विमर्श' करना। एक संवेदनशील सर्जक और चौकन्ने पत्रकार ने आन्तरिक निष्ठा से इन निबन्धों को गढ़ा है।

'मैं क्यों पढ़ता हूँ' एक तरह का आत्ममंथनपरक निबन्ध है। अज्ञेय ने कहा है—पढ़ने से अपने सोच का जवाब भी मिलता है और नये सोच का आधार भी मिलता है। मैं क्योंकि अवधारणा कर सकता हूँ, प्रतीक रच सकता हूँ, उनका ग्रहण और सम्प्रेषण कर सकता हूँ। इसलिए मैं लगातार अपनी जानकारी का मूल्यांकन भी करता चलता हूँ और अपने परिणामों को दूसरे के लिए ग्रहण भी बनाता हूँ।' सारा आलोचना साहित्य, इतिहास और शास्त्र इसी कोटि में समाहित हैं। जो साहित्य चिन्तन, संस्कार और मूल्यांकन में हमारी मदद करता है, उस पर अधिक ध्यान का केन्द्रण रहता है। विवेक और सहृदयता— सर्जन और आलोचना दोनों के लिए आवश्यक हैं। इसलिए पढ़ना कहीं न कहीं भीतर से बदलना है। कबीर को कवि मानने में तीन-चार सौ वर्ष लग गये—लेकिन पढ़ने से ही भूल सुधार का कार्य हुआ। फिर कबीर की क्रान्तिकारिता के रचयिता हम पाठक ही हैं—केवल कबीर नहीं हैं। आज हालत यह है कि सब के अलग-अलग कबीर हैं, क्योंकि उनकी कविता को लेकर सबके अलग-अलग भाष्य हैं।

अज्ञेय ने ध्यान दिलाया है कि जिस तरह 'वस्तु' लगातार बदलती है, उसी तरह उसके सम्प्रेषण के साधन भी लगातार बदलते हैं और उनका भी विचार होते रहना चाहिए। वस्तु तो लगातार बदलती है, उस बदलाव और नये रूप की पहचान हमें होते रहना चाहिए। पहचान का विकास होना चाहिए। दूसरे तक पहुँचने के साधन, उसका शिल्प भी लगातार बदलता है, उसकी पहचान भी हमें होनी चाहिए। समस्या यह है कि आज साहित्य की आलोचना में लगातार अजनबीपन, अलगाव, एलियनेशन की बहुत चर्चा होती है। यह समस्या इतनी विकट न हुई होती, अगर हम लगातार

सम्प्रेषण के महत्त्व को समझते रह सकते और उसकी विकासमान परिपाटियों को पहचानते रह सकते। यह प्रश्न अन्तिम रूप से हल तो नहीं होता। लेकिन परिवर्तन की तेजी से पिछड़ते शिल्प पर ध्यान अवश्य दे पाते। शिल्प में भाषा लगातार विकासमान चीज है। इसलिए हम भाषा ही नहीं पढ़ते—भाषा के बारे में भी पढ़ते-लिखते हैं कि भाषा बदल रही है और लगातार विदेशी शब्द उसमें घुस रहे हैं। फलतः हमारा भाव-यन्त्र बदल रहा है। वैज्ञानिक शब्दावली बड़े यान्त्रिक ढंग से भावरहित शब्दावली ले रही है। "क्योंकि हम सब ऐसी परिस्थितियों में जी रहे हैं जो बदल रही है जिसमें यन्त्र का महत्त्व बढ़ता जा रहा है, शिक्षित-अशिक्षित के बीच की दूरियाँ बढ़ रही हैं। समतावादी आग्रहों के बावजूद विषमताएँ बढ़ रही हैं। नया साहित्य अनेक नयी-नयी युक्तियाँ ग्रहण कर रहा है जो पहले साहित्य की नहीं मानी जाती थीं। इन युक्तियों से हमें नयी दृष्टि मिली है। इस दृष्टि ने हमें युक्तियों की उपादेयता समझायी है। हर रचना में देखने के अलग तरीके काम आ सकते हैं। मूल्यांकन में सहायता करने वाले अनेक शास्त्र सामने आये हैं जैसे समाजशास्त्र, मनोविश्लेषणशास्त्र, अर्थशास्त्र, राजनीतिशास्त्र, इतिहास, धर्मशास्त्र आदि। यह बात अच्छी तरह समझनी चाहिए कि नये ज्ञान से, नयी परिस्थितियों के दबाव से संवेदन बदल गया है—यह बुनियादी फर्क है।"

'परिवेश की चेतना और रचना की यात्रा' केवल प्राकृतिक परिवेश, सांस्कृतिक-परिवेश, आधुनिक यान्त्रिक परिवेश, मिथिकत परिवेश, आदि में विभाजन कर देने से काम नहीं चलता है—क्योंकि उसकी जटिलता बढ़ी है। हम आज जिस आत्महन्ता मनोभाव की ओर बढ़ रहे हैं, वह जटिल परिवेश की चेतना की उपज है। सोचने की बदलती परिपाटियाँ समकालीन मानसिक परिवेश का अंग हैं, जिसके दबावों, तनावों के बीच उसकी सर्जनात्मक प्रवृत्तियाँ रूप लेती हैं—पनपती और विकसित होती हैं। मानसिकता परिवेश का अंग है—जिसे भाषा, संस्कृति, इतिहास निर्धारित करता है। प्रगतिवाद जिस अलग जनवाद का नारा देता है उसे पता है कि 'प्रगति' का भूत इस संस्कृति में खपने वाला नहीं है। हम वर्ग में नहीं, काल की चक्रवर्ती धारणा में जीते हैं। यहाँ 'प्रगति' और 'विकास' का वह अर्थ नहीं है जो पश्चिम हमें देना चाहता है। पश्चिम की सभ्यता ने प्रकृति के साथ जो दोहनमूलक रिश्ता स्थापित किया था—वही इस परिस्थिति का कारण बना। मनुष्य प्रकृति को खाता गया; जितना ही खाता गया, उतना ही उसकी भूख बढ़ती गयी और वह लूटकर खाने के लिए दूसरे प्रदेशों की खोज में लगा रहा। एक दिन हम सभी जीवों-वनस्पतियों को खा चुके होंगे—तब बचेंगे कैसे? इसलिए भारतीय प्रकृति-केन्द्रित चिन्तन अनेक-केन्द्रीय रहा है। बहु-केन्द्रीयता के सन्दर्भों ने हमें सहकार के साथ जीने की

दृष्टि दी है। अनेकता में एकता का मन्त्र हमने माना और जाना है। रचना के साथ भाषा का परिवेश जुड़ा है, उसकी बहुआयामी जटिलता जुड़ी हुई है। हमें पहचानना होगा कि रचना की भाषा संस्कृति की आँख है। हमें वह आँख खुली रखनी है और इसके लिए उसे प्रतिदिन बहते स्वच्छ जल से धोते रहने की अपनी उपयोगिता है।' इस तरह इन निबन्धों में साहित्य-संस्कृति, भाषा-परम्परा, इतिहास के प्रौढ़ या विवेक वयस्क संस्कार और विचार सक्रिय हैं। वे संवाद गुम्फित हैं जिनमें बात-सी बात निकलती जाती है और विचार का धागा नहीं टूटता है। बीज रूप में यहाँ अज्ञेय का आत्मवृत्तान्त भी है जो अनुभवों में गुँथकर आया है। कहना चाहिए हमारे समय में संस्कृति-परम्परा-आधुनिकता की लगातार और सबसे सकर्मक चिन्ता अज्ञेय के निबन्धों में मिलती है, क्योंकि वह ग. मा. मुक्तिबोध के निबन्धों की तरह मूल्य-चिन्तन की गहराई में उतरते हैं। गहरे स्तर पर पाठक पाता है कि अज्ञेय और मुक्तिबोध का चिन्तन एक दूसरे का पूरक है—एक-दूसरे का विरोधी नहीं। दुःख है कि हिन्दी-निबन्ध की चिन्तन-परम्परा में इस सच की ओर बहुत कम ध्यान दिया गया है। दोनों के लिए स्वाधीनता या मुक्ति से बड़ा मूल्य कोई नहीं है और दोनों ही एक खास अर्थ में मानवनिष्ठ और मानवतावादी हैं। दोनों के यहाँ तर्क बुद्धि का गौरव पूर्ण स्थान है। यह भी सच है कि अज्ञेय और मुक्तिबोध की आस्थाएँ या जीवन-दर्शन भिन्न हैं। किन्तु इस भिन्नता के कारण दोनों के चिन्तन-तल की समानता का महत्त्व कम नहीं हो जाता है।

अज्ञेय की निबन्ध कला में भावोच्छलन नहीं है, बल्कि तर्क-बुद्धि, क्रमबद्ध, व्यवस्थित और विश्लेषण प्रधान है। किसी भी विषय के अन्तर्प्रवेश में वे काफी प्रवीण निबन्धकार हैं। अज्ञेय का रचना-विवेक निरन्तर सक्रिय रहता है, उसमें न झुर्रियाँ पड़ती हैं—न थकान दिखाई देती है। वे आचार्य रामचन्द्र शुक्ल की तरह विचार के चरम क्षणों में तनाव को जीते हैं और उसी में से सर्जना की शक्ति पाते हैं। मूल बात यह कि अज्ञेय के निबन्ध संस्कार को परिभाषित नहीं किया जा सकता। वे मूलतः कवि हैं—अपने अपार काव्य-संसार के प्रजापति। इसलिए निरंकुशता—स्वतन्त्रता बरतते हैं और कटु-सत्य को कहने में भी नहीं हिचकते। अपनी निर्भयता और मौलिकता के कारण ही अज्ञेय के निबन्ध चिन्तन ने नयी पीढ़ी के ऊपर गहरी छाप छोड़ी है। यह बहुत बड़ी बात है कि समय उनके चिन्तन को पुराना नहीं बना सका है। आज भी युग की बौद्धिक चुनौतियाँ उनके चिन्तन में स्पष्टतः से अनुभव होती हैं। हमारा चिन्तन परम्परा का नवोन्मेष उनकी सृजन-साधना में अपनी जीवन्तता का अहसास कराता है। अन्ततः अज्ञेय चिन्तन के जिस मुकाम पर पहुँचे—वहाँ कहना पड़ा कि इस देश को औपनिवेशिक आधुनिकता,

पश्चिमी मानसिक दासता से मुक्त होकर अपने देसी अन्तःसूत्रों, स्रोतों, परम्पराओं से जुड़ना होगा। यह भी सोचने की बात है कि अज्ञेय और उनकी पीढ़ी के सामने जो संकट थे, वे आज लगभग अनुपस्थित हैं या अपनी प्रासंगिकता खो बैठे हैं। यह ठीक है कि हर पीढ़ी को अपना संकट पहले की पीढ़ी की तुलना में ज्यादा गहरा और जटिल लगता है चाहे यह भ्रम हो या यथार्थ। किन्तु इससे पूर्ववर्ती पीढ़ी अप्रासंगिक नहीं हो जाती।

क्या यह सच नहीं है कि एक समय में प्रासंगिकता का जो प्रश्न अज्ञेय के लिए जीवन-मरण का प्रश्न था, वह मानो आज अपनी धार की तेजी खोकर अनुपस्थित है। आज साहित्य के सामने आधुनिकता के संकट से उत्पन्न समस्याओं की तुलना में उत्तर-आधुनिकता से उत्पन्न समस्याएँ ज्यादा प्रखर और चुनौतीपूर्ण हैं। उत्तर-औद्योगिक समाज में विचार का अँधेरा है। उत्तर-आधुनिकतावादी और उत्तर-संरचनावादी विमर्श 'पाठ' की व्याख्या में नये उपद्रव पैदा कर रहे हैं, हर तरफ अर्थ के अनिश्चय का माहौल है। संचार साधनों, विज्ञापनों, इंटरनेटों, मीडिया क्रान्ति के इस मूल्यान्धता से भरे समय में 'साहित्य क्यों' और 'साहित्य क्यों पढ़ें' के प्रश्न उठ खड़े हुए हैं। मीडिया जो 'हाइपर रियलिटी' या वास्तविकता का झूठ परोस रहा है—उसने वैचारिक गहराई के स्थान पर छिछलापन, उथलापन और सस्ते किस्म का बाजारवादी मुहावरा विकसित किया है। आज से चार-पाँच दशक पहले का साहित्य हमें निरर्थक दिखाई देने लगा है। बाजारवाद और उपभोक्तावादी संस्कृति के इस युग में कलाएँ भटककर अपना अर्थ-सन्दर्भ खो रही हैं। निबन्धकार अज्ञेय निरन्तर भाषा, कला और औपनिवेशिक मानस को लेकर बेचैन रहे हैं। यूरोप की नकल में बन्दर बनता भारत उन्हें कष्ट देता रहा है। वे अपने निबन्धों में स्वाधीन-व्यक्ति, स्वाधीन-समाज, स्वाधीन-संस्कृति, स्वाधीन-देश और स्वाधीनता पर निरन्तर विचार करते रहे हैं।

सार, संक्षेप यह कि अज्ञेय के बहुश्रुत-बहुपठित निबन्धकार में देश-विदेश की अनुभव-यात्राओं के सन्दर्भ सूत्र अपरिहार्य रूप में जुड़े हुए हैं। कहीं-कहीं तो वे सूत्र साहित्य, कला, दर्शन, इतिहास, मिथक, पुरातत्त्व, लोक-संस्कृति समसामयिक घटना या प्रसंग तथा उसकी व्याख्या से सीधे जुड़े हैं। आचार्य हजारी प्रसाद द्विवेदी के बाद स्मृति का निबन्धों में ऐसा सर्जनात्मक उपयोग दुर्लभ है।

मितकथन के संयम से सम्पन्न सृजन-यात्रा

सच्चिदानन्द हीरानन्द वात्स्यायन 'अज्ञेय' के गद्य का एक अलग तरह का व्यक्तित्व है। उनके रचनाकार-व्यक्तित्व में साहित्य, संस्कृति, परम्परा, आधुनिकता, समसामयिक सर्जना और संवेदना, समाज और भाषा की चेतना रूपायित है। वे न सीमित अर्थों में पद्यकार हैं, न गद्यकार। उनके साहित्य के लोकतन्त्र में मनुष्यता का अथाह सागर लहराता है। उनके निबन्धों की अन्तर्वस्तु में एक ऐसा कथ्य विचार के स्तर पर मौजूद रहता है कि जो अपनी ज्ञानात्मक संवेदना से पाठक को चकित करने के साथ समृद्ध बनाता है। वैचारिक-निबन्ध हो, आलोचनात्मक-निबन्ध हो, यात्रापरक-निबन्ध हो, डायरी शैली का निबन्ध हो या संस्मरण परक निबन्ध हो—शैली की विशिष्ट सर्जनात्मकता और अर्थ-गर्भित वक्रता जैसी अज्ञेय में मिलती है, वह और किसी अन्य हिन्दी लेखक में नहीं है। हिन्दी में अज्ञेय सिर्फ एक नया गद्य ही नहीं गढ़ते हैं बल्कि वे वस्तुतः एक नयी चेतना का निर्माण करते हैं और यह नया गद्य उस नयी चेतना का सर्जनात्मक विस्फोट कहा जा सकता है। उन्होंने संस्कृत का अध्ययन प्राचीन पद्धति से किया था जिसमें विचार बहुत ठोस होता था। अंग्रेजी शिक्षा ने उन्हें वे औजार प्रदान किये थे, जिनके जरिए पश्चिमी विद्वान प्राचीन भाषा को अनुसन्धान के लिए इस्तेमाल करते हैं। इसी आधुनिक-वैज्ञानिक दृष्टि से अज्ञेय जी ने अपनी परम्परा- संस्कृति-आधुनिकता का अनुशीलन किया है।

अज्ञेय के संस्मरणात्मक निबन्धों की पुस्तक 'स्मृति लेखा' का विशेष महत्त्व इस बात को लेकर है कि उसमें अज्ञेय की जीवन कथा के साथ प्रेरणा देने वाले भारतीय व्यक्तित्व एक साथ आ गये हैं। स्मृति में रचा हुआ अनुभव इतना सर्जनात्मक रूप धारण करके सामने आ गया है कि स्मृति आलोक भी बनी है और साक्षात्कार भी। फणीश्वरनाथ रेणु को छोड़कर अपने अग्रज समकालीन रचनाकारों का यह ऐसा एलबम है कि वे सभी पुनर्नवा छवियों में हमारी संवेदना को हरा-भरा कर देते हैं। इन्हें पढ़ना एक ऐसा सदाबहार अनुभव है मानो शीतल जल से स्नान करके हम चैतन्य हो गये हों। इसलिए इन्हें कोरा 'संस्मरण' नहीं कहा जा सकता, इनमें

विचारों-भावों की अखण्डित अन्तर्योजना के कारण एक मुग्धकारी निबन्धात्मकता है। मैंने इन्हें 'संस्मरण' न कहकर संस्मरणात्मक—निबन्ध कहना अधिक उचित समझा है। फिर इनमें संस्मरण विधा के अकाल्पनिक गद्य का ढिल्लड़पन नहीं है—सभी रचनाकार व्यक्तित्वों के रेखाचित्र शब्दों की तराश लिए हैं। रचनाकार व्यक्तित्वों का लेखा-जोखा बहक में न जाकर पूरी तरह संगठित है। व्यक्ति और कृतिकार दोनों में 'परकाय प्रवेश' की अज्ञेयीय कला ने इन्हें न समीक्षा बनाया है, न आलोचना, न कहानी-रिपोर्ताज। जबकि इनमें सभी के फ्यूजन से एक नया गद्य-रसायन निष्पति पा गया है। यहाँ काव्यकार, कथाकार, चित्रकार और सम्पादक-पत्रकार ने अद्‌भुत हुनर से व्यक्तित्व और कृतित्व को संगुम्फित कर लिया है। इस बात को यों भी कहा जा सकता है कि उन्होंने व्यक्ति के व्यक्तित्व-रंजित विशेष पक्ष को ही चुना है—शेष पक्षों पर चुप रहे हैं। इस चुप या मौन की अपनी व्यंजकता है और अपना पाठ। उन्होंने सर्जनात्मकता की मूल संवेदना और शक्ति के पक्ष को ही स्मृति से आलोकित किया है और इस कार्य में वे रचनाकार व्यक्तित्व को भी भूले नहीं हैं।

'स्मृति लेखा' में पहला संस्मरणात्मक निबन्ध 'भारत कोकिला' श्रीमती सरोजनी नायडू पर है। अज्ञेय जी ने आरम्भ ही इस कथन से किया है कि 'भारत-कोकिला' का विरुद श्रीमती सरोजिनी नायडू को दिया गया था तो अंग्रेजी उपाधि नाइटिंगेल ऑफ इण्डिया के प्रभाव से ही। अंग्रेजी में कविता करके उन्होंने विदेश में ख्याति पायी थी और विदेशी ख्याति का इस देश में बड़ा महत्त्व था। और आज भी है—'बड़ा दिखाने वाले मुकुर में जैसे बिम्ब से प्रतिबिम्ब बड़ा दीखने लगता है, वैसे ही अंग्रेजी में लिखने वाले भारतीय की प्रतिभासित छवि भी बहुत बड़ी दीखने लगती है।' बहुत कम लोग जानते हैं कि अज्ञेय जी ने भी आरम्भ में अंग्रेजी में कविताएँ लिखीं, जिन पर ब्राडलिंग की गहरी छाप थी। फिर निर्णय लिया—स्वभाषा-स्वदेश प्रेम में कि वे अपनी भाषा में ही कविता-कहानी लिखेंगे। पाठक जानते हैं कि केवल 'प्रिजनड़ेज एंड अदर पोयम्स' नाम से एक मौलिक काव्य-संग्रह अंग्रेजी में लिखकर 1946 में बनारस से छपवाया था, जो आज अप्राप्य है या बहुत कम लोगों के पास होगा। अज्ञेय जी की स्मृति में दर्ज था कि श्रीमती सरोजिनी नायडू को नाइटिंगेल अथवा कोकिला केवल कवि होने के नाते ही नहीं कहा गया—'उनके स्वर में भी जादू था जो अंग्रेजी में ही नहीं, हिन्दी-उर्दू में सिर चढ़कर बोलता था।'

कांग्रेस के लाहौर अधिवेशन में कांग्रेस का लक्ष्य 'औपनिवेशिक स्वराज' से बदलकर 'पूर्ण स्वराज्य' था और उसके बाद रावी के तट पर 26 जनवरी को 'आजादी की शपथ ली जा चुकी थी' वहीं अज्ञेय जी ने 'ब्रेडला हॉल' में उन्हें देखा और सुना। माइक को हटाकर वे 'हिन्दुस्तानी' में बोलीं। श्रीमती नायडू जन्मना बंगाली थीं और

विवाह दक्षिण भारतीय ('हैदराबाद') से किया था, लेकिन उन्होंने अंग्रेजी से हटकर सरल उर्दू में बोलने का अभ्यास किया था। दूसरी बात यह कि रवीन्द्रनाथ टैगोर लाहौर आये तो श्रीमती नायडू उनसे मिलने गयीं। अज्ञेय जी का परिचय सरोजिनी नायडू की लड़की लीलामणि नायडू से था। इस परिचय का लाभ उठाकर वे भी श्रीमती नायडू के साथ हो लिये। इस तरह परिचय हुआ। "तो कांग्रेसी उम्मीदवार ने श्रीमती नायडू से मेरा फिर से परिचय कराते हुए कहा 'ये हिन्दी के अच्छे कवि भी हैं।" श्रीमती नायडू ने कुछ आश्चर्य से मेरी ओर देखा (उस आश्चर्य में शायद इस बात का योग भी रहा होगा कि कांग्रेस उम्मीदवार महाशय का कविता से कोई खास वास्ता नहीं था।) और मुस्कराकर मेरा कन्धा थपथपाते हुए बोलीं, "हाँ, यह बात हुई न! कवि को कवि जैसा दिखना चाहिए।" फिर मुँह बिचकाकर और हाथों से एक विचित्र और हास्यास्पद इशारा करते हुए बोलीं, "वह क्या तुम्हारे मरघिल्ले और बाल बढ़ाये हुए लोग आ जाते हैं और कहते हैं कि मैं कवि हूँ। स्वस्थ और स्वरूप नहीं होगा तो कहाँ का कवि।" फिर थोड़ा रुककर उन्होंने कहा "अब तक हिन्दी का एक कवि मेरा परिचित था—बालकृष्ण शर्मा 'नवीन', आज दूसरा देखा, बाकी सब तो... ।' निराला जी और नवीन जी के बाद अज्ञेय जी जैसा स्वस्थ-स्वरूप और देह से समर्थ कवि हिन्दी को नसीब हुआ, यह माँ वाग्देवी की बड़ी कृपा रही है। अज्ञेय के रचनाकार व्यक्तित्व ने अपनी मेधा से छायावादोत्तर हिन्दी साहित्य का सभी विधाओं में इतिहास ही बदल दिया। इस वाग्विदग्ध, निर्भीक रचनाकार-सिद्धान्तकार ने विद्रोही-स्वभाव से भाषा, साहित्य और संस्कृति के सम्बन्ध में पारम्परिक अवधारणाओं का मूर्त्ति-भंजन किया और सृजन के श्रेष्ठ बिन्दुओं का स्पर्श करते हुए नये प्रयोगों से नये सृजन को पुनःसम्भव बनाया। जीवन भर अज्ञेय औपनिवेशिक आधुनिकता की मानसिक गुलामी से साहित्य को मुक्त कराने के प्रयत्नों में समर्पित रहे हैं।

'स्मृति लेखा' में श्रीमती सरोजिनी नायडू से सम्बन्धित निबन्ध को छोड़कर सभी संस्मरणात्मक निबन्ध हिन्दी के जाने-माने रचनाकारों पर केन्द्रित हैं। राष्ट्रकवि मैथिलीशरण गुप्त, रायकृष्णदास जी, निराला जी, पन्त जी, नवीन जी, माखनलाल चतुर्वेदी जी, दिनकर जी, प्रेमचन्द जी, हजारीप्रसाद द्विवेदी जी, होमवती जी तथा रेणु जी। यहाँ एक साथ हिन्दी के अनेक शिखर-पुरुष मौजूद हैं। वे शिखर-पुरुष जिन्होंने किसी न किसी स्तर पर अज्ञेय जी का निर्माण किया है—उन्हें प्रेरित-प्रभावित किया है। या कहिए जिनकी प्रेरणा से अज्ञेय जैसा साहित्य का क्रान्ति-नायक आकार पाता रहा है।

दद्दा मैथिलीशरण गुप्त को अज्ञेय जी ने 'राष्ट्रकवि' के विरुद से स्मरण किया

है। सच बात तो यह है कि भाषा-संवेदना-शिल्प से कोई समानता न रखने वाले अज्ञेय ने—मैथिलीशरण गुप्त जी को अपना काव्य-गुरु, प्रेरणा—गुरु घोषित तौर पर कहा है। अज्ञेय जी ने लिखा है—'स्व. श्री मैथिलीशरण गुप्त—दद्दा मेरे गुरु—स्थानीय थे। स्वयं उन्हें यह बात आसानी से स्वीकार्य न होती, क्योंकि इस शिष्य की बहुत सी प्रवृत्तियाँ उन्हें नापसन्द थीं। लेकिन मैं तो जानता हूँ कि बचपन से ही, जब से हिन्दी बोलना और फिर पढ़ना सीखा, उन्हीं की कविता पर पलकर किशोर हुआ। "निज मातृभूमि स्वदेश के गोदी-भरे हमलाल हैं" अथवा "नीलाम्बर परिधान हरित पट सुन्दर है।" आदि से हिन्दी काव्य से और देशभूमि से परिचित हुआ, फिर 'जयद्रथ वध' अथवा 'पंचवटी' के माध्यम से भारतीय वाङ्मय और परम्परा के आक.'र-ग्रन्थों से परिचय पाया। घर पर ही अज्ञेय जी ने पटिया और लेखनी से पढ़ना शुरू किया—वर्षों श्रुति-परम्परा में रहे और पिता के घर होने पर संस्कृत श्लोकों का सस्वर पाठ किया। बड़ी बहिन से हिन्दी-ग्रन्थों का सस्वर पाठ पाया। लेकिन दद्दा से जब परिचय हुआ, तब तक वे उनकी सभी रचनाएँ पढ़ चुके थे। जेल और नजरबन्दी से मुक्त होने के कुछ ही दिनों बाद वे दद्दा के गाँव चिरगाँव गये और दद्दा तथा दद्दा के जरिए परिवार से ऐसी आत्मीयता पायी कि हमेशा के लिए दद्दा तथा सियारामशरण गुप्त दोनों से अभिन्न हो गये। 'तबसे जो वात्सल्य सम्बन्ध बना, वह अन्त तक रहा।' दद्दा से अज्ञेय की कोई बुराई करे तो वे उसे फटकार देते थे। दिल्ली तथा ग्वालियर में 'शेखर : एक जीवनी' की प्रतियाँ जलायी गयीं और भर्त्सना के प्रस्ताव पारित हुए, लेकिन दद्दा ने अज्ञेय का साथ नहीं छोड़ा। दद्दा ने अज्ञेय पर—अश्लीलता के प्रचार का जो आरोप था उसे निराधार माना। यह दद्दा के वैष्णव संस्कारों की आधुनिकता ही थी, जिसने देशी आधुनिकता की धार को कुन्द नहीं होने दिया। पूरी भारतीयता अपने हजार-हजार कण्ठों से दद्दा में जीवन्त रही है उसने किसी तरह के रीतिवाद का कभी साथ नहीं दिया। वे नये राष्ट्र के प्रसन्न आधुनिक कवि हैं।

कवि जीवन में अज्ञेय जी ने सरकार जी या स्व. राय कृष्णदास से बहुत कुछ पाया है। रायकृष्णदास को अज्ञेय ने 'स्मरण का स्मृतिकार' कहा है। 'व्यक्तित्व और स्मृति का अभिन्न सम्बन्ध होता है, व्यक्तित्व के खण्डित होने के साथ स्मृतिभ्रंश होता है और स्मृतिभ्रंश होने से व्यक्तित्व पंगु हो जाता है। रायकृष्णदास भारत के राष्ट्रीयताकामी समाज की मानो सजीव स्मृति थे।' उनके लिए स्वाधीनता की राजनीतिक सीमा न थी, बल्कि उसके आयाम इतने व्यापक थे कि उसमें इतिहास और कला, दर्शन और साहित्य सब समा जाते थे।

जेल के लम्बे एकान्तवास के कारण अज्ञेय का हाल यह था—मानो वे नये सिरे से बोलना सीख रहे हों। अज्ञेय ने पाया कि रायकृष्णदास में पुराने अभिजात्य के साथ

शालीन संस्कार थे। उनका 'भारत कला भवन' भारतीय चित्रकला के संसार-विख्यात संग्रहों में से एक है। अपनी पूरी साधना में वे समूची भारतीय-परम्परा के श्रेष्ठ उदाहरण थे—बहुश्रुत और बहुपठित, "उनकी साधना जीवन की कला साधना थी और गहरे अर्थ में समाज के निर्माता थे। वे प्रसाद और मैथिलीशरण गुप्त के गहरे मित्र थे। उनकी स्मृति का बड़ा पक्ष यह है कि उन्होंने भारतीय जमीन पर खड़े होकर भारतीय ढंग से सोचकर भारतीय अनुभव को वाणी देने वाली भाषा हमारे लिए उबारी थी। उनकी प्रेरणा ने अज्ञेय जी को भीतर तक सींचकर यह नवीन सृजन-दृष्टि दी है कि जीर्ण का उद्धार करते हुए उसके भीतर कैसे नवीन अर्थवत्ता पैदा की जा सकती है।

प्रेमचन्द को 'उपन्यास सम्राट्' कहकर अज्ञेय ने याद भर नहीं किया है—उनकी राह को एक खास अर्थ में आगे बढ़ाया है। प्रेमचन्द का साहित्य लोकमंगल का, राष्ट्रीयता का और अपनी परिणति में साम्राज्यवाद के विरोध का लक्ष्य साधता रहा। प्रेमचन्द के लिए साहित्य-कर्म एक साधना रहा और उद्देश्य रहा—समाज सेवा, समाज का जागरण। वे 'जागरण' नाम से एक पत्र भी निकालते थे। अज्ञेय से उनका परिचय 'पत्राचार' से हुआ। यह बात भूलने की नहीं है अज्ञेय नाम—जैनेन्द्र-प्रेमचन्द ने उन्हें दिया था। इस नाम की कहानी स्वयं उनके मुँह से सुनिये :—

"दिल्ली षड्यन्त्र केस में अभियुक्त के रूप में दिल्ली जेल में रहते हुए कुछ कहानियाँ मैंने लिखी थीं। जेल में अभियुक्तों को कुछ कागज-पत्र रखने की सुविधा तो रहती थी, लेकिन कोई ठिकाना नहीं था कि कब कौन से कागज जब्त कर लिये जायें इसलिए कहानियों की प्रतिलिपि बना लेता था और जब भी कुछ कागजात चोरी-छुपे भेजने का मौका मिलता तो यह प्रतिलिपियाँ भी बाहर भेज देता, जिससे वह सुरक्षित रह सकें। इन्हीं बाहर भेजी गयी कुछ कहानियों में से दो कहानियाँ श्री जैनेन्द्र कुमार ने प्रेमचन्द जी को भेजी थीं—तब प्रेमचन्द ने पाक्षिक 'जागरण' आरम्भ ही किया था। प्रेमचन्द जी को दोनों कहानियाँ बहुत पसन्द आयीं, लेकिन एक कहानी 'बहुत गरम' और उसे प्रकाशित करना जोखम का काम होता; दूसरी कहानी की वस्तु उग्र राजनीतिक नहीं थी और उसे छापने का प्रेमचन्द जी ने निश्चय किया था। कहानी की प्रशंसा के साथ इस निश्चय की सूचना जैनेन्द्र जी को देते हुए उन्होंने लिखा था—"लेकिन यह तो तुमने बताया ही नहीं की लेखक कौन है?" इसके उत्तर में जैनेन्द्र जी ने उन्हें लिखा—"लेखक कौन है, यह तो मैं नहीं बता सकता—वह अज्ञेय है।" आशय यही था कि लेखक तो षड्यन्त्र केस का बन्दी है और कहानियाँ भी अवैध तरीके से बाहर भेजी गयी हैं, ऐसी स्थिति में नाम भी कैसे बताया जा सकता है और यह भी कैसे स्वीकार किया जा सकता है कि गैर कानूनी तौर पर भेजी

गयी सामग्री उन्होंने ग्रहण की। इस पर प्रेमचन्द ने लिखा–"कहानी तो मैं छाप रहा हूँ। तब मैं 'अज्ञेय' नाम से ही छाप दूँ।" मुझे तो इस पत्र-व्यवहार का पता काफी समय बाद लगा–कहानी छप गयी और उसकी कतरन मेरे पास पहुँची तो लेखक का नाम देखकर मुझे वितृष्णा हुई : नाम बहुत भारी लगा और मैंने विरोध की सूचना जैनेन्द्र जी को भिजवा दी। तभी उन्होंने बताया 'नाम अपने आप चुन गया'–उन्होंने नहीं चुना। और प्रेमचन्द जी ने भी चुना ही, यह कैसे कहा जाय।" (स्मृति लेखा, पृ. 46)

अज्ञेय का प्रेमचन्द से सीधा पत्र-व्यवहार इस प्रातिनिधिक सम्पर्क के बाद शुरू हुआ। 'जागरण' जेल में मेरे पास आने लगा। ...लेकिन मैं तो कविता भी लिखता था और मेरे सामने कोई आत्मबिम्ब था तो कवि का ही था, कहानीकार का नहीं। मैंने दर्जनों कविताएँ दो-दो, तीन-तीन करके प्रेमचन्द के पास भेजीं। लेकिन कोई कविता नहीं छपी। न किसी पत्र में उन्होंने किसी कविता की पहुँच ही दी। मिलने पर मैंने उलाहना दिया तो बोले–'भई असल में कविता की मुझे कोई समझ नहीं है, इसलिए मैं उसके बारे में कोई राय नहीं देता।' इसके बाद भी अज्ञेय ने प्रेमचन्द के पास कविताएँ भेजीं तो उन्होंने कहा–'भाई अज्ञेय! मुझे तो कविता ऐसी पसन्द है जैसा इकबाल का यह शेर' :

जिस खेत से दहकां को मयस्सर न हो रोटी
उस खेत के हर गोश-ए-गन्दुम को जला दो।

तुम्हारा
प्रेमचन्द

इकबाल के प्रशंसक प्रेमचन्द भी थे और अज्ञेय भी, क्योंकि दोनों के मानस में देश-प्रेम, नवजागरण, साम्राज्यवाद-विरोध की चिन्तन-धारा सक्रिय थी। प्रेमचन्द समाज-सुधार, आदर्शवाद के गलियारे से गुजरते हुए राजनीतिक चिन्तन में आये थे। बड़ी बात है कि प्रेमचन्द ने अज्ञेय को नैतिक यथार्थवाद का पाठ पढ़ाया था।

सूर्यकान्त त्रिपाठी निराला को 'बसन्त का अग्रदूत' मानना अज्ञेय जी को हमेशा नये ढंग से सोचने का अवसर देता रहा है। लेकिन अज्ञेय ने इस संस्मरण लेख का आरम्भ बड़े नाटकीय ढंग से किया है–'इलाहाबाद में पण्डित वाचस्पति पाठक के घर जा रहा था तो देहरी पर ही एक सींकिया पहलवान के दर्शन हो गये, जिसने मेरा रास्ता रोकते हुए टेढ़ी उँगली मेरी ओर उठाकर पूछा, "आपने निराला जी के बारे में विश्वभारती पत्रिका में बड़ी अनर्गल बातें लिख दी हैं।" यह सींकिया पहलवान थे–शान्तिप्रिय द्विवेदी। इस घटना को लेकर अज्ञेय ने लिखा है–"यों 'रिपोर्ट' सही थी। विश्वभारती पत्रिका में मेरा एक लम्बा लेख छपा था। आज यह मानने में मुझे

कोई संकोच नहीं है कि उसमें निराला के साथ घोर अन्याय किया गया था। यह बात 1936 की है जब 'विशाल भारत' में पण्डित बनारसीदास चतुर्वेदी निराला के विरुद्ध अभियान चला रहे थे।" (स्मृति लेखा, प्र. सं., पृ. 63) इस निराला विरोधी-अभियान का असर—अज्ञेय ने अपनी 'अपरिपक्व बुद्धि पर भी' स्वीकार किया है। निराला की आलोचना और आलोचना का गहरा पश्चात्ताप अज्ञेय जी ने इस संस्मरणात्मक लेख में व्यक्त किया है। "निराला जी के काव्य के विषय में मेरा मन पूरी तरह बदल चुका था। वह परिवर्तन कुछ—नाटकीय ढंग से ही हुआ। शायद कुछ पाठकों के लिए यह भी आश्चर्य की बात होगी कि वह उनकी 'जुही की कली' अथवा 'राम की शक्ति पूजा' पढ़कर नहीं हुआ, उनका 'तुलसीदास' पढ़कर हुआ। अब भी उस अनुभव को याद करता हूँ तो एक गहराई में खो जाता हूँ।" (वही, पृ. 64) इस तरह के अनेक अनुभव-बिम्ब इस लेख में मौजूद हैं। इस अशेष छविधर कवि ने दान कभी नहीं माँगा, पर गीत विश्व को दिया—गीत दिया, पर उसके लिए भी रुका नहीं, बाँटते-बाँटते ही तिरोधान हो गया : मैं 'अलक्षित हूँ यही कवि कह गया है।'

अज्ञेय जी ने सुमित्रानन्दन पन्त को 'स्वर सिद्ध' कवि कहा है। पन्त की कवि-छवि पर आचार्य रामचन्द्र शुक्ल तो मुग्ध थे। पन्त का सस्वर काव्य-पाठ मधुरता का स्रोत था। अज्ञेय जी अपने मित्र नरेन्द्र शर्मा के साथ अल्मोड़े गये। उनके पास अल्मोड़े की पन्त के साथ जुड़ी कई स्मृतियाँ हैं। पन्त जी की हिन्दी कविता में जो हृदयहीन आलोचनाएँ हुईं थीं उनसे वे आहत भी थे। जबकि "प्रकृति के साथ और दूसरी ओर भाषा के साथ पन्त का सम्बन्ध बहुत गहरा और संवेदनशील था। सूक्ष्म पर्यवेक्षण और भी कवि करते हैं, लेकिन उसे उतनी समर्थ संवेदनमयी और सम्प्रेषी भाषा में मूर्त्त करने वाले कवि विरले ही होते हैं। संस्कृत में यह कालिदास की विशेषता रही; हिन्दी में पन्त की।" (वही, पृ. 79) साथ ही यह भी कहा 'रूपाम्बरा' पन्त के अभिनन्दन में निकली तो वे तुनुकमिजाजी से भी बाज नहीं आये। वे अति संवेदनशील होने के कारण अति भावुक भी हो जाते थे। 'शब्द-ध्वनियों के प्रति जैसी सजगता सुमित्रानन्दन पन्त में थी, वैसी मैंने हिन्दी के किसी दूसरे कवि में नहीं देखी, निराला में भी नहीं। कवियों का ध्यान व्यंजन ध्वनियों की ओर रहा। लेकिन पन्त ने माना कि काव्य में शब्द संगीत का आधार व्यंजन ध्वनियाँ नहीं; बल्कि स्वर ध्वनियाँ हैं। आज भी आधुनिक हिन्दी कविता को यह उनकी बहुत बड़ी देन है।

अज्ञेय जी ने होमवती जी को 'कवि-वत्सला' कहकर याद किया है। बहिन की स्मृति में स्नेह का पारावार। उनका स्नेह व्यक्ति निरपेक्ष न था। 'दुःख सबको माँजता है' की तो वे प्रतिमान थीं। 'हमारी कुल परम्परा है कि लड़की (चाहे छोटी बच्ची हो)

किसी के पैर नहीं छूती, पुरुष छूते हैं और होमवती जी तो हमसे बड़ी थीं। स्वाभिमानिनी थीं—रईस खानदान की थीं। फिर भी वे अपने 'बेघरा', 'निर्मोही' भाई को आत्मीयता देती थीं। और हमें निकट लायी थी परिषद की हस्तलिखित पत्रिका 'संक्रान्ति'। होमवती जी की कहानियाँ नारी की आर्द्र-करुणा से भरी थीं।

माखनलाल चतुर्वेदी से अज्ञेय का सम्बन्ध भावना और विचार का रहा। उन्हें वे एक 'भारतीय आत्मा : एक चुनौती' मानते रहे हैं। माखनलाल की कविता से परिचय कारावास में हुआ। दिल्ली षड्यन्त्र केस के एक अभियुक्त के रूप में दिल्ली जेल में लम्बे दिन काटते हुए उनकी कविताएँ कॉपी पर उतार लीं फिर एक दिन एक 'पुष्प की अभिलाषा' पढ़कर चकित हो गये—'मातृभूमि पर शीश चढ़ाने जिस पथ जावें वीर अनेक।' इस कविता में मानो उनका 'अरमान' ही व्यक्त हुआ था। जेल की अवधि के दिनों में ही लम्बी कविता 'कैदी और कोकिल' पढ़ी—'इस शान्त समय में अन्धकार को बेध रो रही क्यों हो/ कोकिल बोलो तो/चुपचाप मधुर विद्रोह बीज इस भाँति बो रही क्यों हो/कोकिल बोलो तो'/यह कविता भी कॉपी पर उतार ली फिर रात में अकेली कोठरी में कई बार जोर-जोर से पढ़ी जाती रही—'मैं तब काल कोठरी में था और लम्बी रातें प्रायः कविता पढ़ते हुए अपने ही स्वर के स्वरूप के सहारे कटती थीं। निस्सन्देह इस कविता से तादात्म्य होने का एक मनोवैज्ञानिक कारण भी था—कोकिल के साथ अवचेतन एकात्मकता का बोध। क्योंकि उन दिनों बन्दी लोग अपने को चुपचाप मधुर विद्रोह 'बीज' बोने वाले मानते थे। फिर 'एक भारतीय आत्मा' की कविताओं की सहजता, ओज और प्रवहमयता पर अज्ञेय बेहद आकृष्ट थे। 'भारतीयता की समस्या' भारतीय संस्कृति से जुड़ी है और भारतीय संस्कृति 'मिश्र संस्कृति' है। उसमें अनेक धाराओं का संगम है—दूसरी धाराएँ उसमें आकर लय हुई हैं। फिर संस्कृतियाँ प्रभाव ग्रहण करती हैं। उनमें आदान-प्रदान चलता है। माखनलाल चतुर्वेदी ने सृजन-चिन्तन में भारतीय-अस्मिता को रूपायित किया है—वे कभी भी 'सेक्युलरिज्म' की राजनीति में नहीं पड़े। 'एक भारतीय-आत्मा' केवल कवि नहीं थे—कृती कवि थे—उनकी छाया में अनेक प्रतिभाओं को पनपने का पूरा अवसर मिला। ऐसा प्रभाव या तो भारतेन्दु का पड़ा या फिर आचार्य महावीर प्रसाद द्विवेदी का। इसी परम्परा की वे कड़ी रहे हैं।

फणीश्वरनाथ रेणु को अज्ञेय जी का विशेष स्नेह प्राप्त रहा है। वे रेणु को 'धरती का धनी' कहते हैं और रेणु के कुत्ते का नाम 'सिप्पी बाबू'। पहुँचते ही सिप्पी बाबू अज्ञेय के साथ रम गये।' अज्ञेय ने रेणु के साथ 'दिनमान' के लिए बिहार के सूखा ग्रस्त प्रदेशों का दौरा कर एक रिपोर्ट तैयार की। "सूखाग्रस्त प्रदेश की वह यात्रा सूखे के हृदयदावक दृश्यों और अनुभवों के कारण तो अविस्मरणीय है ही, रेणु का साथ

स्वयं एक मार्मिक स्मृति है। सर्जक कलाकार स्थितियों का सामना कैसे करता है, कैसे प्रतिकूल होता है, यह शायद दूसरे हर कलाकार के लिए बड़ा आकर्षक अनुभव होता है। इसलिए रेणु को 'पर्फार्म' करते हुए देखना मेरे लिए एक मूल्यवान और स्मरणीय अनुभव था। शायद मुझे 'पफार्म' करते हुए वह भी वैसे ही सूक्ष्म संग्राहक आलोचक भाव से देख रहे थे।" (वही, पृ. 109) स्वयं रेणु ने इस यात्रा के अनुभवों का जीवन्त वर्णन किया है। 'शेखर : एक जीवनी' का विद्रोही कथाकार और 'मैला आँचल' का महान कथाकार—दोनों ही नये मोड़ के सृजन में प्रतीक रहे हैं। उपन्यासों से, कहानियों से चकित करने वाले अलीकी रेणु हम सभी को अवाक् करते हैं। अकेले रेणु के उपन्यासों में गाँवों की समस्त बुराई, कमीनगी और गलाजत के बीच एक अखण्ड मानवीय विश्वास की चिनगारी दिखाई देती है। इस सन्दर्भ में वे प्रेमचन्द से अलग पथ का निर्माण करते हैं। श्रेष्ठ साहित्य परिचित को नया और पहचाने को अजनबी कर देता है। यह अनुभव हमें रेणु की कथा-स्मृतियों में बराबर होता है।

रामधारी सिंह दिनकर को अज्ञेय ने 'समय-सूर्य' कहकर लिखा है 'हुंकार के साथ उसने अपने उदय का उद्घोष किया था। 'उर्वशी' में उसने यानी अपने को 'अपने समय का सूर्य' कहकर पहचाना था। हरि को हरिनाम के साथ वह अस्ताचल की ढलान को रक्ताभ करता हुआ ओट हो गया।' सम्मान देने की प्रथा लगभग उठ जाने पर भी हिन्दी जगत् ने राष्ट्रकवि दो कवियों को ही माना है—स्व. मैथिलीशरण गुप्त और स्वर्गीय रामधारीसिंह दिनकर को। दोनों ही विराट् राष्ट्र के विराट् स्वरूप के गायक रहे हैं। गुप्त जी को स्वाधीन राष्ट्र के आदर्श की सतत साधना ने राष्ट्रकवि का पद दिलाया—आज हम 'भारत भारती' के कवि को 'हिन्दू संवेदना' का कवि भले ही कह दें—सच यही है कि इस अकेली पुस्तक ने अनेक भारतीयों के मन में ऐतिहासिकता का बोध जागृत किया। आधुनिक चेतना से गुप्तजी ने धर्मनिरपेक्षता को सर्जनात्मक रूप दिया। दिनकर 'सामासिक संस्कृति' की खोज में 'संस्कृति के चार अध्याय' लिखने में लगे रहे। दिनकर जिस राष्ट्र के गायक रहे—वह उनमें प्रत्यक्ष उपस्थित रहा। यथार्थ जगत् में उतरते हुए उन्हें कठिन संघर्ष करना पड़ा और स्वाधीन भारत की राजधानी दिल्ली की भर्त्सना करनी पड़ी। संयोग ऐसा बना कि दिनकर के मन में अज्ञेय के लिए थोड़ा-सा विरोध का भाव ही रहा और इस विरोध की अलग राजनीति रही है।

अज्ञेय जी ने आचार्य हजारीप्रसाद द्विवेदी को 'बीसवीं सदी का बाणभट्ट' कहा है और पण्डित जी की स्मृति को कई रूपों में याद किया है। शान्तिनिकेतन की खोवाई नदी इसके लाल-पीले, ढले-कटे कँकरीले-मटीले आकर्षक-कगार, वर्षा ऋतु

की घटाएँ—जिन्हें विश्वभारती के कई चित्रकारों ने चित्रित किया है। वर्षा ऋतु की घटाएँ आकर्षक बढ़ा देती हैं और आँधियाँ जब आती हैं तो पेड़-पौधे मानो उसके जुहार के लिए झुक जाते हैं। अज्ञेय जी को प्रकृति से अथाह प्रेम। उस दिन वे विश्वभारती में ही थे कि आँधी के आसार दिखाई दिये। 'अरे यायावर घूमने निकल पड़े।' पण्डित जी ने चौंक कर पूछा—'अन्धड़ में'। साथ ही कहा 'अन्धड़ में घूमने नहीं जाना है।' लेकिन बादलों की गड़गड़ाहट और बिजली की चमक ने अज्ञेय को लुभा लिया। बाहर निकलकर ध्यान आया, "सचमुच अन्धड़ विचित्र था। मैं थोड़े ही दूर गया हूँगा कि घटा मानो घुमड़कर नीचे झुक आयी, अँधेरा हो गया और जोर की गड़गड़ाहट होने लगी। बजरी की कनियाँ मेरी पिण्डलियों पर चिकोटी काटती हुई मुझे दौड़ाये लिये जा रही थीं। एकाएक दूर पर बिजली की तीखी कौंध हुई और उसके बाद एक दूसरे ढंग की कड़क : मैंने जाना कि कहीं बिजली गिरी है। ...बिजली बिलकुल मेरे पास ही गिरी—इतनी निकट कि मुझे लगा—मैं हाथ बढ़ाये होता तो उसे छू लेता वैसा...सुन्दर दृश्य जीवन में कदाचित् ही देखा होगा। मैं थोड़ी देर स्तब्ध खड़ा रहा। बड़ी-बड़ी बूँदों ने मुझे जगाया तो मैं घर की ओर बढ़ा।" निर्भय अज्ञेय के मन में अनिर्वचनीय सौन्दर्य की सिहरन थी। लौटकर देखा आचार्य हजारीप्रसाद द्विवेदी जी चिन्तित मुद्रा में बरामदे में चक्कर काट रहे हैं। अज्ञेय जी को समझ में आ गया, अपराध हो गया है—थोड़ी देर बाद पण्डितानी जी आयीं। मुझे फटकारने ही वाली थीं कि मेरी मुद्रा देखकर पसीज गयीं। बोलीं—'पण्डित जी सख्त नाराज हैं। लेकिन यहाँ बैठकर क्या होगा। जाओ मनाओ जा कर।" आचार्य द्विवेदी के साथ अज्ञेय के बड़े आत्मीय सम्बन्ध रहे—फिर दोनों की पेड़-पौधों वनस्पतियों कलाओं में गहरी रुचि रही है। आचार्य जी संस्कृत साहित्य में आये नामों से शुरू करके देसी नामों तक आते थे। अज्ञेय की दिशा उलटी थी—पहले देशी नामों का पता लगाते फिर शास्त्रीय नाम और उनका सन्दर्भ जानना चाहते।

दोनों में बातचीत वनस्पतियों के नामों तक सीमित न रहती। पशु-पक्षियों, रत्नों, जनजातियों के नाम उनसे सम्बद्ध किंवदन्तियाँ, कवि-प्रसिद्धियाँ और लोकविश्वास सभी पड़ताल के घेरे में आ जाते। 'मानो विश्वभर के सांस्कृतिक नृतत्व की पोथियाँ हमारे सामने खुल जातीं। फिर आचार्य द्विवेदी शान्तिनिकेतन छोड़कर काशी आ गये। शान्तिनिकेतन के आचार्य खुलकर हँसते। लेकिन काशी के आचार्यों में बड़े सूक्ष्म व्यंग्य की या चुटकियाँ लेने की विदग्ध परम्परा थी। जिसका प्रतीक, पुरुष आचार्य रामचन्द्र शुक्ल को या पं. केशव प्रसाद मिश्र को माना जा सकता है। आचार्य द्विवेदी के काशी में तनाव भरे वर्ष बीते और उनके शिष्यों में एक भी नहीं, जो उनकी परम्परा को आगे बढ़ा सकता। जिन दिनों आचार्य द्विवेदी ने 'प्राचीन भारत के

कलात्मक विनोद' और 'अशोक के फूल' के ललित निबन्ध लिखे थे–उनकी अज्ञेय से बातचीत होती थी। फिर 'बाणभट्ट की आत्मकथा' के लेखक के प्रति तो अज्ञेय जी नतमस्तक रहे। आचार्य द्विवेदी की संस्कृति में गहरी पैठ के अज्ञेय शिष्य भक्त थे। इस तरह आचार्य से अज्ञेय ने बहुत कुछ सीखा है।

कविवर बालकृष्ण शर्मा 'नवीन' के प्रति अज्ञेय का कविमन गहरा लगाव रखता रहा है। उन्हें 'असीम और ससीम के बीच' का कवि कहना नवीन जी की सर्जनात्मक व्यापकता का प्रतीक है। नवीन जी ने आजादी के आन्दोलन में अपना पूरा जीवन समर्पित कर दिया। कांग्रेस आन्दोलन की देश-भक्ति-लय से नवीन जी की कविताएँ भरी हुई थीं–स्वयं अज्ञेय को इसी लय ने इन कविताओं की ओर खींचा। 'लेकिन उनकी कुछ कविताएँ पत्र-पत्रिकाओं में पढ़ी थीं और उनमें से कुछ ऐसी भी थीं जो जेल-जीवन में अन्तरंग सहचर हो गयी थीं। मेरे कुछ साथी भी जोर-जोर से उन्हें गाकर पढ़ा करते थे और मुझे भी तनाव के क्षणों में उनसे सान्त्वना मिलती थी।' (स्मृति लेखा, पृ. 143) नवीन जी का रागी स्वभाव ऐसा रहा कि अज्ञेय जी कवि-सम्मेलन में गये तो मंच पर खींच लिया और गले मिले। 'मुझे मान दिया तो एक क्रान्तिकारी के नाते ही। दो-एक कहानियाँ उन्होंने पढ़ी थीं, लेकिन उनकी याद भी उन्हें कहानियों के किसी गुण के कारण नहीं थी, उसमें मुखर-विद्रोह के स्वर की ही थी।' नवीन जी का फक्कड़पन भाषा की लापरवाही में बदल गया। उनका सहज रूप श्रीमती नायडू के सामने अज्ञेय को लेकर यह कहने से न चूका कि अज्ञेय सुन्दर रूपवान कवि हैं। भारत कोकिला ने कहा 'ऐसा, ही लुक्स लाइक ए पोयट–हेल्दी, स्ट्रांग एंड हैंडसम।' नवीन जी ने फिर कहा–यह हमारा क्रान्तिकारी है, जेल से आये थोड़े ही दिन हुए हैं।' श्रीमती नायडू ने अनुमोदन के भाव से देखते हुए कहा–'नेचुरली, ए पोयट मस्ट बी ए रेबेलियन।' अज्ञेय की बात नवीन जी से जेल-जीवन और समकालीन कविताओं के बारे में बराबर होती थी। वे कहते थे–कविता राजनीति का बाई प्रोडक्ट नहीं है, असल चीज है जीवन। राजनीति भी तो उसी में से निकलती है।

अज्ञेय जी 'विशाल भारत' के सम्पादक होकर कलकत्ता गये तो उन्होंने नवीन जी की छोटी और लम्बी कविताओं को मुखपृष्ठ पर छापा। नवीन जी बड़े मस्त स्वभाव के थे। कभी-कभार वह अंग्रेजी में पत्र लिखा करते थे। दद्दा (मैथिलीशरण गुप्त) और नवीनजी जब दिल्ली आये तो वहाँ अखाड़ा जमने लगा। पर 'निन्दा और विरोध के साथ शृंगारिक-रचनाओं का रस। इस पूरे परिवेश में नवीन जी अनुपम थे। नवीन जी ने लिखा–'कवि कुछ ऐसी तान सुनाओ जिससे उथल-पुथल मच जाये।' सचमुच क्रान्तिधारा के कवि थे–नवीन। वह कहते थे–'हम विषपायी जन्म के।'

आज कहा जा सकता है कि अज्ञेय के ये संस्मरणात्मक निबन्ध हिन्दी साहित्य की निधि हैं। इनमें हिन्दी साहित्य के लेखन के लिए बहुत बड़ा खजाना मौजूद है।

अज्ञेय जी के व्यक्तित्व-रंजक निबन्धों की एक पुस्तक 'स्मृति के गलियारों में' (सन् 2000, प्रभात प्रकाशन, दिल्ली) से प्रकाशित हुई है। इसमें उनके ग्यारह लेख हैं–'पुच्छल तारे के साथ-साथ', 'बड़ी बुआ', 'पहला नाटक', 'कुड़ी बाबू', 'बिज्जू का शिकार', 'भैया एक-एक-एक', 'सम्पादक और डाकिया' 'गाँधी का बोलबाला', 'बारूद के खेल', 'मसीह की रूह' तथा 'दीन' इन सभी निबन्धों में लोक-स्मृति का रचनात्मक उपयोग किया गया है और अनुभव विस्तार की कथा। काल गणना और पुच्छल तारे का समाज बचपन की याद लिए है। 'बड़ी बुआ' में अज्ञेय का अपना जीवन-बिम्ब है। बड़गाँव में पिता के दिनों में देखा पहला नाटक सत्य हरिश्चन्द्र। 'सम्पादक और डाकिया' में मटकू की याद। मटकू गाता है–'गाँधी का बोलबाला। दुश्मन का मुँह हो काला।'

गद्य के नये से नये प्रयोग करने में अज्ञेय को उस्तादी हासिल रही है। ये लेख 'दूतकारी', 'आज' और 'हिन्दी ट्रिब्यून' में स्मृति के गलियारे के नाम से प्रकाशित हुए थे। अज्ञेय ने इला जी को मटकू की चाची का मजेदार किस्सा सुनाया था कि मटकू की चाची बड़े कड़े स्वभाव की थीं और हर चीज में मीन-मेख निकाल देती थीं। बच्चों को घुड़कती थीं। उनसे तंग आकर मटकू ने जम्मू के बाजार में, रघुनाथ मन्दिर के बाहर की पटरी पर बिक रही छोटी-बड़ी किताबों में से एक किताब छाँटी थी। इस किताब का शीर्षक था 'आदर्श चाची'। मटकू ने यह किताब दो पैसे में खरीदकर चाची को भेंट की। इलाजी ने ठीक कहा है कि "अज्ञेय से लोग कहते थे, वे अपनी आत्मकथा लिखें। बार-बार कहे जाने पर वे हँसकर मना करते थे कि आत्मकथा लिखने में झूठ, जीठ और अतिरिक्त आत्म-प्रदर्शन की गुंजाइश बनती है।" आत्मकथा न लिखकर अज्ञेय ने बचपन की ऊधमी यादों को लिखा है। लेकिन इस लेखन में न कोई दम्भ है, न कोई बनावट। एकदम बचपन का टटकापन। तही टटकापन जिसके लिए अज्ञेय का गद्य प्रसिद्ध रहा है।

उन्नीसवीं शताब्दी के भारतीय नवजागरण से जो एक नयी सांस्कृतिक चेतना पैदा हुई थी और उससे हिंदी गद्य ने एक नवीन स्थिति प्राप्त की थी। इसी नवजागरण से प्रभावित गद्य की सर्जनात्मकता का उत्कर्ष अज्ञेय के निबन्ध-साहित्य में मिलता है। माना कि भारत में 'रिनेसाँस' पन्द्रहवीं शताब्दी के भारत के सांस्कृतिक नवजागरण से जुड़कर विकसित हुआ। भारतीय भाषाओं में उन्नीसवीं शताब्दी में नवजागरण के लिए पुनरुत्थान, पुनर्जागरण, समाज-सुधार युग, नवजागरण आदि कई नाम प्रचलित हैं। इन शब्दों के अपने अर्थ संकेत हैं–और इनमें एक पश्चिमी अर्थ

की छाया है। इसलिए पन्द्रहवीं शताब्दी के सांस्कृतिक नवजागरण को उन्नीसवीं-बीसवीं शताब्दी के 'सांस्कृतिक नवजागरण से जोड़कर उसका अर्थ पाना एक अलग स्थिति है। यूरोप में रिनेसाँस के बाद का काल 'इनलाइटेनमेंट' का काल कहा जाता है—लेकिन उस नवजागरण से भारत सीधे न जुड़ा था। इसलिए भक्ति-आन्दोलन की चेतना को लोक जागरण और उन्नीसवीं-बीसवीं शताब्दी की चेतना को सांस्कृतिक नवजागरण कहना ज्यादा ठीक है। भारतेन्दु ने इस सांस्कृतिक नवजागरण में भारतीय-अस्मिता की तलाश पर बल दिया। यही तलाश बाद के साहित्यकारों में मैथिलीशरण गुप्त, माखनलाल चतुर्वेदी, पन्त, प्रसाद, निराला, महादेवी के साथ अज्ञेय में उत्कर्ष को प्राप्त होती है। अज्ञेय 'राजनीतिक स्वाधीनता' के साथ 'सांस्कृतिक स्वाधीनता' की प्राप्ति पर बल देते हैं जो हमें आजादी के साथ नहीं मिल सकी। 'हमें एक नई भाषा-संस्कृति-साहित्य राजनीति की गुलामी में धकेल दिया गया और भारतीय अस्मिता की स्मृति को मिटाने का प्रयास किया गया।' अज्ञेय का निबन्ध-साहित्य सांस्कृतिक-स्वाधीनता की खोज का कदम है।

अज्ञेय हिन्दी के एक ऐसे चिन्तक निबन्धकार हैं जिन्होंने निबन्ध कला को नये आयाम दिये हैं। उनके निबन्धों में कथन का संयम, प्रश्नाकुल जिज्ञासा, खोजी वृत्ति और शालीन भंगिमाएँ हिन्दी गद्य की सर्जनात्मकता में निखार लाती हैं। यायावर थे—घाट-घाट का पानी पिए—इसलिए उनकी अनुभव की ज्ञान-राशि बहुत सम्पन्न है—और इन सरल जटिल अनुभवों के सम्प्रेषण में वे निरन्तर प्रयत्नशील रहे। उनका मानना है कि "कृतिकार का उद्देश्य या लक्ष्य केवल अनुभव का सम्प्रेषण है। सहजबोध द्वारा अपनी अनुभूतियों से व्यापकतर अनुभवों में प्रवेश, उन अनुभवों की पकड़ और उनका सम्प्रेषण—यही उसका लक्ष्य है।" इस लक्ष्य के लिए वह तमाम पत्र-पत्रिकाओं में निबन्ध के ऐसे प्रयोग करते रहे हैं जो हिन्दी-निबन्ध परम्परा में 'अपूर्व' हैं। उन्होंने कभी 'कुट्टिचातन्' कभी 'वत्स' कभी 'वत्सल' के छद्म नामों से निबन्ध का एक सहज बोध ही पाठक को उपलब्ध कराया। वे निरन्तर 'आत्म' के विस्तार, आत्म-उन्नयन और आत्म-साक्षात्कार की ओर प्रवृत्त रहे। बाद में 'आत्म' के संवाद की यही प्रवृत्ति निर्मल वर्मा, रमेशचन्द्र शाह, नन्द किशोर आचार्य और मनोहर श्याम जोशी के निबन्धों में एक सघन रूप अपनाती मिलती है। सभी विधाओं में चक्रवर्तित्त्व स्थापित करने वाले अज्ञेय को परम्परा की आधुनिकता में वह 'अन्तर्दृष्टि' मिली है, जिसके लिए उन्होंने पूरा जीवन दाँव पर लगा दिया। दिलचस्प बात यह है कि उनके निबन्ध कहीं यात्रा-वृत्त में रमे होते हैं—कहीं डायरियों में, कहीं संस्मरणों में, कहीं व्याख्यानों और कहीं घटना प्रकरणों की व्याख्याओं में। इतना ही नहीं कहीं-कहीं तो वे वार्त्ता प्रसंग के रूप में, कहीं प्रश्नोत्तर रूप में और कहीं 'भूमिका'

रूप में विचारार्थ। उनकी मनोभूमिका में मेघों से उमड़ते विचार-खण्ड नये बिम्बों में निष्पत्ति पाते हैं—और बौद्धिक सांस्कृतिक 'विमर्श' पाठक की चेतना को प्रबुद्ध करते हैं।

अज्ञेय के तमाम विषयों पर लिखे गये निबन्ध पुराने विषयों की रूढ़ सैद्धान्तिकता का निषेध करते हैं। वस्तुतः 'कल्पना', 'विशाल भारत', 'नवभारत टाइम्स' तथा अन्य पत्र-पत्रिकाओं को लिखे गए अज्ञेय के निबन्धों की अन्तर्यात्रा में आप पाते हैं कि उनमें एक विमुग्धकारी आत्मपरकता है। एक अपने निबन्ध संग्रह को उन्होंने नाम ही दिया था 'आत्मपरक'। यह आत्मपरकता मूलतः रागमूलकता है जिसमें 'निज मोह संकट निवारणता' का खुला-संसार है। अपने में यह 'राग' वस्तुओं-व्यापारों—घटनाओं को व्यक्तित्व-रंजक रूप देता है। इससे जुड़ने का अर्थ-संकेत है—नये सौन्दर्य बोध से आत्म-साक्षात्कार। यही 'आत्मनेपद' का भाव-लोक है।

अज्ञेय के पास शब्द-सम्पदा के अनेक स्रोत खुले रहते हैं—वे संस्कृत-उर्दू अंग्रेजी तथा भारतीय भाषाओं के खजाने को अपनाने में सुख पाते हैं। अंग्रेजी तथा यूरोपीय, यूरेशियन भाषाओं का ज्ञान होने के कारण उनका अन्य अनुशासनों से जुड़ा ज्ञान सामान्य भारतीय लेखक से ज्यादा है। अस्तित्ववाद हो या आधुनिकतावाद, ज्ञानोदयी योजना हो या रिनेसाँ का अर्थ-वृत्त, डी. एच. लारेन्स हो या ताल्स्ताय सभी अज्ञेय में समाये हुए हैं। इसलिए उनके निबन्धों का 'विचार-रसायन हिन्दी-भाषा के स्वास्थ्य को बढ़ाने वाला है। देशी-विदेशी अवधारणाओं के भाष्य में चाहे 'सेकुलर' हो या 'मॉडर्निटी' कोई भी अवधारणा हो—उसकी सूक्ष्मातिसूक्ष्म व्यंजनाओं को स्पष्ट करने में अज्ञेय की उस्तादी का कोई दूसरा जवाब नहीं है। आचार्य रामचन्द्र शुक्ल और चन्द्रधर शर्मा गुलेरी की तरह वे चौकन्ने रहते हैं और विदेशी शब्दों के भीतर प्रवेश करके उनकी नियत को भाँपते हैं। ज़ेन साधना के साधकों में जैसी चित्त की एकाग्रता और चिन्तन-धारा होती है वैसी ही चित्त की समाधि अज्ञेय के निबन्धों में उपलब्ध होती हैं। बौद्ध चिन्तन, ज़ेन-चिन्तन की संश्लिष्टता अज्ञेय के काव्य और गद्य दोनों में स्थायी निवास करती है। दुःख है कि अज्ञेय के इस पक्ष पर विद्वानों का बहुत कम ध्यान गया है। यह बात गाँठ में बाँधने की है कि विदेशी चिन्तन का 'प्रभाव-ग्रहण' करने पर भी अज्ञेय उनका 'अनुकरण' नहीं करते। अपने चिन्तन की मौलिकता से नूतन सृष्टि करते हैं। उनमें बौद्धिक सतर्कता इतनी पैनी है कि वे दिल के दौरे के क्षणों में भी शब्दों के सूक्ष्म अर्थ भेद को लेकर डॉक्टर से बहस कर सकते हैं।

भाषा, अस्मिता, परिवेश और काल-चिन्तन के प्रति अज्ञेय की सजगता विस्मयकारी है। उन्हें पता है कि भाषा एक सांस्कृतिक रूढ़ि है—तो शब्द उसमें

निरन्तर संशोधन-सम्पादन, संस्कार-मँजाव चलना ही चाहिए। शब्द के निरन्तर चौकन्नेपन से भरे इन निबन्धों के सांस्कृतिक कान हैं। इन कानों में एक स्वर चिन्तन गूँजता रहता है—"यह संवेदना का विस्तार, यह सम्प्रेषण की संवृद्धि मेरे लेखन कर्म की चुनौती" भी है। इस संवेदन क्षमता के कारण अज्ञेय के निबन्ध बोलचाल के लहजे में विषय के बीज-भावों का पल्लवन करते हैं—और वर्ण्यविषय पर सीधे आते हैं। वह जीवन में घटित होने वाली घटनाओं, ऐतिहासिक-पौराणिक प्रसंगों से उनका सम्बन्ध जोड़कर एक नया वैचारिक आलोक पैदा कर देते हैं। विषयान्तर होते ही कह उठते हैं—'माफी चाहता हूँ' या 'हम प्रसंग से दूर नहीं जाना चाहते' या 'बात मूलतः यह थी' या 'किस्सा कोताह' जैसी विनम्र उक्तियों का सहारा लेकर वर्ण्य-विषय में कल्प या गप्प का ठाठ बाँध देते हैं। विषय को दूल्हा बनाकर उसे सजाना अज्ञेय को आता है। कलाएँ उन्हें सिद्ध हैं और चित्रकला, फोटोग्राफी से लेकर पाक कला तक पर पूरा दखल रखते हैं। यहाँ पीपल के पत्तों में गुँथी नसों की तरह विचार अपना खेल खेलते रहते हैं। राजनीतिक विषय का सम्पादकीय हो या साहित्य तथा साहित्यशास्त्र से जुड़ा कोई प्रश्न। वह उस पर 'असाध्यवीणा' के प्रियंवद की तरह समर्पित होकर विचार करते हैं। साहित्य, भाषा-विज्ञान, तुलनात्मक साहित्य, इतिहास, समाजशास्त्र, सौन्दर्यशास्त्र, दर्शन, मनोविश्लेषण शास्त्र, विज्ञान, राजनीतिशास्त्र कोई विषय हो वह अपने विस्तृत एवं वैविध्यपूर्ण अध्ययन से उसमें एक नयी चमक भर देते हैं। 'खिलौनों का समाजशास्त्र हो' या 'वासुदेव लाला' या 'पुच्छल तारे के साथ-साथ' या 'हिन्दी समाचार-पत्र : सम्भावनाएँ और समस्याएँ' जैसा विषय हो उसकी आत्मा में पैठकर पाठक से संवाद करते मिलते हैं।

अज्ञेय हमेशा चिन्तन के तनाव से भरे विचारपरक गम्भीर निबन्ध ही नहीं लिखते—हल्की मनःस्थितियों के रागमूलक निबन्ध लिखने में भी खूब रस पाते हैं। 'गिलहरी', 'गाँव का पोखर', 'मार्गदर्शन', 'शारदीया धूप' जैसे निबन्ध इसी तरह की मनोदशाओं का प्रतिबिम्ब कहे जा सकते हैं। साथ ही निबन्ध में विदग्धता-वक्रोक्तियाँ हास्य-व्यंग्य की सृष्टि करती रही हैं—'राष्ट्र के प्रतीक' की कला में संस्कृति सभ्यता की झंकार-टंकार गूँजती है—नारद और भास में मिथक दौड़ का साहस पाठक को भाता है। असल में अज्ञेय का अध्ययन-क्षेत्र विस्तृत है, उन्हें 'प्रबुद्ध पाठक' चाहिए केवल 'सुमनस पाठक' से यहाँ काम नहीं चलता है। अज्ञेय के निबन्धों की विशेषता है—प्रकरण-वक्रता से नूतन प्रसंगों की उद्भावना। अपने पाठक वर्ग को लेकर स्वयं उनका अनुभव रहा है कि 'मेरा पाठक वर्ग बहुत बड़ा कभी नहीं होगा। निरी संख्या की मुझे आकांक्षा भी नहीं है, पर जितने भी पाठक हों; वे मूल्यों के उस समूह के साझीदार हो सकें, जिनकी खोज ही मेरी यात्रा का लक्ष्य और प्रेरणास्रोत रही है।' इसी

दृष्टि से अज्ञेय ने अपने समय-समाज साहित्य, संस्कृति परिवेश को निबन्ध बनाया और आत्मकथा की शैली में 'लिखि कागज कोरे' और 'स्मृति के गलियारे में' टहलते-चलते रहे हैं। 'हौआ प्रकरण' 'कुट्टिचातविनोदेन' के अज्ञेय निबन्ध में कविता रचते हैं। मूल विचार यह कि हिन्दी निबन्ध की परिधि को अज्ञेय ने पत्रकारिता से माखनलाल चतुर्वेदी, ग. मा. मुक्तिबोध और निर्मल वर्मा की तरह अनन्त राहों में खोल दिया है। आचार्य हजारीप्रसाद द्विवेदी लोकानुभव, लोकसंस्कृति, धर्म, दर्शन, संस्कृति, परम्परा, पुराण...मिथक के क्षेत्र में उतरकर हमें नवीन निबन्ध चेतना का वरदान दे गये थे, उसी वरदान की परम्परा में अज्ञेय ने आधुनिक बोध, संस्कृति-बोध, इतिहास-बोध, मूल्य-बोध आदि के नये रंग-राग पाठकों को दिये हैं। साथ ही हिन्दी निबन्ध की भाव विचार-परिधि को 'सागर-मुद्रा' से भर दिया है। जीवन की अन्तर्यात्रा के अनुभवों-संवेदनों-अभिप्रायों के साथ व्यापक मानवीय सत्यों से साक्षात्कार कराने में अज्ञेय के निबन्ध बेजोड़ हैं। अज्ञेय के निबन्धों में समग्रता और सन्तुलन के साथ औपनिवेशिक आधुनिकता से मुक्ति पाने की चाहत है। अज्ञेय का पूरा चिन्तन भारतीय आधुनिकता की खोज का खज़ाना है।

मेरे लिए इन निबन्धों को पत्र-पत्रिकाओं से खोजना आसान नहीं रहा। साथ ही 'दिनमान' के 'सम्पादकीय' कौन-कौन से हैं जो अज्ञेय ने लिखे हैं या उनके सहयोगियों ने लिखे हैं—उन्हें पहचान पाने में मैं प्रायः अक्षम रहा हूँ। कुछ में तो अज्ञेय ने 'स. ही.' का संकेत तक नहीं छोड़ा है, जिनमें नहीं छोड़ा है उन्हें भी मैंने ले लिया है। इस तरह अन्य तमाम पत्र-पत्रिकाओं से निबन्धों को एकत्र किया है। फिर भी यह दावा कतई नहीं है कि अज्ञेय के सभी निबन्ध आ गये हैं। वैसे अज्ञेय ने अपने सभी महत्त्वपूर्ण निबन्धों को स्वयं किसी न किसी रूप में संग्रह करके अपने संग्रहों में प्रकाशित करा दिया है। इसलिए बहुत कम हैं जो पत्र-पत्रिकाओं में दबे पड़े रहे हैं। सुश्री इला डालमिया जी ने जी-जान लगाकर अज्ञेय के अवसान के बाद शेष सामग्री—चाहे कविता हो या उपन्यास या निबन्ध आदि सभी को संकलित-सम्पादित करने का बड़ा कार्य किया है। इला जी के कार्य से मुझे बहुत मदद मिली है। उनकी स्मृति को पूरे मन से प्रणाम।

परिशिष्ट

(क) रचनाकार : अज्ञेय का जीवन वृत्त

नाम	—	सच्चिदानन्द वात्स्यायन
	—	बचपन का नाम—सच्चा
	—	ललित निबन्धकार नाम—कुट्टिचातन
	—	रचनाकार नाम—अज्ञेय
	—	(जैनेन्द्र-प्रेमचन्द का दिया नाम है—अज्ञेय)
माता-पिता	—	व्यन्ती देवी—पण्डित हीरानन्द शास्त्री
1911	—	(7 मार्च) जन्म कुशीनगर (कसया) जिला देवरिया (उ.प्र.) में एक पुरातत्त्व-उत्खनन शिविर में।
1915	—	बचपन, लखनऊ में। संस्कृत मौखिक परम्परा से शिक्षा का आरम्भ
1929	—	श्रीनगर एवं जम्मू में। संस्कृत, फारसी और अंग्रेजी की प्रारम्भिक शिक्षा
1921	—	उडुपी (नीलगिरि) के मध्वाचार्य-संस्थान में यज्ञोपवीत संस्कार।
1925	—	नालन्दा एवं पटना में स्वर्गीय काशीप्रसाद जायसवाल रायबहादुर हीरालाल और स्व. राखालदास बन्द्योपाध्याय का सम्पर्क मिला।
	—	स्व. राखालदास बन्द्योपाध्याय से बंगला सीखी।
	—	सन 1921 में माँ के साथ जलियाँवाला काण्ड की घटना को लेकर पंजाब-यात्रा के फलस्वरूप देशभक्ति का संकल्प और अंग्रेजी साम्राज्यवाद के प्रति विद्रोह की भावना।
	—	पंजाब से 1925 में प्राइवेट हाईस्कूल की परीक्षा उत्तीर्ण की।
1927	—	इण्टर साइन्स क्रिश्चियन कॉलेज, मद्रास।

1929 — बी.एस-सी. फारमन कॉलेज, लाहौर से—प्रथम श्रेणी में प्रथम।

— मद्रास में अंग्रेजी के प्रोफेसर एण्डरसन के साथ टैगोर-मण्डल की स्थापना।

— लाहौर में अमेरिकी प्रोफेसर जे.बी. बनेड एवं प्रोफेसर डेनियल से सम्पर्क।

— लाहौर में क्रान्तिकारी जीवन का श्री गणेश 'हिन्दुस्तान रिपब्लिकन पार्टी' से जुड़े चन्द्रशेखर आजाद भगवतीचरण वोहरा, सुखदेव के सम्पर्क में आने पर हुआ।

— पहली कहानी 1924 में। पंजाब की यात्रा के फलस्वरूप अंग्रेजी साम्राज्यवाद के प्रति विद्रोह भावना का जन्म।

1936 — क्रान्तिकारी जीवन

— हिन्दुस्तान रिपब्लिकन आर्मी में सक्रियता

— वहीं पर देवराज, कमलकृष्ण एवं वेदप्रकाश नन्दा से परिचय

— 1930 में भगतसिंह को छुड़ाने का प्रयत्न। लेकिन भगवतीचरण वोहरा के एक घटना में शहीद हो जाने के कारण योजना का स्थगन।

— दिल्ली में हिमालियन टायलेट फैक्ट्री में बम बनाने का कार्य क्रान्तिकारी मित्रों के साथ आरम्भ किया, जिसकी परिणति अमृतसर में ऐसी ही फैक्ट्री कायम करने के सिलसिले में 15 नवम्बर, 1930 में देवराज एवं कमल कृष्ण के साथ गिरफ्तारी में हुई।

— एक महीने लाहौर जेल में। तत्पश्चात् अमृतसर की हवालात में बन्द रहे।

— 1931 में अन्य मुकदमा जो 1933 तक चला। दिल्ली जेल में कालकोठरी में बन्द रहे। इसी बीच 'चिन्ता' काव्य एवं 'शेखर : एक जीवनी' का यहीं पर सृजित हुआ। साथ ही 'भग्नदूत' की कविताओं का प्रकाशन।

— सन् 1933 में अपने घर में नजरबन्द घर लौटने पर छोटे भाई एवं माता की मृत्यु पर दुःख तथा पिता की नौकरी से सेवानिवृत्ति।

— क्रान्तिकारी जीवन में 'रावी' के तट पर छलांग लगाने से घुटने की टोपी उतर गयी जिसकी पीड़ा जीवन-भर झेलते रहे।

1936	—	जीवन में आजीविका की तलाश। 'सैनिक' अखबार आगरा में श्री कृष्णदत्त पालीवाल के साथ साल भर। 'सैनिक' के सम्पादक मण्डल में रहे।
	—	इसी समय किसान आन्दोलन में सक्रिय रहे।
	—	इसी अवधि में रामविलास शर्मा, प्रकाशचन्द्र गुप्त, भारतभूषण अग्रवाल, प्रभाकर माचवे तथा नेमिचन्द्र जैन से परिचय हुआ।
1937	—	पण्डित बनारसीदास चतुर्वेदी के आग्रह पर 'विशाल भारत' में गये। लगभग डेढ़ वर्ष वहाँ रहे। यहीं पर पुलिनसेन, बुद्धदेव वसु एवं आचार्य हजारीप्रसाद द्विवेदी के साथ बलराज साहनी से परिचय में आये।
	—	व्यक्तिगत कारणों से 'विशाल भारत' छोड़कर पिता के पास बड़ौदा रहे।
	—	विदेश जाने का कार्यक्रम युद्ध-छिड़ जाने के कारण स्थगित करना पड़ा और रेडियो में नौकरी कर ली। इस दौरान साहित्य के अनेक पक्षों से गहन-सम्पर्क हुआ। सन् 1937 में ही 'विपथगा' का प्रकाशन हुआ।
1940	—	जुलाई 1940 में सिविल पद्धति से बंगाली युवती सन्तोष से विवाह। अनमन होने से अगस्त 1940 में ही सन्तोष से अलग हो गये। सन् 1946 में पूरी तरह विवाह-विच्छेद।
1941	—	'शेखर : एक जीवनी' का प्रकाशन। हर ओर विरोध और प्रशंसा का दौर।
1942	—	दिल्ली में अखिल भारतीय फासिस्ट विरोधी सम्मेलन का आयोजन एवं प्रगतिशील लेखक संघ के सदस्यों में कृश्नचन्दर एवं शिवदान सिंह के साथ। इसी सम्मेलन में प्रगतिशील गुट से अलगाव।
	—	इसी वर्ष 'आधुनिक हिन्दी साहित्य' का सम्पादन।
1943	—	'तारसप्तक' का सम्पादन। हिन्दी आलोचना में भूचाल।
	—	सेना में नौकरी—असम-वर्मा फ्रंट पर नियुक्ति।
1944	—	'शेखर : एक जीवनी' के दूसरे भाग का प्रकाशन। 'परम्परा' का प्रकाशन।
1945	—	सेना की नौकरी से मुक्ति पाने का आवेदन जो 1946 में स्वीकृत। 'कोठरी की बात' का प्रकाशन।

1946 — गुरुदासपुर पंजाब में पिता की मृत्यु से भारी धक्का।

— मेरठ साहित्य परिषद् की स्थापना।

— 'इत्यलम्' 'प्रियजन डेज एण्ड अदर पोयम्स' एवं जैनेन्द्र के उपन्यास 'त्यागपत्र' का 'दि रिजिग्नेशन' नाम से अंग्रेजी अनुवाद का प्रकाशन।

1947-55 — इलाहाबाद और फिर दिल्ली से 'प्रतीक' पत्रिका का सम्पादन। दिल्ली ऑल इण्डिया रेडियो में कार्य। इसी काल में 'बाबरा अहेरी' 'नदी के द्वीप' 'अरे यायावर रहेगा याद' तथा 'जयदोल' का प्रकाशन, सांस्कृतिक स्थलों का भ्रमण।

— 'दूसरा सप्तक' का 1951 में सम्पादन।

— मानवेन्द्र राय के साथ गहन सम्पर्क तथा प्रभाव।

— 'थॉट' अंग्रेजी पत्रिका का सम्पादन।

— अंग्रेजी पत्रिका 'वाक्' का सम्पादन।

1955-56 — यूनेस्को की ओर से भारत-भ्रमण। कपिला मलिक से विवाह।

1957-58 — जापान-भ्रमण। जेन-बुद्धिज्म का प्रभाव।

— 'इन्द्रधनु रौंदे हुए' का प्रकाशन। कुछ समय तक इलाहाबाद में निवास।

1958-60 — 'तीसरा सप्तक' का 1959 में सम्पादन।

— यूरोप-भ्रमण एवं 'पिएर-द क्विर' के मठ में एकान्तवास।

1961-64 — 'आँगन के पार द्वार' काव्य-संग्रह पर साहित्य अकादेमी, दिल्ली से पुरस्कार।

— कैलिफोर्निया विश्वविद्यालय में भारतीय संस्कृति एवं साहित्य के प्रोफेसर।

— 1961 में 'अपने अपने अजनबी' उपन्यास का प्रकाशन।

— इस बीच अमेरिकी कवियों के सहयोग से हिन्दी कवियों और अपनी कविताओं के अनुवाद किये।

1964-1971 — 'दिनमान' साप्ताहिक का सम्पादन।

— इसी बीच आस्ट्रेलिया, पूर्वी यूरोप के देशों, सोवियत यूनियन एवं मध्य यूरोप के देशों की यात्रा एवं व्याख्यान।

— 1969 में 'दिनमान' से अलग हो गये। तत्पश्चात् कुछ समय तक बर्कले विश्वविद्यालय में विजिटिंग प्रोफेसर।

1977 — सन् 1971-72 में जोधपुर विश्वविद्यालय में 'तुलनात्मक-साहित्य' के प्रोफेसर।

— 1973-74 में जयप्रकाश नारायण के अनुरोध पर 'एवरी मेन्स वीकली' का सम्पादन।

— दिसम्बर 1973 में 'नया प्रतीक' का प्रकाशन-सम्पादन। अल्मोड़ा के पास उत्तर वृन्दावन में श्रीकृष्ण प्रेम आश्रम में कुछ समय निवास।

— 1976 में छह माह के लिए हाइडेलबर्ग-जर्मनी के विश्वविद्यालय में अतिथि प्रोफेसर।

— आपातकाल का गहरा विरोध तथा उद्विग्नता।

1977-80 — प्रमुख हिन्दी दैनिक 'नवभारत टाइम्स' का सम्पादन।

— 'कितनी नावों में कितनी बार' कविता-संग्रह पर 'भारतीय ज्ञानपीठ पुरस्कार।'

— 1979 में पुरस्कार राशि के साथ अपनी राशि जोड़कर 'वत्सल निधि' की स्थापना—1980 में।

— 'चौथा सप्तक' का सम्पादन।

1980-87 — 'वत्सल निधि' के तत्त्वावधान में प्रतिवर्ष लेखन-शिविरों, हीरानन्द शास्त्री व्याख्यानों एवं रायकृष्णदास व्याख्यानों का आयोजन।

— 'जन जनक जानकी यात्रा' एवं 'भागवत भूमि यात्रा' का आयोजन। जिसमें प्रमुख लेखक सम्मिलित होते रहे।

— 1983 में स्त्रुगा-यूगोस्लाविया के कविता-सम्मान 'गोल्डन रीथ' से सम्मानित।

— 1984 में हालैण्ड के 'पोयट्री इंटरनेशनल' में भागेदारी।

— 1985 में साहित्य अकादेमी के शिष्ट मण्डल के साथ चीन-यात्रा।

— 1986 में फ्रेंकफर्ट पुस्तक मेले में शिरकत।

— 1987 में 'भारत-भारती' सम्मान की घोषणा।

— भारत-भवन, भोपाल में आयोजित 'कवि-भारती' समारोह में भागेदारी।

— 4 अप्रैल, 1987 की सुबह, दिल्ली में देहावसान।

(ख) रचनाएँ

अज्ञेय : कृतित्व

कविता

1. भग्नदूत	वी.एच.वात्स्यायन, लाहौर	1933
2. चिन्ता	सरस्वती प्रेस, बनारस	1942
3. इत्यलम	प्रतीक प्रकाशन, दिल्ली	1946
4. हरी घास पर क्षण भर	प्रगति प्रकाशन, दिल्ली	1949
5. बावरा अहेरी	भारतीय ज्ञानपीठ, दिल्ली	1954
6. इन्द्रधनु रौंदे हुए ये	सरस्वती प्रेस, बनारस	1957
7. अरी ओ करुणा प्रभामय	भारतीय ज्ञानपीठ, काशी	1959
8. पुष्करिणी	साहित्य सदन, झाँसी	1959
9. आँगन के पार द्वार	भारतीय ज्ञानपीठ, काशी	1961
10. पूर्वा (भग्नदूत,, इत्यलम, हरी घास पर क्षणभर–का संकलन)	राजपाल एण्ड संस, दिल्ली	1965
11. सुनहले शैवाल	अक्षर प्रकाशन, नयी दिल्ली	1966
12. कितनी नावों में कितनी बार	भारतीय ज्ञानपीठ, काशी	1967
13. क्योंकि मैं उसे जानता हूँ	भारतीय ज्ञानपीठ, काशी	1970
14. सागर मुद्रा	राजपाल एण्ड संस, दिल्ली	1970
15. पहले मैं सन्नाटा बुनता हूँ	राजपाल एण्ड संस, दिल्ली	1974
16. महावृक्ष के नीचे	राजपाल एण्ड संस, दिल्ली	1977
17. नदी की बाँक पर छाया	राजपाल एण्ड संस, दिल्ली	1981
18. सदानीरा (दो खण्डों में)	नेशनल पब्लिशिंग हाउस, दिल्ली	1984
19. ऐसा कोई घर आपने देखा है।	नेशनल पब्लिशिंग हाउस, दिल्ली	1986
20. मरुथल	प्रभात प्रकाशन, दिल्ली	1995

नाटक

1. उत्तर प्रियदर्शी		1967

कहानी संग्रह

1. विपथगा	भारती भण्डार, लीडर प्रेस, इलाहाबाद	1937
2. परम्परा	सरस्वती प्रेस, बनारस	1944
3. अमर बल्लरी और अन्य कहानियाँ	सरस्वती प्रेस, बनारस	
4. कड़ियाँ तथा अन्य कहानियाँ	सरस्वती प्रेस, बनारस	
5. कोठरी की बात	प्रतीक प्रकाशन, दिल्ली	1945
6. शरणार्थी	शारदा प्रकाशन, बनारस	1948
7. जयदोल	प्रगति प्रकाशन, नयी दिल्ली	1951
8. ये तेरे प्रतिरूप	राजपाल एण्ड संस, दिल्ली	1961
9. सम्पूर्ण कहानियाँ (दो खण्डों में)	राजपाल एण्ड संस, दिल्ली	1975

उपन्यास

1. शेखर : एक जीवनी खण्ड-1	सरस्वती प्रेस, बनारस	1941
शेखर : एक जीवनी खण्ड-2	सरस्वती प्रेस, बनारस	1944
2. नदी के द्वीप	सरस्वती प्रेस, बनारस	1951
(Trans. Island in the Stream)		1979
3. अपने-अपने अजनबी	भारतीय ज्ञानपीठ, काशी	1961
(Trans. To each his Stranger)		1967-82
4. बारह खम्भा – संयुक्त कृति दस अन्य लेखकों के संग एक प्रयोग		
5. बीनू भगत – (अधूरा उपन्यास)	प्रभात प्रकाशन, दिल्ली	
6. छाया मेखल – (अधूरा उपन्यास)	प्रभात प्रकाशन, दिल्ली	

डायरी/संस्मरण/यात्रा

1. भवन्ती	राजपाल एण्ड संस, दिल्ली (64-70)	1972

2. अन्तरा	राजपाल एण्ड संस, दिल्ली (70-74)	1975
3. शाश्वती	राजपाल एण्ड संस, दिल्ली (75-79)	1979
4. शेषा	प्रभात प्रकाशन, दिल्ली	
5. अरे यायावर रहेगा याद	सरस्वती प्रेस, बनारस	1953
6. एक बूँद सहसा उछली	भारतीय ज्ञानपीठ, दिल्ली	1960
7. भागवत भूमि यात्रा	प्रभात प्रकाशन, दिल्ली	2010

निबन्ध/गद्य

1. त्रिशंकु	सरस्वती प्रेस, बनारस	1945
2. सबरंग		1946
3. आत्मनेपद	भारतीय ज्ञानपीठ, काशी	1960
4. हिन्दी साहित्य : एक आधुनिक परिदृश्य	अभिनव भारती ग्रन्थमाला, कोलकाता	1967
5. सबरंग और कुछ राग		1969
6. आलवाल	राजकमल, दिल्ली	1971
7. लिखि कागद कोरे	राजपाल एण्ड संस, दिल्ली	1972
8. अद्यतन	सरस्वती विहार, दिल्ली	1977
9. जोग लिखी	राजपाल एण्ड संस, दिल्ली	1977
10. संवत्सर	नेशनल पब्लिशिंग हाउस, दिल्ली	1978
11. स्रोत और सेतु	राजपाल एण्ड संस, दिल्ली	1978
12. व्यक्ति और व्यवस्था	नेशनल पब्लिशिंग हाउस, दिल्ली	1979
13. अपरोक्ष	सरस्वती विहार, दिल्ली	1979
14. युग सन्धियों पर	सरस्वती विहार, दिल्ली	1981
15. धार और किनारे	सरस्वती विहार, दिल्ली	1982
16. स्मृति लेखा	नेशनल पब्लिशिंग हाउस, दिल्ली	1982
17. कहाँ है द्वारका	राजपाल एण्ड संस, दिल्ली	1982
18. छाया का जंगल	सरस्वती विहार, दिल्ली	1984
19. अ सेंस आव टाइम	ओ.यू.पी. दिल्ली	1981

20. स्मृति छन्दा	नेशनल पब्लिशिंग हाउस, दिल्ली	1989
21. आत्मपरक	नेशनल पब्लिशिंग हाउस, दिल्ली	1983
22. केन्द्र और परिधि	नेशनल पब्लिशिंग हाउस, दिल्ली	1884

अनुवाद

1. अंग्रेज़ी 'विजिर'स एलीफेण्ट' (इवो आंद्रिक) से 'वज़ीर का फ़ीला'
2. अंग्रेज़ी 'विवेकानन्द' (रोमां रोलां) से हिन्दी 'विवेकानन्द'
3. हिन्दी 'त्यागपत्र' (जैनेन्द्र कुमार) से अंग्रेज़ी 'द रेजिग्नेशन' 1946
4. बाङ्ला 'गोरा' (रवीन्द्रनाथ ठाकुर) से हिन्दी 'गोरा'
5. बाङ्ला 'राजा' (रवीन्द्रनाथ ठाकुर) से हिन्दी 'राजा'
6. लागरक्विस्त के तीन उपन्यासों का अंग्रेज़ी से हिन्दी अनुवाद

सम्पादित ग्रन्थ

1. होमवती स्मारक		
2. रूपाम्बरा	साहित्य सदन, काशी	1960
3. पुष्करिणी	साहित्य सदन, झाँसी	1959
4. तारसप्तक	प्र.सं. 1943, द्वितीय परिवर्द्धित संस्करण	1966
5. दूसरा सप्तक	प्रगति प्रकाशन, दिल्ली	1957
6. तीसरा सप्तक	भारतीय ज्ञानपीठ, काशी	1959
7. चौथा सप्तक	सरस्वती विहार, दिल्ली	1979
8. नेहरू बर्थ डे बुक		1951
9. बाद की पीढ़ियों के संग्रह	रघुवीर सहाय सर्वेश्वर दयाल सक्सेना अजित कुमार शान्ति मेहरोत्रा	
10. द इण्डियन पोएटिकट्रेडिशन	पं. विद्यानिवास मिश्र एवं लेनार्ड नाथन के साथ।	
11. सर्जन और सम्प्रेषण	नेशनल पब्लिशिंग हाउस, दिल्ली	1984

12. सामाजिक यथार्थ और कथा-दृष्टि	नेशनल पब्लिशिंग हाउस, दिल्ली	
13. साहित्य और समाज	नेशनल पब्लिशिंग हाउस, दिल्ली	
14. साहित्य और परिवेश	नेशनल पब्लिशिंग हाउस, दिल्ली	
15. समकालीन कविता में छन्द	नेशनल पब्लिशिंग हाउस, दिल्ली	
16. भारतीय कला-दृष्टि	प्रभात प्रकाशन, दिल्ली	
17. जन जनक जानकी	प्रभात प्रकाशन, दिल्ली	
18. सामाजिक यथार्थ और कथा भाषा	नेशनल पब्लिशिंग हाउस, दिल्ली	
19. साहित्य और समाज परिवर्तन की प्रक्रिया	नेशनल पब्लिशिंग हाउस, दिल्ली	
20. नेहरू अभिनन्दन ग्रन्थ	(संयुक्त रूप से 1949)	
21. नए एकांकी		1952
22. हिन्दी की प्रतिनिधि कहानियाँ		1952